DUMONT *Dokumente:*

eine Sammlung von Originaltexten, Dokumenten und grundsätzlichen Arbeiten zur Kunstgeschichte, Archäologie, Geisteswissenschaft, Musik- und Filmgeschichte, Ästhetischen Erziehung

ANGELUS NOVUS 1980

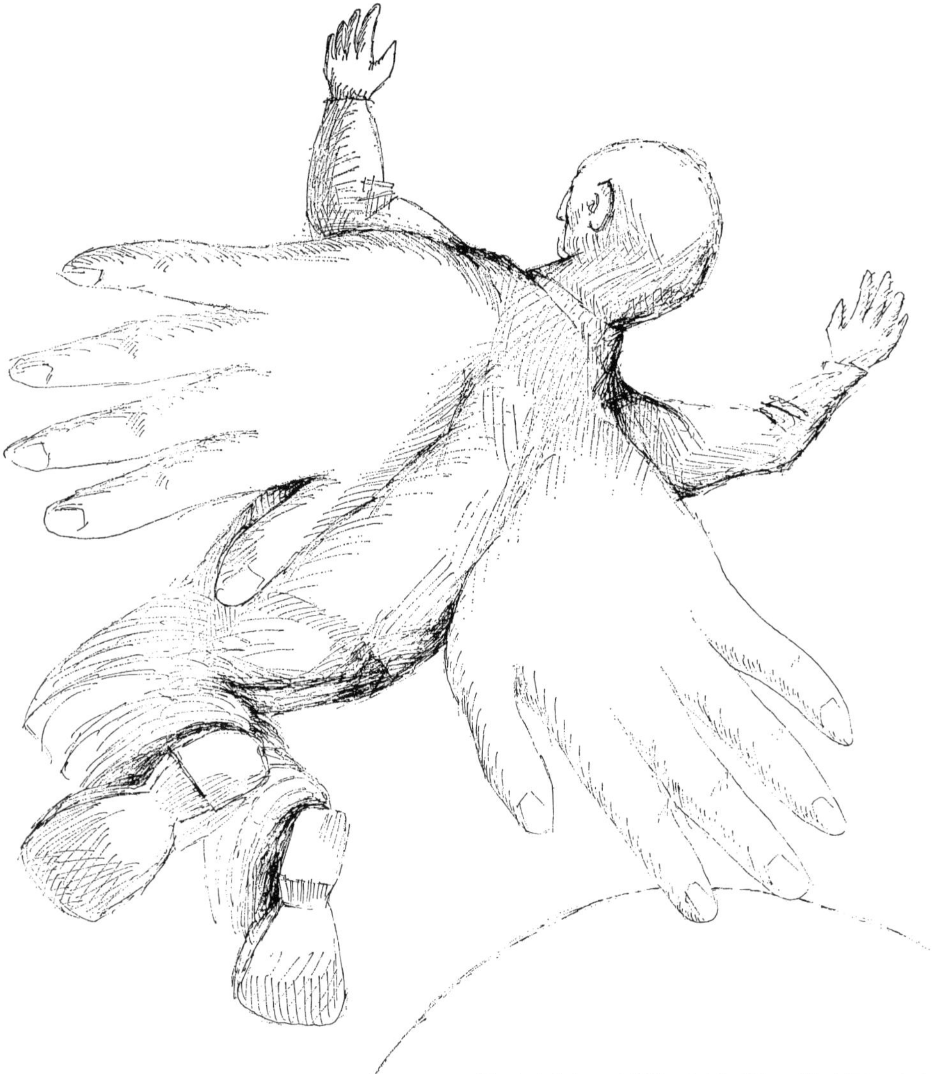

Während er in die Vergangenheit blickt und mit dem Rücken zur Zukunft fliegt, aus der ein starker Wind bläst, fehlt nicht nur jede Ahnung, wohin er gelangen wird, es muß selbst für einen Engel diese Position derart schwierig sein, daß sie überhaupt auszuhalten alle seine Kräfte beansprucht. Und erst aus seinem so seltsamen Anblick geht wie aus einem Rebus der Kindheit die geheime Botschaft hervor, von der Walter Benjamin nicht genau wissen mochte, was sie wirklich enthielt, als er **seinen** Engel der Geschichte in solche fliegende Zwangslage versetzte: daß es schon nicht mehr darum geht, auf widersprüchliche Weise rückwärts voranzukommen, sondern nur noch auf eines: nicht abzustürzen. Löst sich der Blick vom einst heimatlich Gewesenen, und nimmt das Wehen zu, mag zu unserem Entsetzen, das dann wohl unser allerletztes wäre, der Luftakrobat wie Ikarus enden. kunert

Günter Kunert 79

Heinz-Georg Held

ENGEL

Geschichte eines Bildmotivs

DUMONT

Umschlagvorderseite:	Van Eyck, *Verkündigung* (Ausschnitt), um 1430, Washington, D.C., National Gallery of Art, Andrew W. Mellon Collection
Vordere Umschlaginnenklappe:	Gerolamo Savoldo, *Verkündigung*, Pordenone, Museo Civico, zwischen 1630 und 1640
Umschlagrückseite:	Bamberger Apokalypse, *Der Engel mit dem Mühlstein*, um 1000, Bamberg, Staatsbibliothek, Msc. Bibl. 140, fol. 46r und Paul Klee, *Angelus novus*, 1920,32; 31,8 x 24,2 cm; Ölfarbezeichnung und Aquarell auf Papier; Israel Museum, Jerusalem
Frontispiz:	Günter Kunert, *Angelus Novus 1980* (Federzeichnung)

Die Deutsche Bibliothek – CIP – Einheitsaufnahme

Held, Heinz-Georg:
Engel: Geschichte eines Bildmotivs /
Heinz-Georg Held. –
Köln: DuMont, 1995
ISBN 3-7701-2820-6

Umschlaggestaltung: BOROS, Wuppertal
Satz: Fotosatz Harten, Köln
Druck und buchbinderische Verarbeitung: Boss-Druck, Kleve

Printed in Germany ISBN 3-7701-2820-6

Inhaltsverzeichnis

Einleitung. Engel der Kunstgeschichte

Engel – das Thema mag ebenso wie die *Geschichte eines Bildmotivs* ein wenig altmodisch klingen. Mit dem religiösen Kontext, der dem *angelos,* dem himmlischen Boten des Alten und Neuen Testaments, seine dogmatisch unumstrittene Existenz sicherte, hat der einstige Vermittler zwischen göttlichem Wort und menschlicher Geschichte jede Verbindlichkeit verloren. Ähnliches gilt heute für die Kunst, die ihre Einbindung in die christliche *religio* mit einem ephemeren gesellschaftlichen Status eingetauscht hat. Nicht zufällig ist in der Nachfolge Friedrich Nietzsches, der den Tod der Religion proklamiert hatte, in diesem Jahrhundert wiederholt auch das Ende der Kunst verkündet worden. Wie das religiöse hat sich auch das künstlerische Selbstverständnis in den westlichen Kulturen radikal gewandelt. Nach vielfältigen Bemühungen um kultische Ersatzformen, die noch bis in die Kunst der Gegenwart hineinreichen, haben Happenings, Actionpainting und Environments und schließlich die Erscheinungstechniken der Videokunst einen Werkbegriff entwickelt[1], der auf den ersten Blick kaum noch Gemeinsamkeiten mit jenen Mosaiken, Buchmalereien oder Tafelbildern erkennen läßt, auf denen Engel mit theatralischem Gestus einer zeremoniellen Marienkrönung beiwohnen, die Auferstehung Christi verkünden oder Märtyrer und heilige Ekstatiker in ein visionäres Jenseits geleiten.

Moderne und Postmoderne sind nicht ohne Einfluß auf den Umgang mit der Kunst früherer Epochen geblieben. Anstelle der vormaligen Bildertheologie, die das Kunstwerk vornehmlich als Gegenstand der Devotion behandelte, hatten im Zuge seiner fortschreitenden Säkularisierung Philosophie und Kunstkritik sowie im Anschluß daran die Kunstgeschichte als akademische Disziplin eine ästhetische Betrachtungsweise zu etablieren versucht, die stets von einer spannungsreichen Konfrontation zwischen neuer und alter Kunst – als Vorbild, überwundene Vorstufe oder auch als Fehlentwicklung – ausgegangen war. Dieser unmittelbare Bezug ist heute problematisch geworden. Die Polemik zwischen den Connaisseurs der »Augenphilologie« und den von ihnen so genannten »Totengräbern der Kunstgeschichte«[2], der Methodenstreit zwischen den geistes-, form- und sozialgeschichtlichen Schulen, zwischen Ikonologie und Semiotik, schließlich die Auseinandersetzungen um den Status der synthetisierenden Kulturgeschichte, die in den letzten Jahrzehnten eine beispiellose Renaissance erlebt, indizieren ein zutiefst zwiespältiges Verhältnis zu dem Gegenstand kunsthistorischer Forschung. Die Kunst der Gegenwart scheint der Tradition aufgekündigt zu haben und damit ihre Geschichte einer allgemeinen Sammeltätigkeit zu überantworten, deren teils exotisches, teils archivarisches Interesse längst vergangenen Vorstellungswelten gilt.

In dieser Logik wäre der Engel als Motiv der bildenden Kunst allenfalls als historisches Dokument zu begreifen, als solches zu entziffern, zu datieren und einzuordnen. Tatsächlich könnte Motivgeschichte auch dies bedeuten: eine Kompilation von Fakten, Jahreszahlen, Künstlernamen, die innerhalb eines stabilen Gerüsts aus Stil- und Epochenbegriffen einen informativen Überblick über die Darstellung von Engeln in der bildenden Kunst zu bieten hätte. Der praktische Vorteil dieses Verfahrens liegt auf der Hand. Es transformiert die Bildwerke in faßbare Daten, die sich ebenso leicht einprägen wie elektronisch speichern lassen und damit einen rationellen Zugriff auf das kunsthistorische Wissen ermöglichen, ohne die Augen oder Gedanken des Betrachters über Gebühr zu strapazieren. Allerdings ist auch diese Art der Geschichtsschreibung ins Zwielicht geraten: sie steht im Verdacht, die Kunst in ihren Datenarchiven zu begraben, die Kunstwerke weniger zum Sprechen als definitiv zum Schweigen zu bringen, da sie das Ausdrucksspiel ihrer Formen in eine Abfolge eindeutiger Informationen zu übersetzen sucht. Gerade angesichts einer virtuellen Verfügbarkeit über die Geschichte, wie sie die neuen Kommunikations- und Simulationsmedien suggerieren, hat unlängst eine Posthistoire, wenn auch vielleicht etwas vorzeitig, die Geschichtlichkeit generell verabschieden wollen. Unter diesen Voraussetzungen scheint es gegenwärtig nur konsequent, auch von einem Ende der Kunstgeschichte zu reden[3], so daß an dieser Stelle eigentlich ein Nachruf auf die im Titel angesprochenen Begriffe zu erwarten wäre.

Die vorliegende Studie zur Geschichte des Engels als Motiv und Movens künstlerischer Darstellung folgt indessen weder nekrophilen noch spiritistischen Neigungen; sie zitiert eine überkommene Terminologie, um sich von ihr abzusetzen. *Motiv* und *Geschichte* sind Metaphern psychischer und physischer Bewegung; sie verweisen auf eine im Kunstwerk verborgene, in seinen Formen eingebundene Dynamik, die sich in der Betrachtung unter immer neuen Vorzeichen reaktualisiert, dabei den Betrachter nolens volens einbezieht, zur Reflexion, zu Fragen und Antworten nötigt.

Der Engel, in dessen Gestaltung sich über weite Zeiträume hinweg komplexe, teils widersprüchliche Bedeutungszusammenhänge verdichtet haben, ist nicht zuletzt ein prominentes Beispiel für die faszinierende Gegenwärtigkeit einer Kunst, deren vielfältige Entstehungsbedingungen Jahrhunderte, wenn nicht Jahrtausende, zurückliegen. Die Frage nach den Ursachen für die Insistenz dieses Motivs berührt unversehens eine weitere, in diesem Kontext entscheidende Frage nach den Motiven für das Interesse an archaischen Ausdrucksweisen wie jene, die sich in der Gestalt des Engels manifestiert.[4]

Der thematische Zusammenhang wird deutlicher, wenn man sich erinnert, daß die konkrete Utopie eines universalen, über Zeit und Raum in Wort und Bild kommunizierbaren Wissens auf die jüdisch-christliche Konzeption des Engels selbst zurückgeht. Der Versuch, durch ein umfassendes Datennetz über die vergangene und gegenwärtige, womöglich über die zukünftige Geschichte zu verfügen, ist Ausdruck eines emanzipatorischen Wunsches, sich ehemals göttlicher Privilegien zu bemächtigen, die im Zuge der Aufklärung ihren tabuisierten Charakter verloren haben. Dennoch bleiben diese wie auch andere technologische Großprojekte unserer Zeit ihren sakralen Voraussetzungen eigentümlich verhaftet. Kybernetik und Informatik gründen in dem christlichen Verständnis von Schöpfung und Heilsgeschichte als einem in sich abgeschlossenen System, das – wie differenziert die Bedingungen, wie zahlreich auch die Möglichkeiten kollektiver oder individueller Ereignisse sein mögen – doch nur ein a priori festgelegtes, in allen seinen Kombinationen vorhersehbares Programm durchläuft. In diesem providentiellen Kosmos sind Engel Träger einer kontinuierlichen, ungehindert fließenden, eindeutigen Kommunikation, aus der sich die harmonische Weltordnung fortwährend regeneriert. Ihre Botschaften sind göttliche Befehle, die sich in dem Moment der Mitteilung realisieren. Indem die Engel unmittelbar und quasi ohne Energieverlust den *logos* der Vorsehung auf die irdische *physis* übertragen, gewährleisten sie einen reibungslosen Ablauf der Geschichte.

Indessen sind die Engel so wenig frei von Ambivalenz wie ihre postmodernen Substitute. Der monotheistische Anspruch auf einen eigenen Kosmos, der jede andere Ursprungsmacht, jedes andere Wirkungsprinzip sui generis ausschließt, wird gerade von ihnen auf katastrophale Weise in Frage gestellt. Der Sturz des rebellierenden Engels Lucifer in einen unermeßlichen Abgrund des Nichts zerreißt die vollkommene Schöpfung; er konstituiert den traumatischen Ursprung kosmischer Geschichtlichkeit, die jene der menschlichen Gattung vorbereitet. Die verführerischen Worte »Ihr werdet sein wie Gott«, die den Sündenfall provozieren, sind die des gefallenen Engels; seine Verdrängung in ein obskures Jenseits der Schöpfung bedeutet nicht die Wiederherstellung der ursprünglichen Harmonie, sondern im Gegenteil die Wiederkehr des Verdrängten als destruktiver Widerpart. Wiewohl in der göttlichen Schöpfungslogik vorgesehen, erfordern der Abfall des höchsten Engels und der des ersten Menschenpaares einen Heilsplan, der die chaotischen Impulse des Bösen durch fortschreitende Bewegung in Raum und Zeit abzuwehren und zu überwinden sucht. Als Repräsentant dieser Heilsgeschichte geleitet der Erzengel Michael, der den vakanten Platz Lucifers in der himmlischen Hierarchie eingenommen hat, das auserwählte Volk Israel in das Gelobte Land, die Christenheit bis zur Wiederkehr des Messias ans Ende aller Zeiten, um nach seinem apokalyptischen Kampf mit dem Antichrist erneut einen stabilen Zustand des Kosmos herzustellen.

Der Engel der jüdisch-christlichen Überlieferung erweist sich als Leitmetapher eines Geschichtsdenkens, das die Historie als fortschreitende Annäherung an einen utopischen Zustand der Erlösung jenseits aller Geschichtlichkeit begreift. Er garantiert die Übertragung des göttlichen Willens in Heilsgeschichte, er autorisiert deren Verlauf durch seine Erscheinung und verleiht ihrer Dynamik göttliche Legitimität. In den Büchern des Alten Testaments spricht er im Namen Gottes zu dem Volk Israel, weist ihm den Weg und bekämpft seine Feinde; in den Evangelien verkündet er die Geburt Christi, übermittelt den Ratschluß Gottes und erwirkt bei der künftigen Gottesmutter die Inkarnation des *logos*, der in menschlicher Gestalt das Erlösungswerk vorantreibt. Neben den namentlich benannten Erzengeln ist auch von Engelscharen die Rede. Wie jene sorgen sie für einen fortgesetzten Dialog zwischen Gott und den Menschen; sie tragen die Gebete, in einem späteren Verständnis auch die eucharistischen Elemente Brot und Wein vor Gottes Thron und sichern damit das von Beginn an labile, immer wieder gefährdete, immer wieder erneuerungsbedürftige Bündnis mit der verborgenen, unberechenbaren Gottheit, zu deren Besänftigung in der Sakralkunst sich die Engel der Fürbitte Christi und der Heiligen um Gnade und Vergebung für die werkfrommen Stifter anschließen. Demselben Zweck dienen die liturgischen Gesänge und Hymnen, die nach dem Vorbild der Engelchöre den Schöpfergott anrufen, lobpreisen, sich seinem Willen unterwerfen und sich damit seiner Macht anverwandeln. Der Gesang der Engel durchzieht als Sphärenklang affirmativ die kosmische Ordnung, begleitet und bewirkt die Bewegung der Gestirne und den providentiellen Fortgang der Geschichte; sie repräsentieren in Wort und Klang die Harmonie der Schöpfung und bringen sie materialiter zur Geltung. Die Engel bilden eine ununterbrochene Kette kleinster Vermittlungsinstanzen, verbinden dabei Makro- und Mikrokosmos zu einem umfassenden Netz von Ursachen und Wirkungen; indem sie die Ströme des *logos* wie lebende Halbleiter auf die entferntesten Punkte des Universums übertragen und wieder zurückfließen lassen, sichern sie die Omnipräsenz Gottes in Raum und Zeit. In Theologie und Schrifttradition sind Engel Metaphern göttlicher Allmacht und Allwissenheit.

Die Kommunikationstechniker, die zwischen dem Wort Gottes und der irdischen *physis*, zwischen dem triebhaften *pneuma,* dem heiligen Geist- und Lebensatem, und der menschlichen *psyche* unermüdlich interagieren, erfüllen jedoch noch eine weitere Aufgabe, die ihre Vermittlungsfunktionen entscheidend spezifiziert. Die Engel, die Gottes Willen verkünden und vollstrekken, sprechen nicht nur in seinem Namen; sie erscheinen an seiner Stelle, geben dem göttlichen *logos* sinnfällige Gestalt. Sie sind sichtbare Repräsentanten des *Deus absconditus,* des verborgenen Gottes, der sich jeder menschlichen Erkenntnis – denn keiner schaut das Angesicht Gottes und lebt – auf letale Weise verwehrt. Wo immer Engel erscheinen, markiert ihr Ätherleib die Grenze zwischen himmlischer und irdischer Sphäre, bildet ihre Gestalt eine transparente Fläche, auf der das abstrakte Geistwort anschaubare Formen gewinnt. Die Leitfiguren der Vorsehung, die Übersetzer des omnipotenten Worts in Heilsgeschichte sind zugleich Metaphern göttlicher Erscheinungsmacht.

Unter dem Einfluß Plotins und des alexandrinischen Neoplatonismus[5] verfolgen die Spekulationen über Wesen und Aufgabe der Engel zunächst eine doppelte Absicht; wie auch in anderen Glaubensfragen ist die Theologie der ersten christlichen Jahrhunderte darum bemüht, die Vorstellungen der neuen *religio* dem Niveau der paganen philosophischen Traditionen anzugleichen, um andererseits mit deren begrifflichem Instrumentarium eine Reihe von Widersprüchen – so die logische Unvereinbarkeit der Allmacht Gottes mit der Existenz des Bösen, der unendlichen Ferne des Schöpfergottes mit seiner Omnipräsenz in der Schöpfung – aufzulösen. Implizit hat die in den ersten christlichen Jahrhunderten entwickelte Angelologie – wenn auch unfreiwillig und wohl der eigenen Intention entgegen – der bildenden Kunst eine theologische Grundlage geschaffen. Obgleich die vehementen Auseinandersetzungen um den Status der Ikonen erst Jahrhunderte später aus dem Amalgam antiker Philosophie hervorgehen sollten, werden Aufgaben und Funktionen bereits in den frühesten Phasen der christlichen Sakralkunst mit denen der Engel in Übereinstimmung gebracht und dabei ihre Korrespondenz in den Bildwerken selbst thematisiert. Mit der Darstellung von Engeln als Vermittlungsfiguren zwischen unsichtbarem *pneuma* und sichtbarer *physis,* zwischen verborgener göttlicher Latenz und manifester Heilsgeschichte erbringt die Kunst den Beweis ihrer eigenen Existenzberechtigung noch vor jeder systematischen Bildertheologie.

Die Gestalt des Engels inspiriert eine künstlerische Entwicklung, die sich vor dem Hintergrund des alttestamentlichen Bilderverbots und angesichts der dämonischen Präsenz paganer Kultbilder durch die Suggestivität ihrer Darstellung zu behaupten sucht. In Mosaik, Malerei und Skulptur ist der Engel von Beginn an Exponent einer konfliktreichen Beziehung des Bildes zum jüdisch-christlichen Primat des *logos*. Indem er das Wort der Verkündigung in Erscheinung verwandelt, figuriert er als Modell einer Kunst, in der sich Bild und Abgebildetes essentiell verbinden. Im Unterschied zum Schriftwort ist der Engel Gottes sichtbare Form. Das Medium seiner Vermittlung ist die sinnliche Evidenz. Nicht der Wortlaut seiner Botschaft, sondern die physisch wahrnehmbare Präsenz des Boten verleiht jener Bedeutung und Legitimität. Die künstlerischen Bemühungen gelten somit – unbeschadet der theologischen Einsprüche und Restriktionen, die den Status der Kunst immer wieder in Frage stellen werden – jenen Erscheinungstechniken, wie sie in der Schriftenüberlieferung den Engeln zukommen. Mit der Gestaltung des Engelmotivs thematisiert die christliche Sakralkunst nicht nur die eigenen Bedingungen und Möglichkeiten ihrer *techne* – ihrer Kunst und Kunstfertigkeit – sowie ihre spezifische Rolle innerhalb der vom Schriftwort bestimmten *religio;* in ihrer Darstellung als göttliche Boten und Kommunikationstechniker, die eben jene Aufgaben und Funktionen der Bildwerke erfüllen, bilden die Engel zugleich ein Moment künstlerischer Selbstreflexion.

Die Problematik christlicher Sakralkunst erinnert an den doppeldeutigen Ausgangspunkt der neuen *religio:* an jene Szene, da ein *angelos Kyrios,* ein Bote des Herrn, am leeren Grab Christi dessen Auferstehung verkündet und den zweifelnden Marien, die dem *logos* glauben müssen, weil sie nichts sehen können, unter eben diesen Prämissen aufträgt, seine Worte als *evangelion,* als gute Botschaft, zu verbreiten. Die Aufgabe des Engels wie des Bildes, das realiter Abwesende (den Leichnam Christi) als das spiritualiter Anwesende (den *Kyrios*), das per se Unsichtbare in sichtbarer Evidenz zu gestalten, mithin zur Anschauung zu bringen, was sich per definitionem jeder bildlichen Umschreibung entzieht, präfiguriert den ungesicherten, zwiespältigen, immer wieder zwielichtigen Status des Bildes innerhalb einer prophetisch-missionarischen, auf das Wort gegründeten Kultgemeinde. Insofern erscheint der Engel am leeren Grab nicht nur als eine paradigmatische Problemfigur christlicher Evangelisation, sondern reflektiert diese im Modus der bildenden Kunst selbst; in seiner sichtbaren Präsenz anstelle des abwesenden, verborgenen Gottes beweist der Engel am leeren Grab Christi die Darstellbarkeit des unsichtbaren Mysteriums. Die fatale Durchdringung von Lebens- und Todesbotschaft in dem Verkündigungswort wird in seiner ambivalenten Gestaltung, welche die Bedrohung wie das Faszinosum eines klaffenden, leeren Abgrunds des Gestaltlosen zu bannen versucht, bis in die Kunst des 20. Jahrhunderts nachwirken.

Mit der Auflösung der christlichen Sakralkunst scheint auch der Engel, der diese wie kein anderes Bildmotiv geprägt hat, seine Bedeutung verloren zu haben. Als Chiffre kultisch-künstlerischer Ersatzformen, später als Denkfigur, die von einem fortschreitenden Säkularisierungsprozeß gezeichnet ist, wird er in der bildenden Kunst noch eine bescheidene Randexistenz führen; nach den historisierenden Tendenzen des 19. Jahrhunderts bedient sich die Kunst der Moderne dieses wie auch anderer überkommener Motive und Themen zumeist in verfremdeter Gestalt oder in anspielungsreichen Collagen, um hinter den konventionalisierten Formen eine andere verborgene Realität der sinnlichen Anschauung zugänglich zu machen. Spätestens im Zeichen der Postmoderne jedoch, die jene kritische Distanzierung in eine spielerische Affirmation der allgegenwärtigen medialen Bilderwelt verkehrt und in einer beliebigen Kombinatorik vergangener und gegenwärtiger Ikonographie jeder machtpolitischen Inanspruchnahme zu entraten hofft, sollte der ehemalige Repräsentant der Heilsgeschichte seine Überzeugungskraft so weit eingebüßt haben, daß sich für ihn allenfalls ein Platz in einem kulturellen Disneyland vorstellen ließe.

Indem die Videokunst die Vermittlungsfunktionen und Erscheinungstechniken des Engels auf die elektronischen Bildmedien übertragen hat, ist dieser Vorgang unmittelbar einsichtig geworden. Ihre Installationen bedeuten nicht mehr nur Illusion einer anderen Realität und Geschichte, sondern Auflösung des Realen und seiner Geschichtlichkeit in Simulation. Sie überführen die säkularen – und posthum auch die sakralen – Formen der Verkündigung und Offenbarung ihrer Widersprüchlichkeit, ohne diese jedoch dialektisch aufzulösen, sie schlichten geschweige denn harmonisieren zu wollen. Der Blick auf den Monitor ist eine radikalisierte Betrachtung des Grabes Christi, dessen Leere von jeher der beschwörerischen Erklärung bedurfte: wenn es hier nichts Sichtbares gibt, wenn es an Leben, an realer Präsenz fehlt, so ist das nur ein Zeichen dafür, daß es sie anderswo oder in einem anderen Sinn doch gibt. Die theologischen Vorgaben hingegen werden durch einen aufklärerischen Gestus ersetzt, der sich jeden Kommentars enthält, der schweigsam den Betrachter zur Erkenntnis auffordert, daß es nichts mehr zu erkennen gibt. Das Videobild, das keine materielle Konsistenz besitzt, entsteht und sich verflüchtigt, ohne Spuren zu hinterlassen, ist eine heute aktuelle und in seiner reinen Technifizierung konsequente Formulierung des Engelmotivs: eine Erscheinung ohne Geschichte, eine visuelle Botschaft, die nichts anderes besagt, als daß sie nichts besagt, ein Bild der Sprachlosigkeit, wenn nicht der Ohnmacht des Sprachlichen überhaupt.

Unversehens ist das Ursprungsproblem der christlichen Sakralkunst in ihrer Säkularisierung wieder hervorgetreten und verweist explizit darauf, daß es sich seinerzeit wie heute nicht nur um ein Problem künstlerischer *techne* handelt. Der Blick in ein Jenseits von Sprache und Geschichtlichkeit, den das Kunstwerk eröffnet, hat erkennen lassen, daß der Versuch, sich ihrer zu bemächtigen, auf einer Illusion beruht. In dem universalen Netzwerk von Daten, das den *logos* der Schöpfung und Geschichte erfassen sollte, lauert deren verborgene, jenseitige Macht; die Technifizierung des Wissens, die darüber zu verfügen meint, liefert sich ihr bedenkenlos aus. Weit davon entfernt, Geschichte und Logozentrismus philosophisch, geschweige denn realiter, zu bewältigen, haben Posthistoire und Dekonstruktivismus angesichts der insistenten Wiederkehr des Verdrängten mit ihren konfliktreichen Formulierungen jene kulturellen Verdrängungsleistungen, welche die epochalen Schritte der Gattungsgeschichte markieren, gewiß nicht zum ersten Mal, dafür mit neuen Vokabeln in Zweifel gezogen. Damit ist auch die Aufmerksamkeit für die ambivalente Rolle der Kunst erneut sensibilisiert worden, welche die individuellen wie gesellschaftlichen Triebkonflikte aufnimmt, vermittelt und reflektiert, sie partiell freisetzt, indem sie zur Anschauung gelangen, und zugleich in ihrer Darstellung eine Kompromißformel anbietet, die ihre Bedrohlichkeit mindert und einen befreienden Entwicklungsprozeß verspricht. Mit dem Begriff der Geschichte steht folgerichtig die implizite Geschichtsschreibung der bildenden Kunst und selbstredend auch die sie analysierende Kunstgeschichte zur Diskussion.

Unter diesen Bedingungen muß die *Geschichte eines Bildmotivs*, das seinerseits als Moment kunstgeschichtlicher Entwicklung erscheint, Aufschluß über die eigene Motivation zu geben versuchen. Sie könnte auch an einen älteren als den in heutigen historischen Disziplinen geläufigen Bedeutungszusammenhang von Geschichte erinnern. Das griechische Wort *istoria* meint zunächst die Beschreibung von politisch-gesellschaftlichen Konfliktsituationen, bevor der Begriff auf diese selbst angewendet wird. Geschichte in diesem Verständnis ist eine literarische Form: sekundäre sprachliche Bearbeitung jener Triebkräfte menschlichen Handelns und Denkens, die unter religiösen oder philosophischen Vorgaben – im Sinne einer Heilsgeschichte, einer fortschreitenden Kulturgeschichte der Menschheitsgattung, einer Evolution durch natürliche Auslese von Individuen und Gesellschaftssystemen – nachträglich als eine logische Abfolge von geschichtlichen Tatsachen aufgefaßt wird. Mit der Aufzeichnung von Geschichten gewinnen diese jene geschichtliche Signifikanz, die ihrer Auswahl und Anordnung a priori eingeschrieben ist. Der spätere Doppelsinn von Geschichte hat dieses Problem auf einen unmittelbar verständlichen Begriff gebracht, der – unbeschadet aller objektiven Ansprüche, welche die wissenschaftlichen Disziplinen an die Geschichte stellen – beharrlich darauf verweist, daß sich deren Gegenstand und Beschreibung nicht eindeutig voneinander trennen lassen. Wie jede andere ist auch die geschichtliche Konfliktforschung sui generis Teil jenes Konflikts, den sie beschreibt und analysiert und der in seiner Analyse und Beschreibung nach neuen, zureichenderen Formulierungen drängt. Es ist seine verborgene Aktualität, die das historische Erkenntnisinteresse bewußt oder unbewußt motiviert.

Die Kunstgeschichte ist Teil dieser kollektiven Erinnerungsarbeit und zugleich Ausdruck jener Erkenntniskritik, wie sie die jeweils zeitgenössische Kunst implizit formuliert. Aufgrund ihres komplexen Spiels von Verdichtungen, Verschiebungen, Symbolisierungen erzählen die Kunstwerke immer auch andere Geschichten als die schriftlichen Überlieferungen, sie erzählen mit ihren bildlichen Gestaltungen die Geschichte eines ebenso faszinierend wie bedrohlich Anderen, das sich nicht zur Sprache bequemen will. Die Versuchung liegt nahe, ihre oszillierende Geschichtlichkeit durch eine systematische Terminologie einzudämmen und auf eine Bestandsaufnahme positiver Tatsachen zu reduzieren. Der kunsthistorische Blick jedoch, der sich – statt der Bewegung der Linien und Farben zu folgen – fest umrissene Informationen fixiert, verkennt deren Voraussetzungen und vernachlässigt gerade dadurch jenes reich gefächerte Instrumentarium, das mit dem Begriff der Geschichte zur Disposition steht. Die Bemerkung eines Literaturwissenschaftlers, daß philologische Erkenntnis nicht zum Wissen gerinnen dürfe, kann angesichts der Gegenwärtigkeit noch der ältesten Kunst auch für deren Geschichtsschreibung Geltung beanspruchen.[6]

So bedeutet es keineswegs das Ende der Geschichte, wenn sich der ihr a priori unterstellte Sinn, ihre heils-, geistes- oder sozialgeschichtliche Logik als trügerisch oder die Methoden zu ihrer Erforschung als unzureichend erweisen. Die Dynamik jener Konflikte, die sich in Form eines Kunstwerks und in dessen jeweiligen Formen artikulieren, hat sich darin nicht erschöpft; sie drängt auf Interpretation, zu neuer bildlicher Gestaltung wie zu sprachlichem Ausdruck. Das Motiv des Engels ist ein Beispiel für den fortgesetzten Prozeß der Vermittlung und Auseinandersetzung, der Distanzierung und Identifikation, mithin für jenen Dialog, der den Betrachter eines Kunstwerks unwiderruflich involviert. Als Ausgangspunkt und Movens christlicher Sakralkunst, deren Säkularisierung die theologischen Prämissen in kunsttheoretische Problemstellungen verwandelt hat, als Bote und Offenbarungsträger, als insistente, immer wieder variierte Kompromißformel zwischen Bild und Wort ist der Engel nicht nur Reflexionsfigur der bildenden Kunst, sondern auch ihrer Betrachtung. Die Frage, was in der Kunst, genauer: in den einzelnen Kunstwerken, mit seiner Darstellung zur Erscheinung gebracht, was mit seiner Inszenierung formuliert wird, impliziert die nach der Übersetzbarkeit des Bildes in Sprache. Diese Möglichkeit hat der Engel von jeher in Aussicht gestellt und dabei immer wieder in Zweifel gezogen. Eine Geschichte seiner Motive in der bildenden Kunst, die ihn beim Wort nehmen will, muß sich auf seine ambivalente Darstellung einlassen.

I Am leeren Grab Christi
Reflexionsfiguren der bildenden Kunst

1 Prolog: *Ecclesia triumphans*
Die Konvertierung der Nike-Victoria

Als zu Beginn des 6. Jahrhunderts die PALASTKIRCHE des Ostgotenkönigs Theoderich (Farbtafel 2) in Ravenna mit ihren prächtigen Mosaiken ausgestattet wurde[1], hatte das Christentum seine politisch und kulturell dominierende Rolle in dem sich auflösenden römischen Weltreich bereits unwiderruflich etabliert. Zwei Ereignisse markieren jene kurze Zeitspanne, in der sich die Verwandlung der mediterranen Welt in ein *Imperium Romanum Christianum* vorbereitet hat. Das Toleranzedikt von Mailand verpflichtet im Jahre 313 alle römischen Bürger, zu ihren jeweiligen Göttern um den Erhalt der vom Kaiser repräsentierten staatlichen Ordnung zu beten, »damit, was immer an Gottheit und himmlischen Wesen existiert, uns und unseren Untertanen gnädig sein möge«[2], und verzichtet damit formell auf eine allgemein verbindliche Kultpraxis; die programmatische Weigerung, den Bildern des Kaisers und der staatstragenden Götter Opfer darzubringen, hatte zuvor die Christen dem Verdacht revolutionärer Umtriebe und daraufhin blutigen Verfolgungen ausgesetzt. Nachdem bereits um die Jahrhundertmitte Erlasse zum Verbot »des Opferdienstes oder der Bilderverehrung« vorausgegangen waren[3], wird im Jahre 380 die ursprünglich chiliastische, mithin hierarchiefeindliche Sekte zur Staatsreligion erhoben und damit ihre genuin unduldsame Haltung gegenüber allen anderen Kulten in ein folgenreiches Instrument kaiserlicher Machtpolitik verwandelt.

Unter Preisgabe seiner fundamentalistischen Ursprünge, die im Verlauf seiner Geschichte gleichwohl immer wieder zum Vorschein kommen werden, vollzieht sich der triumphale Aufstieg des Christentums zur herrschenden Ideologie und zur staatstragenden *religio* im Zeichen eines wechselseitigen Bündnisses mit der imperialen Macht. Wenn Pseudo-Dionysios Areopagita das höfische Zeremoniell und die staatliche Ordnung, die sich darin spiegelt, gegen Ende des 5. Jahrhunderts durch ein kosmologisches Modell zu rechtfertigen sucht, demzufolge eine welterhaltende En-

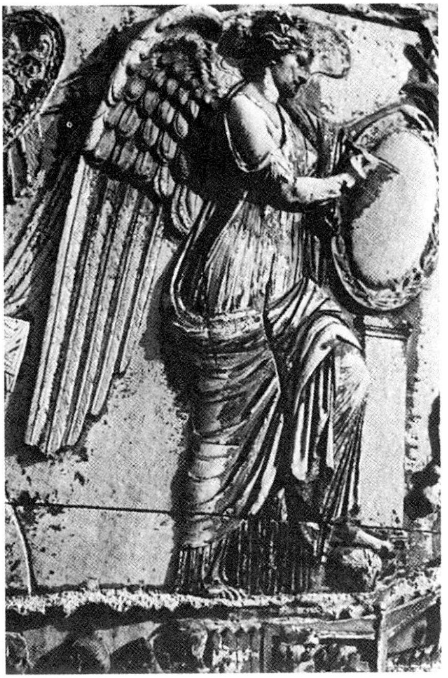

1 *Victoria,* Rom, Trajanssäule, 113 n. Chr. geweiht

gelhierarchie Gottes Willen offenbart und ausführt, kann er sich auf eine bereits weithin akzeptierte Analogie von Monotheismus und Monarchie stützen; bereits Eusebius von Caesarea hatte als theologischer Berater Konstantins I. dessen usurpierte Alleinherrschaft als realpolitische Antizipation des kommenden christlichen Weltreichs propagiert: »Konstantin bekam wieder den Osten und brachte das Römische Reich ganz und ungeteilt, wie es früher gewesen war, an sich, um sofort allen die Botschaft von Gott, dem einzigen Herrscher, zu bringen, als einziger Herrscher im mächtigen Römischen Reich aber auch selbst die gesamte Welt zu leiten. [...] Dem *einen* König auf Erden entspricht der *eine* Gott, der eine König im Himmel und der *eine* königliche Nomos und Logos«.[4]

Auch Konstantin II., Sohn und Nachfolger jenes Kaisers, der mit den Insignien Christi in der berühmten Schlacht an der Milvischen Brücke über seinen heidnischen Widersacher triumphiert hatte, wird die Ausbreitung von Gottes Wort und Gesetz in seinem eigenen Namen und Interesse gegen die heidnischen Oppositionen mit allem Nachdruck vorantreiben und dabei ein vielleicht noch bedeutsameres Zeichen setzen, als es das Christusmonogramm auf dem *Labarum* seines Vaters darstellte. Auf seine Veranlassung hin wird im Jahre 357 eines der bedeutendsten Heiligtümer des alten Rom, der Victoria-Altar des großen Senatssaales, entfernt, vor dem seit augusteischer Zeit zu jeder Sitzung Wein und Weihrauch geopfert wurden. Was zunächst wohl nur als Demütigung der konservativen römischen Senatsaristokratie intendiert war, die sich den paganen Traditionen tiefer verpflichtet fühlte als die kaiserlichen Parvenus, sollte sich im weiteren Verlauf des Jahrhunderts zu einer paradigmatischen Auseinandersetzung um das kulturelle Erbe Roms entwickeln.

Die Altarskulptur – eine geflügelte, auf der Weltkugel balancierende Nike, übrigens ein Beutestück aus der griechischen Stadt Tarent – war bei weitem mehr als ein lokales Kultobjekt; die Siegesgöttin, der wahrscheinlich jene auf der *Trajanssäule* (Abb. 1) und zahlreiche spätere Personifikationen des Triumphs nachgebildet worden sind, war als *Victoria Augusta* zu einem religiösen Sinnbild der imperialen Macht und Größe Roms, zu einem Rechtssymbol römischer Herrschaft über den Weltkreis geworden. In einer kritischen Phase anhaltender innerer und äußerer Bedrohung des alten Staatsgefüges konnte der pagane Widerstand gegen die fortschreitende Christianisierung des Reiches in dem Idol prägnanten Ausdruck finden. Die unablässigen Versuche, der Statue ihren angestammten Platz zurückzugeben, die taktische Konzilianz der nachfolgenden Kaiser, die Polemiken und Exkommunikationsdrohungen der Bischöfe lassen den politisch-religiösen Machtkampf gegen Ende des 4. Jahrhunderts in seinem ganzen Ausmaß hervortreten. Daß sich schließlich die Göttin Victoria definitiv von Rom abgewandt hatte, konnte sie nicht deutlicher zu erkennen geben als durch das Verschwinden ihrer Skulptur während der Belagerung und Plünderung der Stadt durch die Westgoten im Jahre 410.[5]

Die Verdrängung der Victoria aus dem Machtzentrum des alten Rom und seiner Kulttraditionen erscheint zunächst wie ein markanter Einschnitt, der pagane Antike und beginnende christliche Ära unwiderruflich voneinander absetzt. Allerdings dokumentiert die Episode eher die historische Kontinuität innerhalb einer Epoche, deren Definition die Historiker von jeher vor schwierige Probleme gestellt hat. Unverkennbar manifestiert sich die erfolgreiche Aneignung des paganen Erbes in der Kunst durch die Wiederkehr der Siegesgöttin in Gestalt des triumphierenden Engels, der nunmehr die Weltherrschaft Christi verkündet und die seiner irdischen Stellvertreter im Namen des einzigen Gottes legitimiert. Zu Beginn des 5. Jahrhunderts erscheint der Engel in der christlich-imperialen Bildpropaganda und verbindet sich dort mit der Kaiserikonographie; als deren integraler Bestandteil in politisch-repräsentativen Sakralbauten – deren Stiftung seit Konstantin I. zum unerläßlichen Bestandteil kultureller Machtpolitik gehört – wird er auch während der nachfolgenden Jahrhunderte in Kuppelmosaiken (Abb. 2) und auf Westfassaden (Abb. 3) die heilsgeschichtliche Korrespondenz von himmlischer und irdischer Hierarchie vor Augen führen. Der Engel der christlichen Kunst entsteht in einem Ambiente, das nach Übereinstimmung von politischer und sakraler Repräsentation sucht.

Auch die erwähnten Mosaiken in Ravenna, der letzten Hauptstadt des weströmischen Reiches, stehen in dieser Tradition und suchen politisch wie kulturell die Konkurrenz zur östlichen Metropole. Theoderich, der selbst am byzantinischen Hof aufgewachsen war und mit dessen Unterstützung Italien erobert hatte, demonstrierte mit der Innenausstattung seiner PALASTKIRCHE den eigenen Herrschaftsanspruch über die weströmische Reichshälfte; in der untersten Zone des Langhauses ließ er sich, gefolgt von seinen Würdenträgern, inmitten eines umfassenden heilsgeschichtlichen Bildprogramms als Herrscher in der Nachfolge Christi auf den Altar zuschreitend darstellen. Allerdings sollte diese sakrale Selbstrepräsentation den Stifter nur

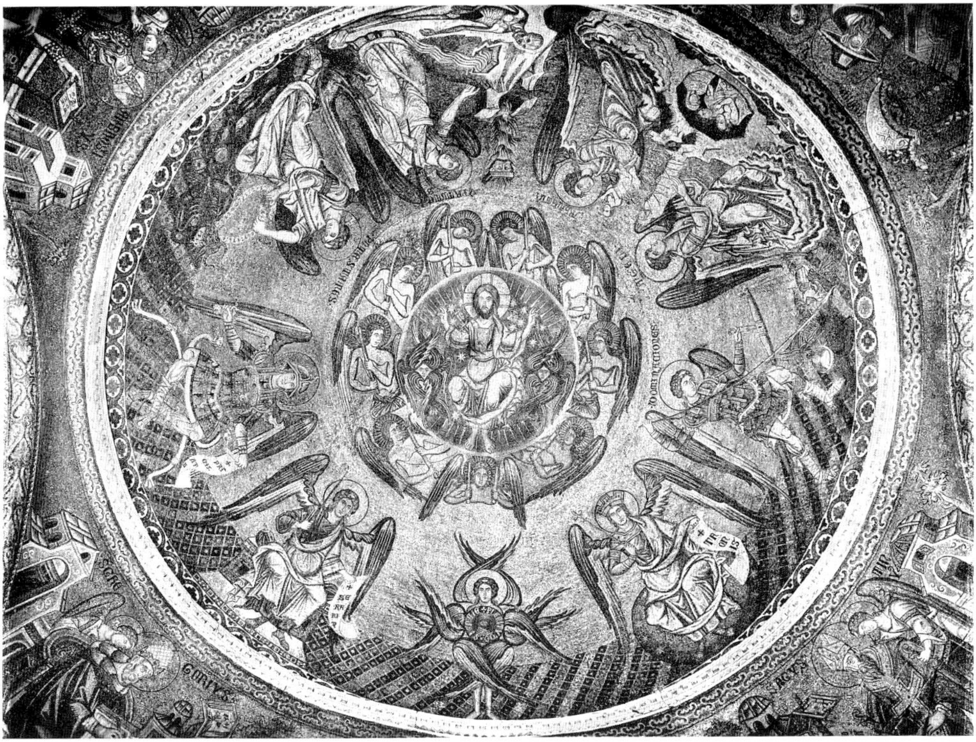

2 *Christus Pantokrator und Engelchöre,* Venedig, San Marco, Kuppelmosaik des Baptisteriums, 1. Hälfte des 14. Jahrhunderts

um wenige Jahrzehnte überdauern. Wie die Mehrzahl der germanischen *foederati* waren auch die Ostgoten unter dem ersten christlichen Kaiser nach arianischem Bekenntnis missioniert worden, das Christus nicht als Gott, sondern als göttlichen Menschen definierte und damit den Auftakt zu einer ununterbrochenen Reihe von Spaltungen innerhalb der von Beginn an imaginären Einheit des *Corpus Christianum* bilden sollte. Nachdem Ravenna um die Jahrhundertmitte von byzantinischen Heerführern zurückerobert worden war, ließ der orthodoxe Erzbischof eben diese Mosaiken abschlagen und durch die Darstellung eines Märtyrerzugs ersetzen, der nunmehr von dem Heiligen Martin von Tours, einem vehementen Gegner des Arianismus, angeführt wurde.[6]

Signifikant ist auch dieses unscheinbare kirchenpolitische Intermezzo. Die kostspielige *damnatio memoriae,* die sich nicht mit der Entfernung oder Zerstörung der Bildwerke begnügt, sondern anstelle

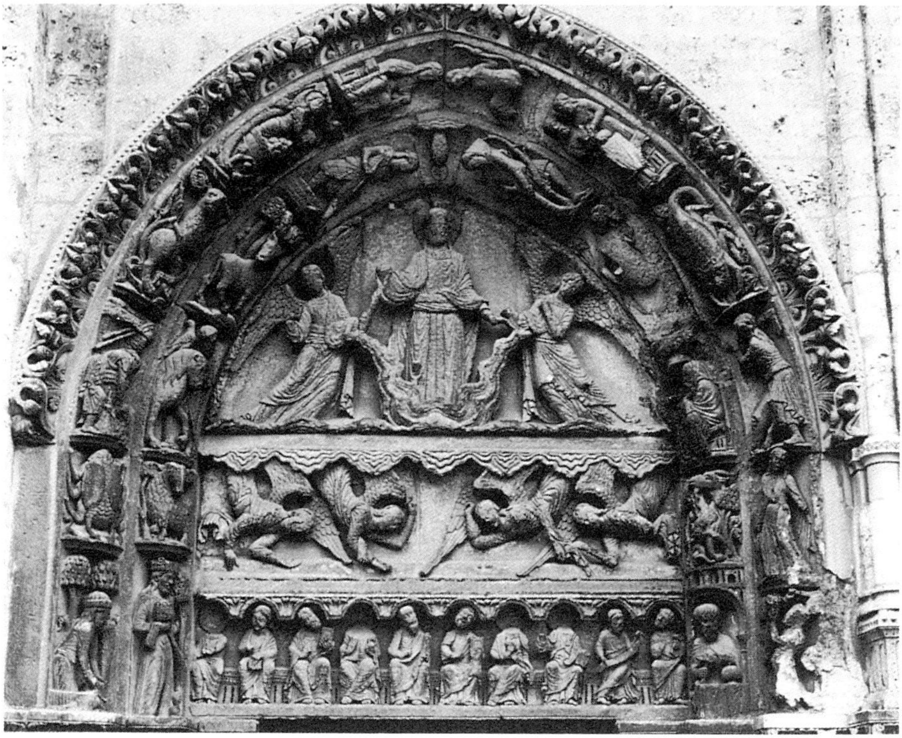

3 *Himmelfahrt Christi,* Chartres, Kathedrale, Tympanon und Archivolten des linken Portals, 12./13. Jahrhundert

des Häretikers dessen heiligen Überwinder erscheinen läßt, verweist implizit auf die Bedeutung, welche die christliche Repräsentationskunst dank ihrer institutionellen Einbindung in den Kirchenraum und ihrer Anverwandlung an die pagane Kaiserikonographie innerhalb zweier Jahrhunderte gewonnen hatte, und deutet zugleich die Problematik an, die ihr aus dieser Liaison erwachsen war. Nicht nur die göttliche Legitimation irdischer Macht, deren sich auch im byzantinischen Kaiserkult die Herrscher durch ihre Selbstdarstellung inmitten von Engeln und Heiligen zu versichern suchen, sondern auch der Status der Sakralbilder wird durch deren Auswechselbarkeit auf paradoxe Weise affirmiert und in Frage gestellt. Insofern erscheint die Substitution der ravennatischen Mosaiken wie ein moderates Vorspiel zu dem byzantinischen Bilderkrieg im 8. und 9. Jahrhundert. Allenthalben wird theoretischer, bisweilen auch praktisch ausgeübter Ikonoklasmus als Komplement der christlichen

Sakralkunst deren Entwicklung von ihren Anfängen an begleiten, gleichsam als die abgewandte Seite ihrer Bildwerke diesen unauflöslich verbunden bleiben.[7] Die politische und theologische Brisanz der Frage ist offenkundig; Verwerfung und Rechtfertigung der Bilder berufen sich gleichermaßen auf das ursprüngliche Selbstverständnis des Christentums in seiner Auseinandersetzung mit paganen Kulttraditionen. Nicht zufällig ist die Konvertierung der Victoria – als Ausdruck einer heiligen Allianz von Staat und Kirche – eine der ersten und zugleich nachhaltigsten Formulierungen dieses Konflikts in der christlichen Sakralkunst. Denn an dem Ausgangspunkt der neuen *religio* und ihrer künstlerischen Repräsentation steht die ambivalente Gestalt des Engels selbst.

2 Evangelium des Unsichtbaren

Die theologische Problematik wird auf einem Mosaikfeld der südlichen Seitenwand der ehemaligen PALASTKIRCHE Theoderichs, die später dem Heiligen Apollinaris geweiht wurde, exemplarisch vor Augen geführt (Farbtafel 2). Das Sujet gehört zu den frühesten der christlichen Sakralkunst;[8] die Frauen, die am Ostermorgen das Grab Christi aufsuchen, finden anstelle des Gekreuzigten einen *angelos Kyrion,* einen Boten des Herrn, der ihnen die Auferstehung des Toten verkündet und zugleich den Auftrag erteilt, dieses *ev-angelion* – wörtlich: gute Nachricht – zu verbreiten. Im Unterschied zu den einhundert Jahren zuvor entstandenen römischen Mosaiken in SANTA MARIA MAGGIORE (Abb. 43) haben sich die stilistischen Reminiszenzen an die späthellenistische Illusionskunst weitestgehend verflüchtigt. Monumental vergrößert und von kräftigen Konturen umgeben, heben sich die nunmehr abstrahierten Gestalten der Heilsgeschichte wie auf einem Relief ohne Tiefendimension von dem aufglänzenden Gold des Hintergrunds ab, das in der nachfolgenden byzantinischen Malerei das traditionelle Blau ersetzen und zur ausschließlichen Himmelsfarbe avancieren wird.[9] Die symmetrisch aufgebaute und durch die ungerade Figurenzahl zugleich bewegte Komposition, in der sich die Posituren und Gebärden mit den Gewandfalten und den geometrischen Formen der Architektur zu einer eleganten Linienchoreographie verbinden, ist in ihrer verhaltenen Expressivität deutlicher als die Bildszenen der konstantinischen und theodosianischen Kunst auf den Betrachter ausgerichtet. Die beiden Frauen weisen mit der Hand auf das geöffnete Grab, dessen Umbauung an die von Konstantin I. gestiftete Anastasis-Rotunde in Jerusalem erinnert;[10] ihrem seitlich gerichteten, insistent fragenden Blick antwortet der in leicht gedrehter, etwas unbequemer Haltung auf einem quadratischen Stein hokkende Engel mit rhetorischem Gestus und einem durch die großen Augen hoheitsvoll anmutenden Mienenspiel, das sich halb dem Betrachter zuwendet; die sichtbare Zunge ist Ausdruck eines Sprechakts, der den Personen innerhalb wie außerhalb des Bildes gilt.

Die Botschaft selbst, die jene hören und sehen, gewinnt durch den überlangen Heroldsstab, den der Engel etwas umständlich mit seiner linken Hand balancieren muß, politisch-rituellen Charakter; sie ist ebenso komplex wie mehrdeutig. Der Engel spricht zu den Frauen wie zu den Betrachtern von der alles entscheidenden Heilstatsache, der Auferstehung Christi, die mit dem aufgebrochenen – wie die schräg liegende Tür (oder Sarkophagplatte) andeutet – und nunmehr leeren Grab veranschaulicht werden soll; er fordert die Frauen auf, was sie gesehen, den Jüngern und Nachfolgern zu übermitteln, und versäumt es dabei nicht, auch an die irdischen Repräsentanten der Regentschaft Christi zu erinnern, die mit Bauten und Bildwerken wesentlich zur Erfüllung des Missionsauftrags beitragen. Das Evangelium, das er in einer vollendet ausgeprägten Bildrhetorik formuliert, verbindet die dargestellten heiligen Gestalten, die weltlichen Potentaten der unteren Zone und die reale Gemeinde innerhalb der Basilika, der »Königshalle«, zu einer einzigen, umfassenden christlichen Ökumene. Die Gestaltung des Engels integriert die repräsentativen Funktionen des Bildwerks in den historischen Wortsinn des Bibeltextes und legitimiert damit auch die bildliche Darstellung selbst, die das Wort der Verkündigung in anschauliche Betrachtung und rituelle Teilhabe überträgt.

In der frühchristlichen Kunst wird die Szene zunächst ohne Beteiligung des Engels dargestellt. Offenbar zur Abgrenzung gegenüber verwandten gnostischen Sekten meidet etwa die syrische Kunst anthropomorphe Engelgestalten und ersetzt sie – wie in dem um 250 entstandenen Baptisterium von Dura Europos – durch Sterndarstellungen.[11] Erst seit Beginn des 5. Jahrhunderts figuriert der Grabengel als bildliche Umsetzung der Heilsworte, als sichtbarer Stellvertreter des erhöhten Christus, als rechtmäßiger Botschafter des unsichtbaren Mysteriums in Mosaiken und Buchmalereien, auf Elfenbeinreliefs und Kirchenportalen und gehört in den folgenden Jahrhunderten zum unerläßlichen Bildrepertoire der Passions- und Auferstehungsgeschichte.

Dieselbe Szene wird übrigens zum Ausgangspunkt einer neuen, auch für die bildende Kunst folgenreichen Repräsentationsform, in der sich homiletische und liturgische Intentionen überlagern. Aus dem erweiterten Ostertropus, der im Wechselgesang den Dialog zwischen dem Engel und den Frauen am leeren Grab wiedergibt, entwickelt sich im 10. Jahrhundert eine eigenständige szenische Handlung als Nukleus der sich später auffächernden Vari-

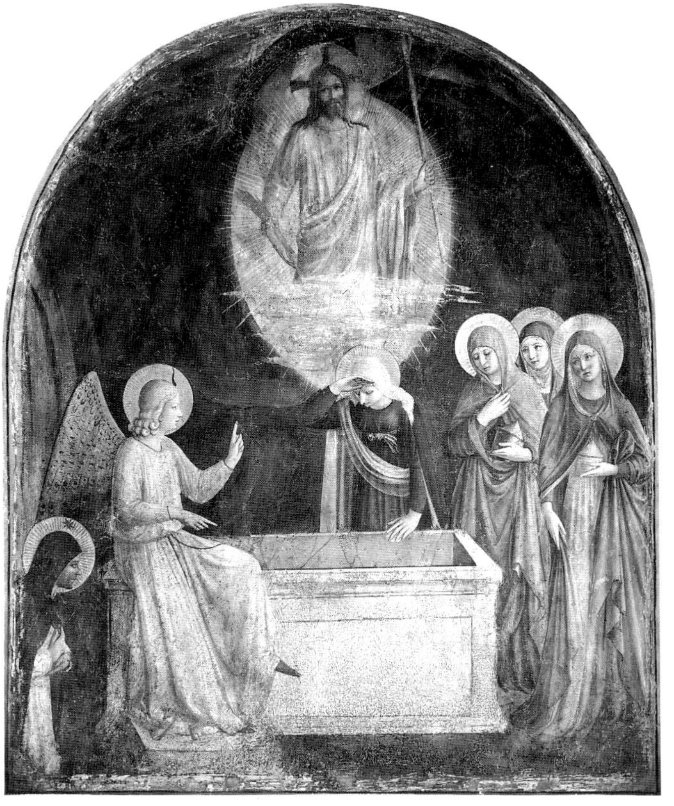

4 Fra Angelico, *Frauen am Grabe Christi,* Florenz, San Marco, Fresko der 8. Klosterzelle, zwischen 1438 und 1450

anten mittelalterlicher Mysterienspiele.[12] Analog zu diesen in ganz Europa verbreiteten *sacrae repraesentationes,* die mit unerhörtem Aufwand ausgestattet werden und bis zum Zeitalter der Reformation zu den Hauptattraktionen der hohen Kirchenfeste zählen, gewinnen auch in der bildenden Kunst die Figuren und ihre Sprachgesten an Dramatik; im Trecento wird die Szenerie mit dekorativen, zunehmend realistischen Details angereichert, bisweilen anekdotisch ausgeschmückt und dabei – vielleicht nach dem Vorbild der spektakulären Bühneneffekte, die bei den öffentlichen Aufführungen zu sehen waren – die triumphale Auferstehung Christi in die Darstellung einbezogen.

Die Verschmelzung beider Sujets, die sich bereits in der karolingischen Kunst andeutet und sich im 14. Jahrhundert allgemein durchzusetzen beginnt, entspricht einem spezifisch künstlerischen Interesse, das in einem Fresko Fra Angelicos (Abb. 4) unter den innovativen Vorzeichen der Frührenaissance explizit thematisiert wird. Mit fragendem, staunendem, ungläubigem Gesichtsausdruck sind die Frauen, die damit der spärlich ausgestatteten Szenerie einen Eindruck räumlicher Tiefe vermitteln, von hinten an den geöffneten Sarkophag herangetreten, auf dessen Rand sich der Engel in lässiger Haltung niedergelassen hat, um mit seinem doppelten Zeigegestus den komplizierten theologischen Sachverhalt von leerem Grab und Auferstehung in eine einfache und überzeugende Bildrhetorik zu übersetzen. Die weibliche Gestalt in der Mitte des Bildes folgt in Blick und Haltung einer der beiden sprechenden Gesten des Engels; fassungslos schaut sie, über den Sarkophag gebeugt, wie in einen unermeßlich tiefen Abgrund. Diese suggestive Visualisierung der Leere wird durch die unwillkürliche Bewegung der rechten Hand geradezu ironisiert; indem sie zum Schutz vor der Lichterscheinung in der oberen Bildhälfte die Augen abschirmt, begibt sie sich der Möglichkeit, über sich realiter zu erkennen, was sie vergeblich in der irdischen Grabstätte sucht und was sie daher nur im Glauben an das verkündende Wort des Engels erfassen kann.

Dominant wie der Pantokrator in den Kirchenkuppeln, wenngleich den Dimensionen einer Klosterzelle angepaßt, erscheint im transparenten Weiß seiner Mandorla der auferstehungsmächtige Christus, der damit das Heilsversprechen des Engels auf anschauliche Weise einlöst. Doch ist die Heilsbotschaft des leeren Grabes, die Überwindung des Todes und die leibliche Auferstehung Christi, die in dem kompositorischen Gegensatz seiner An- und Abwesenheit unmittelbar einsichtig wird, zugleich ein offenkundiger Triumph künstlerischer Technik. Im Unterschied zu den biblischen dramatis personae, die allein den Wortlaut des Textes hören und sprechen, gewinnt die Gegenwart des Erhöhten für den Betrachter sichtbare Gestalt; sie wird in der Darstellung, die der Dominikaner am linken Bildrand durch den Anblick vorbildlicher innerer Betrachtung und Devotion ergänzt, real und präsent vor Augen geführt. Wie der Astralleib des Engels vermittelt die Kunst zwischen himmlischer und irdischer Sphäre, wie in seiner Botschaft berühren die sichtbaren Zeichen die unsichtbare Bedeutung des Mysteriums. Der Engel, der auf die Erscheinungsmacht des Heiligen verweist, demonstriert zugleich das Vermögen der Kunst, das Verkündigungswort virtuell durch Anschaulichkeit zu repräsentieren. Der Bote Gottes fungiert als Repräsentant der Übersetzung – mithin der Übersetzbarkeit – des Schriftwortes in sinnliche Evidenz. Mit dem Bild Christi innerhalb der Darstellung läßt er deren Legitimität in einem anderen Licht erscheinen. Seine Botschaft ist diskret, aber unübersehbar. Die Kunst des Malers vermag die des Homileten in ihrer charismatischen Wirkung zu übertreffen.

Dieser auf die antike Philosophie rekurrierende, die Kunst der Renaissance beherrschende Gedanke eines *Paragone,* eines Wettbewerbs unter den *artes,* namentlich zwischen denen des Wortes und des Bildes, hat seine für die westliche Kunst ent-

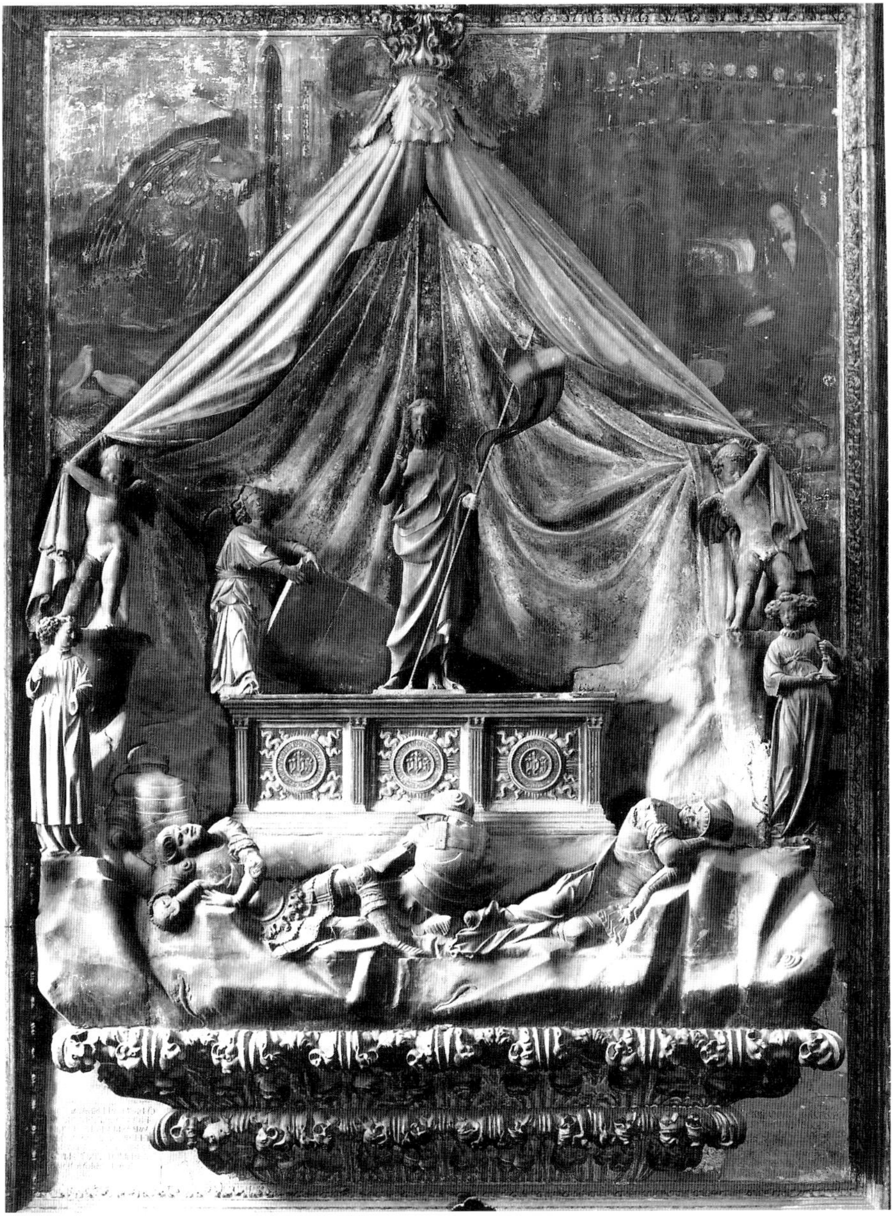

5 Nanni di Bartolo, gen. Rosso Fiorentino, *Grabmal des Niccolò Rangoni di Brenzone,* Verona, San Fermo Maggiore, 1425/26

scheidende Ausprägung durch die Theologie erfahren, die von den ersten Ansätzen einer Theorie des Sakralbildes bis zu den Beschlüssen des Tridentinischen Konzils (1545–1563) die Herstellung der Bildwerke und den Umgang mit ihnen dem ausschließlichen Primat des Schriftwortes zu unterstellen suchte.[13] Nicht zuletzt aufgrund der technischen Entwicklung, die in Konkurrenz und Absetzung zur östlichen Ikone gegen Ende des 13. Jahrhunderts in Italien einsetzt, zeichnet sich eine gegenläufige Tendenz ab, welche die vermittelnde wie oszillierende Gestalt des Engels als Grenzfigur zwischen Wort und Erscheinung sui generis begleitet und nachhaltig motiviert. Die beiden Engelchen, die auf einer Skulptur Rosso Fiorentinos (Abb. 5) einen Vorhang vor dem Grab Christi öffnen, um den soeben Auferstandenen als *Kyrios* und zugleich in seiner menschlichen *physis* zu präsentieren, bedürfen augenscheinlich keiner Worte mehr, weder zu ihrer noch zur Rechtfertigung des Bildwerks, das in souveräner Weise von dem biblischen Text abweicht; sie versuchen gar nicht erst, den Wortlaut des Evangeliums zu wiederholen, sie lassen den Betrachter sehen und erkennen, indem sie nicht nur die Erscheinung Christi, sondern diese zugleich als künstlerische Inszenierung vorführen. Mit ihren technischen Hilfsdiensten (Abb. 5) antizipieren die kleinen Liturgen der Frührenaissance bereits jene effektvolle Theatermaschinerie des 17. und 18. Jahrhunderts, welche die Erscheinungstechnik der bildenden Kunst an die Verwandlungsmacht des konsekrierenden Wortes bindet. Mit der Auferstehung Christi wird auch dessen leibliche Präsenz auf dem Altar, mit der Erhöhung seiner Nachfolger auch deren rechtmäßige Lehre demonstriert. Zum festlichen Ausklang der christlichen Kunst werden die ekstatischen Triumphzüge der Engel (Abb. 69) noch einmal die imperiale Macht und Herrlichkeit der sich auflösenden *religio* ostentativ zur Schau stellen. Wie zu Beginn steht auch das Ende der christlichen Sakralkunst im Zeichen einer *ecclesia triumphans,* die in Gestalt der göttlichen Siegesboten die Legitimität ihrer überkommenen Herrschaftsansprüche in Kuppel und Deckengemälden imaginieren läßt.

Das Spannungsverhältnis zwischen Bild und Wort löst sich in der transzendierenden Bewegung der Barockengel auf und wird zugleich in ein komplexes Bedeutungsspiel überführt, dessen rhetorische und bildliche Elemente sich zu einem umfassenden Instrumentarium katholischer Dogmatik ergänzen und sich andererseits als zunehmend sinnentleertes religiöses Vokabular beliebigen Repräsentationszwecken anbieten. Die Leere des Grabes Christi wird gegen Ende des 18. Jahrhunderts zum Schauplatz kultischer Ersatzbildungen, die das auferstandene, aber nicht mehr auferstehungsmächtige Individuum in den Grabmälern des Neoklassizismus trostlosen Allegorieengeln überlassen. Von den Apotheosen zeitgeschichtlicher Heroen des 19. Jahrhunderts (Abb. 70) bis zu den Kriegerdenkmälern des 20. Jahrhunderts haben die christianisierten und säkularisierten Victorien unter verschiedensten politischen Vorzeichen ein wenig ruhmreiches Nachleben geführt. Noch HAP Grieshabers unglückliche, zu Skeletten abgemagerte Siegesengel einer verunglückten Humanität (Farbtafel 15), die unbeschadet ihrer Niederlagen an der Utopie der Menschlichkeit festzuhalten suchen[14], werden als »Engel der Geschichte« an diese Tradition ex negativo anknüpfen.

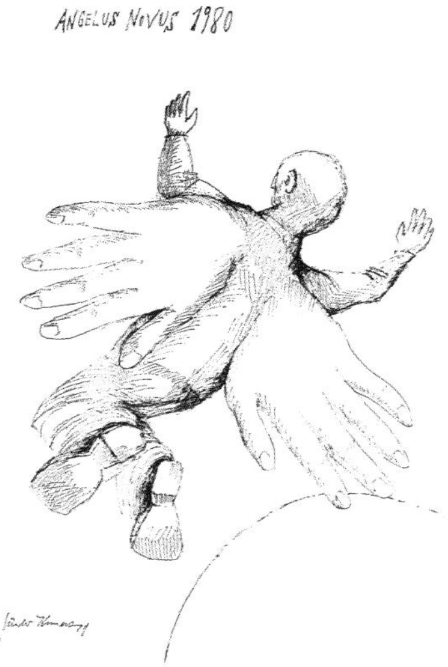

6 Kunert, *Angelus Novus 1980* (Federzeichnung), Ausschnitt

Zu den bedeutendsten Malern des ausgehenden 19. und beginnenden 20. Jahrhunderts, die sich dezidiert christlichen Themen gewidmet haben, gehört der aus dem esoterischen Kreis der *Nabis,* der »Erleuchteten«, hervorgegangene Maurice Denis.[15] Seine Behandlung des traditionellen Sujets (Farbtafel 3) läßt neben den Einflüssen Paul Gauguins auch Anleihen bei der frühchristlichen und byzantinischen Kunst erkennen. Wie die meisten seiner Bilder ist auch dieses vom Ornament bestimmt, auf dessen sakrale Traditionen Denis wie viele seiner Zeitgenossen zurückgreift, um einer daraus abgeleiteten, abstrahierenden Formsprache neue ästhetische Erfahrungen abzugewinnen. Aus dem Wechselspiel teils freier, teils geometrisch strenger Linien, die bald kräftige Konturen bilden, dann wieder aussetzen, um sich in den gleichmäßig über das Bild verteilten kontrastreichen Farbfeldern zu verflüchtigen, lösen sich allmählich vertraute Motive von der bemalten Fläche ab: der Garten, das Grab, ein antikes Tempelchen, umgeben von einer durchaus nicht biblischen Landschaft mit vereinzelten Villen und blühenden Obstbäumen, und die menschlichen Gestalten am vorderen Rand sowie im Zentrum des Bildes, die dessen träumerisch-assoziativen Charakter bestimmen. Tatsächlich verzichtet die Darstellung auf jedes dialogische, mithin dramatische Moment, distanziert sich ausdrücklich vom Historienbild; in der harmonischen Nuancierung der Farbwerte, die in Denis' Œuvre bisweilen zur Sentimentalität tendieren, werden gerade jene spannungsvollen narrativen Elemente des Suchens, der Enttäuschung, des Fragens und Zurechtweisens, der Furcht und des Unglaubens vermieden, mit denen die von ihm und vielen anderen Künstlern des 19. Jahrhunderts verehrten, vorgeblich »naiven« oder »primitiven« Meister des Quattrocento, namentlich Fra Angelico, ihre Werke angereichert hatten, um zu dem – von ihren spätromantischen Bewunderern verachteten – Historienbild zu finden.

Den trauernden Frauen am vordersten Bildrand, denen ein kleines, an die kaum individuierten Schemen angeschmiegtes Mädchen beigefügt ist, stehen links zwei männliche Gestalten gegenüber, die wie jene in geradezu gespenstisch anmutende, weißlich blaue Gewänder gehüllt sind; eine kräftige, an frühchristliche Mosaike erinnernde Goldkontur, die ihre und die Köpfe der drei Marien umgibt, deutet einen Nimbus an. Die stilisierte Stellung ihrer Arme und Hände bildet mit dem ausladenden Ast eines der beiden unheilvollen Bäume des Garten Eden, die jedoch zum Ostermorgen allenthalben neue Blätter sprießen lassen, die Umrißlinie eines spätgotischen Giebels, der den Blick auf ein Bild im Bild – eine rötliche Gestalt, vor der eine dunkle niedergesunken ist – ins Zentrum der Darstellung lenkt. Offenkundig werden zwei, in verschiedenen Evangelien überlieferte Szenen – die Frauen, die am leeren Grab den Engeln, und Maria Magdalena, die ebendort dem auferstandenen Christus begegnet – zu einem Bild kompiliert, so daß in der Perspektive religiöser Betrachtung Botschaft und Erscheinung ineinander übergehen. Ohne sich in Farbe oder Gestalt von dem artifiziellen Ambiente abzusetzen, demonstrieren die Engelgestalten – weniger als deutende, sprechende Homileten denn als signifikante Rahmenfiguren – mit der Aufhebung zeitlich-räumlicher Strukturen die Präsenz und Realität des Mysteriums in der bildenden Kunst jenseits der in Wort und Schrift überlieferten Geschichte. Exemplarisch dargestellt an dem biblischen Sujet und zugleich unabhängig davon ist die Epiphanie der künstlerischen Gestaltung selbst, die in Linien und Farben und ohne Vermittlung eines evangelarischen Worts transzendentale Wahrheit zu formulieren versucht.

Der dekorativ rahmende, auf das Mysterium der Kunst verweisende Gestus der beiden Engel illustriert jene für die Moderne programmatische Bemerkung, daß ein Bild, bevor es den einen oder anderen Gegenstand oder eine Anekdote darstelle, zunächst und vor allem eine von Farben strukturierte Oberfläche sei[16], und formuliert damit zugleich eine Antwort des Ästhetizismus auf ein Problem, das die christliche Sakralkunst von Beginn an begleitet hat. Die Frage nach ihrer Legitimität, ihrer Bedeutung, ihrer Erscheinungsmacht im Namen des göttlichen *logos* ist in Gestalt des triumphierenden, des verkündigenden oder vermittelnden Engels immer wieder in den Bildwerken selbst reflektiert worden. Ihre Widersprüchlichkeit, die sich in Theologie und Philosophie in der insistent wiederkehrenden Frage nach dem Verhältnis zwischen Darstellung und Dargestelltem artikuliert, ist der Szene am leeren Grab buchstäblich eingeschrieben: »Aber der Engel antwortete und sprach zu den Weibern: Fürchtet euch nicht, ich weiß, daß ihr Jesum den Gekreuzigten suchet. Er ist nicht hie, er ist auferstanden, wie er gesagt hat. Kommt her und sehet die Stätte, da der Herr gelegen hat; und geht eilend hin und saget es seinen Jüngern, daß er auferstanden sey von den Todten. Und siehe, er wird vor euch hingehen in Galiläa, da werdet ihr ihn sehen. Siehe ich habs euch gesagt«.[17] Gemeinsam mit den Worten der Marienverkündigung umschreiben die des Grabengels die Urszene der christlichen *religio.* Das Mysterium der Inkarnation verbindet sich mit dem der Auferstehung zu einer unauflöslichen Aporie, die mit der doppelten Aufforderung, zu sehen, wo es nichts zu sehen gibt, und von dem zu sprechen, was der Erkenntnis unzugänglich bleibt, ebenso wie die ambivalente Botschaft an die Jungfrau Maria unverkennbar eine Unterwerfung im Glauben an die Autorität des göttlichen *logos* abverlangt. Die bedrohliche Leere, auf die der Engel verweist, die Abwesenheit des Gekreuzigten, die er bestätigt und durch sein *evangelion* zu kompensieren sucht, verkehrt sich in seinen Worten zur unbedingten Affirmation der Auferstehung, somit zum Beweis der Macht Christi über Tod und Leben. Im Namen und anstelle des verborgenen Gottes, der sich in Menschengestalt offenbart hat, verkündet der Engel die konstitutive Heilstatsache im Modus eines missionarischen Imperativs – »geht eilend hin und saget es« –, der sich jeder Anschaulichkeit entzieht.

Das frühe Christentum profiliert sich gleichsam an seiner Ursprungsstätte als Religion des gesprochenen Worts, das von der jüdischen Schrifttradition ausgeht, um sich als Erfüllung der alttestamentlichen Prophetie von ihr abzusetzen und später in mosaischer Tradition den Götzenbildern samt deren Anbetern den Kampf anzusagen. Der lebendige *logos,* der im Anfang war, durch den alle Dinge gemacht sind, der selbst Gott ist und sich in der Schöpfung inkarniert, entwickelt sich in der frühchristlichen Theologie zu einer Entsinnlichungsmetapher, die den christlichen Glaubensbegriff ausdrücklich – »beati qui non viderunt, sed crediderunt« (selig sind, die nicht sehen und doch glauben)[18] – an das Verkündigungswort bindet und damit einer bildlichen Darstellung der Heilstatsachen wenig Spielraum zugesteht.

So doppeldeutig jedoch wie die Erscheinung des Engels am leeren Grab Christi ist seine paradoxe Aufforderung, »die Stätte« zu sehen, da der Herr gelegen hat. Mit der Aussichtslosigkeit jeder anschaulichen Repräsentanz des Mysteriums wird zugleich die Notwendigkeit seiner bildlichen Darstellung formuliert. Denn offenkundig mangelt es dem Wort an Überzeugungskraft. Zwar verspricht der Engel den zweifelnden Frauen die Erscheinung Christi, wie auch dieser selbst seine spätere Parusie vorausgesagt hat. Doch werden die wenigen zeitlich und räumlich verschobenen Begegnungen mit dem Auferstandenen in den synoptischen Evangelien eher als Randepisoden behandelt und muten im Vergleich zu dem dramatischen Dialog am leeren Grab wie eine sekundäre Bearbeitung jener Konfliktsituation an, die sich in der Gestalt des Engels verdichtet hat. Als Bote Gottes und als Emanation des Heiligen Geistes repräsentiert der Engel den Auferstandenen selbst, an dessen Stelle – und an dessen Stätte – er den Missionsauftrag entrichtet, den Christus wenige Zeilen später wiederholen und präzisieren wird.[19] Zur *traditio* des Wortes in ein künftiges *Cor-*

pus Christianum bedarf es neben der Botschaft im Namen des Vaters, des Sohnes und des Heiligen Geistes deren sinnlich wahrnehmbarer Präsenz, die sich in der Gestalt des Engels jedoch, der sie verkörpert und sie zugleich – »er ist nicht hie, er ist auferstanden« – wieder von sich weist, in unauflösbarer Widersprüchlichkeit manifestiert. Eben dieses verwirrende Wechselspiel des Engels zwischen Präsenz und Repräsentanz präfiguriert die zwiespältigen Bedingungen und Möglichkeiten der christlichen Sakralkunst. Deren virtuelle Aufgabe, das realiter Abwesende – den menschlichen Leichnam Christi – als spiritualiter anwesend, das unsichtbare Mysterium sichtbar zu gestalten, folgt wörtlich und bildlich dem paradoxen Imperativ des Engels; das »siehe« angesichts des Nicht-Sichtbaren verweist auf die doppelte Natur des *logos,* der in Christus menschliche Gestalt und göttliches Wesen vereinigt, das eine in dem anderen offenbart und zugleich verbirgt.

3 Wort versus Gestalt: Der Spielraum des Engels

Von Beginn an figurieren Engel in dem spannungsreichen Verhältnis zwischen abstraktem Geistwort und sinnlicher Gestalt. Mit der Darstellung von Engeln als Vermittlerfiguren zwischen unsichtbarem *pneuma* und sichtbarer *physis*, zwischen verborgener göttlicher Latenz und manifester Heilsgeschichte, formuliert die christliche Sakralkunst ihren integrativen Anspruch innerhalb des evangelarischen und liturgischen Kulturprogramms; die Repräsentation der Engel legitimiert nicht nur die der Heiligen und Heilstatsachen, sondern impliziert auch eine eigene Anschauung davon. Insofern enthält die Gestaltung der Engel, die kontinuierliche Erweiterung ihrer Typologie und ihrer kompositorischen Aufgaben ein fortgesetztes Moment künstlerischer Selbstreflexion. Ihre liturgischen und homiletischen Funktionen – als Theophaniebegleiter, welche die Macht und Herrlichkeit Gottes bekunden, als visuelle Vermittlerfiguren, die vorbildliche Adoration und Betrachtung im Bild demonstrieren, und als *angeli interpretes,* die das Schriftwort dem Betrachter anschaulich vor Augen führen – sind exemplarisch die der christlichen Sakralkunst selbst. Das Medium ihrer Verkündigung ist die Evidenz; ihre Erscheinung verleiht dem Verkündigungswort Bedeutung und Autorität.

In der anschaulichen Signifikanz der Engelgestalt kristallisiert sich die theologische Problematik des Sakralbildes. Wie der Engel als sichtbarer Repräsentant des unsichtbaren Mysteriums, als Bote und Bedeutungsträger im Namen des pneumatischen *logos* erscheint, muß auch das Bild, sofern es seine heilsvermittelnde Rolle erfüllen soll, spiritualiter der *prima forma* – dem sinnlich nicht faßbaren göttlichen Urbild – verbunden sein. Legitimität und Status der christlichen Sakralkunst gründen auf einer alternativen Definition ihres Verhältnisses zwischen Abbild und Abgebildetem, zwischen dem sichtbaren Zeichen und dem unsichtbaren Wort Gottes, das sich darin manifestiert. Die unterschiedliche Auffassung des Bildes als Realpräsenz der Erscheinung oder als deren Repräsentation im Dienst der Homiletik ist zugleich Ausdruck einer geschichtlich fortschreitenden kulturellen Divergenz zwischen Byzanz und Rom und ihren jeweiligen Einflußsphären.

In einem Spätwerk des bedeutendsten altrussischen Künstlers, Andrei Rubljow (Farbtafel 1), formieren sich die durch Längung stilisierten, allein durch Positur und Mimik individualisierten Engelgestalten in der kreisförmigen Bewegung ihrer Umrißlinien zu einer kompositorisch eindringlichen Präsenz. Die symmetrische Anordnung der Figuren, der sanfte Rhythmus ihrer Kontur sowie die kontrastreiche und dabei ausgewogene Farbigkeit ihrer Gewänder vor dem Goldgrund der Ikone verbinden sich zu einem Bild vollkommener Harmonie. Die angedeutete Szenerie rekurriert auf Abrahams Bewirtung jener drei »Männer«, die sich ihm durch die Prophezeiung der Geburt Isaaks als Boten Gottes zu erkennen geben.[20] Ihre Erscheinung wird in christlich typologischer Sicht trinitarisch, die Episode der Bewirtung als Präfiguration der Eucharistiefeier gedeutet, auf die das Bild mit dem Kelch und dem darin liegenden winzigen Lamm abbreviativ anspielt.[21] Im Unterschied zu den frühchristlichen Beispielen, die zu einer detailreichen Ausgestaltung der Szene neigen, konzentriert sich die Darstellung des russischen Malers auf die Gegenwart der Engel. Die hellen Flächen ihrer Gestalt, die sich durch einen eleganten Linienfluß voneinander absetzen, sich überschneiden und wieder zu einer Einheit verbinden, lassen eine transparente Bildebene entstehen, durch die der Goldgrund der Ikone hervorscheint; sie bilden wie die Ikone selbst eine materielle, der meditativen Betrachtung gleichwohl durchlässige Folie, auf der sich die Dreifaltigkeit Gottes in den Engelgestalten hypostasiert und sich damit realiter wie spiritualiter – dem Blick wie der Adoration – offenbart. Die Engel erscheinen nicht nur als Vermittler der Theophanie, sondern sind die Gotteserscheinung selbst, sie verweisen auf die Trinität und sind zugleich Vater, Sohn und Heiliger Geist in sichtbarer Gestalt, sie bedeuten und sind die göttliche Dreifaltigkeit in ein und derselben Komposition. Was Rubljow in seiner berühmten *Trinitätsikone* darstellt, ist nicht nur die reale Präsenz des dreifaltigen Gottes in der Lichterscheinung der Engel, sondern auch die Manifestation ihrer Gegenwart im Bild, dessen Charisma die Ikone erfüllt und sich darin dem Betrachter vermittelt. Die Einheit und Differenz von Darstellung und Dargestelltem, denen die Ikone ea ipsa eine essentielle Beziehung zuerkennt, wird in

Rubljows Engelgestalten explizit vor Augen geführt.

Die westliche Kirche ist der ontologischen Aufwertung des Bildes, seiner Verehrung und Einbeziehung in Liturgie und Festkalender von jeher mit theologischen Vorbehalten, während des byzantinischen Bilderstreits mit abwartendem politischem Kalkül begegnet. Das von Papst Gregor dem Großen überlieferte, später immer wiederholte, eher konziliante als bilderfreundliche Diktum, das allein die Nützlichkeit der Bilder betont, da diese geeignet seien, den schriftunkundigen *idiotes* die Heilstatsachen nahezubringen, zielt darauf ab, dem Bildwerk einen sakralen Status sui generis abzusprechen.[22] Die ausdrückliche Trennung von Bild und Abgebildetem, die auf philosophische Traditionen der Antike zurückgreift und nachhaltige Folgen für die Kunst und Kunsttheorie bis in die Gegenwart zeitigen sollte, unterstellt das Bild dem unbedingten Primat des Wortes und weist ihm überwiegend illustrative Funktionen zu. Das Bild steht im Dienst der Wortverkündigung; die Modalitäten der künstlerischen Darstellung wie die rechte Art ihrer Wahrnehmung und Betrachtung werden aus der Homiletik abgeleitet.

Im Unterschied und in Konkurrenz zur byzantinischen Tradition wird die westliche Kunst sich der Hagiographie, den sakralen Geschichten, widmen und sich dabei zusehends literarische, narrative und dramatische, Qualitäten aneignen. Während der Engel in der östlichen Kunst nach deren Konsolidierung im 9. und 10. Jahrhundert zum Gegenstand der Anbetung avanciert

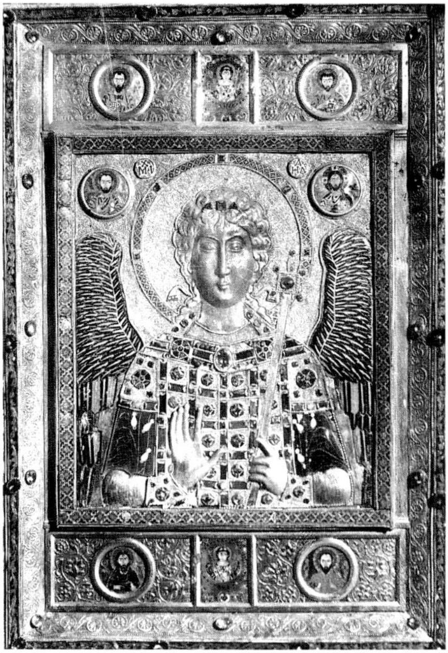

7 *Michaelsikone,* (Metall und Email), Venedig, San Marco, 11. Jahrhundert

(Abb. 7), motiviert im Westen seine vermittelnde und deutende Funktion die Entwicklung zur Bilderzählung und zur theatralischen Handlung. Entscheidend für ihre Entfaltungsmöglichkeiten ist die sekundäre Bedeutung ikonographischer Vorbilder. Die Bildertheologie des Westens hat von Beginn an pragmatischen Charakter; indem sie die akzidentellen Zeichen des Bildes ausdrücklich dem kanonisierten Wort, de facto der Kontrolle durch zuständige kirchliche Würdenträger unterwirft, behält sie diesen implizit auch die Verfügungsgewalt über die repräsentativen Aspekte der Sakralkunst vor. In der Logik ekklesialer

Machtpolitik, die infolge der *traditio legis* die Teilhabe am Heilsgeschehen an die ausschließlich von der Kirche verwalteten eucharistischen Elemente bindet, werden – nicht zuletzt zur Demonstration dieses Privilegs – auch die Bildwerke zunehmend auf den Altarbereich konzentriert. Gegen Ende des 13. Jahrhunderts entsteht mit dem Altarbild eine für die westliche Kunst exemplarische Form sakraler Repräsentation. Während die Ikonostase des Ostens, die das Mysterium der Verwandlung von Brot und Wein in Leib und Blut Christi der versammelten Gemeinde entrückt, um seine Realpräsenz durch die spirituelle Transparenz der Bilderwand zu übermitteln, entfaltet die Altartafel den heilsgeschichtlichen Hintergrund für die Vergegenwärtigung Christi, reflektiert das Geschehen und veranschaulicht zugleich dessen raum- und zeitüberschreitende Transzendenz. Im Gegensatz zur Ikone eignet dem Altarbild keine eigene Heilscharismatik; seine Vermittlung von irdischer und himmlischer Liturgie gelingt allein aufgrund einer innovativen Bildsprache, deren suggestive Illusionsmomente durch technische Mittel den Erscheinungscharakter der Ikone zu überbieten suchen.

Giotto, der noch heute der Kunstgeschichte als Prototypus einer neuen, spezifisch westlichen Sakralkunst gilt, nutzt ein seinerzeit politisch aktuelles Sujet zu einem programmatischen Entwurf der eigenen, gegenüber den byzantinischen Vorbildern und Konkurrenten alternativen Malerei. *Die Stigmatisierung des Heiligen Franziskus* (Abb. 8), die im Zusammenhang mit innerkirchlichen Auseinandersetzungen um das Armutsideal der Franziskaner in Auftrag gegeben worden und offenbar als Retabel für den Hauptaltar von S. Francesco in Pisa bestimmt war, zeigt im Hauptfeld die Vision des Ordensgründers: die Erscheinung Christi als Seraphim, die auf dem Körper des Heiligen sichtbare Zeichen der Passion hinterläßt und damit seine *imitatio Christi* sinnfällig vor Augen führt.[23] Dabei verbinden sich die um 1300 entwickelten künstlerischen Innovationen mit eher traditionellen Elementen. Die auf der Bildfläche verteilten abbreviativen Landschaftsmotive und die kleinen, perspektivisch zugeschnittenen Architekturen, die sich gegenüber den monumentalen Figuren wie unpraktikable Zierpavillons eines Bühnenprospekts abheben, scheinen stilistisch und künstlerisch hinter Giottos früheren Konzeptionen desselben Themas zurückzubleiben. Allerdings impliziert der Verzicht auf die konsequente Durchgestaltung einer räumlich einheitlichen Komposition in diesem Fall eine unerhörte Konzentration auf die Figur des Heiligen und den äußeren wie inneren Verwandlungsprozeß, der auf seinem Körper sichtbar wird. Die kunstvolle Drehbewegung des Heiligen, die – als Ausdruck seelischer Erregung – von dem abgespreizten rechten Bein über den unruhigen Faltenwurf seiner Kutte bis zur unbequemen Schräghaltung des Kopfes seine Gestaltung bestimmt, verschiebt die konventionelle Frontalansicht nunmehr zu einem der Christuserscheinung quasi symmetrischen Dreiviertelprofil; sie betont die massige *physis* des Heili-

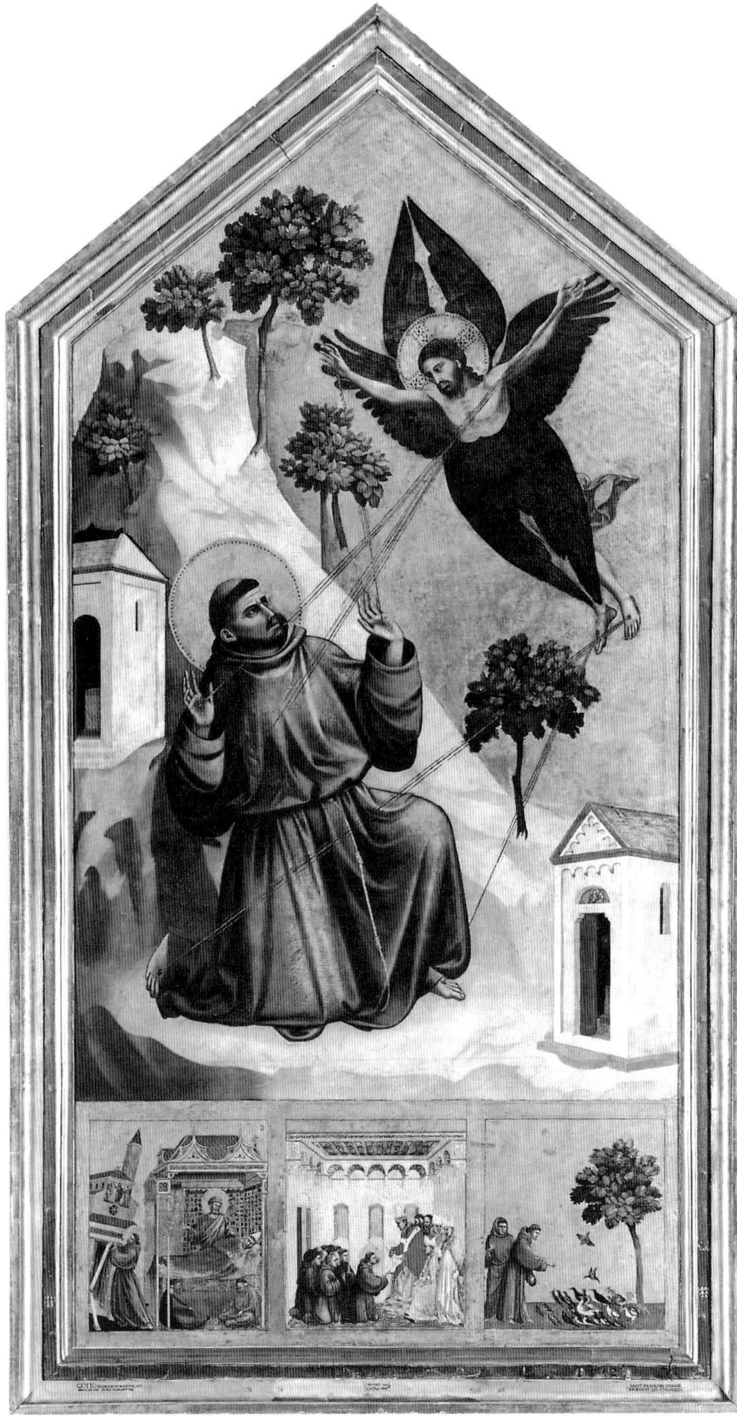
GIOTTO
SAINT FRANÇOIS D'ASSISE
RECEVANT LES STIGMATES

gen und belebt sie zugleich durch eine differenzierte Körpersprache in Gestik und Mimik. Auffällig ist die Affinität beider Gesichter, ihre Ebenbildlichkeit, die – wie schon die Stigmata – Franziskus von Assisi als wahren Nachfolger Christi auszeichnen. Die komplizierte Positur des Heiligen, dessen durchaus irdische *physis* sich ihrerseits wie eine Erscheinung von dem konventionellen Hintergrund abhebt, korrespondiert dem nicht minder körperlich anmutenden Flügelwesen innerhalb eines komplexen Systems von Strahlen, welche die Passionszeichen auf die menschliche Gestalt projizieren und diese wie Koordinaten eines geometrisch-perspektivischen Lineaments fixieren. Die Erscheinung des Christus-Engels konstituiert innerhalb des Bildes den Eindruck dreidimensionaler Räumlichkeit, welche die menschliche Gestalt präzis definiert, um in den ihr eigenen Dimensionen ein dramatisches Spiel physischer und psychischer Bewegung zu entfalten.

Die Engelerscheinung Christi dokumentiert den Übergang von dem spirituellen Erscheinungsraum der Ikone, in der »das Sichtbare« und »das Unsichtbare« ineinander übergehen und somit die Grenzen des Raums auflösen[24], zur perspektivischen Konstruktion, die den diesseitigen Raum des Betrachters und den jenseitigen Raum des Bildes zu einer umfassenden sakralen Repräsentation verbindet. Während bei Rubljow die Farben und Formen der Engelgestalten in ihren sinnlichen Qualitäten als Abglanz sakraler Präsenz erscheinen, entwickelt die Kunst Giottos und seiner Nachfolger ein geometrisches Zeichensystem, das sich zunehmend an empirischen Formen orientiert und das Mysterium diesen einverleibt. Die reale Präsenz des Heiligen wird durch dessen Repräsentation, seine spirituelle Gegenwart durch suggestive Vorstellung ersetzt. Der sakrale Status der Ikone wird in eine imaginäre Bildstruktur übertragen, deren Signifikanz von der Naturähnlichkeit ihrer Zeichen, mithin von der Illusionswirkung auf den Betrachter abhängt und sich darin weniger als theologisches denn als technisches Problem erweist. Es ist nicht Christus, auch nicht sein Engel, der in Giottos Bild erscheint, sondern die Kunst, die ihn erscheinen läßt.

Im Zuge dieser Entwicklung wird der himmlische Hofstaat der Engel, werden die himmlischen Liturgen und Theophaniebegleiter neuen künstlerischen Aufgaben zugeführt. Innerhalb der innovativen Bildkunst des 14. und 15. Jahrhunderts begegnen die Engel zunächst als rhetorische Vermittlerfiguren, die auf die Szenerie verweisen, diese visuell ausdeuten, vorbildlich Adoration und Betrachtung demonstrieren, den Betrachter in ein zusehends dramatisches Geschehen einbeziehen. Neben der *historia*, dem heilsgeschichtlichen *exemplum* mit überwiegend szenisch-dramatischen Qualitäten, entsteht ein zweiter Bildtypus, der den Nahausschnitt der Ikone – der im Westen zunächst als repräsentativer

◁ 8 Giotto, *Stigmatisierung des Hl. Franziskus*, Paris, Musée du Louvre, um 1300

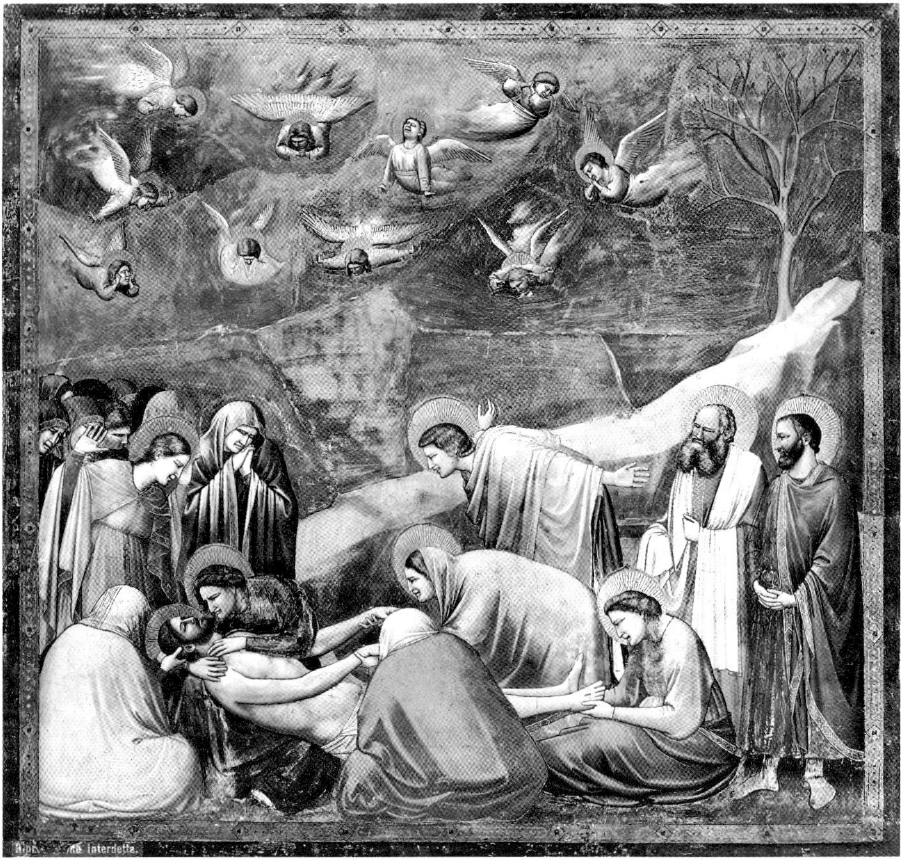

9 Giotto, *Beweinung Christi,* Padua, Cappella degli Scrovegni, ca. 1304–1306/12

Darstellungsmodus des heiligen Personals einer Kirche dient – in ein suggestives Meditationsbild verwandelt; die unmittelbare Anbetung des Heiligen wird dabei durch eine andächtige Betrachtung seiner Vita, seiner Passion oder seines Martyriums ersetzt. Das Andachtsbild sucht innere Affektzustände äußerlich zu gestalten, um sie – qua Anschauung – auf den Betrachter zu übertragen und in ihm Mitleid, Anteilnahme und andere fromme Empfindungen zu wecken.[25]

Wie zur Erläuterung der Bilderzählung, so dienen Engel – exemplarisch in den Pietà-Darstellungen, die sich seit dem 14. Jahrhundert insbesondere in Italien verbreiten – zur Vermittlung von Affekten. Das Thema – die Beweinung Christi – hat keine biblische

Vorlage, sondern ist aus Liturgie und Gebetstexten abgeleitet und übernimmt traditionelle Elemente der »Kreuzesabnahme« und »Grablegung«, von Vesperbildern, dem »Schmerzensmann« oder der »Not Gottes« (Farbtafel 4).[26] Giottos Fresko in der SCROVEGNI-KAPELLE (Abb. 9) nähert das Sujet offensichtlich einer *historia* an, zumal die kleine Szene innerhalb eines Passionszyklus figuriert. In den bewegten Gebärden und dem Mienenspiel der heiligen dramatis personae, die den Leichnam Christi umgeben, werden die verschiedenen, teils introvertierten, teils extrovertierten Ausdrucksformen der Trauer auf ein dramatisch musikalisches Ensemble übertragen, das dem himmlischen Passionshymnus der Engel korrespondiert. Diese haben sich jedoch nicht zu einem wohlgeordneten Chor formiert, sondern erscheinen vielmehr als wirbelnde Klagedämonen, die im Gegensatz zu den Figuren der unteren Bildhälfte mit überwiegend verhaltenen Affektäußerungen ihren Gefühlen in exaltierten Bewegungen freien Lauf lassen und dabei dem Maler Gelegenheit geben, den Kanon der Trauergebärden experimentell zu erweitern. Auch späterhin werden Engel immer wieder zu physiognomischen Studien herangezogen (Abb. 10).

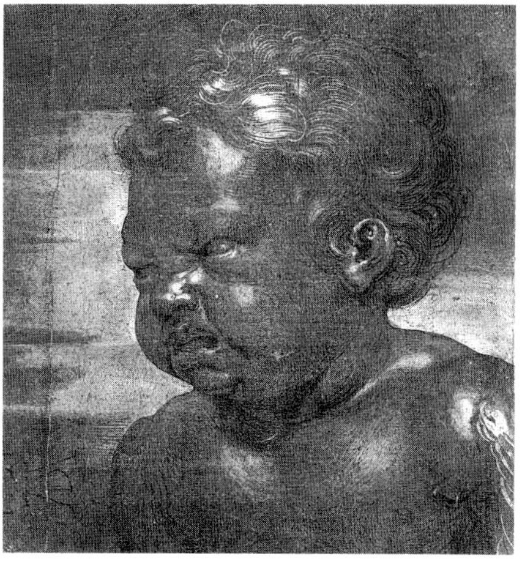

10 Dürer, *Weinender Engel,* Berlin, Gemäldegalerie Dahlem, Kupferstichkabinett, 1521

In der Auseinandersetzung zwischen der Ikonentradition und der sich unter dem Einfluß der Devotio moderna[27] entwickelnden Affektsprache der Malerei bildet sich in Venedig, wo die byzantinische Kunst weitaus länger als in Ober- und Mittelitalien nachwirken konnte, um die Mitte des 15. Jahrhunderts eine weitere, in poetologischen Begriffen eher lyrische als dramatische Variante aus. Entscheidend für ihre weitere Geschichte ist die Übernahme der niederländischen Öltechnik, die nicht nur wie die geläufigen Temperafarben feinste Nuancen auszudrücken, sondern durch Nachahmung natürlicher Lichtverhältnisse auch den spirituellen Glanz der Mosaiken zu übertreffen vermag. Die Begegnung zwischen venezianischer und niederländischer Malerei – in Gestalt des seinerzeit bedeutendsten Künstlers Venedigs, Giovanni Bellini, und des aus Messina stammenden, in der neuen Technik ausgebildeten Antonello – manifestiert sich in einem intensiven Dialog über das Thema der *Pietà,* der den Engeln eine ungleich größere Rolle als in Giottos Choreographie schmerzbewegter Gebärden zukommen läßt.[28]

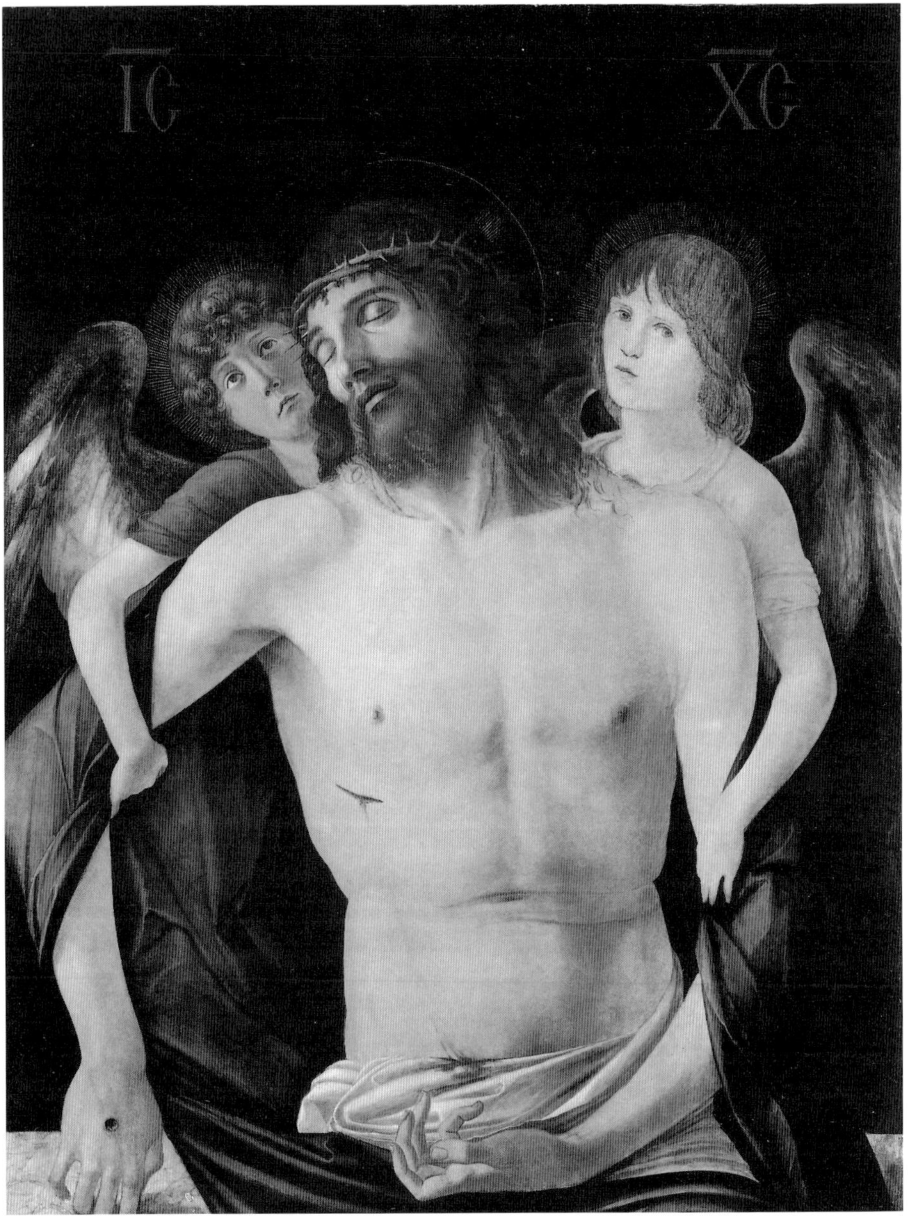

11 Giovanni Bellini, *Engel-Pietà,* London, National Gallery, nach 1475

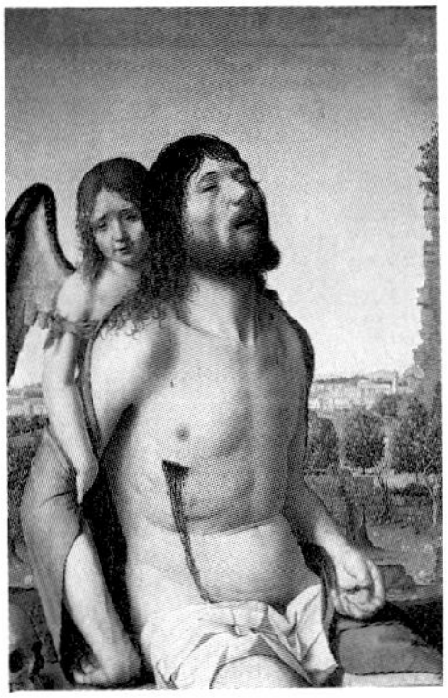

Antonello da Messina, *Engel-Pietá,* 1475 (siehe Farbtafel 5)

In Bellinis Londoner Fassung (Abb. 11) sind es zwei Engel von kindlicher Gestalt, die den durch sanfte Farb- und Lichtmodulation ästhetisierten Körper des toten, in seiner Idealisierung jedoch offenkundig auferstehungsmächtigen Christus präsentieren, indem sie von hinten die Armbeugen seines auf einem *Parapetto* postierten Körpers umfangen, ohne diesen jedoch stützen zu müssen. Trauernd und Mitleid erheischend schaut der rechte Engel den Betrachter an, der vergeistigte Blick des anderen ist nach oben gerichtet. Die doppelte, zwischen himmlischer und irdischer Sphäre vermittelnde Perspektive reflektiert auf unmittelbar anschauliche Weise die doppelte, menschliche und göttliche Natur Christi, wie sie an der von physischen Leiden gezeichneten und zugleich von spirituellem Licht durchdrungenen Gestalt sichtbar wird. In ihrer homiletischen Funktion übersetzen die beiden Engel die Tradition mittelalterlicher Schriftauslegung in eine künstlerisch aktuelle, von den sanften Farbabstufungen und dem kontrastreichen Spiel der Licht- und Schatteneffekte bestimmte Bildrhetorik; sie vermitteln die entscheidende Heilstatsache – die Passion und Auferstehung Christi – als historisches Geschehen, dessen Wahrheit mit Händen zu greifen und wörtlich zu verstehen ist, als Allegorie der Erlösung, in deren anagogisches Heilsversprechen auch der devote Betrachter, der die sakrale Bedeutung der Komposition zu entschlüsseln sucht, einbezogen ist, und formulieren zugleich im Modus eines affektiven Imperativs die moralische Aufforderung zur *imitatio Christi* im Mitleiden einer teilnahmsvollen Betrachtung. Die kurzen griechischen Schriftzüge IC XC am oberen Bildrand mit den Anfangs- und Endbuchstaben des Gekreuzigten zitieren noch einmal die Ikone und mit ihr jene Tradition des Sakralbildes, die der Maler in seine innovative Bildsprache überträgt. Wie auch in anderen Werken sucht Bellini den Vergleich und die Auseinandersetzung mit den überkommenen künstlerischen Prämissen, um die Überlegenheit seiner neuen Malerei unter Beweis zu stellen.

Der Gegensatz zu Antonellos Auffassung (Farbtafel 5) ist auf den ersten Blick ersichtlich. In dem schluchzenden Engel, der den Leib Christi ähnlich wie Bellinis Engel unterfaßt, ist der traditionelle Theophaniebegleiter kaum noch zu erkennen. Er hat, unbeschadet seiner bunt leuchtenden Flügel, jedes transzendente Wesen abgelegt; er offenbart keine Heilswahrheiten und macht keinerlei Heilsversprechungen, er schleppt einen Leichnam, den er mühsam aufrichtet und dem Betrachter zeigt: ein entseelter Körper mit abgeknickter Hand und geöffnetem Mund, ein Toter, dessen *physis* von keinem *pneuma*, keinem Atem, keiner spirituellen Regung mehr belebt wird. Die Überschneidung von Nah- und Untersicht, die Schrägstellung des toten Christus und der weitläufige Hintergrund erhöhen die suggestive Plastizität der Figurengruppe und isolieren sie zugleich aus dem räumlichen und zeitlichen Zusammenhang; der schonungslose, zu dieser Zeit höchst ungewöhnliche Naturalismus, der auf Caravaggio vorausweist, weckt die Illusion einer unmittelbaren, realen Präsenz der dargestellten Figuren. In ihrer radikalen Diesseitigkeit scheint Antonellos *Engel-Pietà* förmlich aus ihrem liturgischen und homiletischen Zusammenhang gerissen; die Realität des Todes hat das Passionsdrama und seine Inszenierung unversehens eingeholt. Der tränenüberströmte Engel, der weder Trost noch Belehrung zu spenden weiß, wirft den ratsuchenden Blick des Betrachters auf diesen selbst zurück, verwandelt damit die Szene in ein Bild einsamer Meditation.

Gemeinsam ist beiden divergierenden Auffassungen, die eine für die Malerei des 16. und 17. Jahrhunderts folgenreiche Alternative vorgeben, die offenkundige Tendenz, das Bild der Andacht im Modus eines virtuellen Handlungsablaufs zu formulieren. Antonellos Engel läßt die physische Anstrengung erkennen, den Leichnam zu halten; er hat ihn mühsam aufgerichtet und wird ihn, von seinem Kummer entkräftet, sogleich wieder in das offene Grab sinken lassen. Bellinis Engelpaar scheint hingegen nur für einen kurzen Moment seine stimmungsvolle Pose eingenommen zu haben, um gleich darauf den noch beseelten Leib Christi für die triumphale Auferstehungsszene zu präparieren. Das Pathos des Andachtsbildes faßt die Vorgeschichte der Passion in einem Moment tiefster Trauer zusammen und hebt damit ex negativo das nachfolgende Mysterium der Auferstehung hervor. Insofern korrespondieren auch die Pietà-Engel einer zunehmenden Dramatisierung der bildenden Kunst, die im 15. Jahrhundert unter dem Einfluß der *sacre rappresentazioni* und möglicherweise in Anlehnung an die wiederentdeckte Poetik des Aristoteles die heilige Szenerie auf eine Peripetie, einen Wendepunkt der Handlung, zu konzentrieren sucht, um darin sowohl die Vorgeschichte als auch den weiteren Ablauf des Geschehens zu veranschaulichen.

Mit der geometrisch-perspektivischen Erschließung des Raums wird auch die transitorische Darstellung des Zeitverlaufs in der Kunst der Frührenaissance von Engeln vorbereitet und nachhaltig motiviert. Während die aus der byzantinischen Malerei übernommenen Thronwächter und Choristen als Illusionsfiguren einer räumlichen Kontinuität zwischen Altarbild und betrachtender Gemeinde fungieren, werden sich die Theophaniebegleiter wenig später der Aufgabe widmen, zeitliche Momente in die bildende Kunst einzutragen.

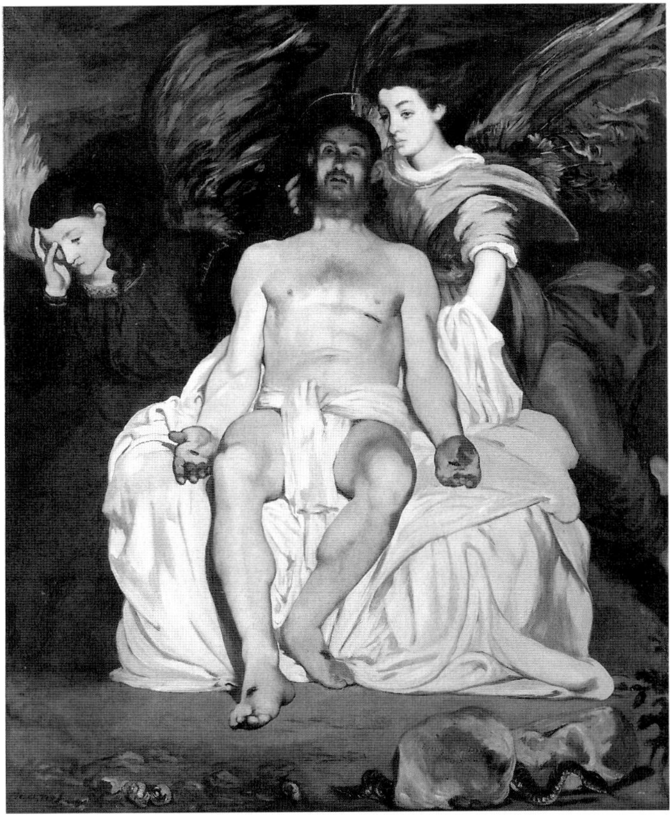

12 Manet, *Toter Christus mit zwei Engeln,* New York, Metropolitan Museum, 1864

Die Rolle der Engel in der Auseinandersetzung zwischen der Ikonentradition und der exemplarischen Variante der westlichen Sakralmalerei, der *historia,* erschließt sich vielleicht noch deutlicher aus dem geschichtlichen a posteriori einer überraschenden Wiederaufnahme des *pietà*-Formulars in der zweiten Hälfte des 19. Jahrhunderts (Abb. 12). Analog zu dem wenige Jahrzehnte späteren Versuch Maurice Denis', religiöse Kunst in Anlehnung an byzantinische Vorbilder unter symbolistischen Vorzeichen als künstlerische Epiphanie neu zu definieren, überträgt Manet die überkommene Szene des von Engeln betrauerten toten Christus in die Formensprache des zeitgenössischen Historienbilds. Während ein Engel, dessen bauschige Gewänder und kräftig eingefärbte Flügel ungeachtet ihrer *sfumature* keine Zweifel an seiner körperlichen Realität aufkommen lassen, den Leichnam Christi aufrichtet und dessen geschundene *physis,* seine Wundmale, den Einstich der Lanze – der aller Ikonographie zum Trotz, dafür mit medizinischer Logik in die Herzgegend plaziert wird – so unbarmherzig wie das von Leiden gezeichnete tote Antlitz zur Schau stellt, sitzt der zweite, ebenfalls weibliche Engel untätig daneben und zeigt in aller Trostlosigkeit seinen mit bürgerlicher Fassung getragenen Schmerz. Manets schonungsloser Verismus, der seine Zeitgenossen nicht selten schockierte, mochte in diesem Fall so blasphemisch erscheinen, daß zur Entlastung des Malers vorgeschlagen wurde, das Bild als Darstellung eines geretteten Minenarbeiters anzusehen.[29] Den Engeln wäre dabei wohl die Rolle übermüdeter Sanitäter zugefallen, die sich nach der geglückten Bergungsaktion allerdings sogleich einer gründlichen Reinigung unterzogen haben dürften.

Die Absurdität dieser Umdeutung verweist indessen auf einen charakteristischen Widerspruch innerhalb der zeitgenössischen Historienmalerei, die mit wissenschaftlich-akribischer Präzision die realen Umstände des dargestellten Geschehens zu rekonstruieren und dieses zugleich mit überzeitlicher Bedeutung aufzuladen sucht: etwa als »Symbol«, wie Manet im Hinblick auf seine ebenfalls geschmähte *Verspottung Christi* schreibt, für die leidende Kreatur Mensch schlechthin.[30] Die Problematik dieser Konzeption erweist sich gerade angesichts religiöser Themen, denen das positivistische 19. Jahrhundert wohl nicht nur künstlerisch einen geruhsamen Platz auf dem Altenteil der fortschreitenden Kulturgeschichte zuweisen möchte. Indem die Historienmalerei – gewissermaßen als unfreiwilliger Epigone mittelalterlicher Schriftauslegung – über die geschichtliche Faktizität ihres Gegenstands hinaus diesen in einem moralisch-allegorischen, mithin ahistorischen Sinnzusammenhang darzustellen versucht, gerät sie unversehens – zwischen Symbolismus und Naturalismus – in theoretische wie praktische Rechtfertigungszwänge.

Die Aporie des Historienbilds im Zeitalter des Historismus findet in Manets Engelgestalten ihren konsequenten Ausdruck. Auf der Grenze zwischen der Ikonographie einer überkommenen Kultpraxis und einem positiven Erkenntnisinteresse an der historischen Realität religiöser Glaubensvorstellungen stehen sie noch einmal an dem nunmehr jedoch geschlossenen Grab Christi, das keine Geheimnisse mehr offenbart; sie markieren den Ausgangs- wie den Endpunkt einer künstlerischen Tradition, welche die Möglichkeit, die unsichtbare *dynamis* in sinnfälligen Formen zu erfassen, als wesentliche Bedingung zum Verständnis ihrer eigenen *historia* begriffen hatte. Die Rekultifizierungsversuche in der Kunst des 19. und 20. Jahrhunderts werden daher nicht minder konsequent von einer kategorischen Ablehnung der Historienmalerei ausgehen. Manets anachronistische Engelgestalten reflektieren gleichsam spiegelverkehrt jene innovative Entwicklung von der Ikone zur zunehmend dramatischen Bilderzählung, in deren Verlauf die Vermittler und Übersetzer des unsichtbaren *logos* in heilsgeschichtliche Bewegung zu Protagonisten der Geschichte avancieren sollten.

Die beiden erhaltenen Entwurfreliefs von Lorenzo Ghiberti und Filippo Brunelleschi für den berühmten Wettbewerb zur Gestaltung der Florentiner BAPTISTERIUMSTÜR im Jahre 1401 bilden einen ersten Höhepunkt in den Bemühungen, Zeitstrukturen in die Formsprache der bildenden Kunst zu übersetzen. In einem Moment politischer und militärischer Bedrängnis hatte die *Arte dei Mercanti di Calimala,* die führende Zunft der Großkaufleute, den Beschluß gefaßt, Johannes dem Täufer als Schutzpatron der Stadt ein neues Bronzeportal zu stiften, das – möglicherweise um den Heiligen an die ungeschützte Flanke der Stadt zu erinnern – zunächst für die Nordseite des BAPTISTERIUMS bestimmt war.[31] Auch die thematische Vorgabe der Ausschreibung scheint auf die bedrohliche Lage anzuspielen, in die Florenz durch die expansive Machtpolititk des Mailänder Herzogs Visconti geraten war: die Versuchung Abrahams und die Errettung Isaaks[32] konnten als geeignetes Sujet angesehen werden, an Opferbereitschaft der Stadtbewohner und ihre Standhaftigkeit im Glauben zu appellieren. Abgesehen von diesem aktuellen Anlaß waren die Vorstellungen der Auftraggeber offenbar eher konservativer Natur; in dem Bestreben, an die ruhmreiche Vergangenheit der Stadt anzuknüpfen, war ihnen daran gelegen, ein Pendant zu dem etwa siebzig Jahre zuvor geschaffenen gotischen Portal Andrea Pisanos zu finden. Um den gemeinschaftlichen, politisch-sakralen Charakter der Stiftung hervorzuheben, wollte indessen die Zunft nicht selbst über die eingereichten Entwürfe befinden und rief daher eine Jury aus verschiedenen Vertretern des kommunalen Lebens zusammen.

Filippo Brunelleschi, Konstrukteur der gewaltigen Florentiner Domkuppel, der schon zu Lebzeiten als Kulturheros gefeiert wurde, läßt mit seiner Eingabe (Abb. 13) unverhohlen erkennen, daß ihm die symbolische Vierpaßform des Rahmens, auf die man die konkurrierenden Künstler verpflichtet hatte, überaltert und allenfalls zu illusionistischen Überschneidungseffekten tauglich erscheint; sein Versuch, nach antikem Vorbild vollplastische Elemente in das Relief einzutragen, korrespondiert seinem Interesse nach realistischer Detailgestaltung. Im Mittelpunkt steht der Opfervorgang selbst, der in einer Hypotaxe ineinandergreifender Bewegungsabläufe wiedergegeben wird.

Die verzerrte Positur des jugendlichen Isaak, dem sein Vater mit äußerster Entschlossenheit den Kopf zur Seite dreht, um ihm das Messer an die Kehle zu setzen, und die kräftige Gestalt des Engels, der Abraham in den Arm fällt und im letzten Augenblick die Opferung verhindert, verdichten sich zu einem unerhört dramatischen Konflikt, dessen Dynamik durch den Kontrast zur unteren Bildhälfte noch gesteigert wird, wo die Begleitfiguren – zwei Knechte, die sich die Stiefel ausziehen, einen Dorn aus der Fußsohle entfernen, und das großartige Pferd, das an dem steilen Abhang in aller Ruhe nach Grashalmen sucht – ihren eigenen Beschäftigungen nachgehen und damit latent eine Gegenhandlung zu dem zentralen Geschehen bilden.

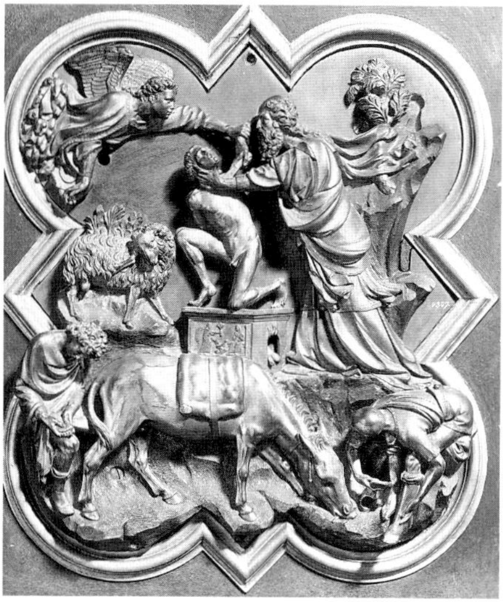

13 Brunelleschi, *Opferung Isaaks* (Projektentwurf), Florenz, Bargello, 1401

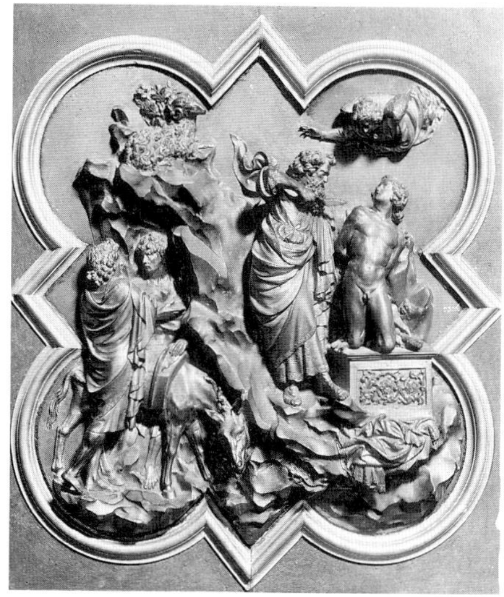

14 Ghiberti, *Opferung Isaaks* (Projektentwurf), Florenz, Bargello, 1401

Demgegenüber präsentiert Ghiberti mit seinem eleganten Linienfluß gotischer Provenienz ein weitaus gefälligeres Arrangement (Abb. 14); die Szenerie wird durch eine stilisierte Berglandschaft diagonal aufgeteilt, die beiden Knechte, welche die Protagonisten auf ihrem Weg zur Opferstätte begleitet haben, hinter einen Felsvorsprung postiert und damit kompositorisch von dem Hauptgeschehen ausgeschlossen. Diese parataktische Anordnung wiederholt sich in der Opferszene selbst; während Abraham mit grimmiger Miene und pathetischer Gebärde das Schlachtmesser gezückt hat und nach dem Hals des Jünglings zielt, in dieser Pose jedoch wie gebannt verharrt, blickt Isaak selbstbewußt, als hätte er gar nichts anderes erwartet, zu dem Engel empor, der in eindrucksvoller Verkürzung, mit seiner ausladenden Geste halb segnend, halb verkündigend und zugleich auf das eigentliche Opfertier verweisend, aus der Leere des oberen Vierpaßsegments auftaucht.

Über die aktuelle Bedeutung hinaus, welche die Tagespolitik dem Sujet unterlegen konnte, gereicht das Thema den Künstlern des frühen Quattrocento zur willkommenen technischen Herausforderung. Die Darstellung des Engels – der im Namen des verborgenen Gottes dessen heilsgeschichtlichen Willen offenbart und vollstreckt – bedeutet eine unmittelbare Materialisierung des göttlichen Worts und rekurriert somit auf ein Grundproblem der christlichen Sakralkunst; seine Gestaltung ver-

langt eine Visualisierung der Intervention Gottes, die auf dem Höhepunkt der vor-, gleich- und nachzeitigen Handlung diese zusammenfaßt und motiviert. Der Exekutivengel, der die Übersetzung der heilsgeschichtlichen *dynamis* in eine konkret sichtbare, irdische *historia* leisten muß, wird in Ghibertis Relief mit homiletisch-rhetorischen Qualitäten ausgestattet; sein lässiger Zeigegestus vertraut auf die Autorität des Wortes, seine gelassene Erscheinung innerhalb des Figurentableaus bestimmt den eher statischen Charakter der Szene. Im Gegensatz dazu wird Brunelleschis Engel, der physisch intervenieren muß, um das Opfer abzuwenden, als entscheidendes Bewegungselement in die Dynamik der simultanen Handlungsabläufe integriert. Damit formulieren die beiden florentinischen Künstler zwei Problemlösungen, welche die Kunst des 15. und 16. Jahrhunderts nachhaltig beschäftigen werden.
Vorbildlich für die Umsetzung von triebhaftem *pneuma* in sichtbare körperliche Bewegung erscheinen die Engel in der Kunst der Renaissance als Ausdruck menschlicher Triebbeherrschung, als Modell einer idealen Balance von Affekt und Affektbindung; andererseits wird die humanistische Utopie einer unbegrenzten Sublimierungsfähigkeit der noch dem Animalischen verhafteten Natur des Menschen immer wieder von der künstlerischen Gestaltung der Engel ins Zwielicht gezogen. Gerade die Peripetie der Heilsgeschichte – die Verkündigung des Engels an Maria, die Empfängnis und Inkarnation des erlösenden Wortes – verwandelt sich in der Malerei des 16. Jahrhunderts zu einem triebhaften Szenario, in dem das künstlerische Problem der Doppelnatur – als Legitimation des christlichen Sakralbildes und Ausdruck seiner Notwendigkeit – eine erneute Zuspitzung erfährt. Dabei gerät der mit allen Zeichen irdischer *physis* ausgestattete und gegenüber den androgynen Gestalten der ikonographischen Tradition dezidiert maskuline Engel unversehens in die Rolle eines Protagonisten, womöglich Antagonisten der Heilsgeschichte, der – exemplarisch bei Tizian – die ursprüngliche und nach dem Sündenfall der Menschengattung inhärente Geschlechterspannung im Modus eines ungelösten Konflikts zur Darstellung bringt (Farbtafel 7). Begleitet wird die Entwicklung des Sujets zu einem dramatischen Dialog ambivalenter Gesten und Posituren von einem Prozeß künstlerischer Introversion, der die äußere Handlung an Ausdrucksformen seelischer Dramatik bindet.

Savoldos Verkündigungsbild (Abb. 15) geht indessen noch einen Schritt weiter. Eine bildbeherrschende Diagonale, die von dem offenen Fenster – hinter dem in chaotischen Farbkonvulsionen Gottvater und die Geisttaube erscheinen – bis zum rechten vorderen Bildrand verläuft, isoliert die in sich versunkene Gestalt der heiligen Jungfrau, die mit ihren geschlossenen Augen, den eng um den Körper gelegten Armen, ihrer unbestimmten Gestik ein Bild suggestiver Innerlichkeit bietet. Die implosive Wirkung, die von ihrem Anblick ausgeht, treibt die Betrachtung zu einem Höhe- und Umschlagpunkt, an dem sich die Darstellung selbst in den Gegenstand ihres internali-

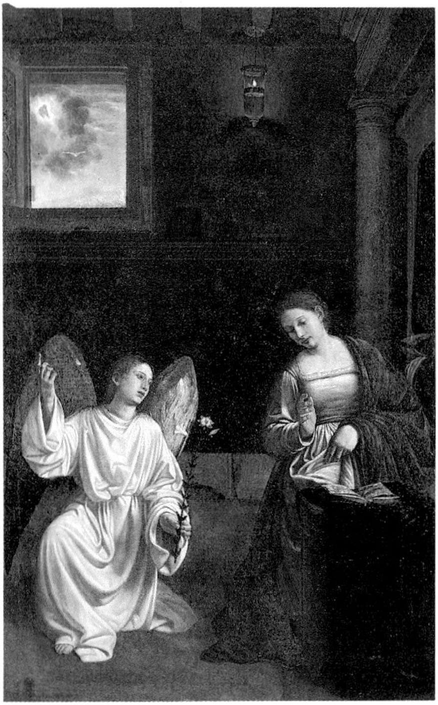

15 Gerolamo Savoldo, *Verkündigung,* Pordenone, Museo Civico, zwischen 1630 und 1640

sierten Blicks verwandelt. Das äußere Ambiente erscheint als visualisierte innere Schau, die den Betrachter vor die unentscheidbare Alternative stellt, ob die Erscheinung des Engels diesseits und die Epiphanie jenseits der vertrauten Raumstrukturen real oder als Vision zu deuten seien. Der göttliche Bote, der in ungewöhnlicher Positur am unteren Bildrand frontal zum Betrachter kniet und den Kopf, um seinen Verkündigungsauftrag zu entrichten, zur künftigen Gottesmutter zurückwenden muß, gehört zu jenen beunruhigenden Engelgestalten, die im 16. Jahrhundert nicht nur die scheinbar gesicherten geometrischen Grenzen zwischen Innen- und Außenräumen überschreiten, sondern auch die des seelischen Intérieurs durchlässig erscheinen lassen und damit den Blick auf ein weiteres Problem künstlerischer Repräsentation lenken.

Die Gestaltung der menschlichen Psyche – ihrer Wünsche und Ängste, ihrer inneren Konflikte, ihrer einzigartigen Geschichte, die sich in der Portraitkunst der Renaissance zu höchster Intensität verdichtet – wird im Verlauf von Reformation und Gegenreformation entscheidende Veränderungen erfahren.[33] Das Bild des Menschen zeigt nicht mehr jenen in sich geschlossenen, ganzheitlichen Mikrokosmos der ungeteilten und unverwechselbaren, wörtlich: individuellen Persönlichkeit, deren psychische und physische Qualitäten sie zur Harmonie mit dem umgebenden Makrokosmos befähigt und virtuell sogar verpflichtet. Auch und gerade da, wo die Darstellung an die triumphale Selbstrepräsentation der Renaissance anknüpft, erscheint das Individuum in der Kunst des 16. und beginnenden 17. Jahrhunderts von konfessionellen Zweifeln und Entscheidungszwängen geprägt; wenn auch siegreich, so doch niemals unversehrt wird es nach dem Tridentinischen Konzil aus seiner Glaubenskrise hervorgehen. Es bleibt von den Spuren des inneren Kampfes gezeichnet, verharrt im Widerspruch zu sich selbst, wird auf sich selbst zurückgeworfen und bietet ein Bild existentieller Einsamkeit.

Paradigmatisch wird dieses intellektuelle Martyrium an einem dem Verkündigungsthema verwandten Sujet, dem schreibenden und reflektierenden, von seinem Engel motivierten Evangelisten Matthäus zum Ausdruck gebracht. Seine Begleitfigur geht in einer weit zurückreichenden Tradition auf das Tetramorph der alttestamentlichen Ezechiel-Vision zurück (Abb. 26), ein aus Mensch, Löwe, Stier und Adler zusammengesetztes viergestaltiges Wesen, das eine spätere typologische Deutung auf die vier Evangelisten bezieht und diesen jeweils eine der Gestalten attributiv zuweist.[34] Das symbolisch der Inkarnation zugeordnete, meist geflügelte Menschenwesen, das schon bald mit der Engelsikonographie verschmilzt, tendiert bereits in mittelalterlichen Autorenbildern zu einer kompositorisch eigenständigen Inspirationsrolle, in der sich mehrere traditionelle Funktionen des Engels überlagern. Als Bote Gottes, der den Heiligen erleuchtet und zu seinem Werk befähigt, und als sichtbare Gestaltung des Heiligen Geistes, der dem Evangelisten in die Feder diktiert, verkörpert der Engel wie jener erste Botschafter des *evangelion* am Grab Christi das lebendige, lebensspendende Wort, den göttlichen *logos,* der sich in der Schrift des Neuen Testaments manifestiert, und bezeugt zugleich deren Legitimität, da er unmittelbar in den Übersetzungsvorgang von Geist und Sprache integriert ist.

Es ist bezeichnend für die Kunst des nachtridentinischen Jahrhunderts, daß die beiden bedeutendsten Formulierungen dieses Themas von Caravaggio und Rembrandt – unbeschadet ihrer ganz unterschiedlichen Ausgestaltung der Figuren – die Präsenz des Engels bei der Niederschrift des Textes nicht als Entfaltung des menschlichen Ingeniums noch als dessen reibungslose Kollaboration mit der himmlischen Macht, sondern als seelisch-intellektuellen Konflikt auffassen werden. Dargestellt ist in beiden Fällen ein verzweifelter Reflexionsprozeß, das Suchen nach dem einen, richtigen Wort im Modus einer quälenden Entscheidungsfrage, die zu einer Zerreißprobe des Individuums gerät.

Das Altarbild in der Kirche S. LUIGI DEI FRANCESI (Farbtafel 9) ist eine zweite, korrigierte Variante des Sujets, dessen erste – 1945 im KAISER-FRIEDRICH-MUSEUM verbrannte – Fassung seinerzeit von den zuständigen Priestern der »vulgären Posen« wegen zurückgewiesen worden war.[35] Die ruhige, harmonische Farbmodulierung und der klar gegliederte Faltenwurf von Tunika und Pallium, die Lichtregie, die den Heiligen von dem dunklen, undifferenzierten Hintergrund souverän abhebt, ohne sich der dramatischen Hell-Dunkel-Effekte der kurz zuvor entstandenen *Berufung des Matthäus* zu bedienen, sowie die sparsame, auf das Notwendigste beschränkte Ausstattung der Szenerie geben Caravaggios geschmähtem Naturalismus ein klassisches Gepräge.[36] Das gefällige Arrangement steht jedoch im offenkundigen Widerspruch zu der mitnichten abgeklärten, geschweige denn idealisierten Physiognomie, zu dem verunsicherten Blick des Protagonisten und nicht minder zu dem herabschwebenden Engel in Gestalt eines Gassenjungen mit plumpen Händen, etwas groben Gesichtszügen und sinnlichen Lippen, den der Maler in ein kunstvoll verschnürtes, nach hinten aufgebauschtes Bettlaken gewickelt hat. Der Kontrast wird durch die etwas manierierte, wiewohl natürlich anmutende Drehbewegung des Evangelisten akzentuiert; in seiner Arbeit unterbrochen, muß er zu dem schräg hinter ihm schwebenden Engel zurück- und aufblicken, während dieser ihm umstandslos die wichtigsten Punkte seiner Botschaft aufzählt. Die spirituelle Intervention des Engels entfaltet eine körperliche Präsenz, wie sie dem greisen, in seine ästhetisierende Gewandstudie gehüllten Autor ermangelt und deren er – wie auf seinem Gesicht zu lesen ist – sehnlichst bedarf. Die sinnliche *physis* des Engels, die in dem Dialog der Blicke ihr psychisches Pendant findet, inspiriert und motiviert die Schrift des Evangeliums.

Der seelischen, wenn nicht erotischen Verwirrung, der psychischen wie physischen Ablenkung des Heiligen von seiner Textarbeit entspricht bei Rembrandt (Farbtafel 8) ein Moment tiefsten, ratlosen Selbstversunkenseins. Der Autor, der statt des Heiligenscheins ein dunkles Stirnband, statt der antikisierenden Kleidung eine bequeme Hausjacke trägt, hat die Feder abgesetzt, die linke Hand faßt unwillkürlich in den ergrauten Bart, der wache Blick ist auf keinen äußeren Gegenstand, sondern ganz nach innen gerichtet. Das sanfte Spiel der Lichtreflexe von ineinanderfließenden hellen und dunkleren Rot- und Brauntönen läßt das faltige, von Zweifel, Skepsis und Trauer zerfurchte Gesicht hervortreten, das sich durch den oszillierenden, ebenso kräftigen wie subtilen Farbauftrag zu bewegen scheint.

Der Kopf ist leicht zur Seite gewandt, als würde der Heilige aufhorchen, einer inneren Stimme lauschen, die ihm zuflüstert und ihm jenes Wort eingibt, nach dem er sucht, so daß er, einen Augenblick prüfend und erwägend, gleich weiterschreiben wird; nur eine Hand, ein Gesicht mit androgynen Zügen, von wallendem Haar umgeben, das sich in den dunklen Hintergrundsfarben verliert, erscheint die ihm unsichtbare Engelgestalt so nahe, daß sie ihn am Ohr wie an der Schulter fast berührt, und zugleich – durch diese winzige Distanz – der irdischen *physis* des Evangelisten so fern, daß sie darin ihre eigene Körperlosigkeit erkennen läßt.

Die Inspiration manifestiert sich in der kaum merklichen taktilen Differenz zwischen der Hand des Engels und der Schulter des nicht mehr und noch nicht schreibenden Heiligen; sie vermittelt sich in der sichtbaren Präsenz seiner Gestalt, die dem zweifelnden, reflektierenden Blick antwortet, und bleibt in dem unsichtbaren psychischen Vorgang eines inneren Monologs verborgen. Was sich in den Augen des Betrachters zur Erscheinung verdichtet, entstammt nicht – wie die Visions- und Ekstaseengel der barocken Bildpropaganda – den himmlischen Gefilden, sondern einem Jenseits im Innersten des Individuums, dem unbewußten Sprechen, das zur Formulierung drängt, der Stimme des triebhaften *logos,* der buchstäblich mit Engelszunge redet, um sich in dem *evangelion* des ewigen Lebens zu artikulieren.

Die unglaubliche Intensität beider Darstellungen, vorzüglich der Physiognomien, die den Betrachter in ihren Bann ziehen, bringt ein Moment der Selbstreflexion ins Spiel. Offenkundig berührt auch das Thema der Schriftwerdung des *logos* das Mysterium der bildenden Kunst, stellt erneut die Frage nach deren Legitimität und Repräsentationsmacht angesichts der wortgebundenen, bilderfeindlichen protestantischen Konfession. Die verschiedenartige Inspiration der beiden Engel gilt nicht nur dem literarischen Ingenium, sondern auch und hier vor allem dem der Malerei, die dem Prozeß der Inskription des heiligen *logos* in das Evangelium – noch dazu in einem entscheidenden Moment des Zweifels, eines beunruhigenden Schweigens, das den Verkündigungstext unterbricht – in der Erscheinung des Engels sichtbare Gestalt zu geben, damit den kritischen Augenblick als überwundenen darzustellen vermag. In diesem utopischen Moment bezeugt der Inspirationsengel der Evangelistenbilder den primären Rang der anschaulichen Gestalt gegenüber dem entsinnlichten Geistwort der Tradition. Doch ist auch dieser – angesichts der ekstatischen Engeltiraden der Barockkunst denkbar unspektakuläre – Triumph nur ephemer; derselbe Engel läßt im Augenblick, da er erscheint und das erlösende Wort spricht, unwiderruflich dessen latent drohende Abwesenheit erkennen, die an die Leere des Grabes Christi gemahnt. Die körperlich reale und die spirituelle, quasi gespenstische Erscheinung des *pneuma* spendenden Engels beschreibt zugleich den unaufhörlichen Entzug von sinnlicher Präsenz, von Geist und Lebensatem, der den künstlerischen Schaffensprozeß begleitet. Wie der sehnsüchtig emporgehobene Blick bei Caravaggio gilt Rembrandts Introspektion einer letalen Bedrohung. Der Engel, der das Neue Testament in seinem Wortlaut formuliert, sein Schreiben motiviert und zur Erscheinung bringt, ist zugleich ein Botschafter des Todes.

4 Die Leere des Grabes

Jene bedrohliche Abgründigkeit des *logos,* die der Grabengel in seinen evangelarischen Worten – »er ist nicht hie, er ist auferstanden« – beschwört und damit zu bannen sucht, bleibt auch seiner künstlerischen Gestaltung verhaftet. Die ikonographische Tradition hat dieser Ambivalenz von Beginn an Rechnung getragen. Die antike Todesgestalt Thanatos, Flügelwesen wie die Sirenen oder die etruskische Todesgöttin Vanth (Abb. 16), die dem Menschen auf der Schwelle des Todes begegnen,[37] sind demselben Einschmelzungsprozeß unterlegen wie die Eroten der spätantiken Sarkophage und die römischen Genien, die in verwandelter Gestalt als Schutzengel künftig den christlichen Lebensweg vorzugsweise der Gerechten und Heiligen begleiten, über Angst und Leiden hinwegtrösten, den Märtyrern auf dem Höhepunkt ihrer Passion den Himmel öffnen und ihnen die Siegespalme überbringen. Noch in ihren epigonalen Formen, insbesondere in den religiösen Öldrucken und Buchillustrationen des 19. Jahrhunderts, lassen sie, wenn sie ihre Schutzbefohlenen – am liebsten Kinder – aus tödlicher Gefahr retten, immer wieder jene dämonische Triebhaftigkeit eines lebensbedrohenden *alter ego* erkennen. Als Kultgestalten und komplementäre Denkfiguren figurieren Eros und Thanatos auch in den Engelerscheinungen der christlichen Kunst, begleiten ihre wechselnden Funktionen als Botschafter eines zwiespältigen Verkündigungswortes, als Offenbarungsmittler und Exekutivorgan des allmächtigen Gottes; als dynamische Triebwesen führen sie die individuelle wie die kollektive Geschichte des Menschen ihrem apokalyptischen Ende zu, um noch über den Tod der christlichen *religio* hinaus deren künstlerische und philosophische Erben zu inspirieren.

Die Kunst des 20. Jahrhunderts wird den Engel am leeren Grab Christi als *memento mori* wiederentdecken und dem Fortleben seines unsichtbaren *logos* buchstäblich ex negativo Ausdruck zu geben versuchen. Seine ambivalenten Aspekte treten dabei wieder als Gegensätze hervor; als Botschafter und Zeuge einer die Menschheitsgattung erlösenden Heilsgeschichte, als Repräsentant kosmischer Harmonie und individueller Lebenshoffnung wird er der Widersprüchlichkeit überführt. In Chagalls stürzendem, vom Entsetzen über die von ihm selbst herbeigeführte Katastrophe gezeichnetem Engel (Abb. 72) offenbart sich wie in Sutherlands gespenstischen Zeugen der Kreuzesabnahme, die

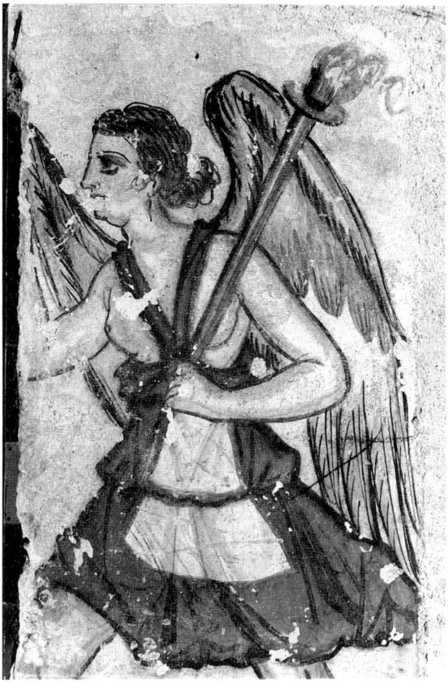

16 *Die Göttin Vanth* (Grabfresko), Tarquinia, Tomba degli Anina, Eingangswand rechts, um 250 v. Chr.

keine anderen Affekte als ein unaussprechliches Grauen zu vermitteln wissen (Abb. 17), eine heillose Geschichte, der es jeder Legitimation ermangelt. Mit der Auflösung ihrer Botschaft in surreales Vokabular und Abstraktion (Abb. 18) wenden sich die Engel erneut der bedrohlichen Abgründigkeit des *logos* zu, thematisieren in ihrer überkommenen Gestalt, die anstelle einer Antwort neue Fragen formuliert, wiederum die Unanschaubarkeit und Unverständlichkeit des christlichen Wortmysteriums. Als Chiffren der Sinnentleerung, als Zerrbild der Vermittlung und – in einer Art Negation der Negation – als Denkfigur verborgener Utopie rekurrieren sie mit radikaler Insistenz auf jenes ursprüngliche Formproblem, das der Engel am leeren Grab Christi der sakralen wie der ihr nachfolgenden säkularisierten Kunst aufgegeben hat. Sie er-

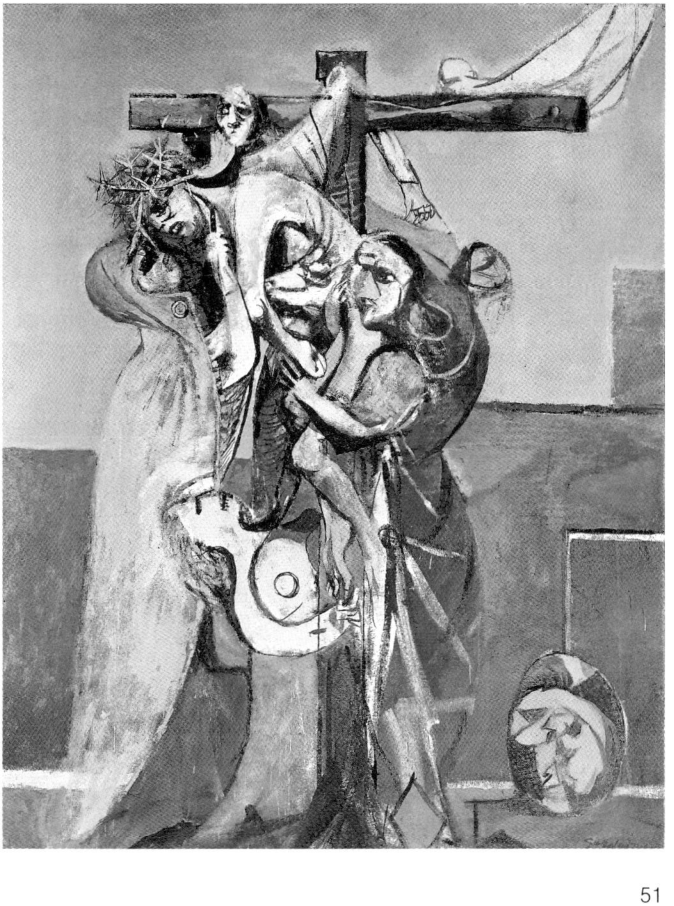

17 Graham Sutherland, *Kreuzesabnahme,* Cambridge, Fitzwilliam Museum, 1946

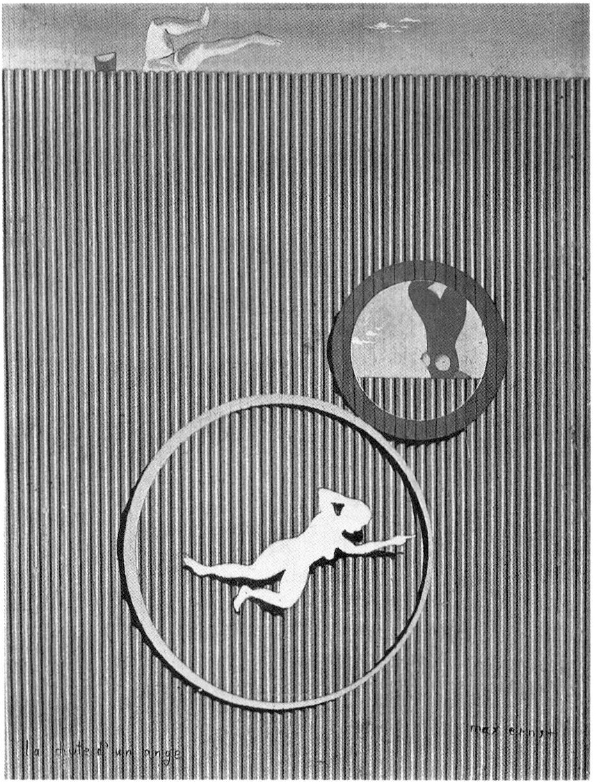

18 Max Ernst, *Der Engelsturz,* Krefeld, Sammlung Ernst O. E. Fischer, 1922

weisen sich darin abermals als künstlerische Reflexionsfiguren, deren Gestalt vorzüglich Skepsis gegenüber jedweder *traditio legis* in der Kunst zum Ausdruck bringt.

Auch die ratlosen, mit unsicheren, weichen, sich überschneidenden und verwirrenden Strichen skizzierten Engel Paul Klees scheinen ihren ehemals göttlichen Auftrag, mithin auch ihre eigene Geschichte vergessen zu haben, tasten statt dessen nach einer zureichenderen Form ihrer Repräsentation, suchen jenen »entlegenen, schöpfungsursprünglichen Punkt«, an dem es nach den Worten des Künstlers eine Formel »für Mensch, Tier, Pflanze, Erde, Feuer, Wasser, Luft und alle kreisenden Kräfte zugleich« geben sollte.[38] In Paul Klees »letztem Stilleben« (Abb. 19), das ohne Titel wie ein bildnerisches Testament die Intentionen des Künstlers zusammenfaßt, erscheint als Ausgangs- und Endpunkt jener zirkulierenden Bewegung, wie sie als kosmologische Anspielung in vielen Bildern Klees zu sehen ist, eine Engelzeichnung auf weißem Blatt: ein Bild im Bild, das eine Bleistiftskizze mit dem Titel

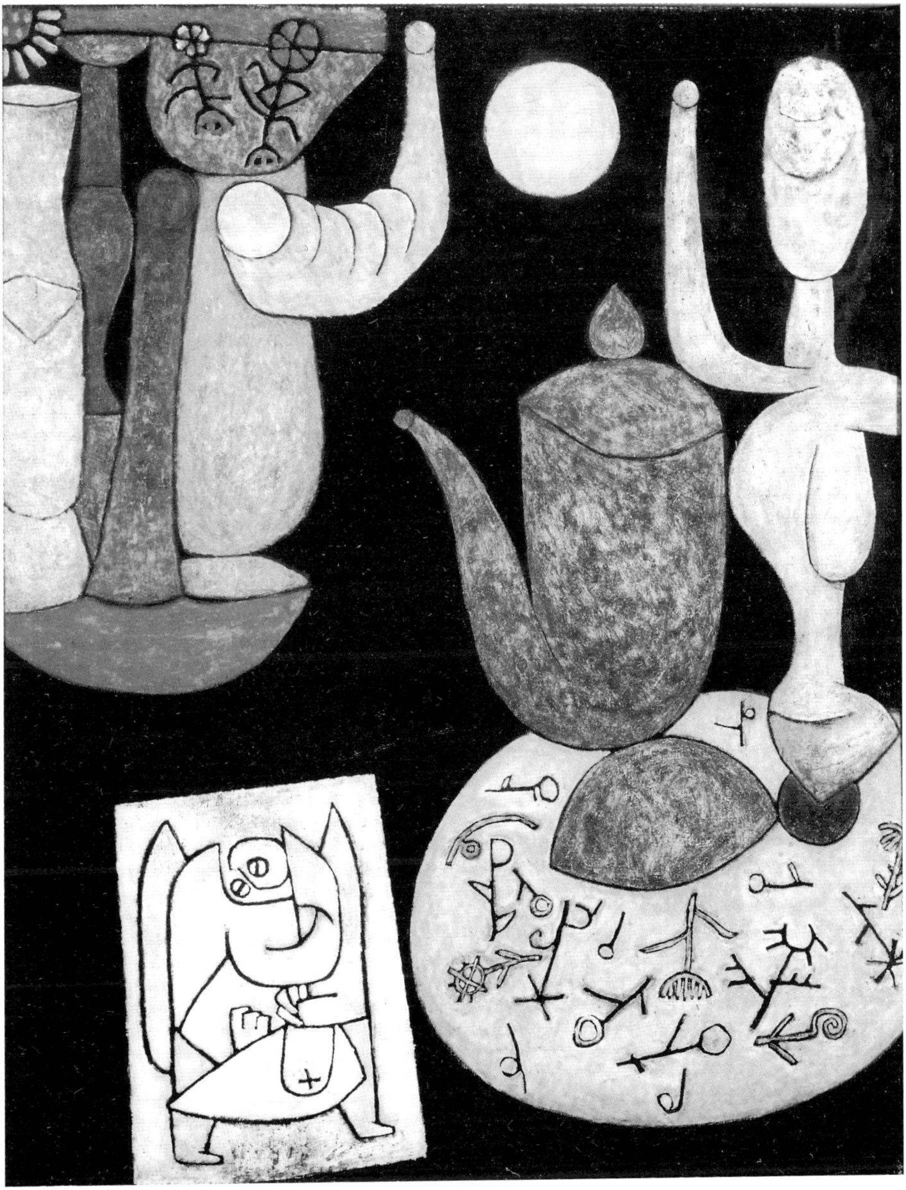

19 Paul Klee, ohne Titel (letztes Stilleben), Privatbesitz Schweiz, 1940. N 1

»Engel, noch hässlich« zitiert, dessen Schraffuren und die mehrfach gezogenen Umrisse, in denen sich der schöpferische Prozeß, die Dynamik des »noch« andeutet, in ein sicheres, von kräftigen Konturen gezeichnetes Lineament verwandelt hat. Diese »Genesis der Linie«[39], die der Engel vor Augen führt, geht jedoch einher mit einer ostentativen Verrätselung der Schrift, deren Fragmente sich auf dem orangefarbenen Oval ausgebreitet haben und in ihrer expliziten Unverständlichkeit die gesamte Bildfläche affizieren. Als Ikone, die vor dem undurchdringlich dunklen Hintergrund ihren epiphanen Charakter aufscheinen läßt, als dynamischer Fremdkörper, der auf dem Blatt Gestalt annimmt und innerhalb des Bildes durch sein weites Ausschreiten Bewegung initiiert, fungiert der Engel zugleich als Kontrast- wie als Komplementärfigur zu der Hieroglyphik der farblich gesättigten, in sich ruhenden Gegenstände und Skulpturen, zu den deformierten, verstreuten Zeichen, die noch der Entzifferung harren; womöglich durch den nicht mehr häßlichen Engel selbst.

In Klees künstlerischem Vermächtnis erscheint der Engel als Bildformel einer Schriftlichkeit, die sich in seinem ganzen Œuvre abzeichnet, sich von ihrer Signatur löst und allenthalben in sinnlicher Evidenz, in Punkten, Linien, Formen und Farben artikuliert. Der fortgesetzte Vermittlungsversuch zwischen dem religiös wie politisch indoktrinierten Antagonismus von Wort und Bild gerät in diesem letzten Stilleben des Künstlers zu einem entschlossenen Balanceakt; indem der Engel – gleichsam aus Versehen – Autonomie gewinnt, Gestalt wird, ohne zu verkündigen, und sich eingedenk der eigenen Zeichenhaftigkeit munter den anderen Schriftfragmenten nähert, damit ihre sichtbare Gravur vor den Augen des Betrachters in Bewegung setzt, widerspricht er diskret der Allmacht des *logos* und seiner prätendierten Verfügungsgewalt über die bildenden Künste; er verkehrt den paradoxen Imperativ des evangelarischen Engels am Grab, der den Glauben an das Wort verlangt, da es nichts zu sehen gibt, in ein Postulat der bildenden Kunst, auch dort zu schauen, wo sich die göttliche Schrift oder die Zeichen der menschlichen Natur zur Unkenntlichkeit entstellt haben, sich gerade dann der Erkenntnis des Sichtbaren und seiner künstlerischen Gestaltung zu überlassen, wenn das Wort versagt. Das »letzte Stilleben« veranschaulicht noch einmal rückblickend die Dynamik und die Ambivalenz jener Engelgestalten, die – vom Grab des unanschaulichen *logos* aus – als Offenbarungs- und Erscheinungstechniker, als Liebes- und Todesboten die Entwicklung der abendländischen Kunst unablässig motiviert haben.

II Zur Legitimation des Bildes
Liturgen und Erscheinungstechniker

1 Theophanie des Bildes

Die kleine Tafel, die erst vor wenigen Jahrzehnten im KATHARINENKLOSTER im Sinai entdeckt wurde, gehört zu den rätselhaftesten Bildern der abendländischen Kunst (Abb. 20). In der Mitte thront die Madonna mit dem Christuskind auf einem erhöhten, mit Edelsteinen verzierten, ganz in Goldtönen gehaltenen Sitz, dessen Rückwand wie eine Apsis nach außen gewölbt ist; ihre dunkle, eng anliegende Tunika wirft nur wenige Falten, die jedoch sorgfältig ihrer Positur angepaßt sind und zusammen mit der Ausbuchtung ihres Thrones und den konturierten Knien ihrer Gestalt Plastizität verleihen. Ihr Gesicht, das aus der helleren, über dem Kopf zusammengebundenen *Palla* durch feinste, von Weiß- und Grautönen bis zu Rot, Braun und Oliv reichenden Farbnuancen modelliert wird, gibt ihrer majestätischen Erscheinung jene körperliche, lebenswirkliche Präsenz, wie sie auf paganen Malereien der späthellenistischen Zeit zu finden ist. Die Achse ihres Augenpaars ist geringfügig verschoben, so daß die frontale Stellung des Gesichts Bewegung suggeriert; der wache, herrschende Blick fällt schräg nach rechts aus dem Bild und streift dabei den Betrachter. Das Kind auf ihrem Schoß mit den Gesichtszügen eines Erwachsenen hält in der Linken einen kleinen *Rotulus,* die rechte Hand ist zum Segensgestus ausgestreckt; die Beine, die sich unter der golddurchwirkten Toga deutlich abzeichnen, sind perspektivisch verkürzt. Unübersehbar bildet der kleine Christus das Zentrum des Bildes; die Diagonalen schneiden sich exakt im Mittelpunkt seines massiven Nimbus, der wie ein *Clipeus* vor die Brust der Gottesmutter gelegt ist.

In merkwürdigem Gegensatz zu der plastischen Realität der beiden Hauptfiguren stehen die sie flankierenden Heiligen, Theodoros Stratelates und Demetrios.[1] Beide Soldatenheiligen tragen reich geschmückte, zeremonielle Hofgewänder, die so glatt an ihnen herabfallen, als hingen sie an Kleiderständern. Ihre Gesichter bilden einen dekorativen Kontrast: das dunkle, zum Bart hin spitz zulaufende Oval auf der einen, das durch die Haartracht rundlich wirkende bleiche Antlitz auf der

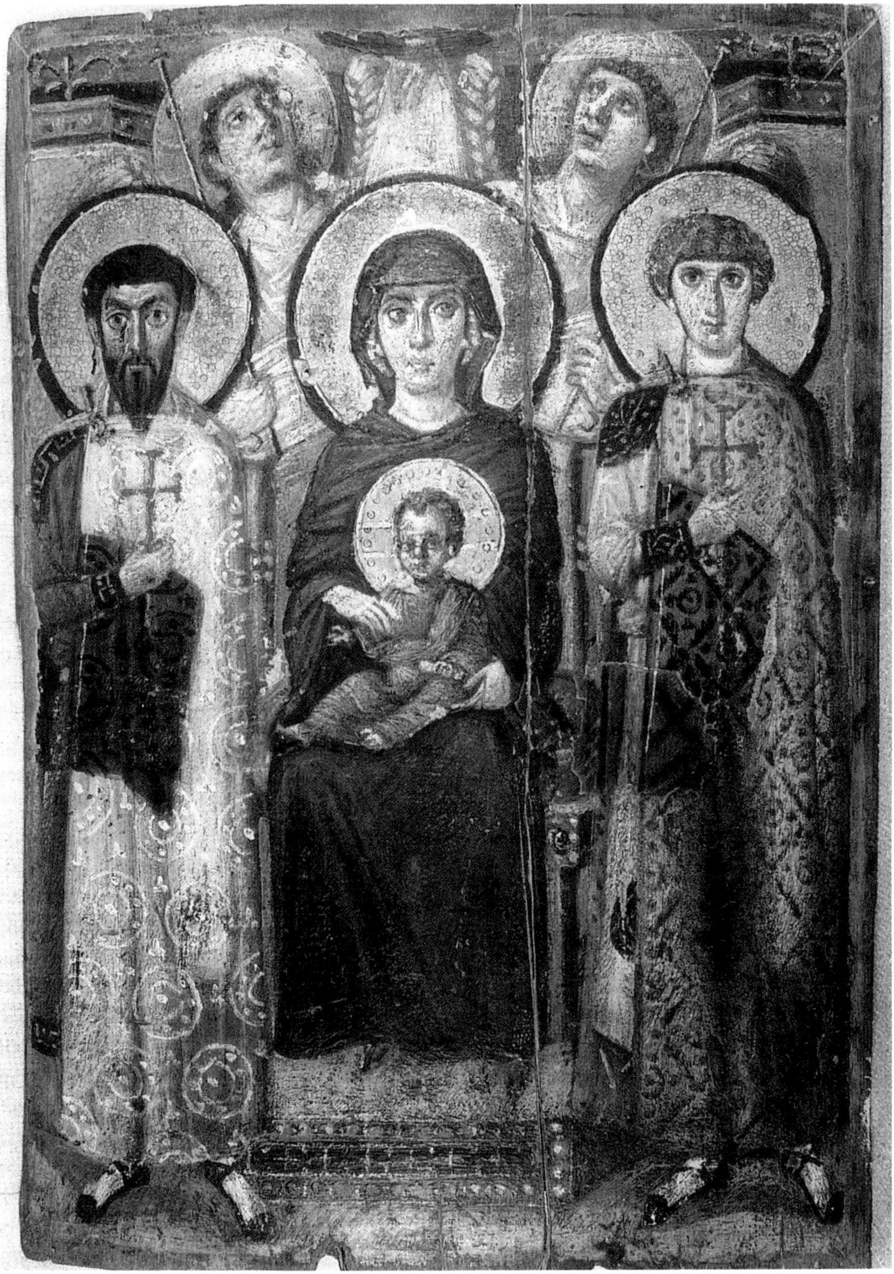

anderen Seite beleben die Komposition und damit auch die starren Blicke, die sich mit hypnotischer Kraft auf den Betrachter richten, ihn dabei buchstäblich fixieren.

Noch seltsamer jedoch mutet die symmetrische Darstellung der in lichten weißen, grauen, violett- und altrosafarbenen Tönen changierenden Engel an. Sie stehen hinter dem Thron der Himmelskönigin in einer durch die Fluchtlinien der beiden Pfeiler angedeuteten Thronnische und blicken ebenso furchtsam wie ehrerbietig in die Höhe, auf ein Jenseits der Betrachtersphäre. Als Gegenstand ihrer Devotion zeigt sich pars pro toto die Hand Gottes in einer Öffnung am oberen Bildrand, durch die helles, in denselben Farben oszillierendes Geistlicht in die hintere Engelsnische strömt.

Übereinstimmend wird die *Marienikone* in die erste Hälfte des 7. Jahrhunderts datiert, mithin in eine Zeit, deren Kunst sich nur in wenigen Bildwerken erhalten hat; auch aus diesem Grund gibt es über ihre Herkunft und Bedeutung allenfalls Vermutungen.[2] So ist es unklar, ob die Tafel zur Adoration oder zu didaktischen Zwecken dienen sollte, ob sie ein spezifisches Bildprogramm enthält, ein theologisches Problem thematisiert oder von privaten Anliegen eines Stifters – etwa hinsichtlich der Auswahl der Heiligen oder der anagogischen Blickrichtung der Engel – bestimmt wird. Dem heutigen Betrachter erscheint die Darstellung vertraut und zugleich fremdartig. Das Kompositionsschema – die Madonna mit Christuskind, umgeben von Engeln und Heiligen – ist eines der grundlegenden Bildformulare der christlichen Sakralkunst, und auch die einzelnen Motive – die Posituren und die Blicke des heiligen Personals, die geflügelten Engelgestalten, die Hand Gottes – gehören späterhin zu ihrem, wie es scheint, selbstverständlichen Vokabular. Irritierend wirkt indessen eine gewisse Vereinzelung dieser bekannten Elemente, insbesondere aber die differenzierte stilistische Behandlung der Figuren, an denen sich drei verschiedene Kunstperioden und implizit drei unterschiedliche Bild- und Raumkonzeptionen abzeichnen. Die Komposition wird in drei voneinander abgesetzte Bildschichten unterschiedlicher Stilarten aufgeteilt, deren Überschneidungen und Korrespondenzen ein verwirrendes Vexierspiel möglicher Bezüge und Bedeutungen ergeben.

Die plastische Erscheinungsweise der Gottesmutter, ihre nuancierten Gesichtszüge, die sorgfältige Behandlung ihrer feingliedrigen Hand sind unverkennbar der späthellenistischen Illusionskunst verpflichtet, während ihre hieratische Positur auf monumentale, überwiegend an der Skulptur orientierte Gestaltung der theodosianischen Epoche zurückgeht. Ihre Körperlichkeit und Schwere distanzieren sie von den übrigen Figuren, verschaffen ihr einen eigenen, autonomen Raum innerhalb des Bildes, verleihen ihr kompositorisch jene Autorität, die sie als Himmelskönigin, als *Theotokos* (Gottesgebärerin)

◁ 20 *Marienikone mit Engeln und Heiligen,* Sinaikloster, 7. Jahrhundert

und als *Angeloktistos* (Herrscherin über die Engel) genießt[3]; ihre Plastizität und ihr Blick, der sich über das Bild hinaus auch auf den Betrachter erstreckt, konstituieren eine zeremonielle Sakralarchitektur, die auch den realen Raum der Betrachtung umfaßt und damit die Grenze zwischen Bild- und Betrachtersphäre durchlässig erscheinen läßt. Das Christuskind, das in Gesicht und Gewand die subtile Farbmodellierung der Engelgestalten übernimmt, im Gegensatz zu den Geistwesen jedoch Fleisch und Blut angenommen hat, findet auf dem Schoß der Gottesmutter einen theologisch angemessenen, offensichtlich auch bequemen Platz für seine repräsentative Haltung.

Die flankierenden Heiligen, die sich stilistisch vom *Typos Hieros,* dem entpersonalisierten Kaiserportrait des 6. Jahrhunderts, herleiten lassen[4], verfügen über keine Bewegungsfreiheit, sie stehen ausschließlich im Dienst der thronenden Madonna, deren räumliche Autonomie sie durch ihre reduzierte, flächige Körperstruktur hervorheben. Der eindringlich distanzierende Blick, die abgespreizte Stellung der Füße, die militärische Haltung, mit der sie das Kreuz wie den Schaft eines *Labarums* präsentieren, bezeugen ihre durchaus irdische Existenz, während das Grauweiß ihrer bestickten Untergewänder und das Violettrosa ihrer durchsichtigen Umhänge die farbliche Dynamik des von oben einströmenden, den Ätherleib der Engel und die Gesichter der Madonna und des Kindes belebenden Geistlichts aufnehmen und in feierliches Dekor verwandeln. Die auffällige Farbkombination scheint in diesem Kontext auf die *vita angelica* der Heiligen anzuspielen und zugleich die Bekleidung ihrer spirituellen Würden im Bild zu legitimieren.

Die zarte, fast durchsichtige Gestaltung der beiden Engel steht in der Tradition des sogenannten späthellenistischen Impressionismus[5] (Abb. 20 a), obwohl ihre geometrisch strenge Anordnung einer Darstellung flüchtiger Erscheinungsmomente formal widerstrebt. Ebenso auffällig ist der Verzicht, die Posituren der Lichtgestalten konsequent zu verkürzen, um die tiefenräumliche Vorstellung, die mit dem Thron der Madonna und den zu beiden Seiten hervortretenden Pfeilern angedeutet wird, noch zu intensivieren. Die Malweise der Engel illusioniert eine körperliche Präsenz und verklärt sie zugleich, läßt sie in physischer Gestalt erscheinen und transfiguriert sie zu körperlosen Schemen. Ihr symmetrisches Aufschauen zu dem transzendentalen Ursprung des Geistlichts verbindet sich mit diesem zu einer vertikalen Achse, die der horizontalen Blickrichtung der Madonna in den Betrachterraum korrespondiert. Die Engel verweisen auf das, was außerhalb des Bildes verborgen bleibt, im Bild selbst aber Gestalt annimmt; ihr suggestiv bildüberschreitender Blick begleitet den Einfall des Lichts, das sich in ihrer ätherischen Leiblichkeit manifestiert, und überträgt es in farblichen Modellierungen auf die gesamte Komposition. Indem die Engel auf das heilige Licht und die schaffende, lenkende und gnadenspendende Hand Gottes in Form und Farbe reagieren, entfaltet sich in der Apsisnische über der Gottes-

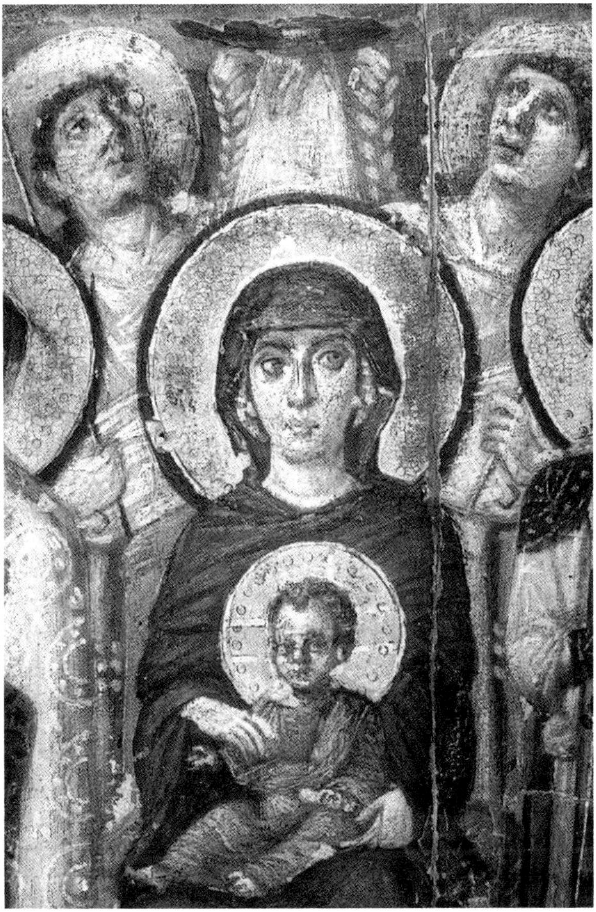

20 a *Marienikone mit Engeln und Heiligen* (Ausschnitt)

mutter und dem inkarnierten Christus eine heilsgeschichtliche Dynamik, die den gesamten Sakralraum belebt und sich über die konzentrierten Blicke ihrer Repräsentanten auch in die Betrachtersphäre hinein fortsetzt.

Wie es scheint, ist die Überlagerung und Verknüpfung verschiedener Stilarten in der *Sinai-Ikone* keineswegs Zeichen eklektizistischer Orientierungslosigkeit, zumal der unbekannte Künstler zweifelsohne zu den ersten seines Faches gehörte, sondern dient vielmehr der Lösung eines entscheidenden Problems, das angesichts der alttestamentlichen Bilderfeindlichkeit und deren Übernahme durch die frühe Patristik für die christliche Sakralkunst von existentieller Bedeutung wird: ob und wie es möglich sei, die Theophanie – die Erscheinung und Selbstoffenbarung des verborgenen Gottes – in einem Bildwerk darzustellen. Es liegt nahe, daß dabei die Engel – auf der Grenze zwischen dem welterschaffenden göttlichen Licht und der irdischen *physis* – im Mittelpunkt des künstlerischen Interesses stehen. In der Auseinandersetzung um die Darstellbarkeit des explizit Nicht-Sichtbaren tragen die Engel gewissermaßen die Beweislast sowohl für die theologische Legitimität als auch für das künstlerische Vermögen, die reale Präsenz des dreifaltigen Gottes und seines heiligen Hofstaates ohne spirituellen Bedeutungsverlust in materieller Gestalt abzubilden. Ihre Argumente stützen sich dabei zunächst auf Analogien zu politisch-säkularen Bildvorlagen.

Kompositorisch entspricht die Position der Engel auf der *Sinai-Ikone* dem in der byzantinischen Kunst verbreiteten Typus der Thron- oder Wächterengel, die zumeist seitlich, bisweilen auch hinter der Herrscherfigur als spirituelle Leibgarde eine Aura um die Erscheinung der Gottesmutter, des »Allherrschers« Christus oder auch des irdischen Kaisers bilden. Die Aufgaben dieses zumeist symmetrisch angeordneten Engelpaars beschränken sich indessen nicht auf seine Präsenz als Thronwächter. Indem die Engel Kult und Huldigung vorbildlich ausführen, wird der Zuschauer in die sakrale Handlung eingebunden und zugleich davon distanziert; ihre Blicke und Posituren sind stets auch auf den Betrachter ausgerichtet, sie definieren dessen Abstand zum Gegenstand der Devotion. Diese Doppelfunktion der Engel verweist auf ihre realen Vorbilder in den *admissionales* und *silentiarii* des kaiserlichen Hofes, die der Audienz stattgeben, zur Ruhe auffordern, den Bittsteller herbeiwinken, vortreten lassen, die Form wahren, den Ablauf des Zeremoniells als Ausdruck staatlicher und kosmischer Ordnung überwachen. In ihren Hofämtern überdauern die Engel bis in die mittel- und spätbyzantinische Kunst und prägen – losgelöst aus diesem politisch-kultischen Zusammenhang und unter anderen künstlerischen Voraussetzungen – auch die westliche Bildrhetorik bis ins 14. und 15. Jahrhundert.

Das Motiv zweier gleichgestalteter Engel, die zumeist als Erzengelzwillinge Gabriel und Michael aufgefaßt werden, findet sich sowohl in monumentalen Kompositionen, in den Kuppel- oder Apsismosaiken der Kirchen, als auch in der preziösen Kleinkunst, in Buchmalereien und Elfenbeinreliefs. Auf dem rechten Flügel eines gegen Mitte des 6. Jahrhunderts entstandenen Elfenbeindiptychons (Abb. 21) mit einer hieratisch thronenden Gottesmutter und dem segnenden Christuskind erscheint das Engelpaar dicht hinter dem aufwendig geschmückten Herrschersitz der Madonna. Beide Figuren sind lebhaft konturiert und zeigen im Gegensatz zu Maria und dem Kind seelisch differenzierte Gesichtszüge und verhaltene Bewegung. Indem sie sich wie schützend um den Thron drängen, überkreuzen sich ihre Blickachsen: während der rechte Engel links aus dem Bild herausschaut, ruhen die Augen des anderen mit leicht vorge-

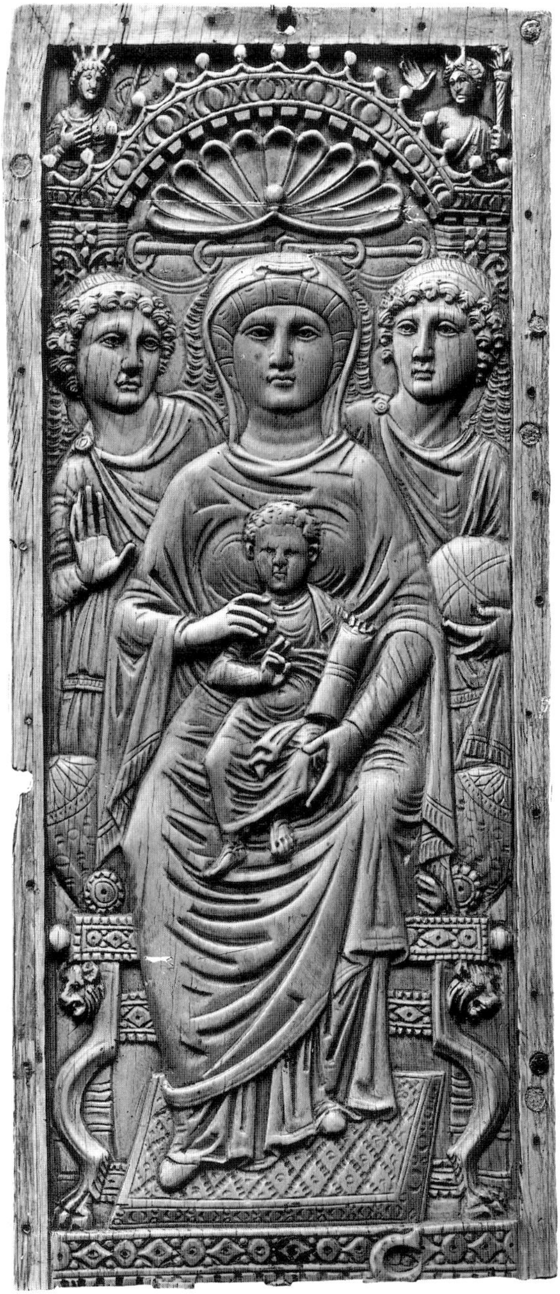

21 *Thronende Madonna* (Die göttliche Natur Christi), Elfenbeindiptychon, Berlin, Skulpturengalerie, Mitte des 6. Jahrhunderts

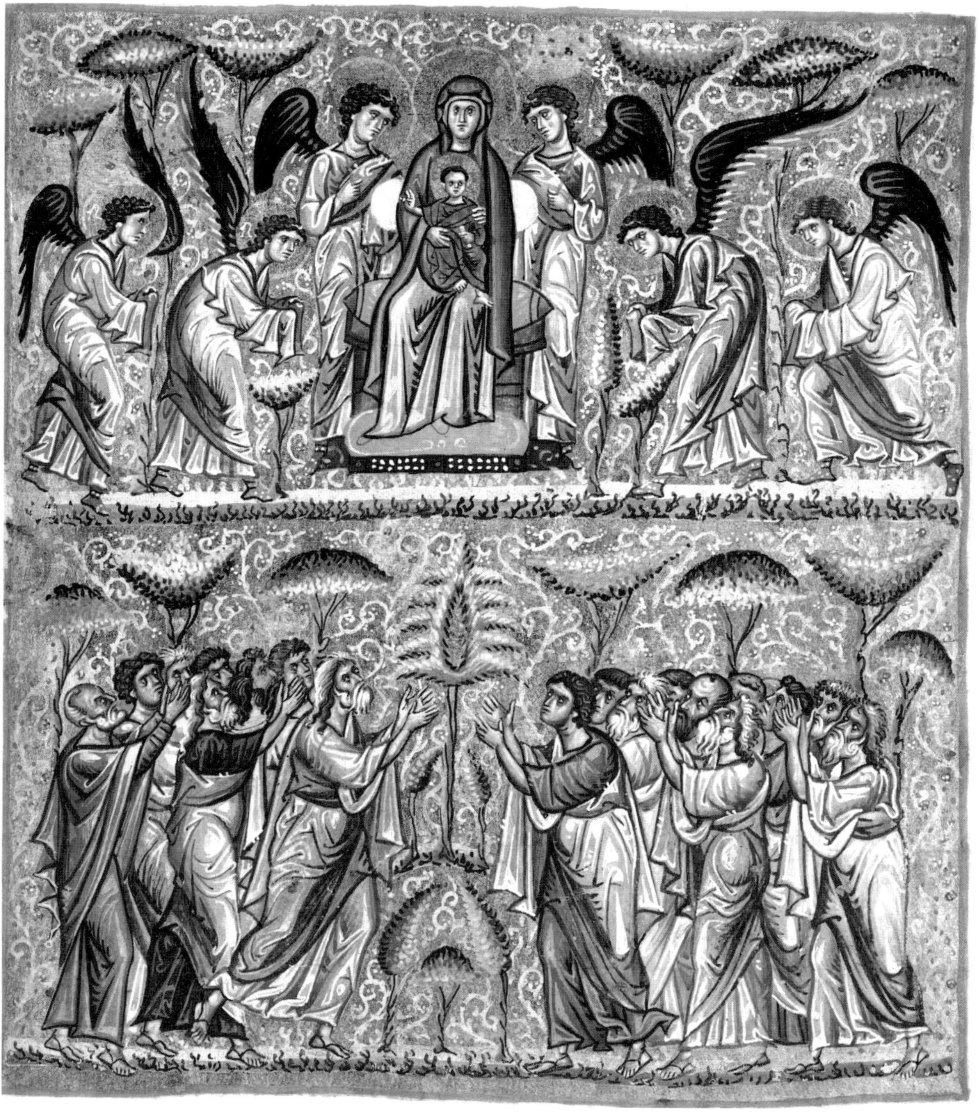

22 *Marienpredigt,* Cod. greco 1162, fol. 50 verso, Rom, Biblioteca Vaticana

beugtem Oberkörper und klassischem Oransgestus auf der Gottesmutter. Einbezogen in das höfische Zeremoniell sind auch die christianisierten Personifikationen *Sol* und *Luna* als kosmische Ordnungsmächte, die oberhalb der angedeuteten Apsiskuppel Positur und Gestik der beiden Engel wiederholen.[6]

Der künstlerische Erfolg dieses einfachen Bildformulars, das die Erscheinung Christi oder der Gottesmutter an ein Huldigungsritual innerhalb einer abbreviativen Sakralarchitektur bindet, erklärt sich aus seinen vielfältigen ikonographischen Variationsmöglichkeiten, die einen unmittelbaren Bezug zu repräsentativen Staatsakten ebenso wie eine Übertragung auf homiletische Zusammenhänge gestatten. In beiden Fällen fungieren die Engel als zeremonielle Vermittlergestalten zwischen der dargestellten Kulthandlung und den Betrachtern. Eine Miniatur des 12. Jahrhunderts, die einer Sammlung von Marienpredigten entnommen ist (Abb. 22), veranschaulicht auf zwei Bildebenen die Verehrung der Gottesmutter, durch deren Leib Gott menschliche Natur angenommen und sein Erlösungswerk vollzogen hat. Das zweiteilige Kompositionsschema, das sich bereits in den ältesten Beispielen christlicher Buchmalereien findet (Abb. 26) und in späterer Zeit immer wieder aufgegriffen wird, zeigt in der unteren Hälfte Propheten des Alten Testaments; während diese mit erhobenen Händen die *Theotokos* anbeten, nähern sich in der oberen Sphäre je zwei Engel beidseitig mit zeremoniell verhüllten Händen und in gebückter Haltung ihrem Thron. Die sie flankierenden aufrecht stehenden Engel im Dreiviertelprofil wenden sich gleichermaßen der Gottesmutter wie dem Betrachter resp. dem Leser zu, den einer von ihnen unmittelbar anblickt, indessen der andere mit leicht gesenktem Kopf in gefühlvolle Betrachtung versunken scheint.[7]

In der Monumentalkunst wird die von Engeln umgebene Gottesgebärerin zumeist in der Apsis, und zwar in aller Regel unterhalb der obersten, dem Pantokrator vorbehaltenen Zone, in der späteren westlichen Kunst dagegen häufig an den Westfassaden, also im Eingangsbereich der Kathedralen dargestellt; ihre vermittelnde Rolle als *Maria mediatrix,* die durch Fürbitte dem sündigen Menschen das Paradies aufschließt, gewinnt in den gotischen Bildprogrammen zunehmend an Bedeutung. Auch hier überlagern sich höfisches und liturgisches Zeremoniell. So erscheint auf dem Tympanon des zwischen 1160 und 1170 entstandenen Annenportals von NOTRE DAME in Paris (Abb. 23) die Gottesmutter mit dem segnenden Christuskind in einer antike und mittelalterliche Stilelemente integrierenden Thronapsis. Die Engel zu beiden Seiten tragen nunmehr Weihrauchgefäße; der linke ist der majestätisch thronenden Gottesmutter zugewandt, der rechte blickt auf den Betrachter herab und deutet mit der freien Hand auf den Gegenstand der allgemeinen Verehrung. Eingebunden in Liturgie und Adoration sind verschiedene historische Persönlichkeiten, deren Gestaltung sich von derjenigen der Engel nicht unterscheidet. Auf der linken Seite, also rechts von der Gottesmutter, und somit

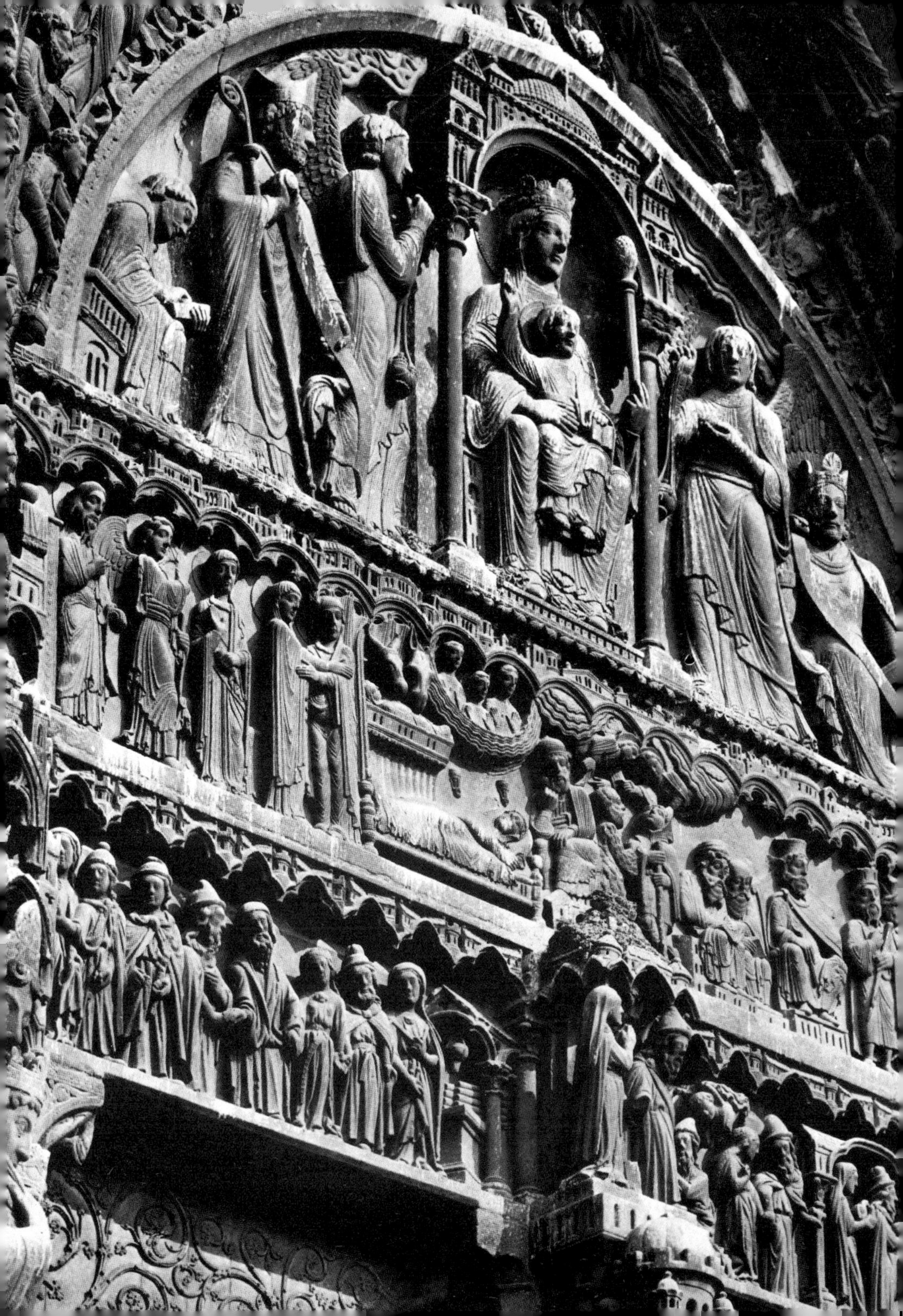

in der bedeutenderen Position ist Maurice de Sully dargestellt, ein gefeierter Prediger, der als Bischof maßgeblich am Bau der Kathedrale beteiligt war, hinter ihm der lesende Dekan des Kapitels, an der gegenüberliegenden Seite der kniende französische König Ludwig VII., der sich mit eleganter Gebärde seinem Volk zuwendet.[8]

Diese integrative, Politik und Kulthandlung verknüpfende Funktion der Engeldiakonen geht auf den byzantinischen Kaiserkult zurück, der unmittelbar nach der Konsolidierung des Christentums auch ikonographisch die Nachfolge seiner paganen Vorbilder antritt; die antiken Genien, die den *Clipeus* des Kaisers halten, umschweben oder ihn bekränzen, erfüllen im nunmehr christianisierten Ambiente dieselben Funktionen in unveränderter Gestalt. Die Angelologie des Pseudo-Dionysios könnte in diesem Zusammenhang weniger als ein spekulativer Versuch, divergierende Engelvorstellungen zu einem einzigen, umfassenden System zu verbinden, denn als eine theologische Legitimationsschrift aufgefaßt werden, die mit der Vorstellung einer himmlischen Hierarchie auch ihr irdisches, im Hofzeremoniell repräsentiertes Abbild, mithin auch dessen Kultifizierung zu rechtfertigen versuchte.

Die monumentalen, sich auf den gesamten Sakralraum erstreckenden Bildprogramme dieser Zeit demonstrieren nicht nur die Macht und Herrlichkeit Gottes, sondern die seiner irdischen Stellvertretung, auf die sowohl der byzantinische Kaiser als auch der römische Papst und seit dem 8. Jahrhundert auch die fränkischen Kaiser Anspruch erheben. Die ehrgeizige Hoffnung auf eine *renovatio* des römischen Weltreichs, die sich kulturell in der sogenannten karolingischen Renaissance manifestiert, und die entsprechenden politischen und militärischen Aktivitäten Karls des Großen und seiner Nachfolger bilden den Hintergrund eines prachtvollen Propagandabaus in Rom, dessen Bildprogramm sich fast ausschließlich auf ein Thema konzentriert: die Theophanie als Ausdruck der überzeitlichen Herrschaft Christi, die seine päpstlichen Stellvertreter zumindest bis zum Ende der Menschheitsgeschichte legitimiert.

Auf den ersten Blick bemerkenswert ist an der Innenausstattung der während des Pontifikats von Paschalis I. (817–824) erbauten Kirche Santa Prassede[9] der stilistische Historismus der Mosaiken; mit dem Rückgriff auf frühchristliche Vorbilder des 5. und 6. Jahrhunderts werden byzantinische Elemente ostentativ übergangen, darüber hinaus der 787 zu Nicäa gerade erst verbindlich festgelegte hieratische Aufbau mißachtet und schließlich – mit der Darstellung des Gotteslamms – ein weiterer byzantinisch inspirierter Konzilsbeschluß, der solcherart Symbolisierung untersagt[10], in Frage gestellt. Ebenso ungewöhnlich wie die vier Engel an der Apsisstirnwand, die den Bildkonventionen entsprechend Thronwache halten sollten, statt dessen mit affektbetonten Gebärden auf die Wieder-

◁ 23 Tympanon des »Annenportals«, Paris, Notre Dame, zwischen 1160–1170

kunft Christi als Weltenherrscher und -richter zum Jüngsten Gericht reagieren, erscheinen in der Zenokapelle im rechten Seitenschiff der Kirche die vier Karyatidenengel (Abb. 24) mit ihren weißen, kräftig konturierten Gewändern, ihren rötlichen Gesichtern, türkisfarbenen Nimben und bräunlichen Flügeln, die in den Gewölbezwickeln auf Erdkugeln stehen und in den erhobenen Händen einen lorbeerumkränzten *Clipeus* mit dem Brustbild Christi als Pantokrator tragen. Die Heiligenfiguren an den Wänden verweisen in Haltung und Gebärde ausnahmslos auf das dominante Christusbild, dessen Erscheinungscharakter durch den schimmernden Goldglanz der Kuppel, zudem durch die tiefblaue Binnenfarbe des Tondo noch erhöht wird; sie entsprechen damit einer spätantiken Raumkonzeption, die den realen Besucher spontan in die vertikale Akklamationsbewegung einbezieht, während der Priester im Namen Christi und vor dessen Angesicht unterhalb des leeren, auf die Parusie hindeutenden Throns, der die Notwendigkeit seiner irdischen Stellvertreter betont, den Opferritus vollzieht.

Das Bedeutungsrepertoire der Engel scheint sich gegenüber den früheren Beispielen erweitert und konkretisiert zu haben. Sie fungieren buchstäblich als Offenbarungsträger, begleiten die Erscheinung Christi und vermitteln sie der irdischen Sphäre. Indem sie das Bild Christi halten

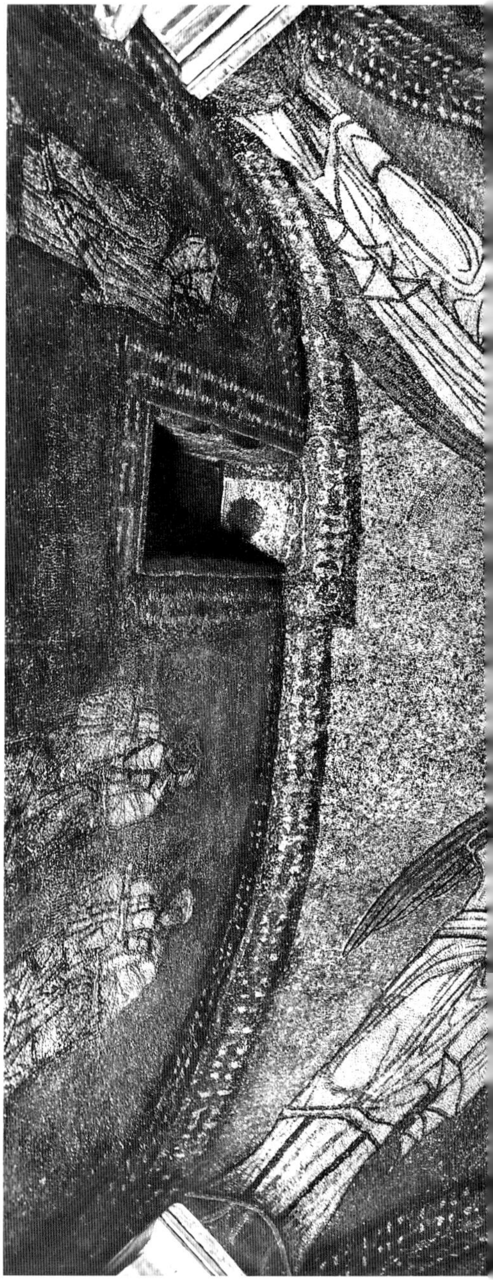

24 *Pantokrator mit Engeln,* Rom, Santa Prassede, Kuppelmosaik der Zeno-Kapelle, zwischen 817–824

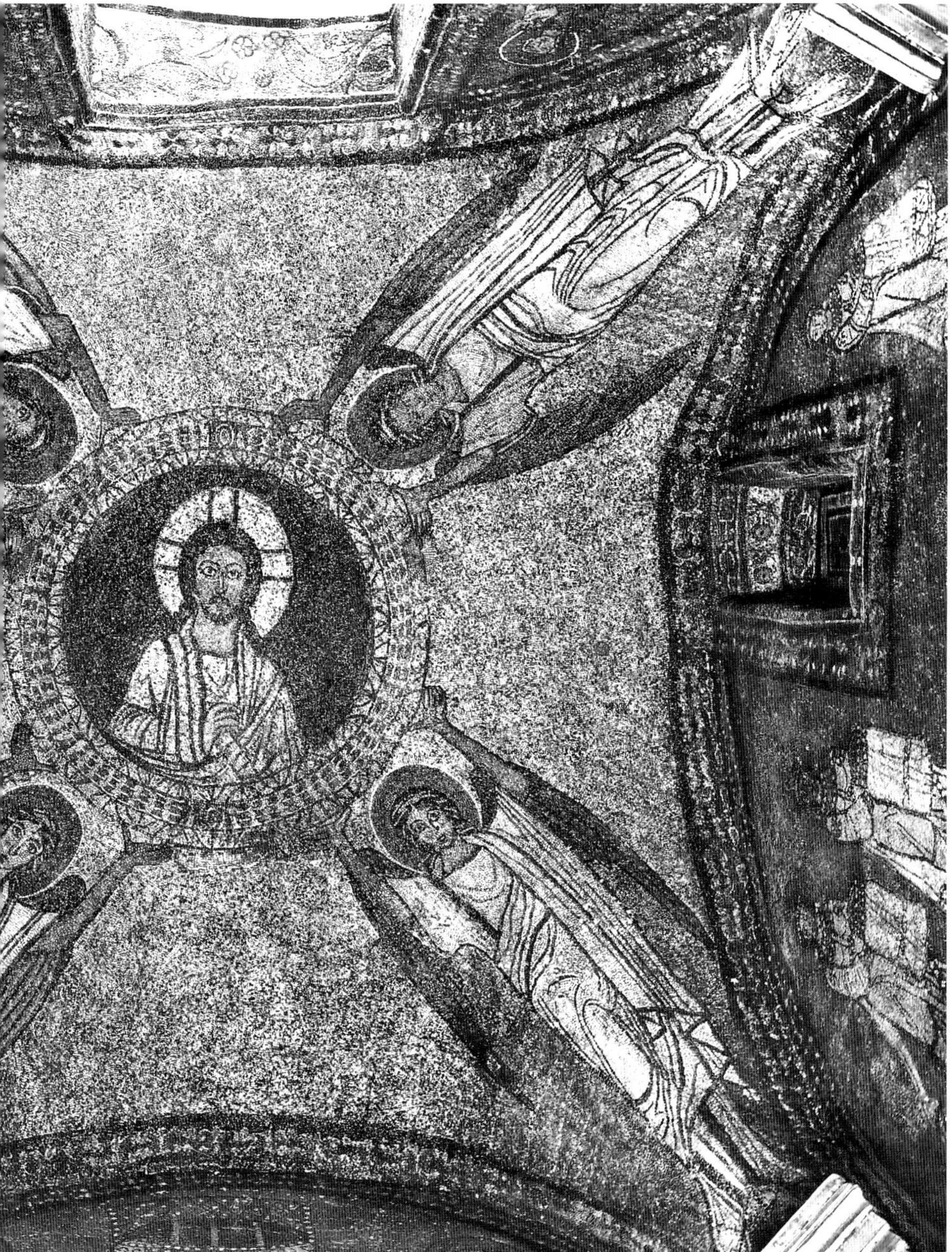

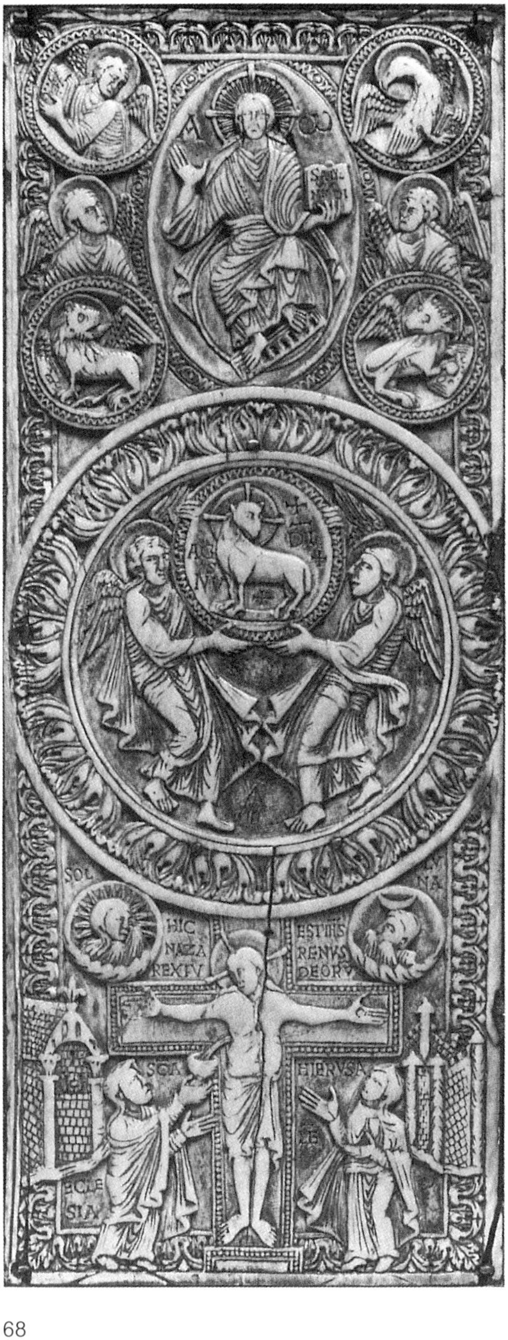

25 Nicasius-Diptychon mit Kreuzigung, Lamm Gottes und Majestas Domini, Tournai, Trésor de la Cathédrale, um 900

und zur Anschauung bringen, erfüllen sie eine explizit liturgische Aufgabe, die sich in diesem Zusammenhang unmittelbar auf den Meßritus bezieht; sie formulieren damit – wie die beiden Engel, die auf dem sogenannten Nicasius-Diptychon einen *Clipeus* mit dem Gotteslamm erheben (Abb. 25) – eine bildliche Analogie zu der feierlichen Präsentation der eucharistischen Elemente als Ikonen Christi. In der Tradition der kaiserlichen Thronengel legitimieren sie mit der Gegenwart Christi auch die Position des ersten Liturgen als Oberhaupt der Kirche, propagieren somit aus der himmlischen Höhe der Kuppel auch die Rechtmäßigkeit seiner Ansprüche und verwandeln die von den aufgeregten Engeln in der Hauptkirche vorgebrachte Drohung vor dem Jüngsten Gericht, die in erster Linie seinen politischen Widersachern gilt, in ihrer monumentalen Gestalt zu einer Triumphgebärde.

Jene Ansprüche gehen indes weiter, als die Engel einen heutigen Betrachter unmittelbar erkennen lassen, wenngleich die Erdkugeln, die ihnen zum Podest gereichen, einen Hinweis geben könnten. Der Bau von SANTA PRASSEDE, den der Papst nebst zahlreichen anderen repräsentativen Unternehmungen veranlaßte[11], koinzidiert in etwa mit der Entstehungszeit eines Dokuments, das unter der Bezeichnung »Konstantinische Schenkung« Kirchengeschichte gemacht hat. Die gefälschte Urkunde, die Konstantin der Große rund viereinhalb Jahrhunderte zuvor ausgestellt haben sollte, überträgt dem Papst und seinen Nachfolgern nicht weniger als die weltliche Oberhoheit über die Stadt Rom und die Westhälfte des damaligen römischen Reiches und überdies den geistlichen Primat über das gesamte Imperium. Auf den strengen Gesichtern der päpstlichen Legitimationsengel ist gleichwohl kein selbstironisches Lächeln zu bemerken.

Als Propagandisten zumeist umfassender Bildprogramme bezeugen und deuten Engel die Theophanie und werden ihrerseits in einen Auslegungsprozeß einbezogen, der ihre vielfachen theologischen Funktionen in ebenso mehrdeutige Bildvokabeln überträgt; als Boten, die Gottes Wort verkünden, interpretieren sie dieses im Kontext des Bildes nicht so verständlich, daß nicht vielleicht »das unwissende Volk mehr und anderes darüber denkt, als es sollte«.[12] Die Offenbarungshelfer reflektieren die Bedingungen der Kunst selbst, die im Dienst und Auftrag des heiligen Wortes – sei es auch das seiner irdischen Repräsentanten – die göttliche Erscheinung den Augen und dem Verstand des Betrachters vermittelt und dabei zu Formulierungen findet, die über ihre theologische Vorgabe hinausgehen. Dieses Spannungsverhältnis zwischen Wort und Bild, das sich nirgends deutlicher als in der ambivalenten Gestaltung der Engel manifestiert, verweist über die grundsätzliche Frage nach der Legitimität künstlerischer Vermittlung hinaus auf das theologisch brisante Problem der Beziehung von sakraler Darstellung und dargestelltem Heiligen: nach dem ontologischen oder repräsentativen Status der Bilder zwischen spiritueller und materieller Sphäre.

2 Östliche Bildertheologie: Ontologie der Formen

Das christliche Kultbild als Gegenstand sakraler Verehrung entsteht außerhalb der offiziellen, zumeist monumentalen Bildprogramme; es tritt dabei die unmittelbare Nachfolge paganer Kultpraxis an.[13] Auch polytheistische Tendenzen dürften eine Rolle gespielt haben. Im 3. Jahrhundert verwirft Epiphanius von Salamis zusammen mit dem Bilderkult auch die Verehrung von Heiligen und Engeln, deren Verwandtschaft mit lokalen Gottheiten und ihren Hypostasen in Bildwerken zunächst als Gefährdung der neuen *religio,* nach der Christianisierung des Imperium Romanum jedoch als Zeichen einer triumphalen Konvertierung des paganen Erbes angesehen wird. Die Bilderverehrung ist dem etwa zur gleichen Zeit entstehenden Reliquienkult unmittelbar verwandt; sie entwickelt sich zunächst an dezentralen Kultstätten, nicht in den kulturellen Metropolen, sondern an Wallfahrtsorten, an Gräbern von Märtyrern oder an vormals paganen, durch die Erscheinung eines Heiligen oder Engels ausdrücklich christianisierten Heiligtümern.

Von den Amuletten, Salbengefäßen und Ampullen, die an diesen Orten verkauft werden, die Öl, Wasser oder andere heilkräftige Substanzen enthalten und mit kleinen Darstellungen verziert sind, lösen sich diese zu eigenständigen Votivbildern ab; sie transportieren aufgrund ihrer Provenienz die gnadenspendende Wirkung der Heilsstätte in den privaten Bereich, vermögen bald auch durch Berührung oder genaue Kopie ihre charismatischen Eigenschaften auf andere Bildwerke zu übertragen. Diese frühen Ikonen werden wie zuvor pagane Kultbilder durch Kuß und Proskynese verehrt, sie werden rituell gewaschen, gesalbt und bekränzt, man stellt Kerzen vor ihnen auf und beweihräuchert sie; man befestigt sie zum Schutz der Bewohner an Stadttoren und Haustüren. Zudem zeigen sich die Bilder auf wundersame Weise resistent gegen Überschwemmungen oder Brände; sie bestrafen Missetäter, die sich an ihnen vergehen, oder heilen Kranke, die sich um ihren Kult bemühen. So erzählt eine Legende des 7. Jahrhunderts von einem jungen Mädchen, das die Ikone des Heiligen Artemios besonders eifrig verehrte; es erkrankte schwer und erblickte bereits zwei Engel, die seine Seele ins Jenseits geleiten wollten, als der Heilige selbst, der genauso aussah wie auf der Ikone, seiner Schutzbefohlenen erschien, sie in die ihm geweihte Kirche führte und dort heilte.[14]

Ikonen intervenieren jedoch auch in politischen und militärischen Angelegenheiten, vorzüglich wenn die weltlichen Exekutivorgane versagen. Als nach schweren militärischen Fehlschlägen die Hauptstadt Konstantinopel im Jahre 622 von den Awaren belagert wird, ließ der Patriarch »auf alle Tore im Westen der Stadt, woher die Ausgeburt der Finsternis kam, [. . .] die heiligen Gestalten der Jungfrau mit dem Herrn auf dem Arm, den sie geboren hatte, in Bildern malen und rief mit furchtbarer Stimme den Massen der Barbaren und ihren Dämonen zu: ›Gegen diese [...] führt ihr Krieg. Aber eine Frau, die Gottesgebärerin, wird mit einem Streich eurem Übermut ein Ende setzen [...] Sie ist wahrhaft dessen Mutter, der den Pharao und seine ganze Armee im Roten Meer versenkte [...]‹. Das tat der Patriarch und flehte Gott und die Jungfrau um Hilfe für die Stadt an«.[15]

Die Geschichte wäre kaum überliefert worden, hätte nicht das heilige Bild seine Wirkung daraufhin entfaltet und dem christlichen Heer zum Sieg verholfen. Schon wenige Tage später lockte die Gottesmutter eine große Zahl der feindlichen Soldaten in einen Hinterhalt nahe einer ihrer Kirchen vor der Stadtmauer und vernichtete sie durch die Hände der Christen.

Die seit Ende des 6. Jahrhunderts zunehmenden Berichte über Ikonenwunder, die eine extensive Bilderverehrung rechtfertigen sollen, indizieren zugleich deren Problematik. Durch ihre kultische Verehrung tritt die Ikone zunehmend in ein rivalisierendes Verhältnis zum Kaiserbild.[16] Wie dieses werden nun auch Ikonen in feierlichen Prozessionen an den Ort ihrer Bestimmung gebracht, und wie das Kaiserbild vermag nun auch die Ikone Rechtshandlungen, die vor ihr durchgeführt werden, juristisch zu legitimieren. Es ist evident, daß solche Praktiken den Widerspruch der kaiserlichen Administration herausfordern. Wenn diese auch zahlreiche kirchliche Würdenträger auf ihrer Seite hat, die den bilderfeindlichen Bestrebungen die theologischen Argumente zuspielen, so ist der byzantinische Bilderstreit (726–843), der zu einem anhaltenden Bürgerkrieg expandiert, nicht zuletzt eine Auseinandersetzung zwischen Kaiser und Klerus um Machtkompetenzen.

Die Konsolidierung der Bilderverehrung nach mehr als einem Jahrhundert erbitterter Kämpfe, denen ein Großteil der Kunstwerke zum Opfer fällt, steht unter dem Vorzeichen eines gleichermaßen von Kirche und Kaiser getragenen Zentralismus, der die Modalitäten der Bilderverehrung definiert und damit auch die künstlerische Gestaltung der Ikonen zu standardisieren versucht. Maßgebend wird die Ikonographie jener Bilder, die besondere Verehrung genießen, da sie als ›nicht von Menschenhand gemachte‹ *acheiropoites* entweder buchstäblich vom Himmel gefallen, nach einem Gesichtsabdruck Christi, der sich in einem Tuch erhalten hatte, kopiert oder aber von dem Evangelisten Lukas gemalt, dann aber von der Madonna, dem Heiligen Geist oder einem Engel vollendet worden waren.[17] Die verbindliche Nachahmung dieser Vorbilder ist die Voraussetzung für die Übertragung des göttlichen Charismas und somit für den heiligen Status der neugefertigten Ikonen. Die Persistenz der Ikonenformulare, die auch die westliche Kunst bis in die Zeit der Renaissance inspirieren sollten, verdankt sich dieser theologischen wie kulturpolitischen Vorgabe.

Die bilderfreundliche Theologie[18], die sich im 8. Jahrhundert vor allem in Syrien, somit außerhalb des Machtbereichs der byzantinischen Kaiser, entwickelt hatte, mußte zunächst den auf Exodus 20,4 gründenden Schriftbeweis widerlegen, demzufolge Gott ausdrücklich untersagt, ihn in Bildwerken darzustellen. Da Gott *aperigraptos,* nicht mit Linien oder durch Umrisse zu umschreiben sei, galt den Ikonoklasten jede bildliche Darstellung Gottes oder der Gottesmutter, der Heiligen und der Engel, die an seiner Herrlichkeit teilhaben, als schlechthin häretisch. Aufgrund der Zweinaturenlehre konnte diese These zumindest entkräftet werden, denn wenn das Wort Fleisch geworden, wenn Gott sich als Mensch in Christus geoffenbart hatte, mußte es auch möglich sein, diese menschliche Natur Gottes im Bild wiederzugeben; wenn aber beide Naturen unvermischt und unverwandelt, ungeteilt und ungetrennt in Christus Gestalt angenommen hatten, wie es in dem Glaubensbekenntnis von Chalkedon heißt, lag die Schlußfolgerung nahe, daß in dem Bild der menschlichen auch die göttliche Natur Christi real und präsent sei. Wie die Anbetung Christi auch die des unsichtbaren Gottes notwendig miteinschließt, wäre die Verehrung des Bildes immer auch die des unfaßbaren *prototypos;* und wie die göttliche Gnade sich in Gestalt des Menschensohns offenbart hatte, würde auch die Segenswirkung über das Bild auf den devoten Betrachter zurückfließen.[19] Die Sakramente von Brot und Wein, die von den Ikonoklasten als die einzigen sinnlich und bildlich faßbaren Ikonen Christi angesehen werden, gelten den Ikonodulen als Beweis dafür, daß die Materie göttliche Gnade in sich aufnehmen, das Charisma sich auch durch gestaltete Körper, Umrißlinien und Farben übertragen könne. Im Verlauf dieser Argumentation gelangt Johannes von Damaskus als erster Theologe, der sich dezidiert um eine theoretische Grundlage der Bilderverehrung bemüht, zu einem kühnen Vergleich, der den Vermittlungsvorgang, den das Bild zu leisten hat, sinnfällig zum Ausdruck bringt: wie das Sonnenlicht das Wasser durchdringt und sich mit ihm mischt, so erfüllt die göttliche Kraft das Sakralbild mit ihrer Gnadenwirkung und vermittelt sich dem Gläubigen, der im Abbild Gottes das Urbild, den Prototypos, verehrt.[20]

Es scheint, als seien diese Gedanken avant la lettre in die Gestaltung der *Sinai-Ikone* eingeflossen (Abb. 20). Die stilistisch unterschiedenen Bildschichten formieren sich zu einer sakralen Architektur, deren hieratische Wächtergestalten Theodoros und Demetrios auch als Einzelikonen an den Lettnern vor dem Altarbereich figurieren könnten, um damit jene Grenze zu markieren, auf der sich später die monumentalen Bilderwände der Ostkirchen erheben werden. Trotz der komprimierten Darstellung vermag die Gottesgebärerin mit dem Christuskind kraft ihrer Plastizität und ihres dominierenden Blicks buchstäblich ex cathedra, nämlich von ihrem Thron aus, den Eindruck eines Raumkontinuums hervorzurufen, das über die ikonostatischen Wächter hinaus den Betrachter in das Bildgeschehen – die Theophanie in dreifacher Gestalt als Schöpferhand, als Geistlicht und als inkarnierter Christus – einbezieht und nach hinten über die konkave Wölbung des Herrschersitzes in jenen apsidenförmigen Anbau hineinreicht, der schon in paganen Mysterienheiligtümern als Erscheinungsnische diente.

Flankiert von den beiden Engeln, die dem Vorgang assistieren und veranschaulichen, erschafft die Hand Gottes in der Ikone einen umfassenden, auch die Betrachtersphäre einschließenden Sakralraum als Gefäß ihrer göttlichen Gnadenwirkung, die sich als Geistlicht in das Bild ergießt und in den heiligen Gestalten manifestiert. Umgekehrt richten sich Verehrung und Gebet des Betrachters unter Wahrung des kultischen Zeremoniells, für das die beiden Heiligen einstehen, auf den im Bild – in und auf dem Schoß der *Theotokos* – sichtbar gewordenen inkarnierten Gott und werden von den beiden Engeln, deren Gestalt und Blick die Darstellung der Ikone zugleich transzendieren, zum unsichtbaren, unbegreiflichen, räumlich unbegrenzten *prototypos* jenseits des Bildes und jeder Bildlichkeit überführt.

Die Engel, die dem Vorgang der Theophanie assistieren, den Fluß des heiligen Charismas begleiten und vermitteln und das transparente Geistlicht – indem sie implizit auf die Trinität und das Dogma der doppelten Natur Christi verweisen – in Form und Gestalt übertragen, antizipieren theologisch wie künstlerisch die weitere Entwicklung des christlichen Sakralbildes. Durch Blick und Haltung, durch ihre physisch und psychisch bewegte Reaktion bezeugen sie die Gegenwart des Heiligen Geistes, der im Schoß der Gottesmutter menschliche Gestalt angenommen hat, und legitimieren damit den heiligen Status der Ikone nicht nur als Bild, sondern auch als Ort der realen Präsenz Gottes. Ihre ostentative Gottesfurcht und Adoration im Erscheinungsraum des Bildes reflektiert dessen Verehrung in dem Sakralraum, für den es bestimmt ist: innerhalb der Ikone führen die Engel vorbildlich den Umgang mit ihr vor Augen.

Eine ähnliche programmatische Aussage zur Bilderverehrung, wiewohl in einem anderen Kontext, nämlich in unmittelbarem Zusammenhang mit dem dominanten Schriftwort, formulieren die Engel in einer Miniatur des nach dem Leiter eines syrischen Skriptoriums benannten, gegen Ende des 6. Jahrhunderts entstandenen »Rabbula-Codex«. Das Bild (Abb. 26) zeigt die Himmelfahrt Christi auf dem Feuerwagen der Ezechiel-Vision[21], der in dem Buch des Propheten als ein merkwürdiges Konstrukt aus Rädern, Flügeln und einem – von der Patristik zu Evangelistensymbolen umgedeuteten – Tetramorph aus Menschen-, Löwen-, Stier- und Adlergesichtern beschrieben wird. Diese Verknüpfung von alt- und neutestamentlicher Theophanie folgt einem für das geschichtstheologische Denken verbindlichen typologischen Schema, demzufolge sich die Prophetie des Alten Testaments in der Menschwerdung Gottes, der Passion und Auferstehung erfüllt, während diese eschatologisch auf die Wiederkehr Christi vorausdeuten.

In der oberen Bildhälfte werden die drei Geschichtsebenen zusammengefaßt und dabei noch um einen weiteren, theologisch wie künstlerisch relevanten Aspekt

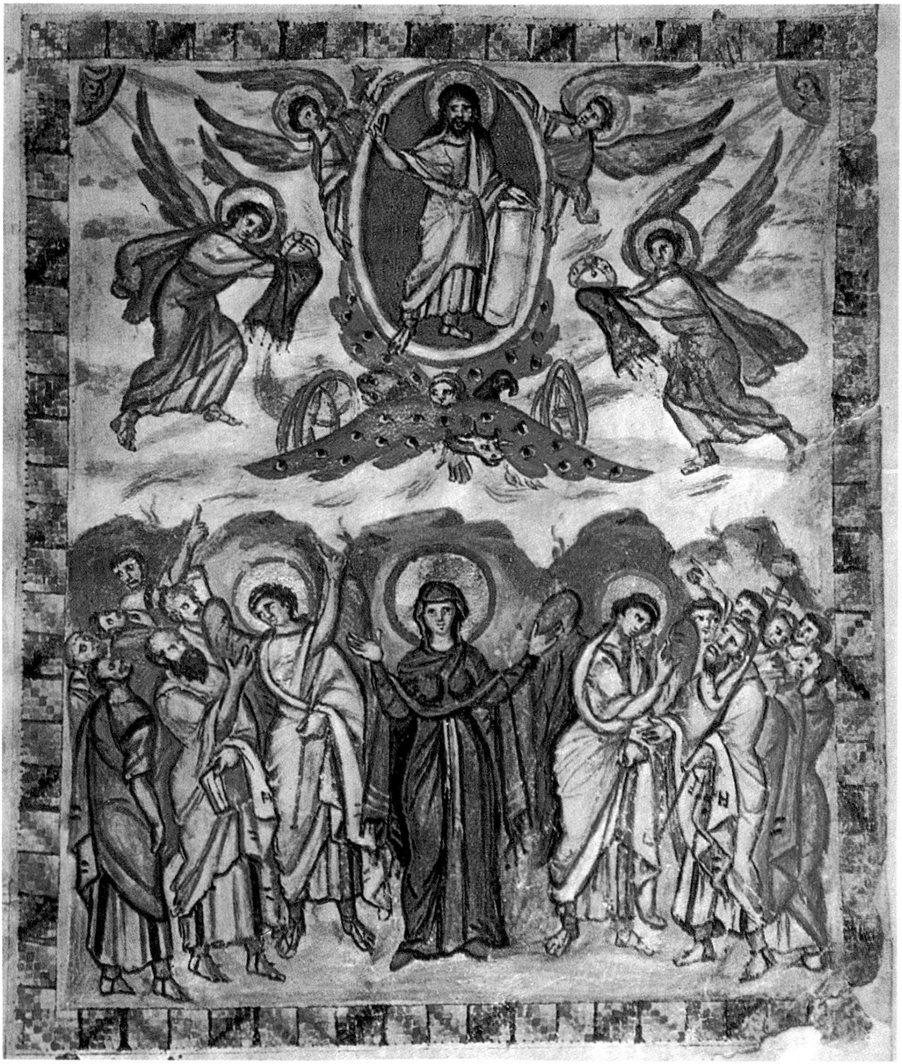

26 *Himmelfahrt Christi mit Ezechiel Vision,* Rabbula-Evangelium, fol. 13 verso, Florenz, Biblioteca Laurenziana, 586

ergänzt. Denn der prophetisch verkündete, als Menschensohn erschienene, nunmehr zum Himmel auffahrende und »auf den Wolken« wiederkehrende Christus[22] ist eine *Clipeus*-Figur, die sich vom Leib der *Theotokos* abgelöst hat und nunmehr von den Engeln in himmlischer Höhe präsentiert wird. Wie ihre Handstellung verrät, tragen und halten die himmlischen Liturgen den auffahrenden, noch menschlichen und zugleich das Bild des bereits erhöhten, göttlichen Christus, dessen beide Naturen sich ausgesprochen lebhaft in dem lässigen Segensgestus und der klassisch-paganen Positur von Stand- und Spielbein verbinden, zumal letzteres aus dem Bild im Bild herauszutreten scheint. Der aufmerksame Blick der beiden oberen Engel betont den Bildcharakter der Theophanie, die sie mit praktischen Handreichungen unterstützen und dabei – wie die beiden Thronengel des Berliner Diptychons (Abb. 21) – psychische Anteilnahme bekunden; die beiden mittleren Engel, deren Flügel durch die zu Geistwind verwandelten Sonnen- und Mondstrahlen heftig bewegt und mit physischer Dynamik versehen werden, stürmen von beiden Seiten heran, um dem Kosmokrator, dem Herrscher im Himmel wie auf Erden, vorbildlich zu huldigen, indem sie ihm dem kaiserlichen Zeremoniell entsprechend goldene Kränze überbringen.[23]

Wie das Christusbild die obere, so dominiert die untere Bildhälfte die Gottesmutter mit ihrem eleganten Triumphgestus. Die sie flankierenden Engel sind den irdischen Repräsentanten der christlichen *religio,* den zu beiden Seiten versammelten, staunenden, erregten, zweifelnden Jüngern zugewandt. In einer komplizierten Drehbewegung, beinahe schwebend, deutet der linke Engel mit dem Finger nach oben auf die Erfüllung der Schrift, auf das Mysterium der Auferstehung Christi und seine Parusie als Weltenrichter; der rechte Engel mit leicht gesenktem Kopf ermahnt die Jünger eindringlich, ruft sie zur Nachfolge Christi auf und wiederholt den Missionsbefehl – »Gehet hin in alle Welt und prediget das Evangelium aller Kreatur«.[24] Beide Engel erweisen sich als Homileten, die das Wort des Evangeliums predigen und dabei auf einen präzisen Textzusammenhang rekurrieren; sie illustrieren sowohl die überlieferte biblische Szene der Himmelfahrt Christi, wie sie im Wortlaut die Handschrift wiedergibt, als auch deren evangelarische Bedeutung. Die Offenbarungsmittler und himmlischen Liturgen der oberen Sphäre dokumentieren einen komplexen theologischen Sachverhalt – die Verknüpfung von Prophetie, Inkarnation und Parusie mit der Zweinaturenlehre – explizit im Kontext eines Bildes; sie präsentieren Gott und Menschensohn als spirituelles Bild und als reale Erscheinung, ihre Adoration gilt beiden, dem erhöhten Christus und der Christusikone.

renz Giovanni Cimabue geboren wurde, um das »erste Licht in der Malerei wieder zu erwecken« und mit seinem Schüler Giotto »denen die Pforten der Wahrheit in der Kunst zu öffnen, welche sie zur Vollendung und Größe führten, die sie in unserem Zeitalter erreicht hat, ein Zeitalter welches, daran gewöhnt, täglich die Wunder zu schauen, welche die Künstler hervorbringen, nun über nichts mehr erstaunt, was die Menschen leisten, mag es auch mehr göttlich als menschlich seyn.«[29]

Aus dem künstlerischen Selbstverständnis des 16. Jahrhunderts, das die Entwicklung der verschiedenartigen Techniken einem linearen Fortschrittsdenken subsumiert, entwirft der Autor ein Bild des Künstlers und seines Lebenswerks, über das Cimabue vermutlich ebenso erstaunt gewesen wäre wie der eine Generation später geborene Giotto, der eigentliche Gründungsheros der Renaissance, über seine Biographie, die mit geradezu legendären Zügen versehen wird.[30] Indem er Elemente der antiken Heldenbiographie mit denen christlicher Heiligenviten verbindet, repetiert Vasari jenen epochenspezifischen Topos des göttlichen Künstlerindividuums, auf dessen Ingenium das Charisma der wundertätigen Ikone übergegangen zu sein scheint. Der sakrale Status tritt in der kunsttheoretischen Diskussion seit Leon Battista Albertis »Drei Bücher über die Malerei« hinter den – in einem umfassenden Sinn – technischen Überlegungen zurück, die von der »Erfindung« der gesamten Komposition oder einzelner Bildmotive über Zeichnung und Farbgebung bis zu praktischen Problemen bei der handwerklichen Ausführung reichen.

Die Tugenden, um derentwillen Cimabue als Stammvater der großen neueren Künstlergestalten in die geschichtliche Darstellung ihrer Taten und Wunderwerke an so prominenter Stelle aufgenommen wird, bestehen offenbar gerade darin, die religiöse Tradition des Kultbildes mit den Mitteln der wieder auferstandenen Kunst überwunden zu haben. Seine »neue Manier« bedeutet eine unwiderrufliche Abwendung von der »groben«, »harten«, unnatürlichen »griechischen Methode«, der »maniera greca«, die Vasari als Inbegriff künstlerischer Verirrungen gilt.[31] Ohne genaue Details zu nennen, verweist er auf die ungeschickte, »rohe«, »plumpe« Gestaltung der Bildhauer- und Malerwerke[32], ihre Flächigkeit, die überdeutlichen Konturen, die jeglicher Illusionswirkung abträglich seien; er verurteilt das strenge Festhalten an den archaischen Vorbildern, die Prävalenz des kostbaren Materials, den symbolischen Eigenglanz des Mosaiks oder Goldgrundes: mithin Eigenschaften, die das Kunstwerk als sakralen Gegenstand auszeichnen. Vasaris Kritik erweist sich darin als kunsttheoretisches Fazit der westlichen Bildtheologie, sie gilt der Ikone als heiligem Bild sui generis, dem die neuen Techniken des *disegno* mit ausgebildeten szenischen Effekten und ihrer charismatischen Illusionskunst längst den Rang abgelaufen haben. Ausdrücklich verwirft er jeden stilistischen Traditionalismus zugunsten eigener Bildkonzeptionen, die gerade in ihrer Differenz zu den vorhergehenden

Auffassungen eigene künstlerische Qualitäten gewinnen. Daher sind es in der Vita Cimabues auch die besonderen »Erfindungen«, dank deren er seinen Lehrer zu übertreffen vermag, als er für die Abtei von SANTA TRINITÀ zu Florenz »eine große Tafel« malt (Abb. 27): »Er wendete großen Fleiß auf dieß Werk, um dem Rufe zu genügen, den er sich schon erworben hatte, und zeigte darin noch viel bessere Erfindung und schöne Stellungen. Es war eine Mutter Gottes, mit dem Kind auf dem Arm und vielen Engeln umher, welche sie anbeten, auf Goldgrund. Dieses Bild stellten jene Mönche über dem Hauptaltar ihrer Kirche auf, von wo es später weggenommen und in eine kleinere Capelle des linken Seitenschiffs der Kirche gebracht ward, um dem Gemälde von Alessio Baldovinetti Platz zu machen, welches noch heute auf jenem Hauptaltar steht.«[33]

So aufschlußreich wie die implizite Feststellung, daß man ein Altarbild beliebig umstellen kann wie ein altes Möbel, das längst aus der Mode gekommen, aber wegen seiner guten Verarbeitung nicht einfach weggeworfen wird, ist die lakonische Beschreibung des Bildes, eigentlich nur ein Satz, der Gegenstand und Ausführung zusammenfaßt. Vasari verweist auf die Dimensionen der Tafel, die den Künstler bekanntlich vor größere Schwierigkeiten stellen als kleinere Formate; er erwähnt den Goldgrund als Beispiel einer längst überholten Technik gleichsam zur Verdeutlichung jenes künstlerischen Hintergrunds, vor dem sich Cimabue und seine Nachfolger dank ihrer Innovationen desto deutlicher abheben. Im übrigen nennt er das Thema: eine Madonna mit Kind, umgeben von zahlreichen anbetenden Engeln.

Die Unstimmigkeit der Formulierung, die den acht symmetrisch angeordneten Engeln einen anderen Bildzusammenhang zuschreibt, ist ebenso unauffällig wie bedeutsam. Es mag verwundern, daß sich Vasari dieses Bildes – eines jener Wunderwerke, zu dessen Betrachtung er täglich Gelegenheit hatte – nur mangelhaft erinnert. Allerdings handelt es sich um eine durchaus sinnvolle Fehlleistung; sie verrät ein nachhaltiges Interesse, Cimabues Meisterwerk sowohl aus seinem Kultzusammenhang als auch aus seiner byzantinischen Tradition zu lösen, um es einschränkungslos der neuen, wiedergeborenen Kunst zuschlagen zu können. Die vermeintliche Anbetung der Engel verlegt die Sakralhandlung aus der Betrachter- in die Bildsphäre und differenziert somit die Adoration, die der Gottesmutter gilt, von dem bewundernden Blick des Zuschauers, der sich auf die Erfindungsgabe und die Kunstfertigkeit des Malers bezieht. Damit aber wird den Engeln jener Handlungsspielraum unterstellt, der die Anbetungsszenen des 15. Jahrhunderts in Geschichtsbilder verwandelt. Was Vasari dabei übersieht, ist nicht nur die besondere Funktion der Engel, sondern vor allem das Problem, das sie mit ihren »schönen« Posituren zum Ausdruck bringen.

Denn Cimabues Engel beten mitnichten die Himmelskönigin an; auch betrachten sie nicht – wie auf den großen Marienbildern von Giotto, Bernardo Daddi oder Gio-

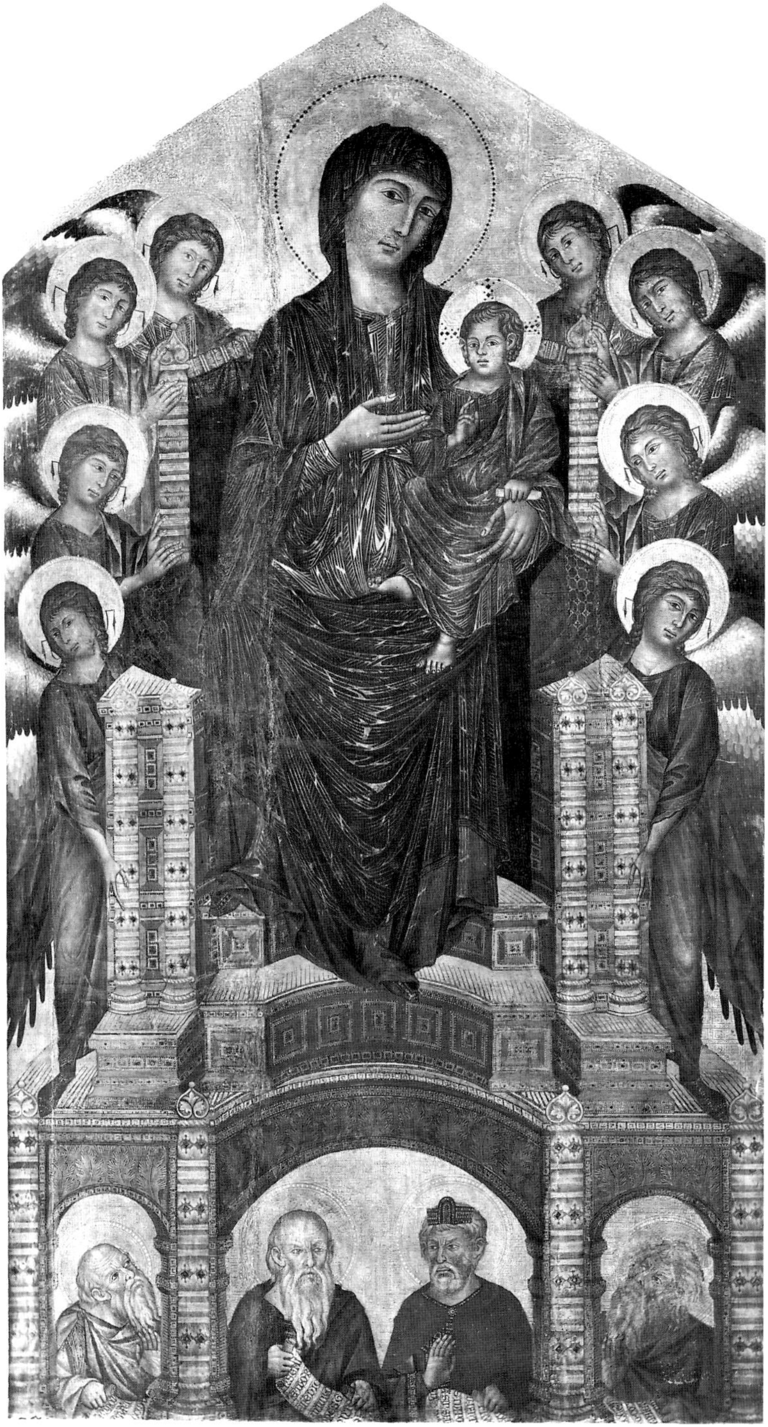

27 Cimabue, *Thronende Madonna,* Florenz, Uffizien, um 1280

28 Giotto, ▷ *Thronende Madonna* (Ognissanti), Florenz, Uffizien, zwischen 1306–1310

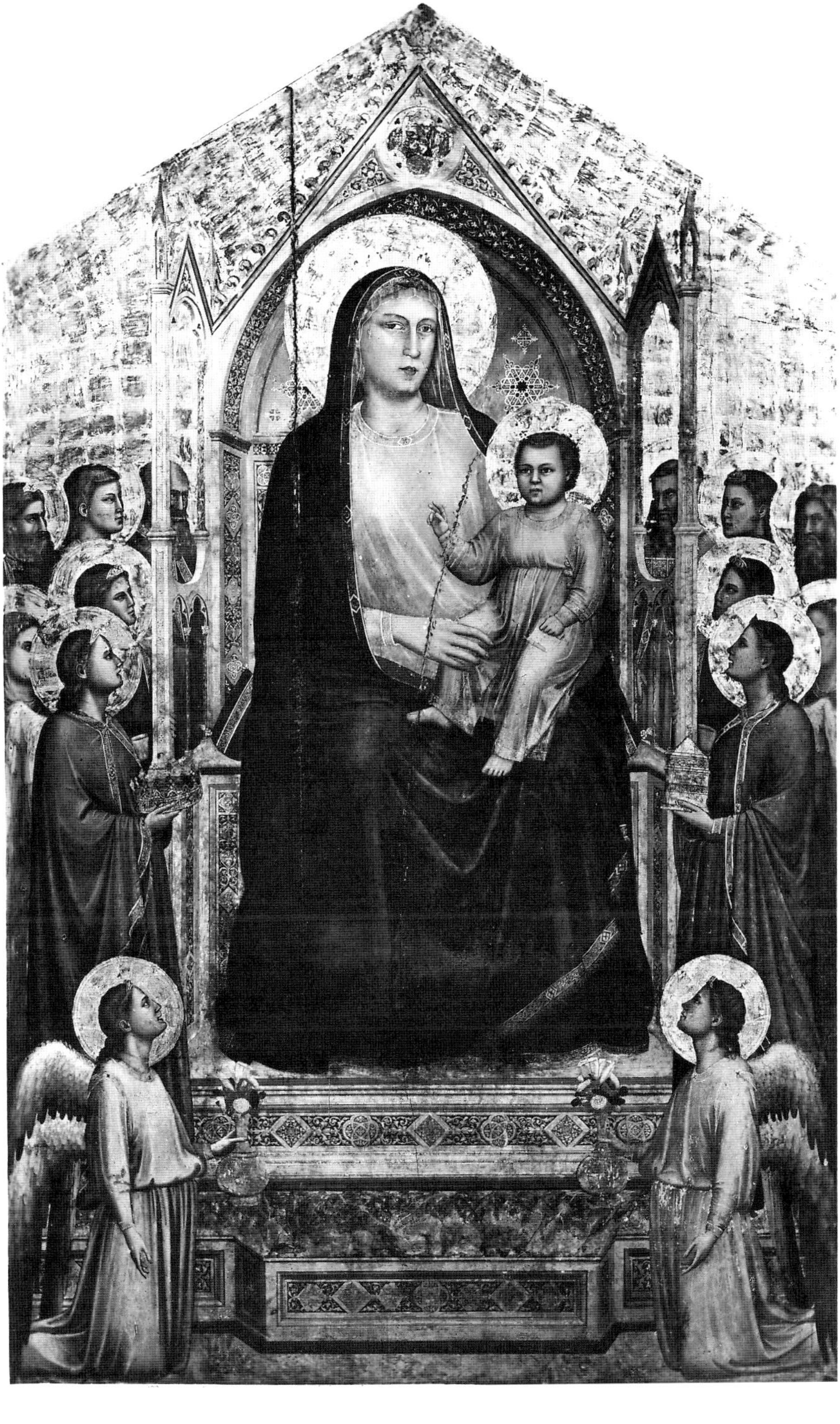

vanni da Milano – die erhöhte Gottesmutter, die innerhalb dieser himmlischen Chorgemeinschaft ein sakrales Zentrum bildet, in dem sie zunehmend an Plastizität und Körperlichkeit gewinnen wird. Vielmehr betonen die Engel mit ihren farblich abgestuften Flügeln und Gewändern die flächige Struktur der Tafel; sie bilden den ornamentalen Rahmen einer nur formelhaft angedeuteten Thronarchitektur, in deren Substruktion vier Propheten als Repräsentanten des theologischen Fundaments der christlichen Kirche zum Vorschein kommen. Die mittlere zurückspringende Innenwölbung dieses Unterbaus ist wie in der Ikonenmalerei gleichmäßig beschattet, eröffnet aber damit keine Tiefendimension, sondern dient eher als farblicher Kontrast vor dem leuchtenden Gold des Hintergrunds. Die raumlose Bildkonzeption entspricht der Tradition der byzantinischen Ikone, die theologisch und liturgisch ihren gesicherten Platz innerhalb eines spirituellen, die reale Architektur überschreitenden Sakralraums einnimmt.

Unverkennbar sind auch Cimabues Engel byzantinischer Herkunft. Ihre Aufgaben und Funktionen scheinen sich an denen ihrer östlichen Vorbilder zu orientieren; sie dienen als Begleitfiguren der Theophanie, der Erscheinung der Gottesmutter mit dem Kind, die sie mit festlichem Goldglanz und anmutigen Farben und Posituren umgeben. Typologisch sind sie den schon beschriebenen Thronwächtern verwandt, die sich als *admissionales* und *silentiarii* an eine hypothetische Gemeinschaft devoter Betrachter wenden; sie bilden einen repräsentativen Hofstaat, der indessen unter dem Einfluß des *dolce stil nuovo* und der höfischen Minnekultur mit seinen »schönen Stellungen« und sanften Gesichtszügen das hieratisch strenge Gepräge seiner Vorbilder in den Apsis- und Kuppelmosaiken durch zarte, lyrische Stimmungswerte ersetzt hat. Doch geht es um mehr als eine stilistische Ausprägung, wie sie sich an aktuellen literarischen Tendenzen wie der zeitgenössischen Troubadourlyrik orientiert haben könnte. Auch die byzantinische Ikonenmalerei läßt seit dem 12. Jahrhundert eine zunehmend gefühlsbetonte Behandlung einzelner Motive erkennen, ohne damit die verbindlich festgelegten Bildformulare zu überschreiten.[34]

Cimabue zitiert diese jüngere Tradition: die beiden Engel der dritten Reihe, die sich etwas verträumt dem eigentlichen Gegenstand der Adoration zuwenden, erscheinen wie eine wörtliche Übertragung aus zeitgenössischen byzantinischen Vorbildern. Alle anderen Engel hingegen schauen wie auch die Madonna und das Christuskind aus dem Bild heraus und dabei den Betrachter unverwandt an. Ihr suggestiver Blick, der zu den lieblichen Gesichtszügen eigentümlich kontrastiert, unterscheidet sich zugleich von dem hoheitsvoll gelangweilten oder dem würdevoll auffordernden Gesichtsausdruck des Kindes resp. der Gottesmutter; es ist ein kritisch prüfender Blick, der den Betrachter mit sanfter Gewalt weniger zur Andacht oder frommen Meditation als zu einem visuellen Dialog mit dem Bildgegenstand anhält. Die spirituelle Vermittlung der Ikone, die das

Gebet in *primam formam* weiterleitet und deren Charisma auf den anbetenden Betrachter einwirken läßt, konzentrieren Cimabues Engel in ihrem Blick.

Diese »Erfindung« des Malers impliziert unbeschadet der vielen formalen Übereinstimmungen eine ganz andere Bildauffassung als die seiner byzantinisch geprägten Vorbilder. Die Engel sind nicht unmittelbar eingebunden in Ritus und Zeremonie, ihre schönen Stellungen nicht Ausdruck eines festgelegten Rollenspiels; sie gewinnen vielmehr durch ihren zugleich anziehenden und distanzierenden Blick, der den realen Betrachter selbst zum Gegenstand seiner inneren Betrachtung werden läßt, einen überraschenden Handlungsspielraum. Der Chor ihrer Blicke sucht den Betrachter, will sich seiner vergewissern. Er gibt implizit zu erkennen, daß das Verhältnis zwischen Bild- und Betrachtersphäre fragwürdig geworden ist, und entbietet sich zugleich, jene Vermittlungsleistung, die nach byzantinischer Tradition der sakrale Status der Ikone eo ipso garantiert, kraft der erfindungsreichen Techniken der bildenden Kunst zu erbringen.

Damit verwandelt sich die theologische Problematik des Kultbildes in eine künstlerische Aufgabenstellung. *Ars* und *techne* des Künstlers, seine Kunst oder auch Kunstfertigkeit, werden in den sakralen Bildwerken des Westens jenes göttliche Charisma ersetzen müssen, das der Ikone auch bei mangelhafter Ausführung – sofern sie sich nur an die überlieferten Regeln und Vorbilder hält – inhärent bleibt. Die Ikone selbst ist eine Erscheinungsform des Heiligen, Insignum seiner realen Präsenz und Gefäß seiner heiligen Substanz. In der Logik der westlichen Bildertheologie und de facto in der Tradition, die mit Cimabue, Duccio und Giotto einsetzt, ist das Sakralbild eine Repräsentation der heiligen Erscheinung nach dem Wortlaut der kanonischen Schriften: zunächst als bildhafte Demonstration der Hagiographie, später als dramatische Inszenierung der Heilsgeschichte.

Paradoxerweise wird der im Westen theologisch verworfene Erscheinungscharakter der Ikone in den neu entwickelten Illusionstechniken, in der suggestiven Affektsprache, in den Wunderwerken der westlichen Kunst wieder hervortreten. Die Engel auf Cimabues Madonnentafel lassen diese Überlagerung der einen mit der anderen Bildkonzeption in nuce erkennen. Sie sind Begleitfiguren einer realpräsenten Erscheinung der Himmelskönigin mit dem Erlöserkind und ihrer Gnadenwirkung und fungieren gleichzeitig als Vermittler zwischen einer mit den avanciertesten Techniken der zeitgenössischen Kunst dargestellten Theophanie und der realen Präsenz einer anbetenden, meditierenden, bewundernden oder distanzierten Christengemeinde. Folgerichtig obliegt es auch den Engeln, die damit unversehens aus dem Dienst der himmlischen Ecclesia in den der quasi göttlichen Kunst übergewechselt sind, auf die richtige Art der Bildbetrachtung einzustimmen.

Cimabues Tafel geht dabei noch einen Schritt weiter. In ihrer Anordnung, ihrer dekorativen Haltung und Gestik deuten die

Engel eine durchaus praktische Funktion an, die in den nachfolgenden Bildwerken zunehmend realistische Züge gewinnen wird: nämlich den Thron der Himmelskönigin zu stützen, zu tragen, womöglich zu transportieren. Diese und ähnliche, zumeist liturgische Handreichungen werden in späteren Theophanien der Madonna oder des inkarnierten Gottes – etwa bei Geburt, Taufe oder Himmelfahrt Christi – immer größere kompositorische Bedeutung erlangen. Die Begleitfiguren der Theophanie, welche die unbegreifliche Erscheinung des verborgenen, unsichtbaren Gottes dem anbetenden Betrachter vermitteln sollen, verwandeln sich zu Erscheinungstechnikern, denen gleichsam die handwerkliche Ausführung der sakralen Inszenierung obliegt, indem sie gleichzeitig die »eher göttliche als menschliche« Kunstfertigkeit des Künstlers im Bild selbst vor Augen führen. Ihr suggestiver Blick in Cimabues Bild antizipiert bereits jene Rollenverschiebung, die aus den Legitimationsfiguren der Sakralkunst Reflexionsfiguren des »quasi göttlichen Künstlers« werden läßt.[35] Die Engel verleiten das künstlerische Ingenium zu einer bedenklichen Nachbarschaft mit der Verwandlungsmacht des Priesters als Stellvertreter Christi, dessen Konsekrationsworte bei der eucharistischen Feier die »Ikonen« oder »imagines« Christi, Brot und Wein, in seine leibliche Gegenwart transsubstantiieren.

Es entbehrt nicht der Ironie, daß gerade die theologischen Differenzierungsversuche zwischen der Verehrung der Bilder und der Anbetung der Hostie jener Analogie vorgearbeitet haben. Die Aufwertung des Sakralbildes insbesondere unter dem Einfluß der Bettelorden, welche die Schaubedürfnisse des Volkes zu wecken und zu binden suchen, und die dogmatische Festschreibung der Hostienverehrung auf Betreiben der päpstlichen Autoritäten sind um die Mitte des 13. Jahrhunderts Ausdruck paralleler Entwicklungstendenzen der römischen Kirche, die – im Unterschied zur Ostkirche – zur Propagierung der von ihr verwalteten Mysterien auch deren zunehmende Säkularisierung in Kauf nimmt. Die kirchliche Kultur- oder Kultpolitik dieser Zeit strebt nach einer Konzentration des gesamten Sakralbereichs – der Messe, der sie begleitenden Liturgien und Prozessionen sowie der inneren und äußeren Bildprogramme – auf den Altar als Zentrum der christlichen *religio* und zugleich als Nukleus aller rechtlichen Kompetenzen, welche die Stellvertretung Christi auf Erden beansprucht.

Auch das Tafelbild gelangt erst im 13. Jahrhundert in den Altarbereich und tritt dort an die Stelle des mit kostbaren Metallen und Steinen verzierten Reliquienschreins, in dem die wundertätigen Überreste von Heiligen und Martyrern aufbewahrt werden.[36] Deren spirituelles Zeugnis vom Mysterium der leiblichen Auferstehung wird – der größeren Einprägsamkeit und affektiven Wirkung wegen – um die Bildfigur des Heiligen und einer Abfolge der wichtigsten Szenen seiner Vita ergänzt, während der Kruzifix als einziger bildhafter Bezug zum Opferritus sich in dieser Zeit zu einem bemalten, um Engeldiakonen und Heilige angereicherten Tafelkreuz und von dort zu einem szenisch detaillierten Kreuzigungsbild entwickelt. In diesem Zusammenhang verdient auch Vasaris Formulierung, daß die Mönche von Vallambrosa Cimabues Tafel über dem Hauptaltar ihrer Kirche »aufstellten«, genauere Beachtung; sie könnte darauf hindeuten, daß das Bild erst nachträglich für diesen Standort bestimmt wurde. Das Ikonenformular wird durch die räumliche Umstellung buchstäblich einer Revision unterzogen. Aufgrund ihrer Integration in das allerheiligste Zentrum der Kulthandlung gewinnt die Altartafel eine liturgische Bedeutung, die der suggestive Blick der Engel vorbereitet und affirmiert. Der Opferritus am Altar und die Betrachtung des Bildes gehen eine unmittelbare Verbindung ein. Im genauen Gegensatz zur Bilderwand der Ostkirche, die eine Art sakralen Vorraum vor dem Ort des Mysteriums konstituiert und dieses den Blicken der Gemeinde verbirgt, bildet Cimabues Monumentalikone nunmehr den sichtbaren Hintergrund des Erlösungsvorgangs, der in der Eucharistiefeier erinnert, wiederholt und abbreviativ dargestellt wird. Das Heilsgeschehen vermittelt sich somit nicht mehr ausschließlich durch das spirituelle Wort; es wird von dem Altarbild aufgenommen, in die wirkungsvolle Rhetorik des Bildes übersetzt und in suggestiver Unmittelbarkeit vor Augen geführt.

Cimabues Engel thematisieren diesen Vorgang, dem noch jede institutionelle Grundlage fehlt, gleichsam in der Syntax einer Frage; ihrem suchenden Blick antworten etwa dreißig Jahre später die Engel einer monumentalen Tafel Giottos mit einem Lösungsvorschlag, der die Entwicklung der Malerei nachhaltig beeinflußt hat (Abb. 28). In majestätischer Größe erscheint die Himmelskönigin mit dem göttlichen Kind in einer detailliert ausgestalteten Thronarchitektur, umgeben von einem kleinen Hofstaat aus Engeln und Heiligen, deren Nimben sich teilweise überschneiden, sich mit dem Goldgrund mischen und darin aufgehen. Der Thron mit seinen beiden Sockelabsätzen, deren unterste Stufe beinahe bis zum vorderen Bildrand vorspringt, gemahnt an einen Altaraufbau, während die obere Konstruktion einem Triptychon gleicht, dessen offene, zu einem rechten Winkel aufgeklappte Seitenflügel in der sogenannten Erfahrungsperspektive gleichmäßig verkürzt hervortreten und damit der heiligen Erscheinung eine etwas verwirrende Raumtiefe verleihen.

Dieses Rahmengebilde, das die Gottesmutter mit dem Kind in das liturgische Zentrum auch des realen Sakralraums plaziert, nimmt den größten Teil der Bildfläche ein; die Heiligen, die von den Kirchenwänden und den Lettnern – wo sich gewöhnlich das heilige Personal der Kirche aneinanderreihte – herabgestiegen sind, um sich auf einer einzigen Tafel zu einem Huldigungschor zu formieren, werden dabei buchstäblich an den Rand gedrängt. Die ohnehin für eine Kirche »aller Heiligen« etwas spärliche Versammlung erscheint zunächst denkbar unglücklich postiert, doch nutzt der Künstler, dem das Hochformat offenbar vorgegeben war, diese scheinbare Restriktion zu einer eigenen, überraschenden *inventio.* Denn die Heiligen scharen sich um die Madonna, nicht um sie anzubeten, sondern um sie anzuschauen (Abb. 28 a). Gemeinsam mit den Engeln bilden sie eine Ökumene des Blicks, in die auch der reale Betrachter eingeschlossen ist. In dieser rituellen Schau verwandelt sich die Erscheinung in ein Bild im Bild, das die Ikone in ihrer Nahsicht zitiert, aber einer säkularen, der alltäglichen Wahrnehmung entsprechenden Betrachtung überläßt, deren Gegenstand weniger von spiritueller als von physischer Substanz ist. Vor ihren – und unseren – Augen bildet sich innerhalb des Erscheinungsraums eine durchaus praktikable Architektur, welche die Himmelskönigin von ihrem Gefolge absetzt, von den nicht minder körperlichen Engelgestalten aber betreten werden kann.

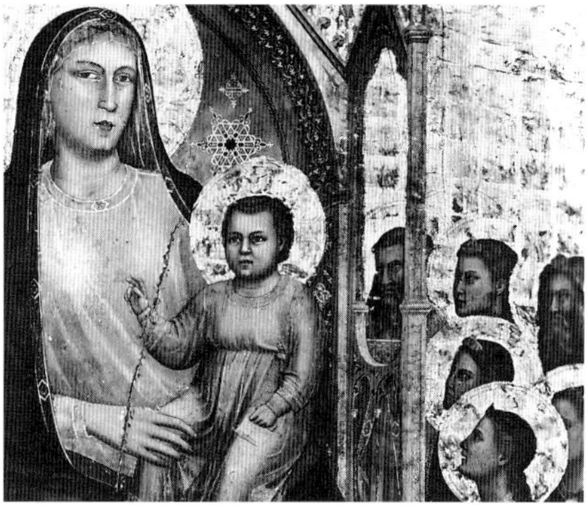

28a Giotto, *Thronende Madonna* (Ausschnitt), zwischen 1306–1310

Das grandiose Erscheinungsbild der Madonna rechtfertigt in der Tat die ehrfürchtige Betrachtung der um sie versammelten Heiligen. Ihr weit herabhängender dunkler Mantel bildet einen flächigen Kontrast zu der angedeuteten Tiefenstruktur des Thrones und akzentuiert dank einer kräftigen Modulation des Faltenwurfs den Eindruck physischer Präsenz; er betont ihren breiten Unterkörper, die weit geöffneten Schenkel, die auf den schützenden jungfräulichen Schoß der Gottesmutter verweisen und zugleich dem Jesuskind eine bequeme Sitzgelegenheit bieten. Die goldgesäumte *Palla* ist vorn zurückgeschlagen, läßt unter der hellen, weißgrauen Tunika deutlich konturierte Brüste erkennen, die den ikonographischen Zusammenhang der Fürbitte unterstreichen, zugleich aber eine konkrete weibliche *physis* darstellen. Die rechte Hand der Madonna weist nicht – wie in der Tradition dieses Bildtypus – auf das Kind, sondern umfaßt, ohne es eigentlich festzuhalten, sein Knie, unterlegt somit der ikonographischen Geste einen praktischen Sinn, der den Eindruck von Plastizität und körperlicher Schwere bestärkt. Auch die Gestaltung des Christuskindes – wie noch im Trecento üblich mit den Gesichtszügen eines gleichwohl auffallend individuierten *puer senex* – oszilliert zwischen konventionellen Bildzeichen und Kreatürlichkeit; der zeremonielle Segensgestus mit der emporgehobenen rechten Hand, die vor der mütterlichen Hand die Fürbitte gewährt, wird in eine bewegte Pose umgesetzt, deren verhaltene Dynamik dem aufmerksamen, abwägenden Blick der Himmelskönigin entspricht. Die ausgesprochen kräftige Farbskala – der tiefe

Grünton des Mantels mit seiner zinnoberroten Innenseite, das rosaviolette Gewand des Kindes, die mit Gelb und dunklem Oliv, mit Weiß und Rosa durchmischte Bekleidung der Engel, die kunstvolle Marmorierung des Thronsockels und der monochrome Goldgrund – untermalen das spannungsreiche Verhältnis zwischen den traditionell flächigen und den innovativ räumlichen Bildelementen.

Entscheidend jedoch für die Ausbildung jener überraschenden Tiefenstruktur ist die Position der Engel. Ihre liturgischen Funktionen innerhalb des Bildes verknüpfen Marienlob und Eucharistie. Die beiden Engel am unteren Bildrand knien vor der Realpräsenz Christi; in den Händen halten sie Lilien als Zeichen der unbefleckten Empfängnis und Rosen, deren Symbolik in der Marienmystik eine vielfältige Rolle spielt.[37] Zwei stehende Engel tragen eine Krone als Herrschaftsinsignium der Himmelskönigin sowie ein Hostiengefäß, das den transsubstantiellen Leib Christi enthält und zugleich den irdischen Leib der Gottesmutter bezeichnet. Zu Ehren der Himmelskönigin und des Erlösers intonieren sie gemeinsam einen Choral, der die Theophanie in eine Prozession verwandelt. Unter den hymnischen Gesängen der Engel, in die der Chor der realen Liturgen vor dem Bild einstimmen kann, wird die Gottesmutter mit dem Kind aus ihrem Erscheinungsraum in eine physisch nachvollziehbare Architektur überführt.

Die beiden aufrecht postierten Engel, deren olivgelb schimmernde Gewänder auch farblich einen deutlichen Akzent setzen, unterteilen das Bild in einen räumlich nicht mehr definierten Bereich des celestalen Goldhintergrunds, der den Heiligen vorbehalten bleibt, und eine strukturierte Vorderbühne, die sich zum unteren Bildrand öffnet und damit eine plastische Auffassung der Thronarchitektur allererst ermöglicht. Die knienden, zu der Gottesmutter und dem Kind aufschauenden Engel, welche den in der Mitte vorspringenden Sockel flankieren, suggerieren einen beträchtlichen Höhenunterschied zum heiligen Zentrum des Bildes und vermitteln, indem ihr Blick der steilen Untersicht des realen Betrachters folgt, den Eindruck räumlicher Kontinuität, die sich über das Bild hinaus fortsetzt. Während sie mit der einen Hand die Zeichen des Marienmysteriums präsentieren, weisen sie mit der anderen in die Betrachtersphäre hinein, die als irdisches Pendant des himmlischen Hofstaates den im Bild angedeuteten Halbkreis komplettiert. Indem die Engel der Ognissanti-Madonna weniger kraft einer spirituellen Ordnung als durch konkrete Raumstrukturen himmlische und irdische Liturgie miteinander verknüpfen, präludieren sie eine neue Auffassung des Sakralbildes. Die Illusion eines durchgängigen Raumgefüges, die ihre ungewöhnliche Position konstituiert, bindet die Theophanie an die Modalitäten des Betrachterraums und dessen sinnlichen Erfahrungsbereich.

Dieser zunächst unscheinbare Vorschlag, dessen konsequente Umsetzung erst über einhundert Jahre später mit Hilfe einer mathematisch berechenbaren Perspektive erfolgen sollte, ist zunächst Giottos Replik auf die verunsicherten Dekorengel Cimabues und seiner Nachfolger sowie auf die zeitgenössischen triumphalen Festikonen, wie sie zu Beginn des 14. Jahrhunderts etwa in der Werkstatt Simone Martinis entstehen. Die Nahsicht der Ikone – gleichsam als anschaulicher Garant für ihre unmittelbare Segenswirkung – wird in der Monumentalikone zum exemplarischen Formproblem, das Cimabue zunächst durch die Bildfiguren zu lösen versucht. Indem diese den Betrachter suggestiv anblicken, gewinnt die Darstellung eine subjektive Dimension. Der Erscheinungsraum in Cimabues Tafel ist durch diesen Engelblick genau bemessen; er reicht so weit, daß der Betrachter gerade noch und gerade dieser Betrachter noch einbezogen ist. Giottos himmlische Liturgen teilen die Lösung des Problems unter sich auf; die stehenden Engel reflektieren es buchstäblich in der Nahsicht, wie sie im Bild selbst dargestellt ist, und integrieren damit auch den Betrachter in den großen Chor der anblickenden Gemeinde innerhalb wie außerhalb des Bildes. Durch die Vorstellung eines räumlichen Kontinuums jedoch wird der nahe Blick der zuunterst knienden und zur majestätisch thronenden Gottesmutter aufschauenden Engel für den Betrachter zu einer realen Erfahrung. Die Illusion der dargestellten Erscheinung substituiert den von göttlichem Charisma durchdrungenen Erscheinungsraum der Ikone.

In der Ognissanti-Madonna hat Giotto das Problem der westlichen Sakralkunst auf eine anschauliche Formel gebracht. Die Präsenz des Heiligen erscheint in konkreter Gestalt, der Vorgang der Erscheinung selbst wird – »von der Natur geführt« wie Alberti schreibt[38] – mit künstlerisch-technischen Mitteln nachgeahmt, im doppelten Wortsinn repräsentiert. Damit aber sind auch die Modalitäten der späteren Problemlösungen vorgegeben. Der Erscheinungsraum der Ikone wird gleichsam zu einer realen Sakralarchitektur umgebaut, so daß die Illusion eines Raumkontinuums entsteht, welches den Betrachter in das dargestellte Heilsgeschehen integriert.

Mit der Realisierung dieses schwierigen Unterfangens werden zunächst die himmlischen Liturgen betraut, deren Vermittlungsfunktion die bildende Kunst im 14. und 15. Jahrhundert zur Erweiterung ihrer kompositorischen Möglichkeiten auf vielfältige Weise zu nutzen weiß. Immer wieder sind es Engel, die den Blickkontakt mit dem Betrachter suchen, ihn zur teilnahmsvollen Betrachtung einladen und ihn zugleich auf Distanz halten. Engel präsentieren die heilige Szenerie wie die Auferstehung Christi bei Nanni di Bartolo, gen. Rosso Fiorentino (Abb. 5); sie formulieren durch ihren betrübten, verwunderten oder beglückten Gesichtsausdruck – wie in dem Trinitätsrelief von Hans Multscher (Farbtafel 4) – vorbildliche Affekthaltungen, zuweilen sprechen sie auch durch Schriftrollen oder transparente Goldbuchstaben zum Betrachter. Diese ältere Technik, die sich noch bei van Eyck und Fra Angelico der Schrift versichert (Farbtafel 6; Abb. 47), wird zusehends durch eine Rhetorik der menschlichen *physis,* durch ein immer differenzierteres gestisches und mimisches Vokabular ersetzt, während ihre bewegten Posituren wie schon bei Spinello Aretino (Abb. 62) Handlungsabläufe andeuten, mithin Geschichten erzählen, die keiner weiteren verbalen Vermittlung bedürfen.

Die Veränderungen der westlichen Sakralkunst, die sich in der Gestaltung der Engel widerspiegeln und zugleich von ihr motiviert werden, sind implizit Thema eines nicht sicher datierten Meisterwerks Piero della Francescas (Abb. 29), das die Ikonen-

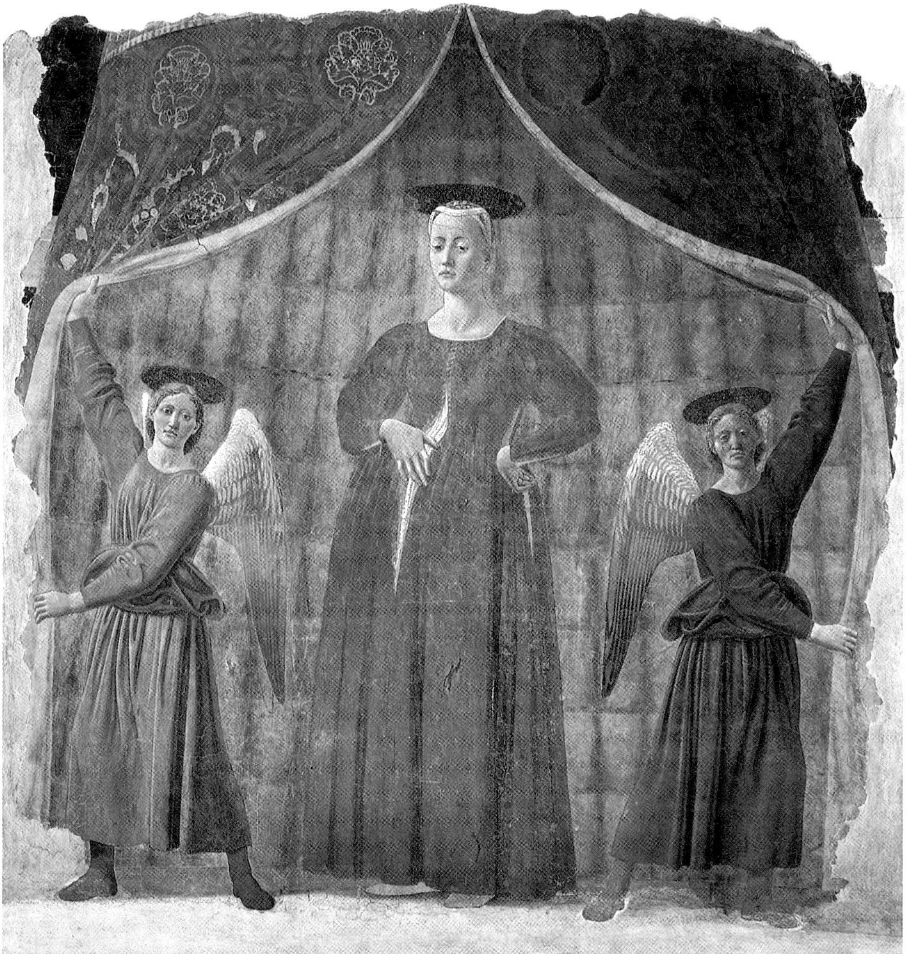

29 Piero della Francesca, *Madonna del parto,* Monterchi (Arezzo), Friedhofskapelle, Mitte des 15. Jahrhunderts

tradition noch einmal zitiert, um sie in die innovative Formensprache des 15. Jahrhunderts zu übersetzen. Schon aus diesem Grund verdient die Tatsache Interesse, daß die *Madonna del parto* in der ehemaligen MARIENKIRCHE und heutigen Friedhofskapelle von Monterchi bei Arezzo während der langen Zeit, da sie als Werk des berühmten Künstlers in Vergessenheit geraten war, von den Frauen des Dorfes und seiner Umgebung wie eine Ikone verehrt und in Geburtsnöten um Beistand angerufen wurde.[39] Das teils a fresco, teils a secco ausgeführte Wandgemälde mit dem eher seltenen Typus der »Erwartung Mariens« in der Apsis der kleinen Kirche ersetzt das fehlende Altarbild, indem es historisch auf dessen Vorläufer zurückgreift. Dabei transponiert es den Baldachin, der in reich ausgestatteten Kirchen über dem Hauptaltar aufgehängt war, in eine zeltartige Verkleidung auf die dahinter gelegene Apsiswand, die sich dadurch zu einem weiteren Sakralraum öffnet. Übrigens folgt Piero darin der künstlerischen Logik Masaccios, der in seinem Trinitätsfresko von SANTA MARIA NOVELLA, dem ersten zentralperspektivischen Bildwerk der Renaissance, eine Kapellenarchitektur vortäuscht, wo realiter kein Platz für den Ausbau einer solchen gewesen wäre.

Die zunächst unscheinbare, durch die abgebröckelte Farbe, schließlich durch eine inkompetente Restaurierung zu Beginn dieses Jahrhunderts leicht verunstaltete Wandmalerei läßt eine für Piero charakteristische, formal strenge, geometrisch klar gegliederte Komposition erkennen. Das Zelt aus besticktem, von innen mit Pelzen gefüttertem Stoff umgibt wie ein kostbarer Baldachin als Zeichen ihrer herrschaftlichen Würde die schwangere Gottesmutter, deren himmelblaues Gewand zu ihrer Bequemlichkeit leger aufgeschnürt ist. Ihre Rechte betastet den in Marienhymnen vielfach besungenen *fructus ventris,* doch hat sie im Unterschied zur geläufigen Ikonographie kein Buch zur Hand, vielmehr ist der linke Arm angewinkelt, die Hand liegt an ihrer Hüfte; die zeremonielle Präsentation der Himmelskönigin und ihrer Leibesfrucht wird durch eine natürliche, leicht nach rechts gewendete Haltung aufgelokkert.

Die beiden Engel zu ihrer Seite erinnern typologisch an die Thronengel der *Angeloktistos,* und in der Tat handelt es sich auch hier um Engelzwillinge, wenn auch nicht um die Erzengel Michael und Gabriel, denen nach byzantinischer Tradition die Thronwache obliegt, sondern um geflügelte Jünglinge, deren identische Gestalt spiegelbildlich nach demselben Karton gearbeitet und nur farblich abgewandelt ist. Dieser Verstoß gegen das Gebot der *varietas* ist auffällig und dürfte auch bei dem eher unbedeutenden Auftrag für die Kirche eines abgelegenen Provinzortes nicht allein aus Gründen der Arbeitsökonomie zu erklären sein, sondern scheint den theoretischen Interessen eines seinerzeit führenden Mathematikers und Autors populärer Einführungen in das Rechnungswesen zu entsprechen. Die einfache, klar gegliederte Komposition, die – wie in der Londoner *Taufe Christi*[40] – als Folie eines symbolischen

Bezugssystems fungieren könnte, bildet einen offenkundigen Kontrast, der die Gottesmutter in ihrer ungezwungenen, natürlichen Positur von dem geometrischen Lineament abhebt.

Die symmetrische Haltung und Bewegung der Engel überträgt den Eindruck technischer Präzision auch auf den Vorgang der Erscheinung selbst, den die himmlischen Liturgen, indem sie die Zeltbahnen wie einen Vorhang öffnen, mit gelassener Routine bewältigen. Ihr Blick (Abb. 29 a) ist wie in Cimabues Bild auf den Betrachter gerichtet, erscheint indessen hier weniger suggestiv, eher unbeteiligt, als seien sie sich der Wirkung einer Inszenierung vollkommen sicher, deren visueller Effekt mit intellektuellem Raffinement verbunden ist. Denn was sie enthüllen, ist ein doppeltes Bild im Bild (Abb. 29); der geöffnete Vorhang korrespondiert dem geöffneten Gewand der hochschwangeren Gottesmutter, deren kreatürliche Erscheinung auch den *Deus revelatus* erkennen läßt, der im Leib der Jungfrau körperliche Gestalt angenommen hat. Ihre sichtbare *physis* verweist auf das unsichtbare Mysterium der Inkarnation und zugleich auf die Realpräsenz Christi, die während der Messe im Altarbereich – somit vor den Augen der Madonna – sich in den eucharistischen Elementen manifestiert.

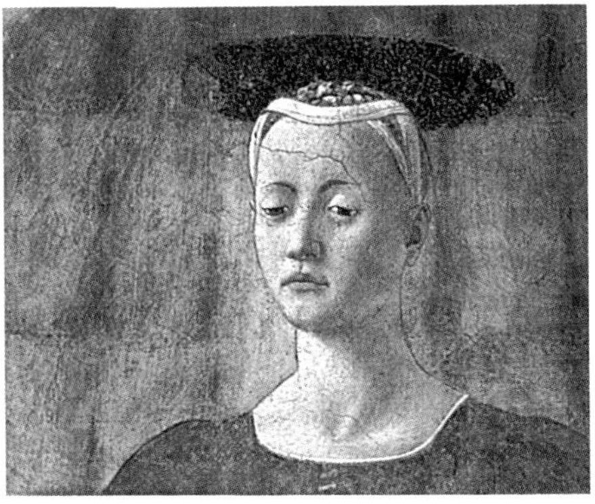

29a Piero della Francesca, *Madonna del parto* (Ausschnitt), Mitte des 15. Jahrhunderts

Das Motiv des Vorhangs spielt auf die zunächst in Byzanz, später auch im Westen verbreitete Gepflogenheit an, bedeutende Ikonen mit Stoffen zu bedecken und nur an bestimmten Tagen oder zu hohen Kirchenfesten zu enthüllen, mithin den Erscheinungscharakter der Ikone ritualiter, bisweilen sogar – wie bei einem Marienbild in den Blachernen – als Wunder zu inszenieren. »Auf der rechten Seite der Kirche, wenn man nach Osten geht, ist eine Ikone aufgehängt [...]. Ein Vorhang aus gewebtem Stoff, kostbar und voller Bilder, hängt von ihr herab. In jenem Bereich steht noch ein Altar, an dem sie auf jede Weise angerufen wird, die bei Klerus und Volk üblich ist: mit vielerlei Hymnen, Bittgebeten und Opfergaben. Außergewöhnliches geschieht mit ihr am sechsten Tag der Woche nach Sonnenuntergang. Zu dieser Zeit verlassen alle die Kirche [...]. Es werden alle Türen des Heiligtums geschlossen, und die Menge hält sich in den Vorhallen bei den Portalen auf. Wenn der Klerus die üblichen Riten vollzogen hat, ist es Brauch, die Kirche plötzlich zu öffnen [...]. Wenn sie (die außerhalb Wartenden) in einer Mischung von

Freude und Furcht eintreten, wird der Vorhang vor der Ikone, wie von einem Windhauch bewegt, plötzlich in die Höhe gehoben. Alle, die dabei waren, sehen darin ein Wunder und geradezu die Herabkunft des Heiligen Geistes. Während des Vorgangs verändert sich das Aussehen des Himmelsbildes, und es empfängt, glaube ich, Marias lebendigen Besuch und macht das, was sonst unsichtbar bleibt, sichtbar.«[41]

Pieros *Madonna del parto* erscheint wie eine Übersetzung dieses Ikonenwunders in die Bildsprache der Renaissance. Nicht der Heilige Geist, sondern der in dem symmetrischen Engelpaar verborgene Künstler lüftet den Vorhang, eröffnet dem staunenden Blick des Betrachters eine dem Leben nachgestaltete Gottesmutter, präsentiert das Mysterium der Inkarnation im Modus einer natürlichen Schwangerschaft und zugleich den menschlichen Körper als göttliche Erscheinung; das Wunderwerk selbst ist nicht göttlichen, sondern »quasigöttlichen«, nämlich künstlerischen Ursprungs. Piero verwandelt den byzantinischen Typus der *Platytera,* die eine Christusikone gleichsam als Matrix der Darstellbarkeit Christi vor ihrem Leib trägt, in einen Triumph der neuen, wiedergeborenen Kunst der Malerei, die kraft ihrer »divina prospettiva« Christus nicht als *Clipeus,* sondern durch den natürlich geschwollenen Leib der Gottesmutter darzustellen vermag. Das Wunder der Theophanie, das sich – wie das der Transsubstantiation – regelmäßig vor der Ikone wiederholt, wird im Bild selbst dargestellt, dem Bild gleichsam einverleibt; es wird in der Darstellung real und präsent vor Augen geführt, dabei nicht nur inszeniert, sondern durch die Engel auch als Inszenierung sichtbar gemacht.

Mit der Entwicklung der Illusionskunst verwandeln sich die Theophaniebegleiter und Offenbarungsmittler der Ikonen in Bühnentechniker, die für die imaginäre Einbindung des Zuschauers, für die Verständlichkeit der Darstellung und nicht zuletzt für publikumswirksame Effekte zuständig sind. Diese Inszenierungsengel, die insbesondere im florentinischen Ambiente begegnen und dabei zweifelsohne auf die lokale Tradition der *Sacre rappresentazioni* Bezug nehmen[42], verwandeln den Erscheinungsraum der Ikone in eine veritable Bühnenarchitektur; sie überraschen den Zuschauer mit ihrer fortschreitenden Kunstfertigkeit, konfrontieren ihn mit immer neuen Szenographien, fesseln seine Imagination durch weite, abwechslungsreiche Landschaftskulissen, durch dramatische Personenensembles und affektbeladene Rhetorik an die Vorstellung des heiligen Geschehens. Doch sind diese Wunderwerke keine *acheiropoites,* sondern von Menschenhand gefertigt und daher in der Logik der zeitgenössischen Kunstphilosophie *exempla* des größten aller göttlichen Wunder: des Künstlers. Leonardos Apotheose des Malers und der Malerei assoziiert, indem er auf jene Kultpraxis rekurriert, auf die auch Piero della Francescas Madonna anspielt, in einer kühnen Wortverbindung das Thema des Kultbildes, *iddio,* mit der Konzeption des Künstlers, *idea:* »Sieht man nicht die gemalten Bilder, welche das Göttliche (iddeo) darstellen, mit den kostbarsten Vorhängen verhüllt? Und geschieht es nicht mit feierlichen Riten und Gesängen, wenn man sie enthüllt? Werfen sich nicht alle, die zu diesem Ereignis zusammenströmen, im Augenblick der Bildenthüllung zu Boden, um jenen anzubeten und um [...] ewiges Heil anzuflehen? Ist es nicht gerade so, als sei diese Iddea im Bild lebend vorhanden? So etwas gibt es in keiner anderen Wissenschaft und sonst in keinem Menschenwerk. Du magst einwenden, dies liege nicht an der Kunst des Malers, sondern an der (überirdischen) Macht des dargestellten Wesens. Doch wenn das so wäre, könnten die Menschen im Bett bleiben und mit ihrer Vorstellung zufrieden sein, statt sich auf mühsame und gefährliche Wallfahrten zu begeben [...] Du mußt mir Recht geben darin, daß ein solches Abbild fähig ist, wozu alle Schriften zusammen nicht fähig sind, wenn sie eine solche Iddea in Gestalt und Wirkung darstellen wollen.«[43]

Diese unerhörte Aufwertung des Künstlers und seines technischen Ingeniums kulminiert gegen Mitte des 16. Jahrhunderts, während bereits mit der Gegenreformation eine allgemeine kultische Restauration einsetzt, in der legendären Figur Michelangelos. Die zahlreichen Wortspiele und rhetorischen Vergleiche zu dem ersten der Erzengel überspielen jedoch nur mühsam die dämonische Seite dieses *angelo divino* und seines skandalösen Werks. Seine Theophanie in der CAPPELLA PAOLINA (Abb. 30) ist ein ohrenbetäubender Schlußakkord zu jener künstlerischen Utopie, die nach Giottos vorzeitigem Präludium die Kunstauffassung der Renaissance von Masaccios Trinitätsfresko bis hin zu Raffaels *Transfiguration* und Tizians *Assunta* (Abb. 64) bestimmt hatte: durch eine geometrisch exakte Nachahmung der Natur auch deren göttliche Form – die kosmischen Ordnungsgesetze in ihrer vollendeten Harmonie – erfassen und wiedergeben zu können.

Vielleicht ist es nicht zufällig, daß Michelangelo gerade an einem politisch brisanten Gegenstand – der Konvertierung des Christenverfolgers Saulus in den Apostel Paulus, die überdies für die Privatkapelle des gleichnamigen Papstes bestimmt war[44] – den Bruch mit der perspektivischen Ordnung des Raumes vollzieht. Pieros Öffnung des Vorhangs, der den Blick auf die Madonna und – durch das aufgehende, weiche Oval ihres Gewandes – auf den erlösenden, göttlichen Mutterleib freigibt, verkehrt sich bei Michelangelo in ein grelles Aufreißen nicht nur des Himmels, sondern der ganzen irdischen Natur. Die Erscheinung Christi und seiner flügellosen Engelschar, die keinen Vergleich mehr zur zeitgenössischen Szenographie gestattet, gerät zu einer endzeitlichen Vision; sie löst eine Panik aus, die ungeachtet der monumentalen Ausmaße durch die Unmittelbarkeit des Bildausschnitts – eine Nahsicht, welche die abgeschnittenen Figuren am unteren Bildrand noch verstärken – auf die Betrachtersphäre überzugreifen droht.

Physisch und psychisch von seinem Bekehrungsschock überwältigt, ist der irdische Protagonist der Szene zu Boden ge-

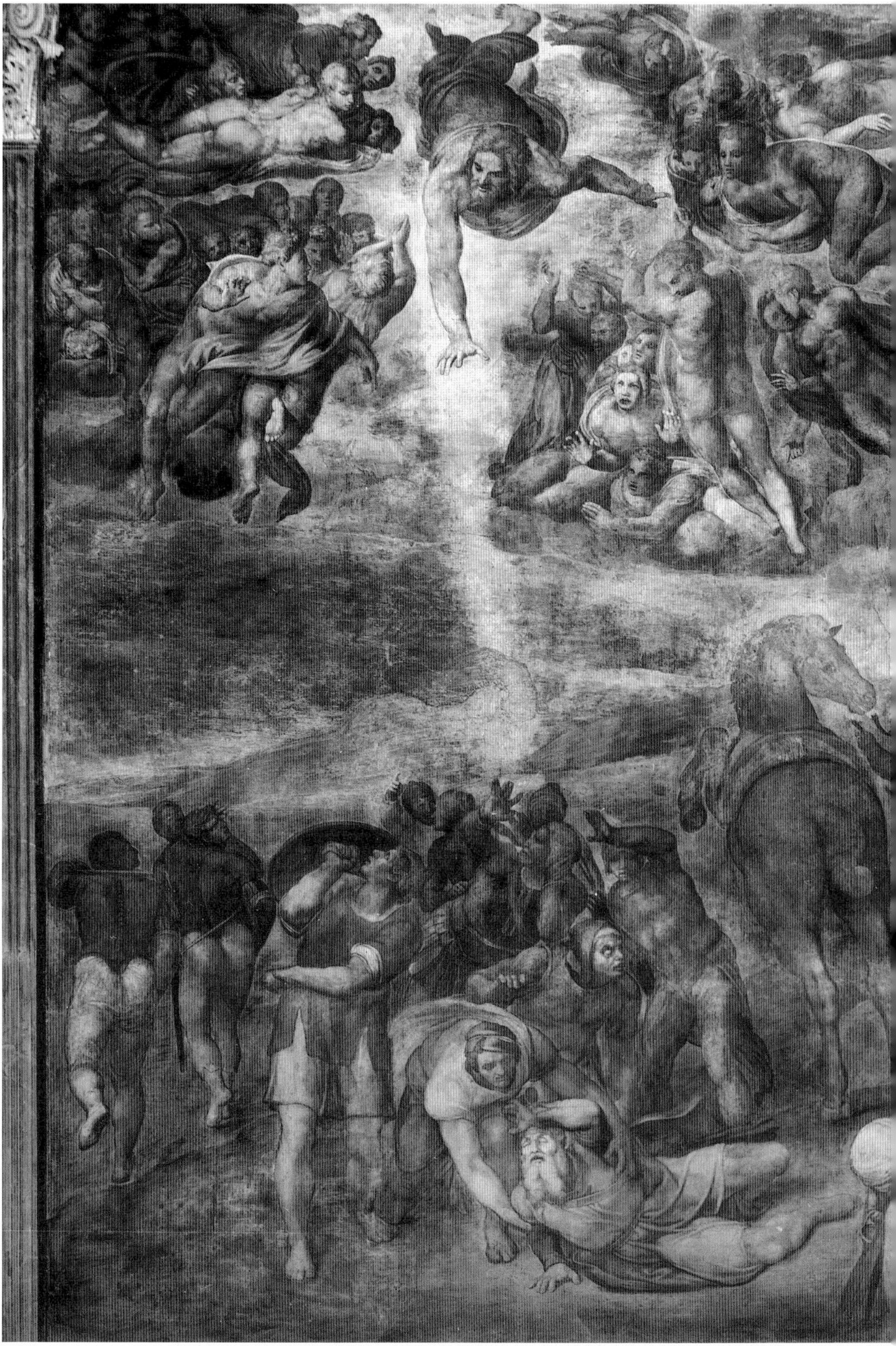

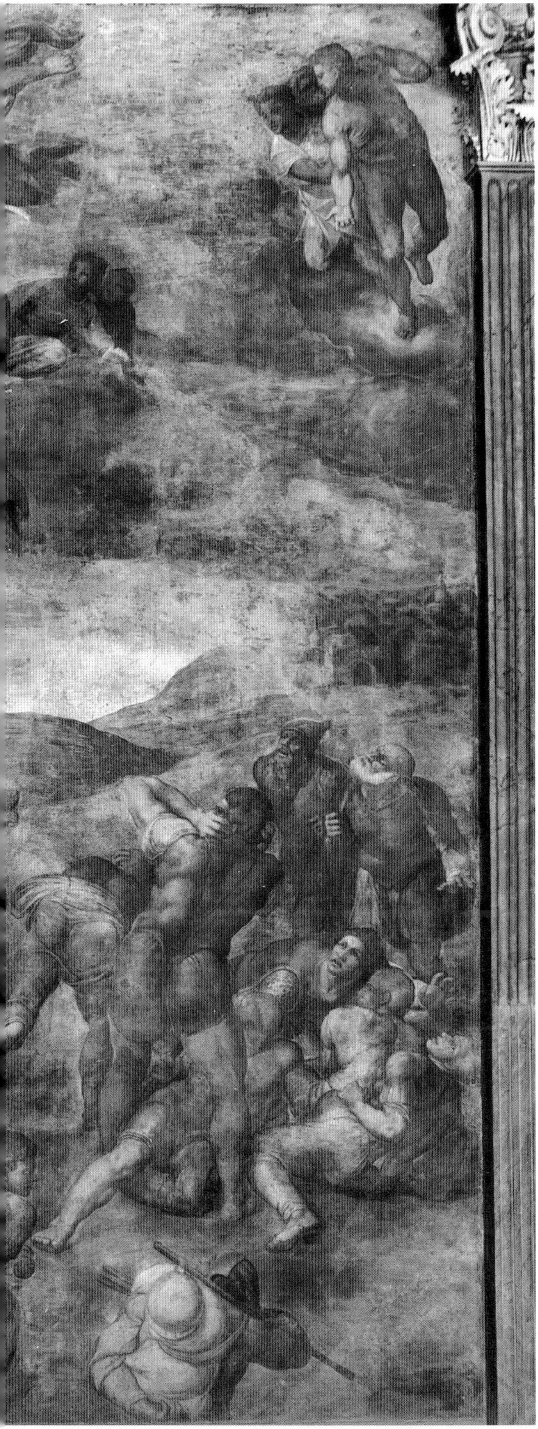

30 Michelangelo, *Bekehrung des Paulus,* Vatikan, Cappella Paolina, zwischen 1542–1549

stürzt und würde – so scheint es – aus dem Bild fallen, hielte ihn nicht einer seiner Begleiter fest umklammert; vom himmlischen Geistlicht geblendet, vermag er das Schreckensszenario nicht mehr wahrzunehmen, welches die dämonisierten Engelgestalten, die aus dunklen Wolkenballungen unheilvoll hervorbrechen, auf Erden verbreiten. Das erregte Wechselspiel ihrer verkürzten, geradezu massigen Gliedmaßen überträgt sich auf die irdische Sphäre und expandiert in den konvulsivischen Flucht- und Abwehrbewegungen der Menschen. Die perspektivische Verkürzung des menschlichen Körpers, die in der Malerei Michelangelos gleichsam als dramatische Form alle übrigen Handlungselemente dominiert, wird im Moment dieses kollektiven Traumas zu einer dispersiven Bewegung gesteigert, welche die gesamte Bildstruktur zur Auflösung treibt. Wie es scheint, vermag die *dynamis* des Schrekkens, die von den Engeln wie von den Schergen des Jüngsten Gerichts ausgeht, die überkommene künstlerische Form nicht mehr zu binden; in Gestalt einer entfesselten apokalyptischen Schar setzt Michelangelos *terribilità* (Schrecklichkeit) die eigene Kunsttradition, als deren unerreichbaren Höhepunkt ihn zur gleichen Zeit die Lebensbeschreibung Vasaris feiert (»die Werke des göttlichen Michelangelo Buonarroti«), einer vehementen Zerreißprobe aus. Ein vergleichender Rückblick auf die schon erwähnte Christuserscheinung in Giottos *Stigmatisierung des Heiligen Franziskus* (Abb. 8) läßt das Ausmaß dieser Zerstörung erkennen.

Michelangelos katastrophische Theophanie, die – wie Tizians (Farbtafel 7) oder Lorenzo Lottos Verkündigungsbilder zeigen – ein Beispiel in extremis für die Krisensituation um die Jahrhundertmitte darstellt, enthüllt zugleich den ambivalenten, göttlich-dämonischen Charakter jener himmlischen Liturgen, die im 14. Jahrhundert ihre theologische auf die künstlerische Aufgabe, Bild- und Betrachtersphäre miteinander zu verbinden, übertragen hatten und nunmehr diese selbst geschaffene makro-mikrokosmische Einheit auflösen. In dieser Hinsicht erscheint die Kunst der Gegenreformation primär von therapeutischem, dann erst von triumphalem Charakter, insofern sie Erlösung von dem unheilvollen, selbstredend nicht nur künstlerischen Zwiespalt verspricht; sie wird jene traumatische Öffnung des geometrisch definierten Raumes in eine himmlische Vision umdeuten und dabei auf dieselben ambivalenten Vermittlerfiguren zurückgreifen, die als Engeldämonen im 16. Jahrhundert allenthalben Raumgrenzen und Bildkonventionen überschreiten, um sie anschließend in transzendierende Seelengeleiter zu konvertieren, welche die Apotheosen der Heiligen und Märtyrer begleiten werden.

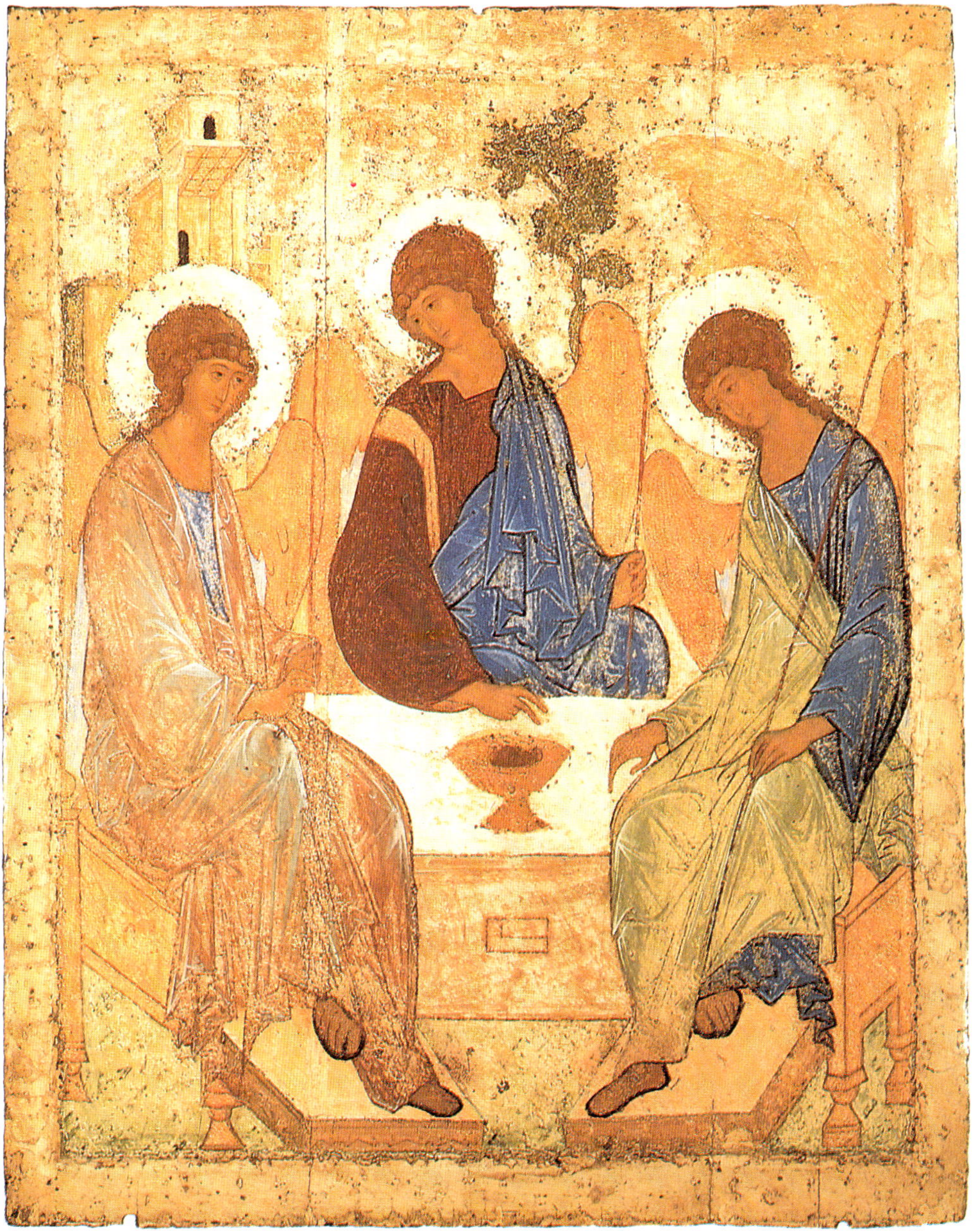

1 Andrej Rubljow, *Dreifaltigkeit*, 1422–27, Moskau, Tretjakow-Galerie

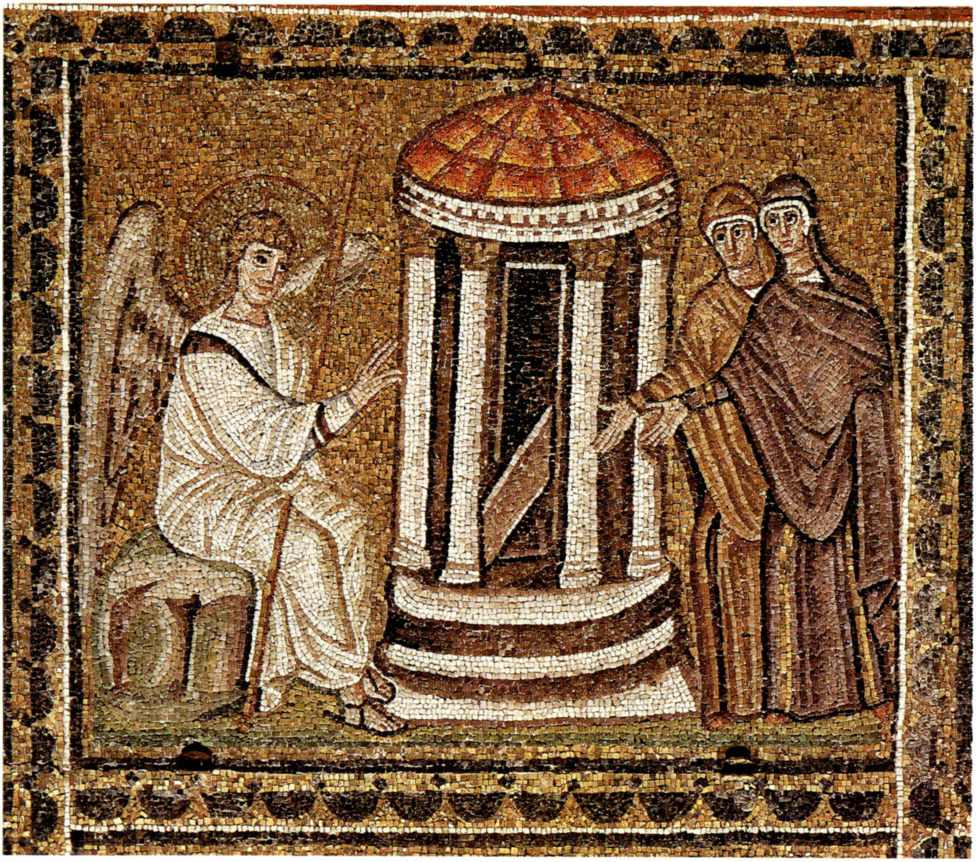

2 *Die Frauen am Grab Christi,* Mosaik um 500, Ravenna, Sant'Apollinare Nuovo

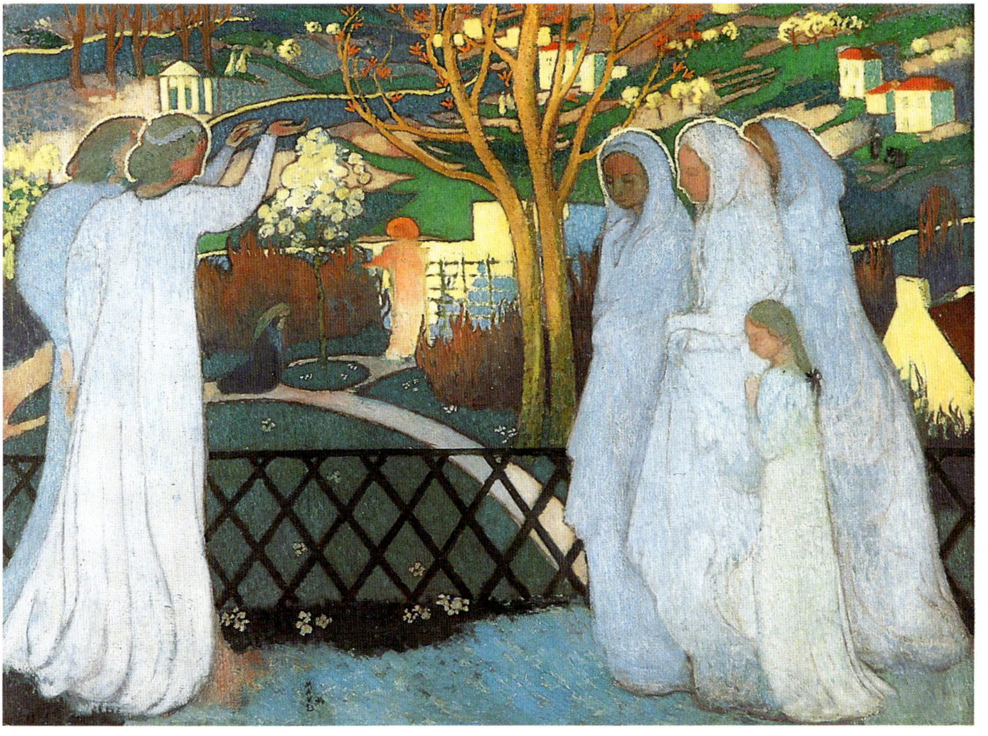

3 Maurice Denis, *Die Frauen am Grab Christi,* 1894, Saint-Germain-en-Laye, Musée départemental du Prieuré

4 Hans Multscher, *Dreifaltigkeitsrelief,* um 1430, Frankfurt/Main, Städtische Galerie Liebieghaus ▷

5 Antonello da Messina, *Engel-Pietà,* 1475, Madrid, Museo del Prado ▷▷

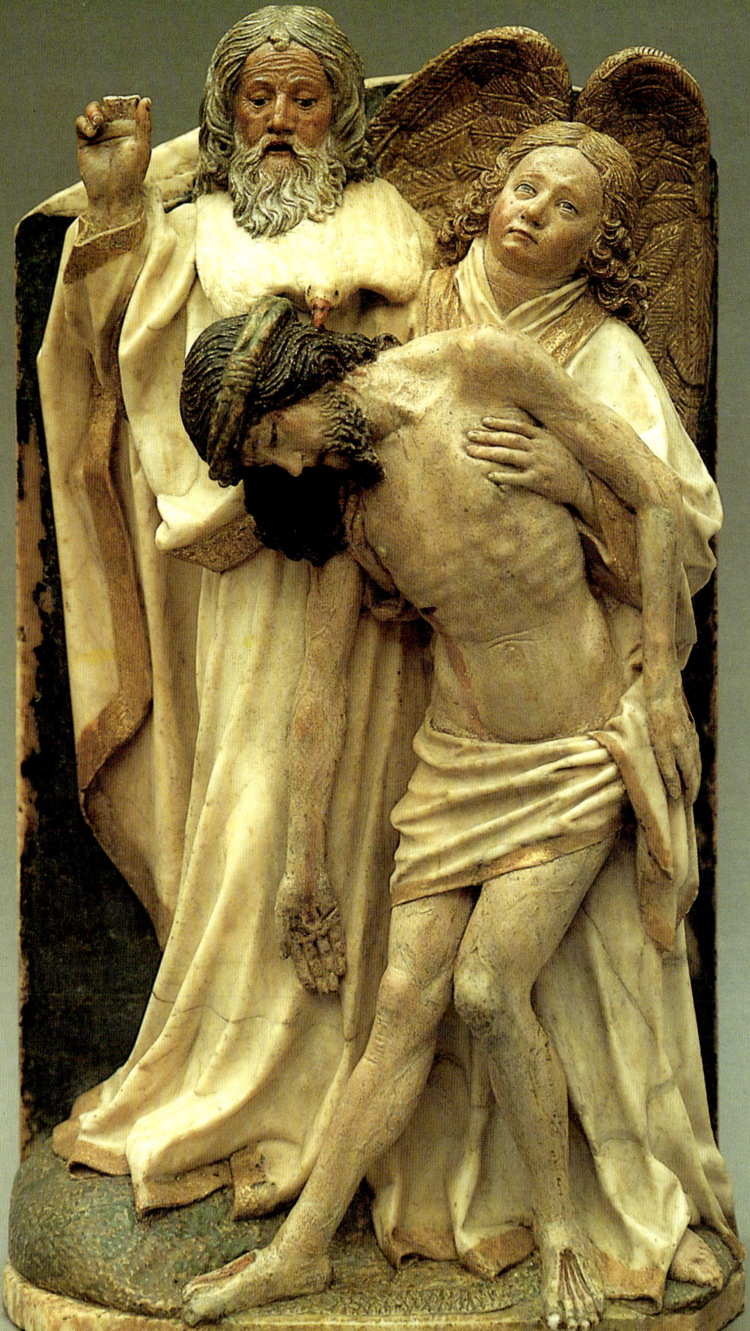

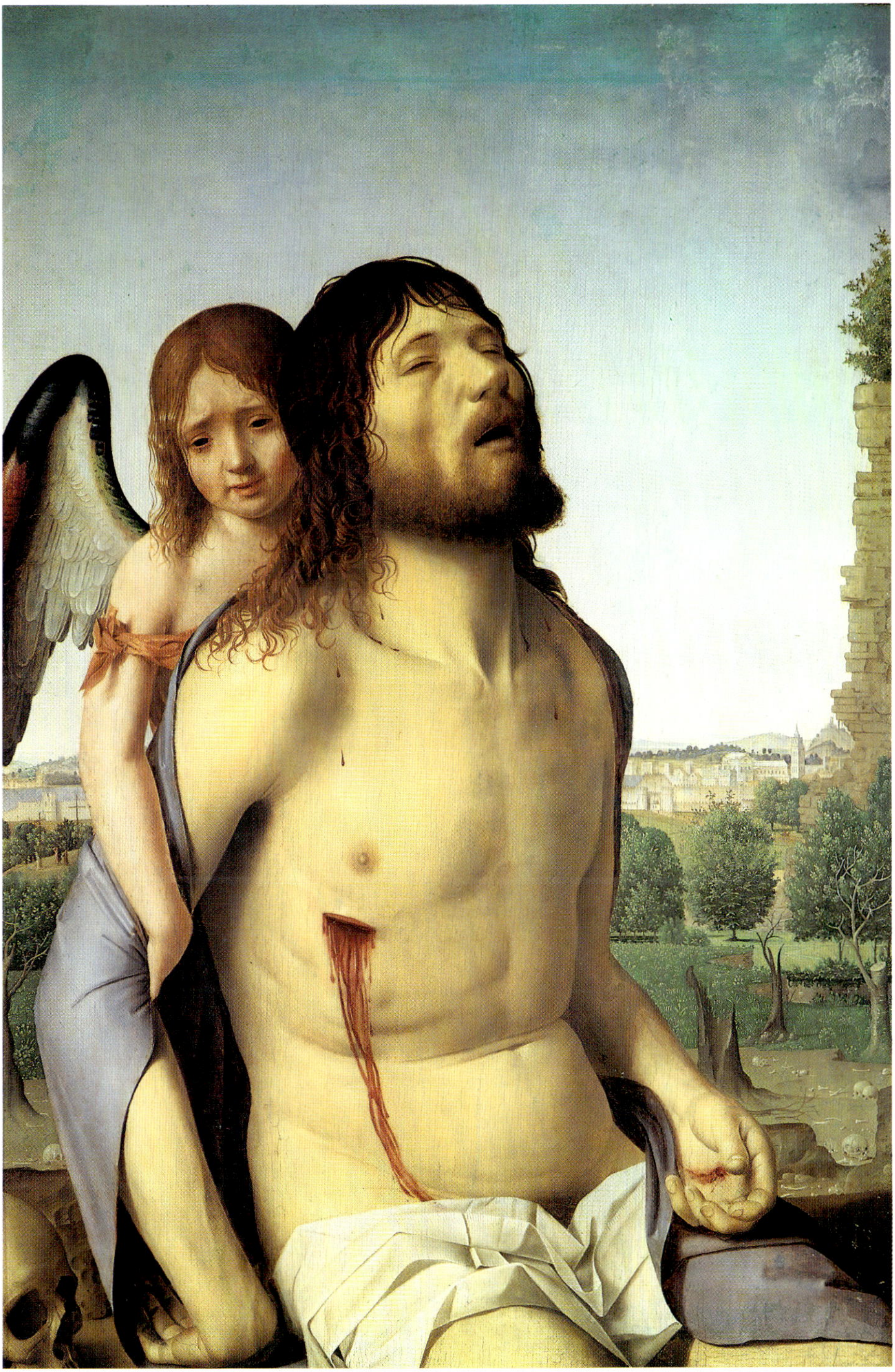

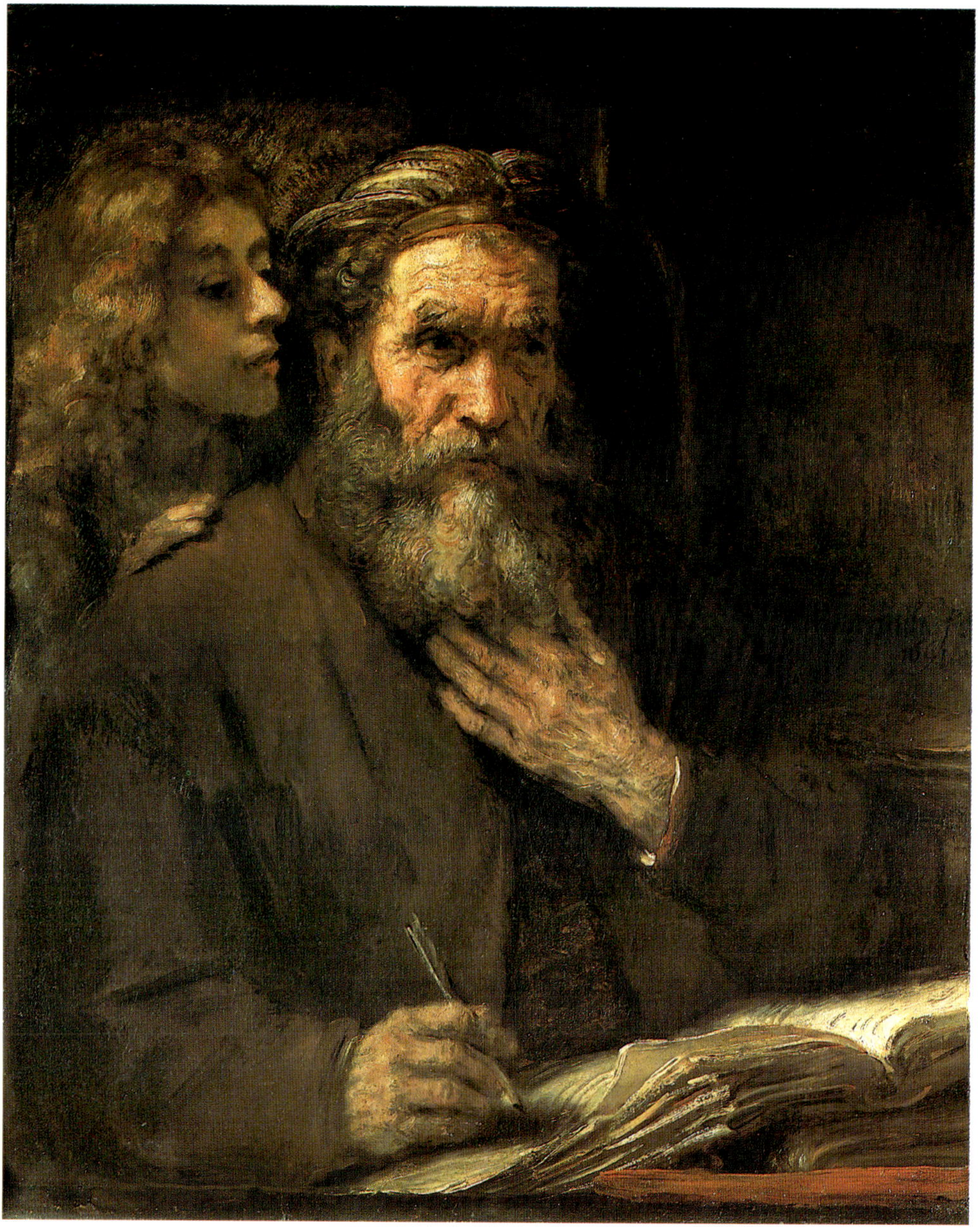

8 Rembrandt, *Evangelist Matthäus mit Engel,* 1661, Paris, Musée du Louvre

9 Caravaggio, *Evangelist Matthäus mit Engel,* um 1600, Rom, San Luigi dei Francesi ▷

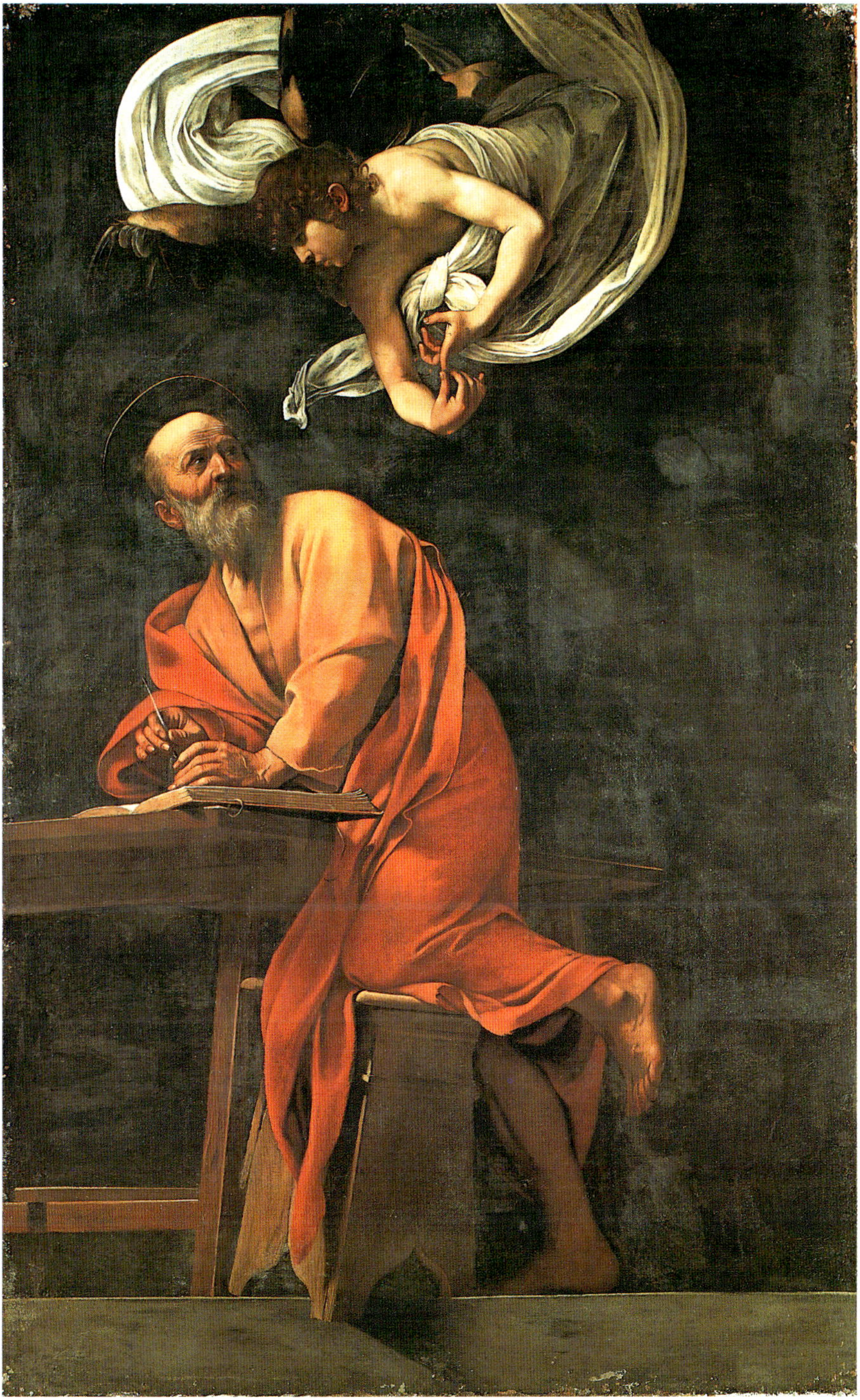

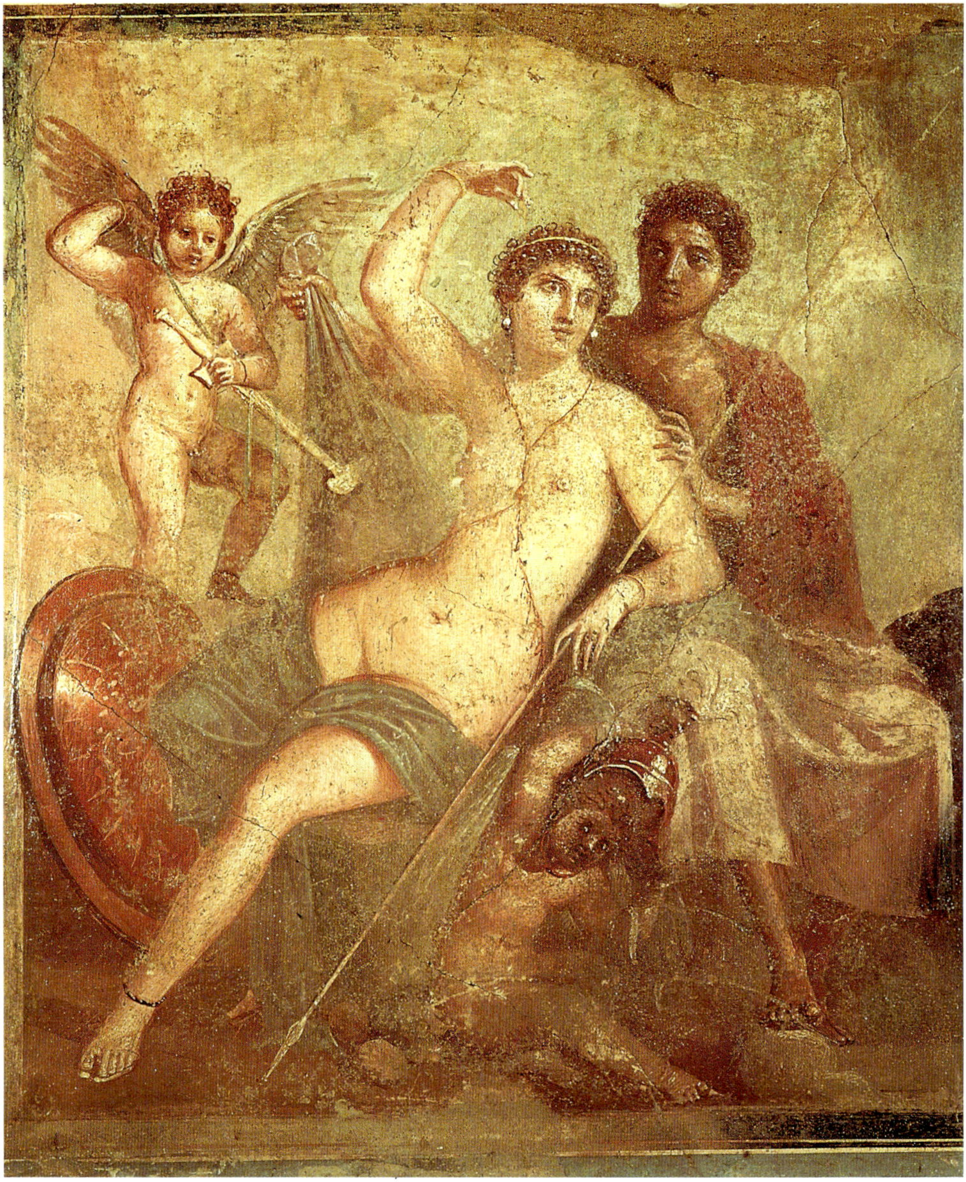

10 *Mars und Venus als Liebespaar,* Fresko, zwischen 54 und 68 n. Chr., Neapel, Nationalmuseum

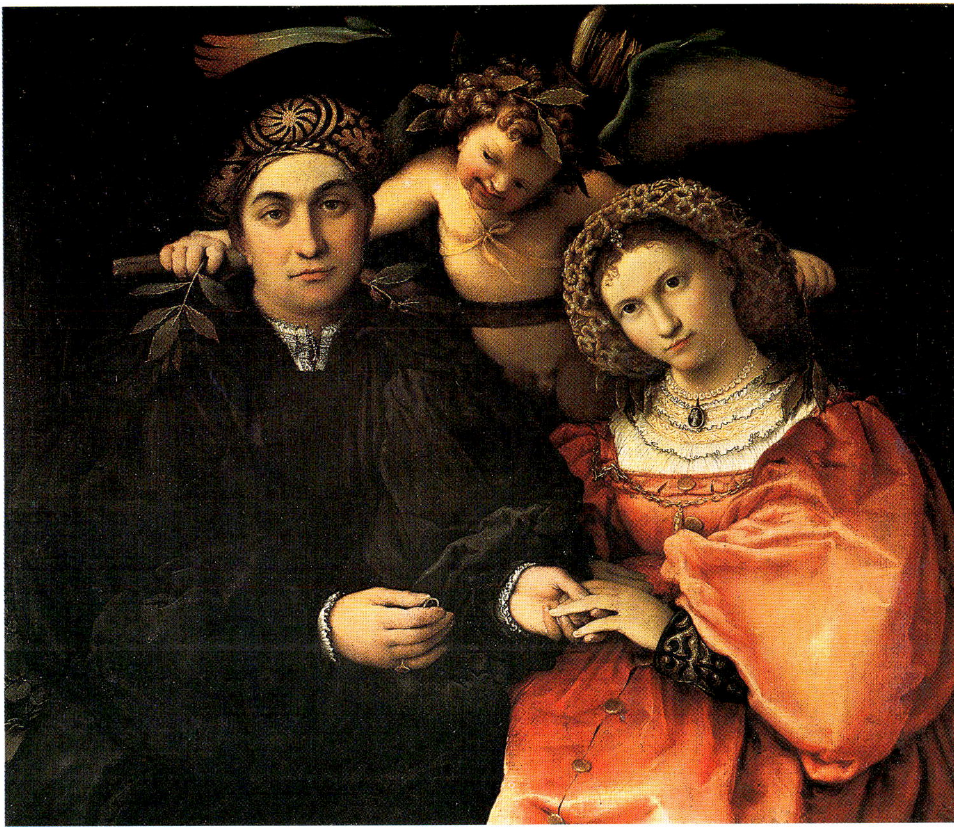

11 Lorenzo Lotto, *Messer Marsilio und seine Braut,* 1523, Madrid, Museo del Prado

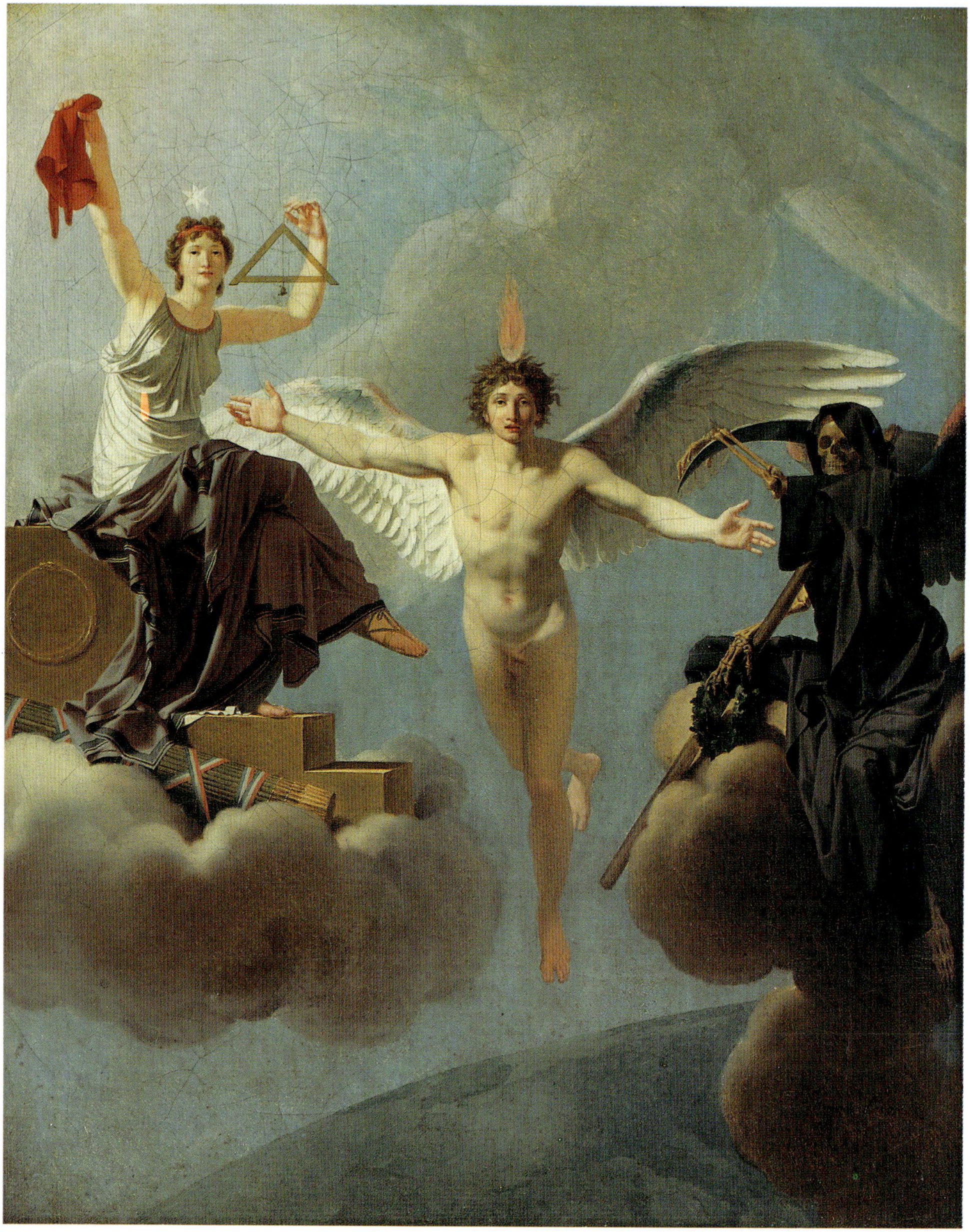

12 Jean-Baptiste Regnault, *Freiheit oder Tod,* 1794/95, Hamburger Kunsthalle

13 Hans Memling, *Jüngstes Gericht,* um 1470, Danzig, Statek-Muzeum Dar Pomorza ▷

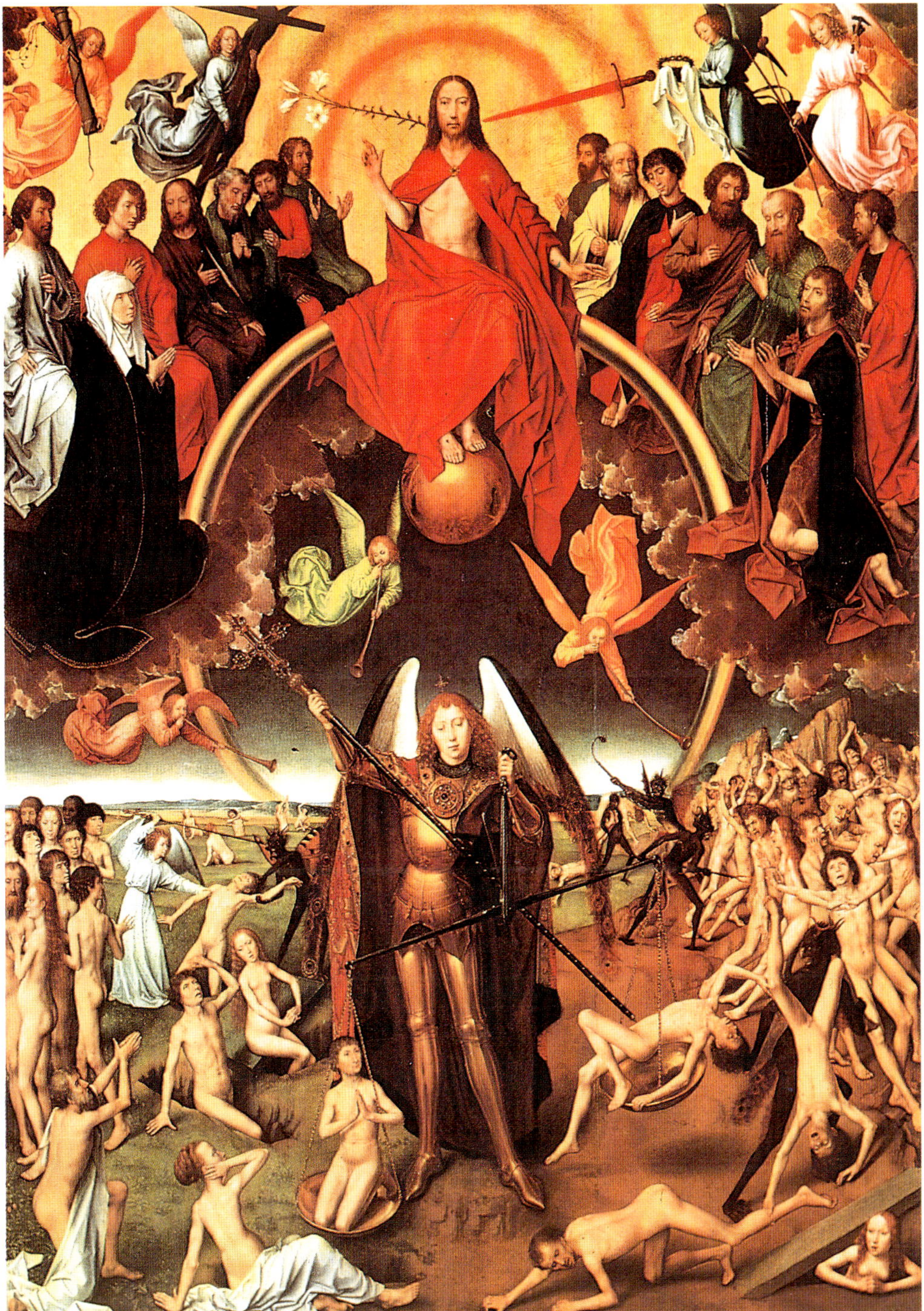

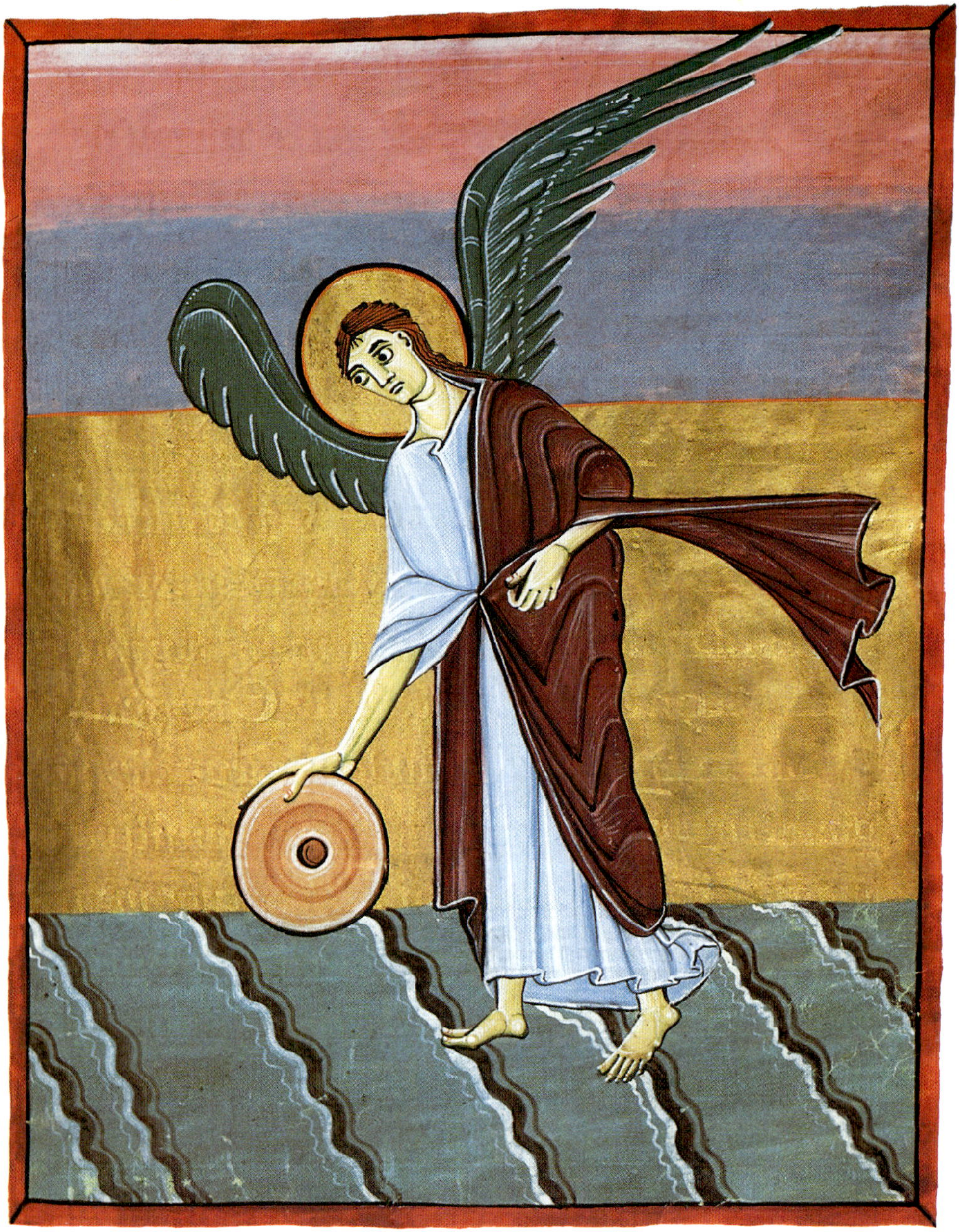

14 Bamberger Apokalypse, *Der Engel mit dem Mühlstein,* um 1000, Bamberg, Staatsbibliothek, Msc. Bibl. 140, fol. 46r

15 HAP Grieshaber, *Dank und Vergötzung* (Ausschnitt), 1969, Privatbesitz ▷

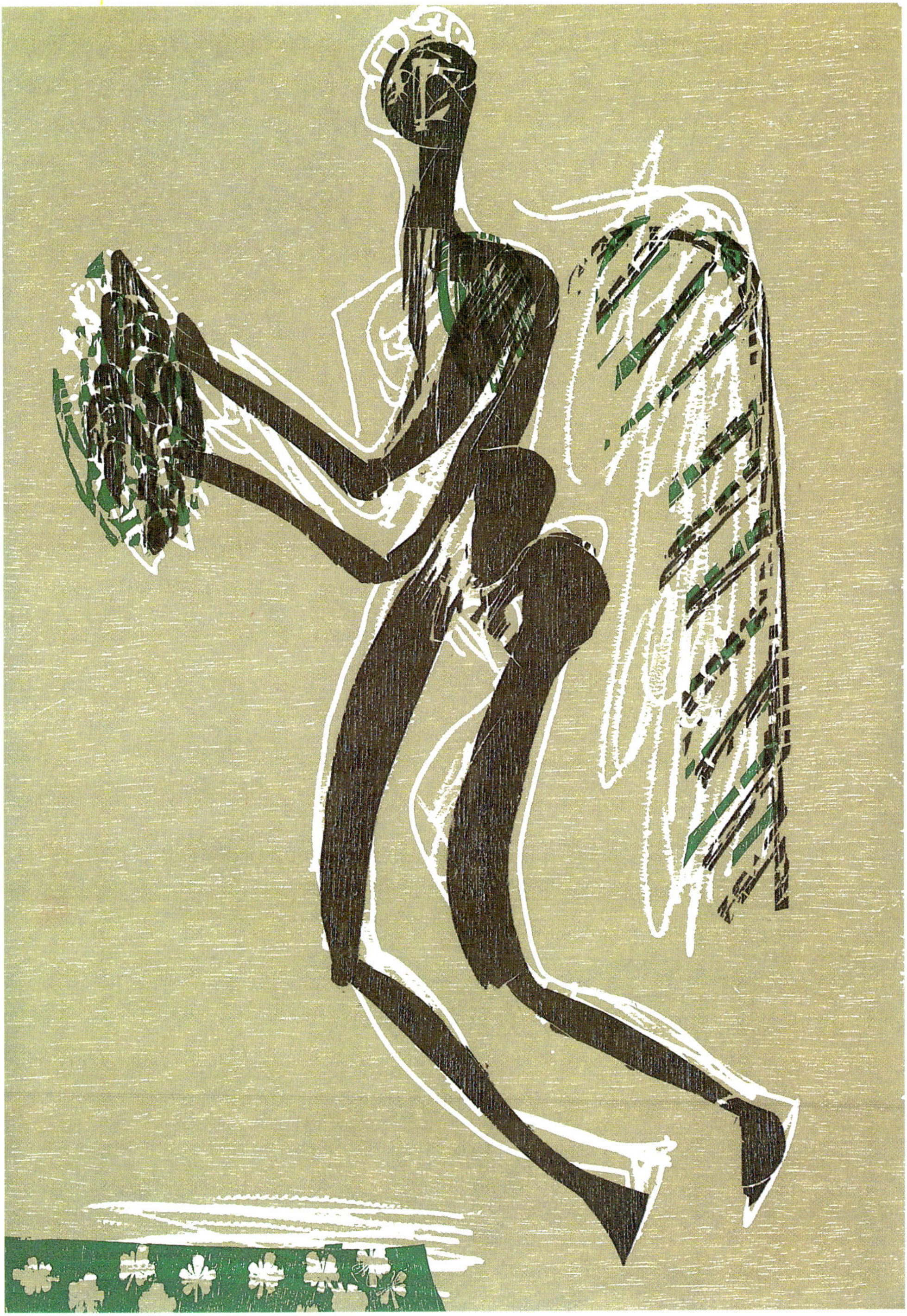

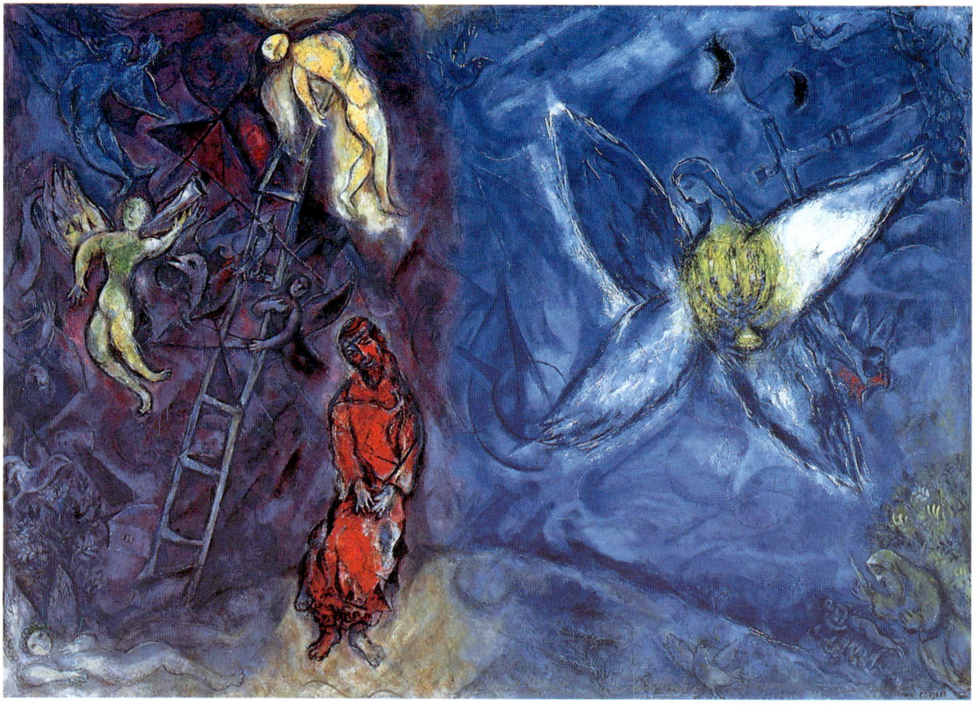

16 Marc Chagall, *Jakobs Traum,* 1954–56, Nizza, Musée National Message Biblique Marc Chagall

4 Sacra Conversazione

Bereits in der Perspektive der Frührenaissance hatte sich die Möglichkeit abgezeichnet, auf die vermittelnde Funktion der Engel grundsätzlich zu verzichten. Masaccios *Trinität* öffnet die bemalte Wand zu einem virtuell begehbaren Raum jenseits der realen Sakralarchitektur, der diese keineswegs transzendiert, vielmehr sich mit ihr zu einer im Wortsinn geometrischen Einheit verbindet. In der gleichen Position wie vor Giottos Madonna knien anstelle der beiden Engel auf einem abgestuften Plateau vor der plastisch gestalteten Dreifaltigkeit zwei Stifterfiguren, die indessen nicht mehr ostentativ aufschauen müssen, um eine räumliche Tiefenstruktur zu suggerieren und damit den Ort der Theophanie, an dem Gottvater, Christus, die Heilige Geisttaube nebst Maria und Johannes in irdischer Plastizität erscheinen, dem Blick des Betrachters zu erschließen.

Unter der Autorität der wissenschaftlichen Perspektive, welche die *ars minor* der Malerei unversehens in den Kanon der Freien Künste überführt, verändert sich die Funktion der rituellen und visuellen Vermittlerfiguren; Thronwächter, Theophaniebegleiter und himmlische Liturgen werden zu anmutigen Komparsen oder übernehmen, wie sich noch zeigen wird, Hauptrollen in der Szenographie der Heilsgeschichte. Diese Entwicklung läßt sich an einem Bildtypus verfolgen, der in der Kunstgeschichte als *Sacra Conversazione* bezeichnet wird.[45] Der mehrdeutige Begriff entspricht der komplizierten Entstehungsgeschichte und der Vielschichtigkeit dieser künstlerischen Innovation; er bezieht sich auf eine Gruppe von Heiligen, die – wie bereits bei Giotto – aus den einzelnen Segmenten eines Polyptychons herausgetreten sind und sich nunmehr in einer einheitlichen, räumlich strukturierten Sakralarchitektur, später auch in freier Landschaft um die thronende Madonna versammeln werden. Dabei geht es weniger um ihre physische Präsenz als um das Spiel ihrer Mimik, Gestik und Positur, das ihre affektive Verbundenheit, ihre heilige Gemeinschaft in Wort und Ethos zum Ausdruck bringt.

Eine beispielhafte venezianische Variante dieses Typus ist Giovanni Bellinis hochformatiges Altarbild von San Giobbe (Abb. 31), das wahrscheinlich um 1478 entstanden ist.[46] Die Pala befand sich auf einem Seitenaltar der Kirche, dessen Architektur sich im Bild fortsetzt; zwei Architrave, die ein mächtiges kassettiertes Tonnengewölbe tragen und ihrerseits auf Pilastern mit typischen Floralmotiven der Frührenaissance ruhen, erstrecken sich in eine zu beiden Seiten offene, durch eine konkav gewölbte Apsisnische begrenzte Sakralarchitektur. Die Marmorinkrustationen der Apsiswand sowie das Kuppelmosaik mit den fünf symmetrisch angeordneten Seraphim spielen unverkennbar auf die Ausstattung des Markusdoms an; auch der herabhängende Baldachin, der in Venedig eher bei staatlichen als bei kirchlichen Zeremonien

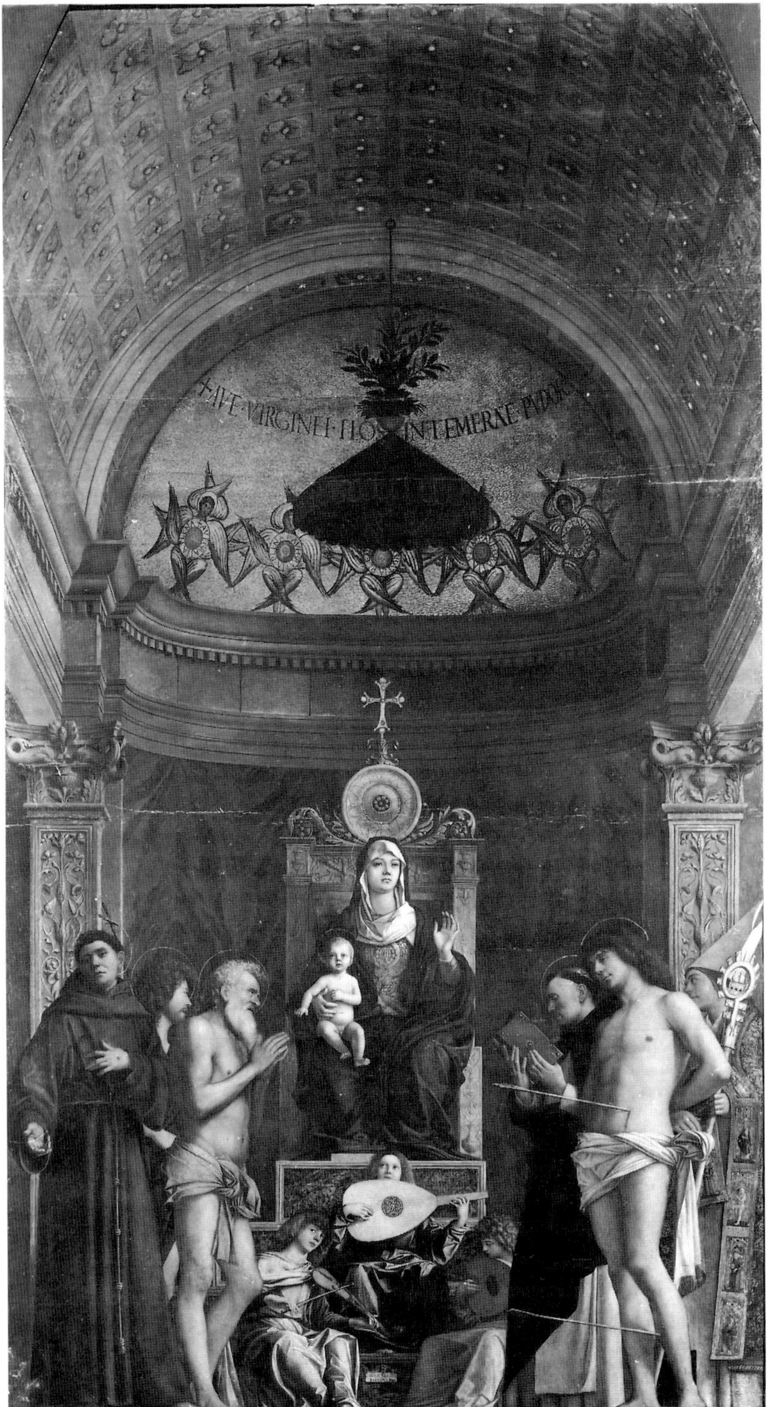
AVE·VIRGINEI
INTEMERAE

Verwendung fand, verweist auf eine repräsentative Schaustellung.

Erhöht thront in der Mitte des Bildes die Madonna, bekleidet mit einem Brokatgewand und einer ultramarinfarbenen *Palla,* deren Faltenwurf in sanften Farbmodellierungen nuanciert ist, mit hoheitsvollem Ausdruck und in souveräner Haltung als *regina coeli.* Die linke Hand ist statt zur Fürbitte zum Segensgestus erhoben, während ihre Rechte den kleinen Christus, der kein *puer senex,* sondern ein irdisches Kind ist und entsprechend unruhig auf dem Schoß der Mutter strampelt, mit sicherem Griff umfaßt hält.

Sechs Heilige sind an den offenen Seiten der Kapelle zu ihrer Huldigung herangetreten, um sich in unterschiedlichen, individuell ausgeprägten Formen der Adoration vorzustellen: der Namenspatron der Kirche in demütiger Gebetshaltung, Johannes der Täufer aufmerksam dem Christuskind zugewandt, Franziskus im Ordenshabit am unteren Bildrand, frontal dem Betrachter zugekehrt, indem er seine Stigmata als Manifestation der von ihm gepredigten *imitatio Christi* ostentativ zur Schau stellt und mit einladender Geste zu Andacht und Betrachtung auffordert; auf der gegenüberliegenden Seite der Gründungsheilige des Dominikanerordens, der in die Lektüre seiner eigenen Regel vertieft ist, daneben ein apollinischer Sebastian mit versonnenem Gesicht wie ein verliebter Troubadour, der zu der Dame seines Herzens kaum aufzublicken wagt, und schließlich der mit nur 23 Jahren zum Erzbischof geweihte und kurz darauf verstorbene Ludwig von Toulouse, der die Himmelskönigin mit frommer Inbrunst anschaut. Auf dem unteren Sockel der Thronarchitektur sitzen zu Füßen der Madonna drei Kinderengel zu einer dekorativen Pyramide angeordnet; sie sind offenkundig im Begriff, mit einer Viola und zwei Lauten einen vokalen und instrumentalen Choral anzustimmen: Einer der jungen Musiker läßt seine Finger noch vorsichtig über die Saiten gleiten, als wolle er sich vergewissern, daß sein Instrument gestimmt sei; erwartungsvoll blicken die beiden anderen zu den umstehenden Heiligen auf, sie warten auf ihren Einsatz, um den Festakt auch musikalisch zu begleiten. Doch wie es scheint, warten sie vergebens.

◁ 31 Giovanni Bellini, *Sacra Conversazione,* Venedig, Gallerie dell'Accademia, um 1478

Bellinis Musikengel spielen auf eine qualitativ andere und ältere Vermittlungsmacht der himmlischen Scharen an, als deren Herrscher der Gott Zebaoth noch heute im sogenannten *Hymnus angelicus* sowie im *Sanctus* während der Messe angerufen wird. Die Vorstellung eines fortwährenden Lobgesangs, den Gottes Engel vor seinem Thron intonieren und in den auch die irdische Gemeinde hymnisch einstimmen soll, hat die liturgischen Texte und Praktiken der östlichen wie der westlichen Kirchen entscheidend geprägt.[47] Häufig begegnen in der byzantinischen Bildkunst diese aus Wächter-, Thronengel und Theophaniebegleiter kompilierten himmlischen

Liturgen bisweilen sogar in Gestalt der Erzengel, die Standarten mit dem geschriebenen Trishagion, dem hymnisch ausgerufenen, später melodisch variierten Dreimalheilig der Messe, in der Hand halten und damit Sakralhandlung und kaiserliches Hofzeremoniell ineinander verflechten.

Eine ähnliche Verknüpfung von Liturgie und politischem Festakt zeigt sich in dem nur im Westen verbreiteten Bildthema der Marienkrönung, das auf keiner hagiographischen Grundlage beruht und gleichwohl geeignet erscheinen mochte, die in Hymnen und Homilien gefeierte Inthronisierung der Himmelskönigin mit Dekor und Requisiten des zeitgenössischen Krönungszeremoniells auszustatten, wobei die Identifizierung von Maria und Ecclesia und beider Erhöhung auch Anlaß zur Formulierung aktueller politischer Ansprüche geben konnte. Die Marienapotheose und deren formale Legitimation – indem Christus ihr die Himmelskrone aufsetzt – gehört in Oberitalien und insbesondere in Venedig seit dem 14. Jahrhundert zu den häufigsten Bildthemen im Zentrum jener mehrteiligen Altarbilder, aus denen später die *Sacra Conversazione* hervorgehen sollte.

Ein Jahrhundert vor Giovanni Bellinis erster Auseinandersetzung mit der innovativen Raumstruktur der toskanischen Altarbilder, aber nur zwei Jahrzehnte nach Giottos Ausmalung der SCROVEGNI-KAPELLE in Padua entwirft Paolo Veneziano mit seiner um 1358 für die venezianische Kirche SANTA CHIARA geschaffenen *Ancona* ein aufschlußreiches Spektrum der orts- und zeittypischen, zwischen gotischen und byzantinischen Elementen oszillierenden Kunstproduktion. Die Marienkrönung im Mittelteil (Abb. 32) des Altarbildes und die zahlreichen kleinen Tafeln zu beiden Seiten, die in der Tradition der Vita-Ikonen verschiedene Szenen aus dem Leben Christi und des Heiligen Franziskus vor Augen führen, werden durch den kostbaren, aus Elementen gotischer Sakralarchitektur zusammengesetzten Rahmen verbunden und zueinander in Beziehung gesetzt. Jede Andeutung einer räumlichen Struktur verliert sich sogleich in der ornamentalen Flächengestaltung, die den durchgehenden Goldgrund mit ultramarinfarbenen, purpurroten Stoffen, preziösen Mustern und Glanzlichtern durchsetzt. Die farbliche Orchestrierung der Musikengel, ihre gedrängten, sich in eleganten Linienornamenten überschneidenden Körperkonturen lassen ebenso wie die Protagonisten mit ihren beschatteten Gesichtern und ihren ausladenden, hieratisch zeremoniellen Gewändern die byzantinische Domäne erkennen und bieten innerhalb der sakralen Rahmenarchitektur keinerlei räumliche Anhaltspunkte. Es entsteht vielmehr – gleichsam als Modus des dargestellten kultischen Festaktes – ein übergreifendes Oberflächendekor, zu dem jedoch die vielstimmige Musik der Engel in ein spannungsreiches Verhältnis tritt. Musizierende Engel sind als Motiv der bildenden Kunst in Byzanz unbekannt, und die Größe des von

32 Paolo Veneziano, *Marienkrönung* (Retabel, Mittelteil), Venedig, Gallerie dell'Accademia, um 1350 ▷

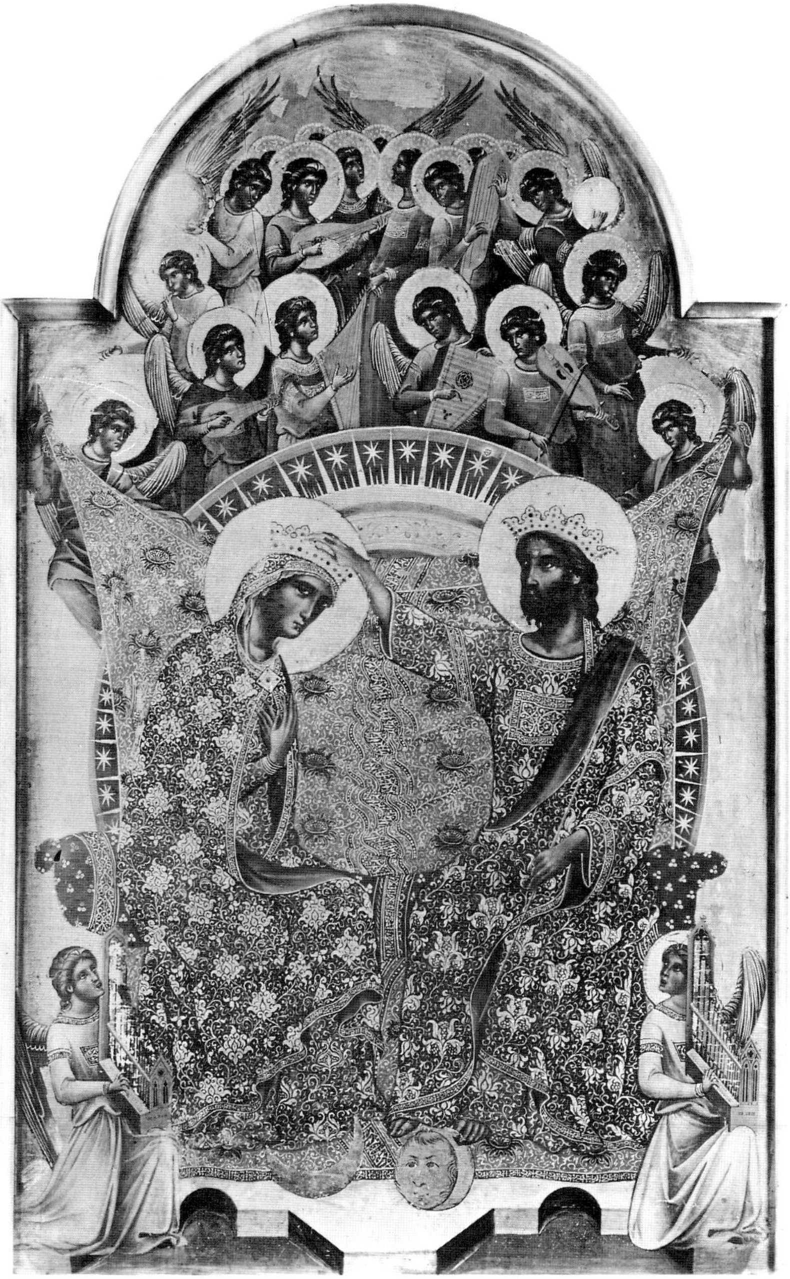

Paolo aufgebotenen Engelorchesters sowie dessen Postierung auf einer Empore über dem Ort der rituellen Handlung lassen eine nachdrückliche Abgrenzung gegenüber der byzantinischen Einflußsphäre erkennen.

Die künstlerischen Autonomiebestrebungen der Engel, die mit ihrer kompakten Chorformation ihrerseits das Krönungsritual bekrönen, werden noch einmal durch die beiden Propheten akzentuiert, deren Skulpturnischen das obere Bogenfeld der »Königstür« flankieren. Es handelt sich um die beiden alttestamentlichen Gewährspersonen für den ontologischen Status der himmlischen, somit für die kultische Bedeutung der irdischen Musik. Das Buch Jesaia umschreibt den Hymnus der Engel, die sich das Trishagion – »Heilig, heilig, heilig ist der Herr Zebaoth, alle Lande sind seiner Ehre voll« – unentwegt zurufen[48], als Ausdruck der göttlichen Schöpfermacht, gleichsam als Echo der welterschaffenden und welterhaltenden Stimme Gottes; die bekannte Episode von dem israelitischen König Saul, der vom Geist des Herrn verlassen, dafür von einem bösen Geist heimgesucht wird und allein durch das Harfenspiel des Hirtenjungen David Erleichterung findet, gehört zu den klassischen Beispielen für die therapeutische Wirkung der Musik insbesondere bei manischen und depressiven Gemütskrankheiten.[49] Die Besänftigung der Leidenschaften führt zu einer Läuterung der Seele, somit zu einer zunehmend reineren Anschauung Gottes. Eben diese Aufgabe erfüllt der liturgische Gesang der Engel in Dantes »Purgatorio«, der die Büßenden auf jeder neuen Stufe des Läuterungsberges empfängt, ihre Bußübungen begleitet und erleichtert und in den schließlich die Seligen im Paradies einstimmen dürfen.

Im »Paradiso«, das zum Ende der »Göttlichen Komödie« und zur Klärung der schwierigsten Fragen über die innere Struktur der Schöpfung eine nahezu umfassende Angelologie des Mittelalters entwickelt, begegnen Engel noch in einer anderen, komplementären Funktion.[50] Die zu christlichen Allegorien umgedeuteten und in Engel verwandelten Planetengötter regieren und bewegen als kosmische Ordnungsmächte die neun Himmelsschalen, die sich um die Erde drehen, und formieren sich oberhalb der Sonnensphäre zu einem himmlischen Ballett, dessen Figurationen die Geheimnisse der Schöpfung in abstrakten Sinnbildern wiedergeben. Die Illustration Gustave Dorés (Abb. 33) indessen läßt eine für das 19. Jahrhundert zeittypische Umdeutung erkennen, die mit dem kosmologischen, mithin auch enzyklopädischen Entwurf der »Göttlichen Komödie« nichts mehr anzufangen weiß und ihn zu reiner Poesie verklärt. Die lehrhaften Passagen Dantes verwandeln sich dabei in eine beunruhigende Traumvision von aufgelösten, statt von festen, in sich ruhenden Raumstrukturen. Während der Mensch in Dantes Konzeption physisch wie psysisch im Schoß der Schöpfung von den Himmelsschalen umschlossen bleibt, fällt er in Dorés Darstellung in einen unendlichen Raum, in dem der Engelreigen weder Halt noch Trost bedeutet. Weit entfernt von der

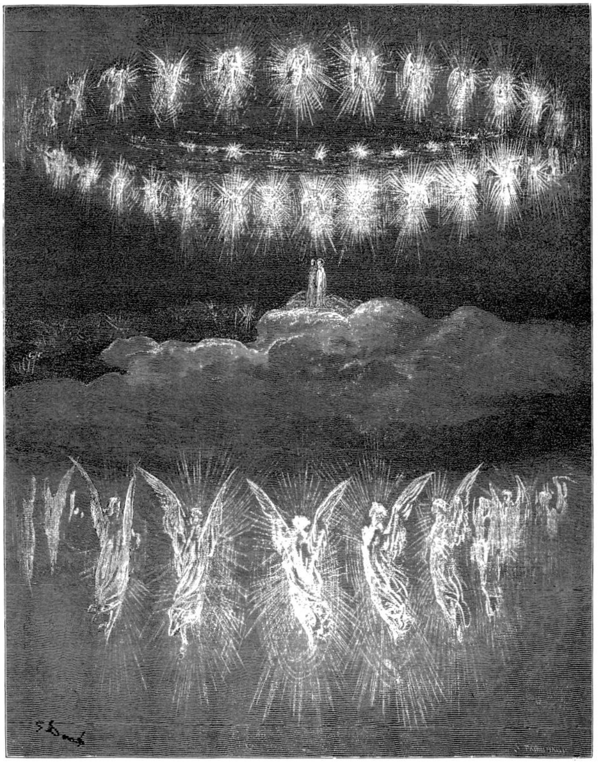

33 Doré, *Engelreigen* (Illustration zu Dantes »Divina Comedia«), um 1860

romantischen Vorstellung der Himmelskörper als versteinerte Engel, erinnert Dorés Illustration eher an die existentiellen Ängste Pascals angesichte eines grenzenlosen Universums. Die dämonische Bedrohung der Gestaltlosigkeit, den der Gedanke einer von Engeln getragenen harmonischen Sphärenmusik zu bannen sucht, tritt in den dunklen Passagen der Illustration gleichsam ex negativo wieder hervor.

Ein anhaltender Nachklang der den menschlichen Ohren nicht mehr vernehmbaren Akkorde, welche die Engel bei der Bewegung der Himmelsschalen erzeugen und damit Makro- und Mikrokosmos zu vollkommener Harmonie verbinden, erfüllt seit dem 11. Jahrhundert die zahllosen Darstellungen musizierender Engel, die sich zu Beginn der Renaissance zunehmend der zeitgenössischen Musikpraxis anpassen. Der mittelalterlichen Musiktheorie, die anders als die Malerei aufgrund ihrer traditionellen Affinität zur Arithmetik zu den Freien Künsten gezählt wurde, waren durch Vermittlung des Boethius für die philosophisch-theologische und künstlerische Ausgestaltung des Theorems einer unhörbaren Sphärenmusik zwei grundlegende antike Textstellen bekannt. In Platons »Timaios«[51] wird von der Möglichkeit gesprochen, dank der Proportionslehre an der kosmischen Harmonie zwar nicht sensual, aber durch Vernunft und gedankliche Erkenntnis zu partizipieren. Die »Politeia« hingegen erzählt von einem Unterweltsgang, dessen Protagonist zum Mittelpunkt des Kosmos gelangt, nämlich zur »Spindel der Notwendigkeit [...], vermittels deren alle [Himmels-]Sphären in Bewegung gesetzt werden«. Auf diesen Kreisen aber »säßen oben auf jeglichem eine mitumschwingende Sirene, eine Stimme von sich gebend, jede immer den nämlichen Ton, aus allen achten aber insgesamt klänge dann ein Wohllaut zusammen«[52].

Platons Auffassung der Sirenen als Sphärenmusikerinnen bedeutet zugleich eine Entdämonisierung jenes grausigen Mythologems, demzufolge die Mischwesen aus Mädchen- und Vogelleib mit ihrem betörenden Gesang vorbeifahrende Schiffsleute unwiderstehlich in ihren Bann zögen, um sie zu töten und aufzufressen; die bekannte Episode aus der »Odyssee« wurde von der späteren patristischen Literatur als Warnung vor Kultprostitution und heidnischer Wissenschaft aufgefaßt. Andererseits gelangen die Sirenen – als Musen des Jenseits, die in die menschliche Totenklage einstimmen, die Verstorbenen in den Hades geleiten (Abb. 59) und sie dort durch ihren Gesang erfreuen[53] – in die spätantike christliche Grabkunst, die auch auf die Ikonographie der Engel eingewirkt hat. Die lauthals klagenden Engel in Giottos *Beweinung Christi* (Abb. 9) könnten als eine Wiederaufnahme dieses alten Motivs gesehen werden.

Eine in diesem Zusammenhang überaus bemerkenswerte Kompilation findet sich in dem vermutlich zwischen 1400 und 1420 entstandenen Skizzenbuch des Malers Jacques Daliwe (Abb. 34), eines bislang nicht näher identifizierten Künstlers, der – aufgrund stilistischer Indizien – in den südlichen Niederlanden ausgebildet worden und zu Beginn des 15. Jahrhunderts im Umkreis des herzöglichen Hofes von Berry tätig gewesen sein dürfte.[54] Zwei veritable Sirenen wohnen, allerdings passiv und ohne ihren musikalischen Aufgaben zu genügen, einer Marienkrönung bei; eine weitere, deren Vogelschwanz vom Bildrand abgeschnitten und deren vordere Krallen wegschraffiert sind, wendet sich anbetend dem heiligen Geschehen zu, während eine vierte wie eine lebende Karyatide unter der Brüstung, die sie mit ihrem Kopf stützt, neugierig hervorlugt.

Diese kühne Umdeutung der Sirenen und implizit der christlichen Engel ist nahezu beispiellos und steht außerhalb einer ikonographisch nachweisbaren Tradition. Allein die Vorstellung einer prinzipiellen Affinität zwischen Engeln und Sirenen setzt eine gründliche Revision mittelalterlicher Ikonographie voraus und indiziert offenkundig einen neuartigen künstlerischen Umgang mit den überlieferten paganen und christlichen Motiven, die im Rahmen innovativer Bilderfindungen andere, von der vierfachen Schriftauslegung abweichende Bedeutungen erhalten können,

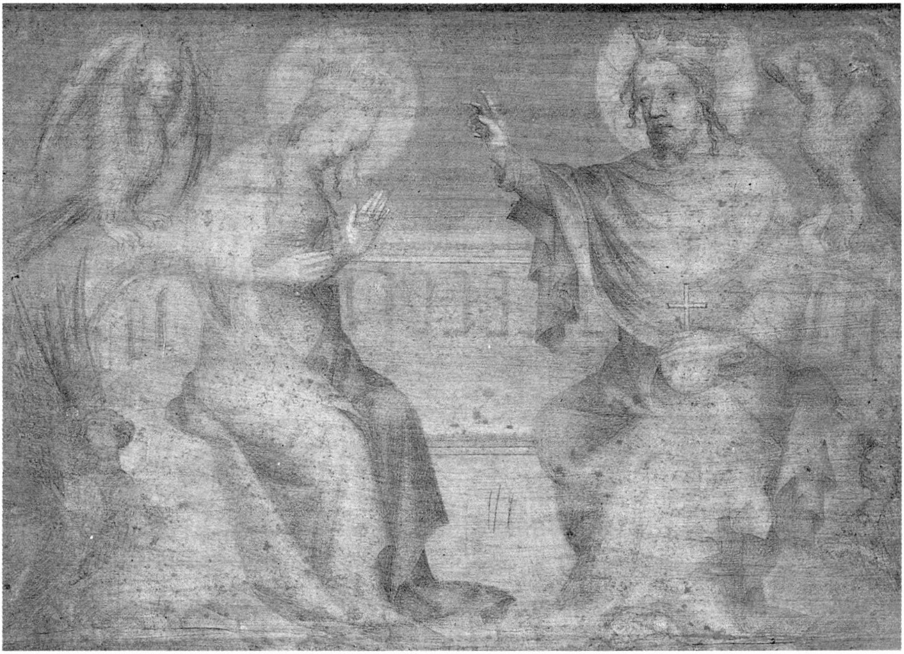

34 *Marienkrönung,* Skizzenbuch des Jacques Daliwe, Libri pict. A 74, Taf. X a (Nr. 12), Berlin, Staatsbibliothek zu Berlin, zwischen 1400–1420

wobei nicht selten die zuvor christianisierten Elemente älterer Kunst- und Kulttraditionen in aller Deutlichkeit wieder hervorkehren.

Donatellos kleiner Musikdämon (Abb. 35), der sich zum Schlagen seines Tamburins in ekstatischen Schritten bewegt und allein aufgrund des großartigen Widerspiels von erregter Mimik und noch verhaltener physischer Beherrschung ein Meisterwerk der Frührenaissance darstellt, steht für eine wiederentdeckte dionysische Tradition, die im 15. und 16. Jahrhundert und insbesondere in der Barockkunst die Triumphzüge der Ecclesia bei der Aufnahme ihrer Repräsentanten in den Himmel inspirieren wird (Abb. 69). Ihre biblische Legitimation ist König Davids ekstatischer Tanz vor der Bundeslade bei seinem Einzug in Jerusalem, den bereits Augustinus als »mystische Figuration großer Dinge« deutet, dessen mänadischen Aspekt er jedoch, der eigenen Intention widersprechend, noch hervorhebt, indem er unmittelbar darauf in platonischer Tradition den vernünftig und moderat gestimmten Zusammenklang verschiedener Töne mit einem gut geordneten Staat vergleicht[55], wo derarti-

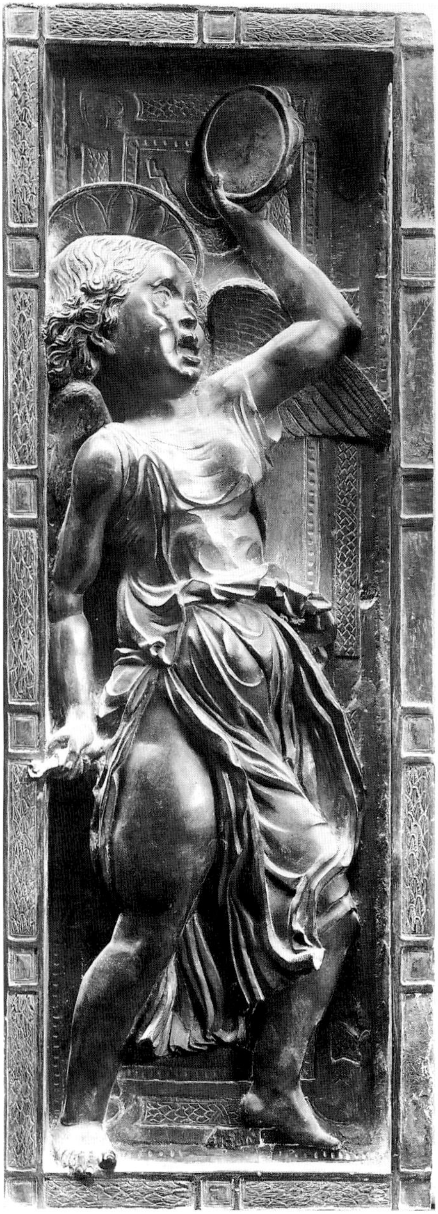

35 Donatello, *Engel mit Tamburin* Padua, S. Antonio, um 1448

ge Exzesse eigentlich keinen Platz haben dürften. Doch in eben diesem harmonischen Gemeinwesen der *Civitas Dei,* wie es von der Versammlung der Heiligen um den Thron der Madonna vorbildhaft dargestellt wird, lassen die zu festlichen Dekorfiguren degradierten Thronwächter und Offenbarungshelfer mehr oder minder verhaltene Dissonanzen erklingen. Es scheint außer Frage zu stehen, daß Donatellos Paduaner Altar, der zum Leidwesen der Kunsthistoriker nicht mehr in seiner ursprünglichen Gestalt erhalten ist[56], auch Mantegnas Tafel von San Zeno in Verona (Abb. 36), die erste *Sacra Conversazione* im kulturellen Einzugsgebiet Venedigs, und dort insbesondere den lärmenden Engelchor inspiriert hat, der sich um die mit Fruchtgehängen und skulptierten Ernteszenen umgebene christlich-pagane *Maria Demeter* schart. Sowohl die beiden unteren, Gamba spielenden Putten, die in Positur und Mimik den heutigen Rocksängern ähneln, als auch die von kindlichen Affekten bewegten, darin an die »Erotenspiele« antiker Sarkophage erinnernden, lautstarken Chorengel lassen eine musikalische Praxis erkennen, die auf andere als christliche Liturgien zurückgreift.

Giovanni Bellinis späte Antwort auf Mantegnas *Sacra Conversazione* überführt die auf beiden Seiten des Triptychons posierenden, mittels einer durchlaufenden antikisierenden Hallenarchitektur jedoch räumlich integrierten Heiligen in einen einheitlichen, durch keine Rahmensegmente unterbrochenen Sakralraum, der von sanft

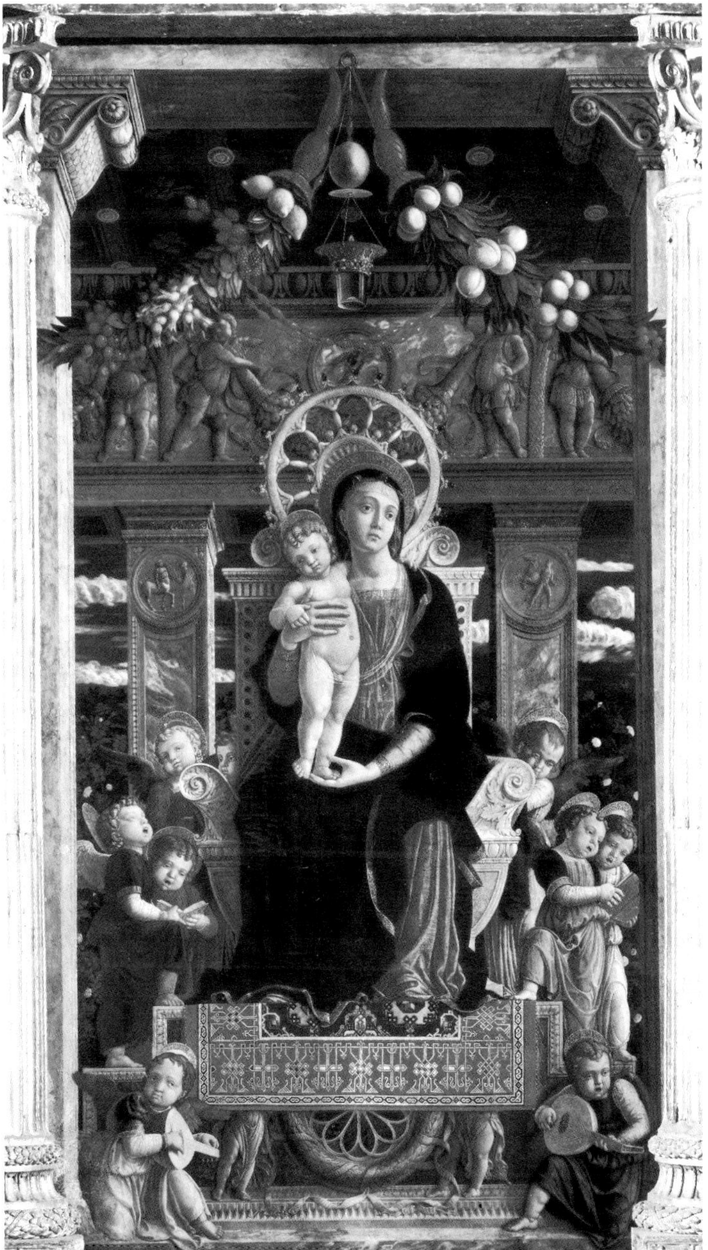

36 Andrea Mantegna, *Thronende Madonna mit Engeln* (Mittelteil), Verona, San Zeno, um 1458

einfallendem natürlichem Geistlicht gleichmäßig erfüllt wird und den Eindruck vollkommener Harmonie hervorruft. Mantegnas engagierte Kinderband, deren dionysische Gesänge eher ein chaotisches als kosmisch ordnendes Moment in die Szenerie eintragen, wird in Bellinis Bild zu Füßen der Madonna auf den untersten Thronstufen buchstäblich sublimiert. Im Gegensatz zu Mantegna und als Replik zu dessen Synthese antiker und christlicher Bildelemente nutzt Bellini seine Musikengel zu einem künstlerischen Paragone.

Diese für die Kunst und Kunsttheorie der Renaissance charakteristische Auseinandersetzung um die Rangordnung von Malerei, Skulptur, Musik und Poesie wird nicht selten in den Altarbildern, somit an prominentem Ort verhandelt, der die Bedeutung der Frage hervorkehrt. Bellinis Tafel zieht die reale Architektur in das Bild hinein, erweitert sie zu einem repräsentativen Sakralbau und verziert die Pilaster und Kapitelle mit kunstvollen Reliefs; sie zitiert die in Venedig länger als andernorts gepflegte Mosaikkunst, stellt diese geradezu in ein vorteilhaftes Licht, indem sie in der Apsisnische – dem privilegierten Ort der Theophanie – das Gold des Kuppelmosaiks mit den Seraphim, das sich wie ein natürlicher Nimbus über die heilige Szenerie legt, noch einmal in mildem Glanz aufscheinen läßt. Der Maler führt die konkurrierenden Künste vor, er betont ihre Errungenschaften und Qualitäten, um sich über sie zu erheben. Denn die Malerei vermag nicht nur alle anderen Kunstformen täuschend ähnlich darzustellen, sondern sie darüber hinaus in ein zeitliches Kontinuum zu übertragen; sie verleiht ihren Gegenständen den Anschein von Bewegung und Leben. Das Wechselspiel von Dialog und Adoration, von Affekt und virtueller Handlung, das die *conversatio* der Heiligen mit seelischer Dramatik belebt und dadurch das Andachtsbild virtuell in eine *Sacra rappresentazione* verwandelt, bezeugt den Anspruch einer generellen technischen Überlegenheit der Malerei auch gegenüber Wort und Schrift der heiligen Geschichten, mithin einer künstlerischen Dominanz im gesamten Sakralbereich.

Die Selbstaufwertung der Malerei in eine liturgische Führungsposition, welche die überkommene Hierarchie von Wort und Bild vertauscht, kann gewiß nicht deutlicher veranschaulicht werden als durch die subalterne Rolle, die in dieser Selbstinszenierung der Künste dem Engelchor zufällt. Die Sakralmusik als Kulthandlung par excellence, die als opus Dei an der himmlischen Liturgie der Engel partizipiert, wird innerhalb des sakralen wie repräsentativen Festakts auf die Funktion einer gefälligen Untermalung reduziert, während die Musikengel selbst als dekorative Versatzstücke keine anderen Aufgaben zu erfüllen haben, als auf den traditionellen Zusammenhang von Musik und Liturgie anzuspielen. Die liturgische Bedeutung der Offenbarungsmittler schwindet förmlich vor der Erscheinungsmacht der Malerei, die kraft ihrer Perspektive und Farbgebung die Theophanie realiter vor Augen führt, das göttliche Charisma menschlichem Erfahrungsbereich erschließt, über Sinn, Verstand, Affekt auf den Betrachter überträgt und diesen somit unmittelbar in die heilige Repräsentation einbezieht. Bellinis *Sacra Conversazione* ist das Triumphbild einer Kunst, die keiner anderen Vermittlung als der Betrachtung selbst und keiner weiteren Instanz als der des Künstlers bedarf, dessen Ingenium die Präsenz des Heiligen auch ohne den Beistand himmlischer Erscheinungstechniker, geschweige des irdischen Klerus, hervorzurufen vermag.

5 Rekultifizierung des Bildes

Wie seinerzeit die Ikone das Privileg des Kaiserportraits angetastet und dessen Autorität im Namen Christi für sich beansprucht hatte, gerät nun das westliche Sakralbild – als Ausdruck eines quasi göttlichen Ingeniums des Künstlers – in eine bedenkliche Nähe zum Kultprivileg der kirchlichen Liturgen; seine fortgeschrittene Technik postuliert eine unmittelbare Anschaubarkeit der Heilstatsachen, welche die Vermittlungsinstanz des Klerus übergeht und sich seiner Auslegungskompetenz zu entziehen droht. Die Gegenreformation wird mit aller Entschiedenheit versuchen, diesen künstlerischen Tendenzen Einhalt zu gebieten. Die katholische Restauration zielt nach dem Tridentinischen Konzil weniger darauf ab, sich mit dem protestantischen Ikonoklasmus theologisch auseinanderzusetzen, als sich der Kunst überhaupt erst wieder zu versichern und sie erneut der eigenen Botmäßigkeit zu unterstellen, bezeichnenderweise ohne auf ihre technischen Errungenschaften zu verzichten. Dabei werden die Engel in ihren traditionellen Funktionen als unverzichtbare Offenbarungsmittler bestätigt, ihre Aufgaben noch einmal spezifiziert. Während die Boten des göttlichen Worts nunmehr der Propagierung katholischer Dogmatik dienen, avancieren die himmlischen Liturgen in den barocken Theophanien, die den Blick des devoten Betrachters auf ein Jenseits seines Erfahrungsraums lenken, zu ebenso anmutigen wie zweifelhaften Transzendenzhelfern (Abb. 66).

Ein durchaus unspektakuläres Bild, wie es zunächst den Anschein hat, vermag diese Konvertierung – und Konvertierbarkeit – der Sakralkunst im Zuge der Gegenreformation anzudeuten. Die um 1620 entstandene Tafel (Abb. 37) ist eine Gemeinschaftsarbeit von Peter Paul Rubens, dem flämischen Malerfürsten, dessen Ingenium das nunmehr anrüchige Epitheton des Göttlichen gegen eine glänzende gesellschaftliche Stellung eingetauscht hat[57] und dessen Freund, Jan Breughel d. Älte-

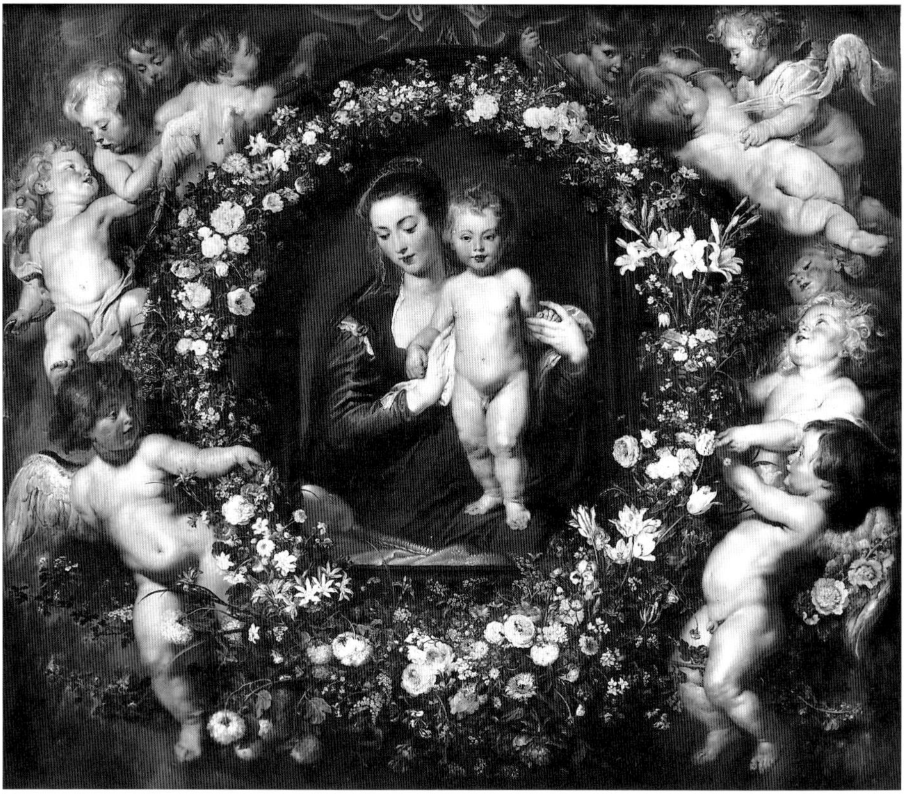

37 Rubens/Jan Breughel d. Ä., *Marienbild im Blumenkranz,* München, Alte Pinakothek, um 1620

ren, der – den Anforderungen eines im 17. Jahrhundert entstehenden freien Kunstmarktes folgend – sich auf die Produktion von Blumen- und Landschaftsbildern spezialisierte. Der Kranz aus Lilien, Rosen und Malven, in den unbeschadet der naturalistischen Darstellung auch mittelalterliche Blumensymbolik eingewunden ist, rahmt wie eine vegetabile Mandorla die nicht minder naturalistisch, zumal in Lebensgröße gestaltete Erscheinung der Madonna mit dem Christuskind. Die historisierende Behandlung des Themas ist unverkennbar; zwei verschiedene Ikonenformulare – die *Platytera Theotokos,* die Christus wie einen *Clipeus* vor ihrem Leib, und die *Hodegetria,* die das Christuskind zumeist auf dem linken Arm trägt – werden in dem Bild im Bild übereinandergelegt und den Konventionen der Naturnachahmung angepaßt. Die Madonna, deren Züge an die erste Frau des Malers, Isabella Brant, erinnern, blickt konzentriert, als sei sie erst noch im Begriff, ihre vorgesehene Pose einzunehmen, auf das leere Kinderbett, das am unteren Bildrand sichtbar wird, während sie mit mütterlicher Routine den auf ihrem Schenkel etwas unsicher balancierenden Jesusknaben stützt, der Rubens ältestem Sohn Albert nachgebildet sein soll. Das Kind gibt sich durchaus nicht als Erlöser zu erkennen, es erteilt dem Betrachter auch keinen Segen, sondern blickt ihn mit kindlichem Selbstbewußtsein aufmerksam an, nicht anders als ein heutiges Kind, das daran gewöhnt ist, photographiert zu werden.[58]

Die familiäre Präsenz der beiden Figuren hat ihr Vorbild in den Madonnentafeln Giovanni Bellinis, die ihrerseits die byzantinische Ikonographie der Gottesgebärerin in eine stimmungsvolle, von zärtlichen Gesten bestimmte Szenerie zu übertragen sucht. Der nachhaltige Einfluß der Ikonentradition in Venedig läßt diesen Verwandlungsprozeß, der in den Pietà-Darstellungen wie auch in den *Sacre Conversazioni* thematisiert wird, noch deutlicher hervortreten. Im Unterschied zu ihren byzantinischen Pendants sind allerdings Bellinis Andachtsbilder keine spirituellen Gefäße göttlichen Charismas, sondern gewinnen ihren kultischen Status aus dem frommen Affekt, der sich dem Betrachter vermittelt. Rubens geht indessen einen Schritt weiter. Auf der Folie einer traditionellen Madonnen-Typologie entsteht ein Ensemble vertrauter, ungezwungener Gesten, das sich keinem repräsentativen Schema mehr fügt. Seine Madonna erscheint wie ein privates Erinnerungsbild, ein großformatiges Medaillon, das – wie auch die entsprechenden Liebesamulette en miniature – zu nicht weniger andächtiger Meditation einlädt. Doch wird der familiäre Bildausschnitt durch seine symbolträchtige Bekränzung und die ihn umrahmende Engelschar wiederum in das Formular eines Kultbildes eingebunden.[59] Das Treiben der zwölf wohlgenährten Kinder, denen der Maler kleine Flügel umgehängt hat und die nunmehr ungeachtet ihrer kreatürlichen Plastizität wie schwerelos das Bild im Bild umgeben, hebt die darin angedeutete Räumlichkeit partiell auf; indem es die Komposition um eine sanktionierende, auf die Apostelzahl anspielende Vermittlungsinstanz ergänzt, distanziert es sich selbst von seinem intimen Nahausschnitt.

Schon auf den ersten Blick erscheinen diese puppenhaften Wesen nicht so recht geheuer. Die glykophile Aktualisierung überkommener Liturgen und Theophaniebegleiter enthält ganz offenkundig ein Moment religiöser Unverbindlichkeit, das angesichts der vehementen Konfessionsstreitigkeiten ihr allzu unschuldiges Gebaren ins Zwielicht zieht. Wie die zahllosen Engelscharen zeitgenössischer Sakralkunst assistieren sie auch im privaten Andachtsbild beim Ritus der Vergegenwärtigung, bringen die reale Präsenz Christi zur Erscheinung und vermitteln dessen segensreiche Wirkung durch lebhafte szenische Effekte. Doch was sie hier in Szene setzen, ist kein ehrwürdiges Kultbild, genau genommen gar kein religiöses Bild, sondern ein privates Doppelportrait. Die kleinen, ambivalenten Engelliturgen präsentieren in dem Adorationsbild auch ein Kunstwerk durchaus säkularen Zuschnitts, das von dem kultischen Dekor durch einen zusätzlichen, halb verborgenen Holzrahmen getrennt ist, so daß der Betrachter durch ein äußerliches sakrales Rankenwerk in ein vertrautes, häusliches Interieur blickt. Das Bild kann somit gleichermaßen und womöglich gleichzeitig als Heiligenbild verehrt und als Kunstwerk bewundert werden; die Adoration gilt dem sakralen Dargestellten wie der säkularen Darstellung und nicht zuletzt dem Künstler selbst, der zwischen Rekultifizierung und Säkularisierung die Balance halten kann. Es entspricht im übrigen der souveränen Haltung wie auch dem Geschäftssinn beider Künstler, wenn sie die naturalistischen Tendenzen der niederländischen Malerei und die Ansprüche der katholischen Propaganda in ein und demselben Bild so fugenlos verbinden, daß sie die verkleideten Kinder nur von ihren Engelflügeln befreien und mit honigverschmierten Mündern versehen müßten, um sie anstandslos als Gespielen des kleinen Albert in einem protestantischen Haushalt anzusiedeln.

Im Zuge der Gegenreformation wird das Bild im Bild als traditionelles Formular der Ikone einerseits als Erscheinungstopos zitiert, andererseits als Illusionsmoment in ein raffiniertes künstlerisches Vexierspiel einbezogen. Die mehrfache Rahmung des Bildes impliziert nicht allein die kompetente Verfügbarkeit des Künstlers über den traditionellen Formenkanon der Sakralmalerei, sondern dokumentiert zugleich deren entscheidende Schwächung als Gegenstand kultischer Verehrung, wie auch immer die Barockkunst jene durch Aufbietung aller nur denkbaren technischen Mittel zu kompensieren versucht. Die sich so harmlos gerierenden Engelchen können in dem restaurativen Ambiente der Gegenreformation als spirituelle Eroten und als intrigante Allegoriker, als päpstliche Genien und als Seelengeleiter der Ecclesia ihre ambivalente Natur generös entfalten; sie werden mit ihren Rekultifizierungsversuchen das Sakralbild von seinem über tausend Jahre gefestigten Sediment lösen, die darin entstandenen Raumgrenzen überschreiten, die *imitatio naturae* in eine mystische Schau transformieren, mit ihren kleinen und großen Triumphgebärden schließlich die Theophanie als szenographischen Effekt entlarven.

III Inkarnation im Bild. Verkündigungsengel

1 Das erotisierte Sujet

Ein unbefangener Besucher, der in Venedig zufällig die ehemalige Klosterkirche San Salvatore nahe der Rialto-Brücke betreten hat und der Aufmerksamkeit des redseligen Küsters entgangen ist, wird vor diesem Bild (Farbtafel 7) womöglich das Bedürfnis haben, in seinem Reiseführer nachzulesen, um welche Szene, welches Thema, welche Figuren es sich überhaupt handelt, obwohl das Sujet zu den häufigsten der christlichen Sakralmalerei gehört. Allerdings scheint Tizian nicht nur die ikonographische Tradition, sondern auch grundlegende Regeln der *noblissima arte della pictura* hier gänzlich vergessen zu haben. Über die Hälfte des monumentalen Altarbildes (403 cm x 235 cm) ist von rötlichen, grauen, schwarzen Wolkenballungen erfüllt, die sich wie der Qualm eines schwelenden Feuers über die Leinwand ausbreiten; sie überdecken die angedeutete Säulenflucht links, die sich nach oben wie nach hinten in ein unbestimmtes Nichts verliert, und hüllen die rechte Bildseite in schwärzliches Dunkel. Nur in der Mitte, wo die herabquellenden Wolkenmassen die unterste Bildebene noch nicht erreicht haben, öffnet sich dem Betrachter eine unsichere Durchsicht auf eine teils düstere, teils glühendrot aufflammende Hintergrundslandschaft, die an die seit Beginn des 16. Jahrhunderts in Venedig bekannten Unterweltsphantasien der flämischen Malerei erinnert.[1]

Aus der Feuerwolke, die sich um das herabfallende gleißende Licht gebildet hat, quellen allenthalben Engelkörper hervor, die sich in Bewegung und Positur desto deutlicher konturieren, je weiter sie sich zum Vordergrund hin von dem grellen Geistlicht entfernen. Dennoch gestattet weder diese fortgesetzte Materialisierung der Engel aus dem Licht des Heiligen Geistes noch die manieristisch abgeschnittene Säulenreihe, die wie eine vorzeitige Ruinenarchitektur geometrisch-perspektivischer Ordnung anmutet, irgendeine räumliche Orientierung. Auch die zeitlichen Momente der Gestaltwerdung, die sich als Bewegungsablauf, als Expansion und somit als szenische Dynamik in die Komposition eintragen, bieten – da sie ihrerseits von dem visionär geöffneten Raum förmlich aufgesogen werden – dem Betrachter keine planimetrischen Anhaltspunkte. Die Untersicht, die – entsprechend der hohen Anbringung des Altarbildes – von den beiden vorderen Stufen noch betont wird und dadurch eine steile Verkürzung der Bodenfliesen erfordert, destabilisiert nachhaltig die vertraute perspektivische Ordnung des Raumes, der hinter dem abgeschnittenen Plateau in ein bedrohliches Jenseits überzugehen scheint. Allein die beiden auf der schmalen Vorderbühne interagierenden Personen und die wenigen Requisiten am rechten Bildrand, das Lese- oder Gebetspult und die Vase mit nicht genau identifizierbaren Blumen, deren Blüten wie kleine Feuerchen emporzüngeln, konstituieren ein räumlich nachvollziehbares Ambiente und vermitteln zugleich eine erste Vorstellung von dem Thema des Bildes.

Auch nachdem man das versteckte Hinweisschild »Tiziano: Annunciazione« samt obligatem Lichtschalter gefunden hat und das Bild nunmehr von grellem Scheinwerferlicht angestrahlt wird, bleibt der Charakter dieser *Verkündigung* im Dunkeln. Die Inszenierung ist so ungewöhnlich, daß man vermuten könnte, der Maler habe das vertraute Sujet nicht nur ikonographisch und stilistisch, sondern auch theologisch einer gründlichen Revision unterzogen. Der Erzengel Gabriel, der »Feuerfürst« der jüdischen Tradition, der das erlösende göttliche Wort Maria überbringt, damit es in ihrem jungfräulichen Leib Fleisch und als Menschensohn geboren werde, scheint über die »Gebenedeiete unter den Frauen« her- statt ihr zu Füßen fallen zu wollen; die Schwingen noch ausgebreitet vom Flug, das Obergewand über der rechten Schulter aufgebauscht, mit zerzausten Haaren, das Gesicht flammend gerötet und dem Gegenstand eher seines Begehrens als seiner Devotion energisch zugewandt, ist er weniger Gottesbote denn ein Dämon der Unterwelt, ein Repräsentant desselben Chaos, das sich der Szenerie bemächtigt

Tizian, *Verkündigung* (Ausschnitt), um 1430 (siehe Farbtafel 7)

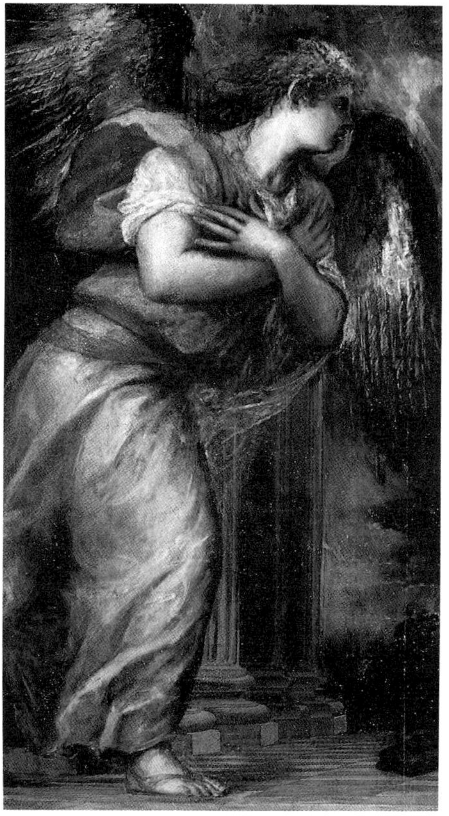

hat und sich im Bildraum ausbreitet (vgl. S. 130; Ausschnitt). Die geisterhaften Schemen, die sich in den rötlich-gelben Farbmassen zunächst noch als transparente Gesichter abzeichnen und dann in lichten Reihen in das Bild hinein-, womöglich auch darüber hinaus in den Betrachterraum drängen, geraten auf der linken Seite, je weiter sie Gestalt annehmen, zusehends in Unordnung; der vorderste Engel scheint den Ansturm auf die heilige Jungfrau im letzten Moment bremsen zu wollen und reißt den linken Arm empor, um seine Gefährten zurückzuhalten, doch vergebens: ein kleiner Ikarus stürzt bereits kopfüber nach unten, ein anderer vermag nur mühsam die Balance zu halten, der unterste stürmt weiter, aber in die falsche Richtung.

Die Engel auf der rechten Seite sind gegenüber dieser nackten, wilden Horde etwas züchtiger bekleidet und von gesitteterem Wesen. Der unterste mit dem Devotionsgestus der überkreuzten Arme hält – wohl um seinerseits der treibenden Bewegung entgegenzuwirken – die Beine in der Luft gespreizt, so daß ihm das herabfallende bauschige Gewand nach oben rutscht, der mittlere, gänzlich bekleidete Engel schaut erwartungsvoll auf die Gestalt des Erzengels, der oberste hat die Hände zur Anbetung aneinandergelegt, blickt aber schräg nach oben aus dem Bild heraus, so daß es unklar bleibt, ob seine Verehrung Gottvater oder dem inkarnierten *logos* gilt, ob sie die Erhöhung der göttlichen Jungfrau zur Himmelskönigin antizipiert oder den Heiligen Geist meint, der inmitten des bedrohlichen Feuermagmas als weiße Taube in eleganter Verkürzung auf Maria hinabgleitet und dabei feine Lichtstrahlen über sie vergießt.

Von dem Geistlicht wie von den dämonischen Engelscharen unberührt – und im Bewußtsein ihrer Unberührbarkeit – hat sich Maria halb von ihrem Lesepult erhoben und wendet sich dem Verkündigungsengel zu. In ihrer Überraschung hat sie nicht sofort zu einer sicheren Stellung gefunden; sie muß ihren Körper mit dem linken Arm abstützen, während ihr halb entblößter Fuß in dieser komplizierten, dabei völlig natürlich anmutenden Drehbewegung, in der sich ihre zuvor kniende Positur vor dem Pult noch abzeichnet, offensichtlich nach Halt sucht. Ihr rechter Arm ist angewinkelt und bildet somit eine Bewegungslinie, die der Körperhaltung des Erzengels korrespondiert; ihre Hand faßt nach dem Schleier, nicht aber um ihr Antlitz – sei es aus Scham, wie bei Simone Martini, oder aus Trauer, wie auf einem antiken Sarkophagrelief der Sammlung Grimani[2] – zu verbergen, sondern im Gegenteil: um ihr Gesicht zu entschleiern.

Ihre ganze Körperenergie scheint in dieser ebenso zarten wie machtvollen Gebärde konzentriert; sie läßt die auffällig gedrungene, massige, muskulöse Gestalt des Engels förmlich zurückprallen, hemmt dessen Bewegung, wie der Gegensatz zwischen der weiten Schrittstellung und dem zögernden Aufsetzen seines linken Fußes verrät, sie bannt den Ansturm der himmlischen Heerscharen, das überall hervorquellende Feuergewölk und somit auch deren chaotische, raumauflösende Strudelbewegung. Eine einzige Handbewegung der *benedicta inter mulieribus,* deren Charisma sich im Moment der Entschleierung als psychische Überlegenheit wirkungsvoll in Szene setzt, vermag dem drohenden Chaos und dessen zwielichtigen Repräsentanten Einhalt zu gebieten; sie sichert sich damit zugleich einen eigenen, ungeteilten Raum, der wie eine schützende Aura ihre Gestalt umgibt. Allein diese raumkonstituierende Bewegung definiert Maria als ein Individuum, das willens und in der Lage ist, physisch wie psychisch über sich selbst zu verfügen. Entgegen dem ersten Augenschein ist es nicht die massige, kreatürliche Engelgestalt, sondern die souveräne Haltung der heiligen Jungfrau, die das Bild, die Szenerie der Verkündigung, die Übersetzung des Wortes in menschliche Gestalt beherrscht.

Die gesamte Konzeption überschreitet die Konventionen dieses Themas auf so kompromißlose Weise, daß es kaum verwundern kann, wenn die Kunstkritik über beinahe vier Jahrhunderte mit einer gewissen Ratlosigkeit das Bild zu den minder gelungenen Werken des Meisters gerechnet hat.[3] Die dämonische Szenerie erinnert an Michelangelos *Bekehrung des Heiligen Paulus* (Abb. 30) und kehrt zugleich die Unterschiede deutlich hervor. Was bei Michelangelo als Resultat einer individuellen, religiösen und kulturellen Konversion apokalyptische Ausmaße annimmt und auch die künstlerische Gestaltung einer unerhörten Zerreißprobe aussetzt, wird von Tizian etwa zur gleichen Zeit vor dem Hintergrund eines von aufquellendem Feuermagma umgebenden, weißglühenden Geistlichts im Modus einer dramatischen Szene beschrieben; das Wechselspiel zwischen dem erregten, rotgefleckten Gesicht des Engels und dem in sanftes Licht getauchten Antlitz der Maria, zwischen dem gelb, weiß, rot und schwarz changierenden Flügelwesen und dem souveränen Kontrast von purpurfarbenem Untergewand und tiefblauem Umhang seiner Kontrahentin kennzeichnet den drohenden Auflösungsprozeß auch chromatisch als Konfliktsituation zwischen den beiden Protagonisten der Heilsgeschichte.

Der provokante Charakter dieses Altarbildes zeigt sich noch deutlicher im Vergleich zu dem künstlerischen Ambiente, in dem es entsteht. In florentinischer Tradition hatten Giovanni Bellini, Carpaccio und Cima da Conegliano das Sujet der Verkündigung dezidiert zu einer Demonstration des geometrisch erschlossenen und von der menschlichen Figur her konzipierten Bildraums genutzt, dessen Bedingungen und Möglichkeiten auch die individuelle Gestaltung des Engels sowie das Szenarium seiner Heilsbotschaft bestimmen. Tizians zeitgenössische Konkurrenten werden auf die Herausforderung reagieren, indem sie in jeweils eigener Manier dessen dynamische Aspekte den Konventionen des Sujets wieder anzupassen suchen. Das großformatige Deckengemälde Paolo Veroneses (Abb. 38) ist nur wenige Jahre später entstanden.[4] Indem er Tizians Untersicht zu einer rasanten Höhenperspektive steigert, die durch die gedrehten Säulen – späterhin ein typisch barockes Motiv – noch forciert wird, gelingt Veronese eine effektvolle Inszenierung des gesamten Sakralraums, der durch eine monumentale Kulissenarchitektur überhöht wird und sich nach oben dem einfallenden Geistlicht öffnet. Die Fluchtlinien sind – wie auf fast allen Deckengemälden Veroneses – mit suggestiver Leichtigkeit in die Höhe gezogen; sie lenken den Blick des Betrachters durch die quadratische Öffnung im Gebälk auf die Lichterscheinung in den farbigen Wolkenmassen und verursachen dabei – vielleicht auch durch die unbequeme Nackenhaltung – ein nachhaltiges Schwindelgefühl. Doch erschöpft sich das Bild nahezu in der Theatralik dieser virtuosen Gestaltung der Untersicht; die Steigerung der dynamischen Bildmomente geht einher mit dem Verlust an seelischer Dramatik. Der Engel, der mit seinem bauschigen Gewand durch den relativ engen Kulissenrahmen hindurch auf die Erde hinabgleiten soll, hat begreiflicherweise einige Mühe beim Landemanöver, so daß Maria, deren gedrehte Position das Vorbild in SAN SALVATORE deutlich erkennen läßt, zu überlegen scheint, ob sie nicht besser zur Seite springen sollte; er zeigt hingegen keinerlei ambivalente, gar dämonische Züge, die – wie bei Tizian – auf einen Konflikt innerhalb der Repräsentation selbst hindeuten würden.

Theatralisch, wenn auch nicht künstlerisch überboten wird Veroneses Höhenkonstruktion durch ein Verkündigungsbild in der SCUOLA GRANDE DI SAN ROCCO. »Scuole« waren in Venedig zunftunabhängige, religiös inspirierte Vereinigungen, die – zumal ihnen jede politische Tätigkeit strengstens untersagt war – karitative Aufgaben mit der Befriedigung ihrer gesellschaftlichen Repräsentationsbedürfnisse zu verbinden suchten.[5] Nach langwierigen Verhandlungen hatte die Bruderschaft von San Rocco 1564 einen Wettbewerb zur Gestaltung der Innenräume ausgeschrieben und die Teilnehmer – darunter einige der besten Maler Venedigs – aufgefordert, den *disegno* eines Bildes mit dem Schutzpatron der Scuola einzureichen. Durch Bestechung – was offenbar schon damals üblich war – konnte Jacopo Robusti, gen. Tintoretto, den genauen Aufstellungsort und die vorgesehenen Maße des geplanten Deckengemäldes in Erfahrung bringen und fertigte daher im Gegensatz zu seinen Konkurrenten keine Skizze an, sondern führte das Bild vollständig aus und ließ es in der Nacht vor der entscheidenden Kommissionssitzung an der richtigen Stelle anbringen. Natürlich provozierte diese Form des unlauteren Wettbewerbs zunächst heftige Polemiken, denen Tintoretto allerdings auf intrigante Weise zu begegnen wußte, indem er erklärte, er könne gar nicht anders zeichnen und verlange im übrigen auch keine Bezahlung für das Bild, da er es dem Heiligen Rochus selbst stiften wolle. Tatsächlich gestatteten die Statuten der Scuola nicht, eine Schenkung einfach abzulehnen, das Bild blieb an seinem Ort, und Tintoretto erhielt schließlich den Auftrag.

Noch in der zwei Jahrzehnte später entstandenen *Verkündigung* (Abb. 39) scheint dieser coup de théâtre nachzuhallen. Das Bild lebt von Kontrastwirkungen

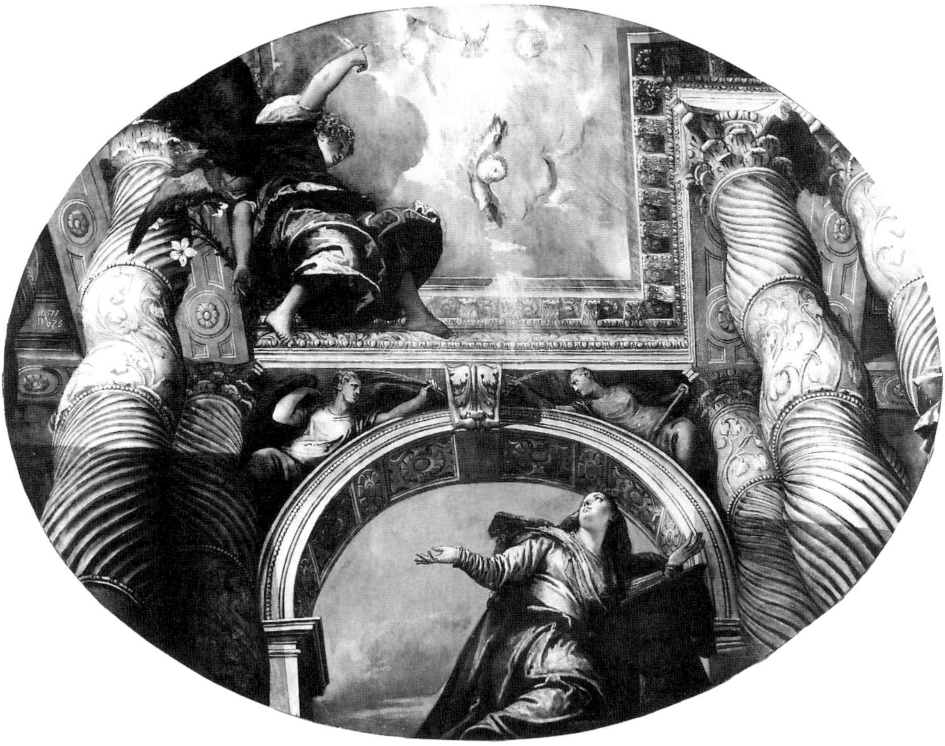

38 Veronese, *Verkündigung,* Venedig, S. Giovanni e Paolo, vor 1568

und Überraschungseffekten. In einer doppelten Formation fliegen Engel durch die leere Türöffnung und über den oberen Türbalken hinweg so vehement auf die Gebenedeiete zu, daß diese vor Schreck sowohl ihre Handarbeit als auch das geöffnete Buch auf ihren Schoß fallen läßt; daß sie kaum gelesen und gleichzeitig ihr Spinnrad betrieben haben dürfte, ist angesichts des heftig gestikulierenden Erzengels, der seinen Verkündigungsauftrag in aller Eile abwickelt, geflissentlich zu übersehen. So lärmend der angestrahlte Engelschwarm in die häusliche Szenerie einbricht, so ruhig geht Joseph, der auf der linken Bildseite hinter einigem Gerümpel im Dunkeln versteckt ist, seinem Zimmerhandwerk nach, da er bekanntlich mit der Empfängnis Jesu nichts zu tun hat und darüber erst in einer persönlichen Begegnung mit dem Engel aufgeklärt werden muß. Über ihm reißt der dunkle Himmel in flüchtig hingeworfenen Pastelltönen auf, was dem Kontrast zwischen den düsteren Brauntönen und der Goldmusterung des Plafonds in Marias Schlafgemach korrespondiert.

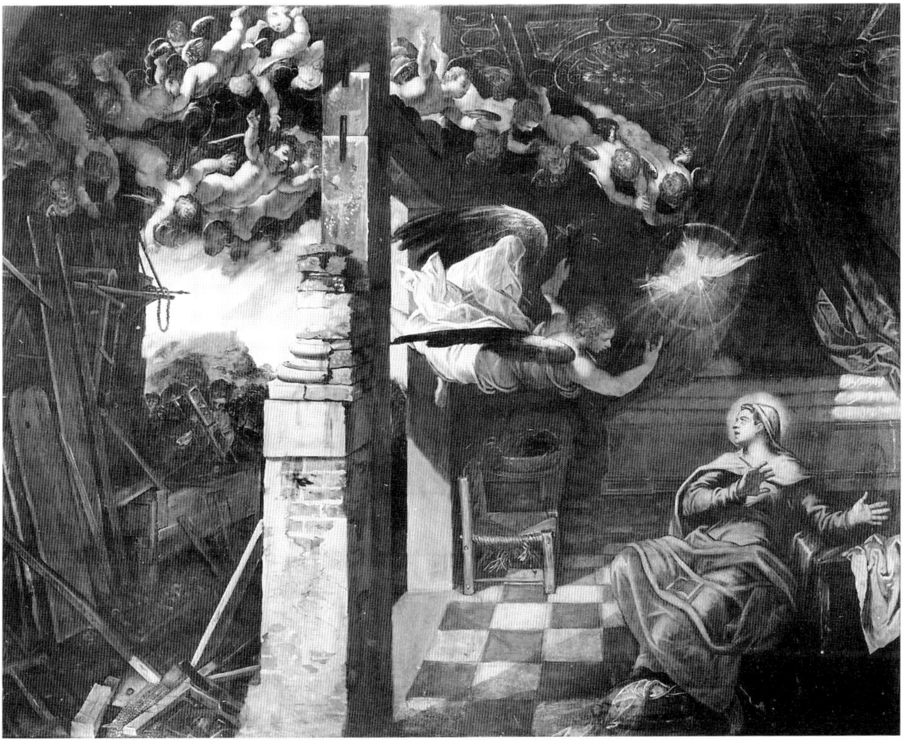

39 Tintoretto, *Verkündigung,* Venedig, Scuola di San Rocco, 1583–1587

Das Verkündigungsbild in San Rocco ist ein typisches Beispiel für Tintorettos souveräne Inszenierungskunst, die sich mit farblichen, räumlichen und kompositorischen Gegensätzen anreichert, ohne diese jedoch zu dramatischen Konflikten zu verbinden, in denen wie bei Tizian die Hauptfiguren Individualität gewinnen, seelische Widersprüche artikulieren und diese zugleich als künstlerisches Problem formulieren. Dagegen zeichnet sich in Tintorettos Œuvre, der das byzantinische Erbe Venedigs der zeitgenössischen Illusionskunst einzuverleiben sucht, eine deutliche Tendenz zur Abstraktion der heilsgeschichtlichen Protagonisten ab, die ein anderer, unmittelbar aus der byzantinischen Ikonentradition hervorgegangener Maler, der selbst dem griechischen Ambiente entstammt, mit vielleicht größerer Meisterschaft, zumindest mit größerer Konsequenz weiter verfolgen wird. Domenikos Theotokopoulos, der vermutlich auf Kreta geboren worden ist, sich dort frühzeitig der Ikonenmalerei widmete, dann in der Werkstatt Tizians ausgebildet wurde und sich später in Spanien niederließ, wo man ihn seiner Herkunft nach »El Greco« nannte, erweist sich ungeachtet seiner stilistischen Außenseiterposition als Repräsentant einer explizit gegenreformatorischen Kunstauffassung. Seine Manierismen, die noch die Expressionisten begeistern werden, resultieren aus einem intellektuellen, keineswegs mimetischen Übersetzungsversuch der Ikone in die dynamische Szenerie des westlichen Historienbilds; seine Figuren werden nicht von kreatürlichen Bewegungsimpulsen belebt, sondern sind – wie vormals die Ikone selbst – vom Heiligen Geist erfüllt, der ihre Körperkonturen verändert, dehnt und überlängt, die Körper förmlich spiritualisiert und ihre Konturen in metallenen Farbglanz auflöst.

Das Kompositionsschema seiner *Verkündigung* (Abb. 40) zeigt noch flüchtige Reminiszenzen an seinen Lehrer Tizian und damit umso deutlicher eine grundsätzlich andere Auffassung des Themas. Die umherwirbelnden kleinen Triebgeister haben sich in der oberen Bildhälfte zu einem rhythmisch bewegten Engelorchester formiert, während aufgereihte bleiche Engelköpfe das herabströmende Geistlicht bis zum Lesepult der Jungfrau flankieren. Ihre Begegnung mit dem Verkündigungsengel ist zu einer wechselseitigen Huldigungsszene gestaltet; die Hände deuten weniger eine Überraschungsgebärde als vielmehr die klassische Oranshaltung an, ihr Blick ist mit sehnsüchtiger Ergebenheit auf den göttlichen Boten gerichtet, der – auf einer schaumstoffartigen Wolkenmasse balancierend – in gemessener Würde die Arme über der Brust gekreuzt hält. Seine Positur und die Stellung seiner Flügel sind wiederum der Ikonentradition entnommen, werden aber durch die weit ausladende Drehbewegung variiert. Die Raumstruktur hat sich vollends in der Erscheinung der Engel und der Jungfrau aufgelöst, so daß die schmalen Stufen des Podests, auf dem Maria präsentiert wird, nur noch wie ein irdisches Relikt, der Wäschekorb am unteren Bildrand wie ein Requisit anmuten, die ihre Funktion längst verloren haben, dafür aber noch zu dekorativen Zwecken genutzt werden. Das weiße Geistlicht, das ihrem Gesicht, ihrem roten Gewand und ihrem blauen Umhang übernatürlichen Glanz verleiht, enthebt die unberührt Empfangende ihrer irdischen Existenz, entzieht ihr wie dem Engel jede Widersprüchlichkeit, triumphiert erhaben über jeden Konflikt; allenfalls entladen sich die inhärenten Spannungsmomente der Szene in expressiven Farb- und Helligkeitskontrasten. Die Widersprüche, die das Bild Tizians auszeichnen, scheinen hier geschlichtet, seine Zweideutigkeiten werden getilgt, in dem spiritualisierten Ambiente aufgehoben, um – repräsentativ für die künstlerische Entwicklung nach dem Tridentinischen Konzil – in der dionysisch erregten Engelbande und den beunruhigenden Engelköpfen, die aus einem verborgenen Ossarium herauszurollen scheinen, ihr latentes Eigenleben fortzuführen.[6]

40 El Greco, *Verkündigung*, Madrid, Colección Thyssen-Bornemisza, 1597–1600 ▷

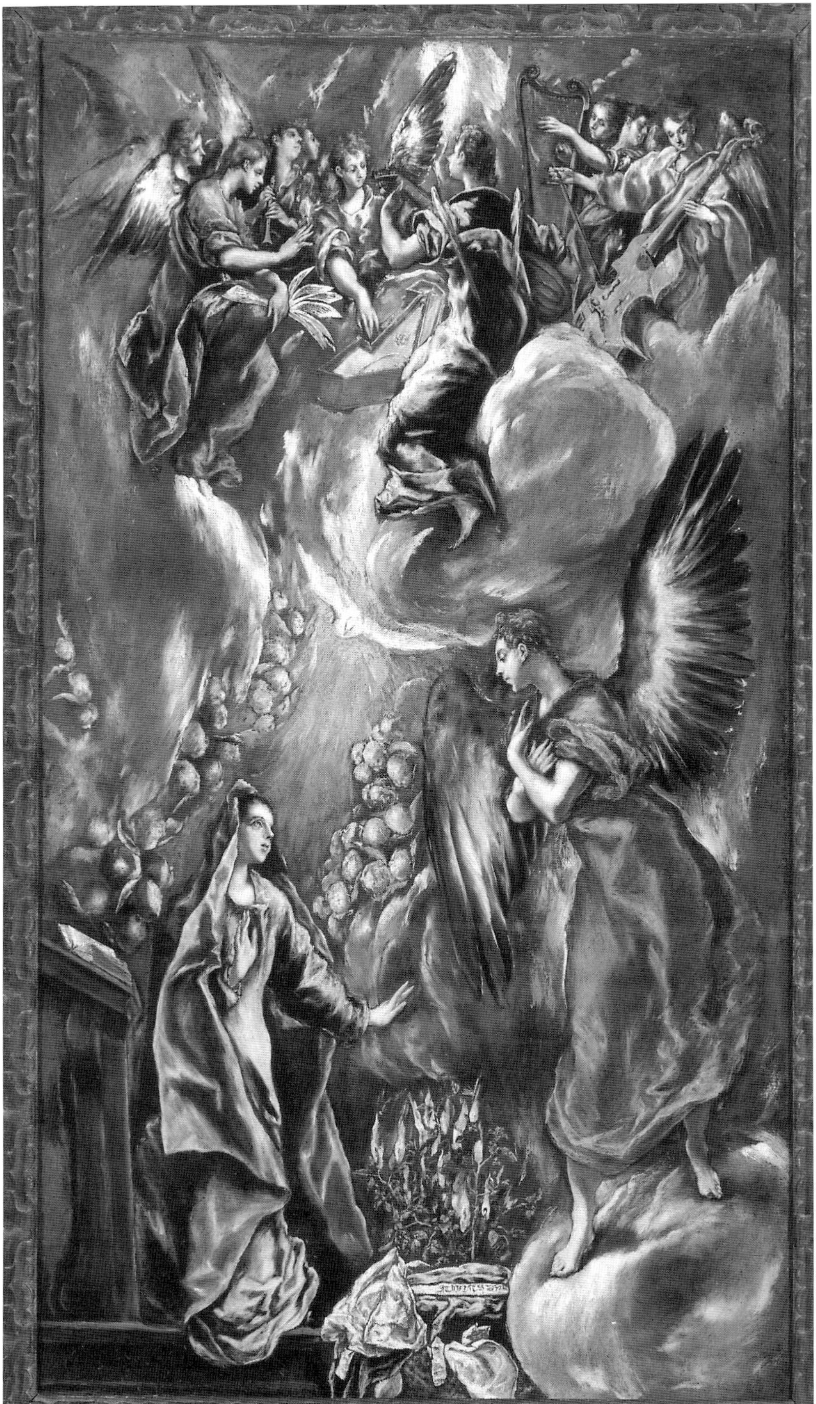

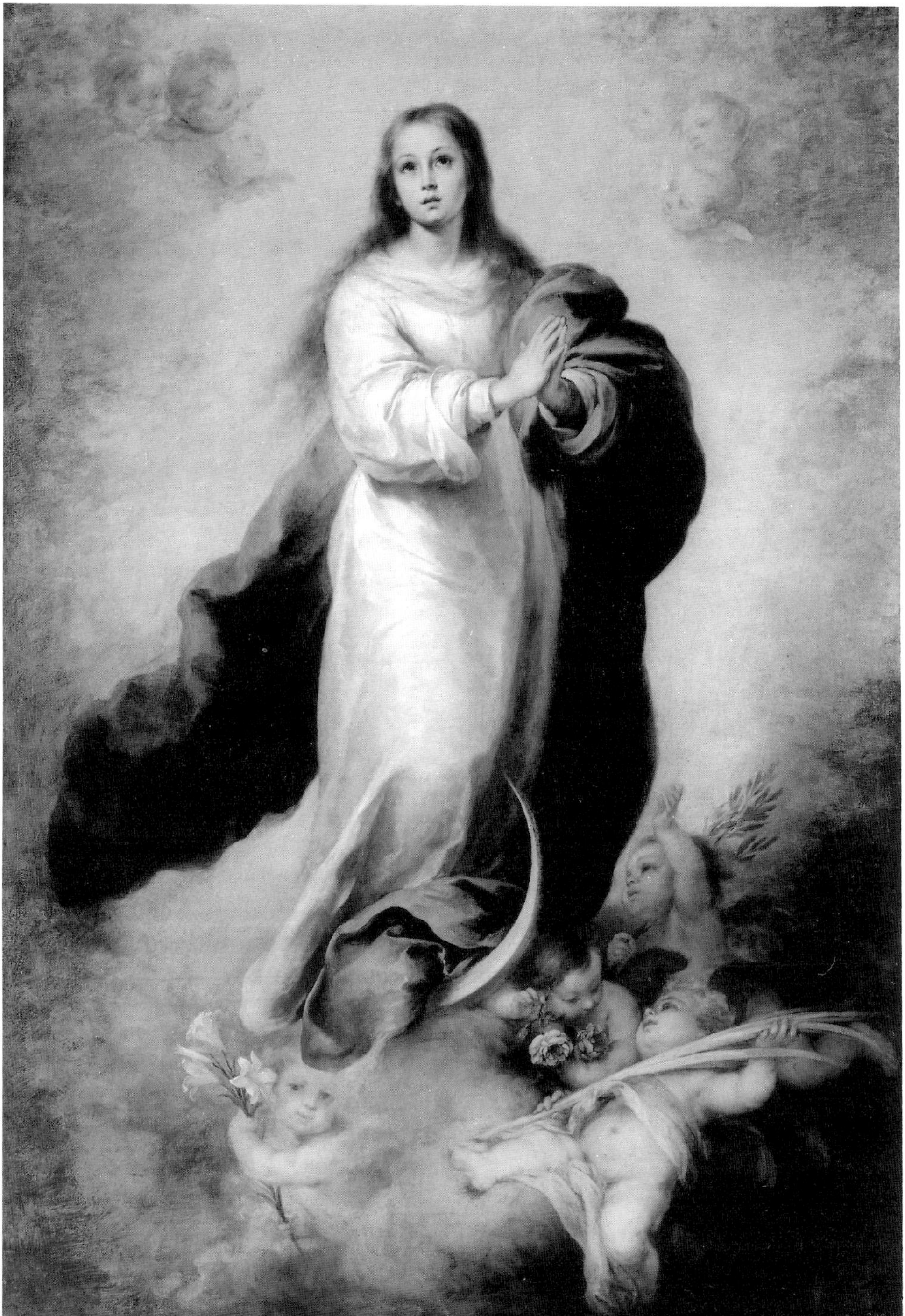

Vor diesem zweifelhaften Hintergrund verwandelt sich die Szene der Verkündigung zur zeremoniellen Feier der *Immaculata Conceptio,* der Unbefleckten Empfängnis, die im Hinblick auf die protestantische Häresie – als triumphale Machtdemonstration der Kirche, welche die Gottesmutter verkörpert, sowie der Kunst, die sie verherrlicht – zu einem der wichtigsten Bildthemen der Gegenreformation avanciert. Dabei wird die heilige Jungfrau, die das Wort Gottes empfängt, vornehmlich in zwei traditionelle Bildformulare eingepaßt; sie erscheint als *Assunta*-Typus in einer Wolkenmandorla und wird von augenscheinlich ebenso unschuldigen Kinderengeln getragen, oder als Himmelskönigin, die – von anbetenden Engeln und Heiligen umgeben – über Zeit und Raum schwebt. Ihre individuellen Züge, ihre seelischen Konflikte, denen die Renaissance größtes Interesse entgegenbringt, werden weitestgehend durch repräsentative Posen ersetzt, die bisweilen – wie etwa bei Murillo (Abb. 41), der das Thema immer wieder gestaltet hat – diese Substitution als Unterdrückung sichtbar machen. Auch der Verkündigungsengel wird mit eher traditionellen Rollen betraut; er fungiert als vorbildliche Huldigungsfigur, als festbegleitender Liturg mit zumeist dekorativen Aufgaben, als Offenbarungshelfer, der die *Immaculata* in persona erscheinen läßt und damit den Lehrsatz ihrer Unbefleckten Empfängnis mit göttlicher Legitimation versieht.

◁ 41 Murillo, *Immaculata,* Madrid, Museo del Prado, um 1670

Die Verkündigungsszene selbst begegnet in der Kunst der Barockzeit sehr viel seltener als in den Jahrhunderten zuvor. Die wenigen Beispiele ersetzen zumeist den dramatischen Konflikt, den Dialog zwischen dem Erzengel und Maria, durch eine Betonung der erotischen Qualitäten und nähern damit den von himmlischer Begeisterung erfüllten Verkündigungsengel und die ekstatisch empfangende Jungfrau den für die Kunst der Gegenreformation charakteristischen Verzückungsbildern an (Abb. 65). Ein Spätwerk Nicolas Poussins deutet diesen Übergang an und formuliert zugleich eine ganz eigene Auffassung des Themas, die zweifelsohne zu den ungewöhnlichsten Darstellungen dieses Sujets gehört. Die Komposition (Abb. 42) ist denkbar einfach und zugleich von höchstem Raffinement; sie verzichtet auf jede Ausstattung, beinahe auf jedes Requisit, und konzentriert sich auf die Präsentation der beiden Einzelfiguren. Die Szene spielt auf einem hölzernen Unterbau, dessen einzelne Bohlen sich als einzige räumliche Bezugslinien vor dem dunklen Hintergrund deutlich abzeichnen; an der auffällig hohen vorderen Bühnenkante ist eine noch seltsamer anmutende Tafel angebracht, die in römischen Lettern wie auf einem alten Epitaph neben der Ortsangabe »ROMA« und dem Hinweis auf das Pontifikat Alexanders VII. die Signatur des Künstlers und die Jahreszahl 1657 trägt; auf den ersten Blick erweckt sie den Eindruck, als sei sie später hinzugefügt worden.[7]

Auf einem niedrigen Podest hockt Maria, das Buch neben sich aufgeschlagen, mit

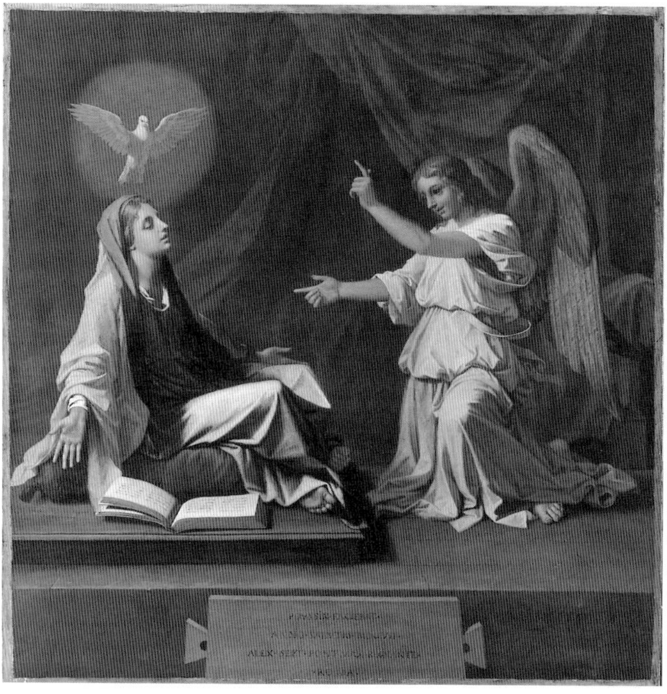

42 Poussin, *Verkündigung,* London, National Gallery of Art, um 1657

ausgebreiteten Armen in antikisierender Ergebung verharrend, ganz in sich zurückgenommen und ohne weitere erkennbare Seelenregung. Auch die Geisttaube über ihrem Kopf scheint mitten im Flug erstarrt zu sein; sie gemahnt weniger an den Heiligen Geist als einen ausgestopften Vogel, den man über der entseelten, wenn nicht gar versteinerten Jungfrau aufgehängt hat. Der halb stehende, halb kniende Engel mit seinem vorgebeugten Kopf und der unmerklichen Drehbewegung, die an Tizians Maria erinnert, läßt ein verhalten dynamisches Moment erkennen; der eine Zeigefinger weist in die Höhe, der andere ist direkt auf die heilige Jungfrau gerichtet. Diese geradezu obszöne Geste, die den Engel in virtuelle Berührungsnähe zur weiblichen *physis* rückt, geht jedoch wie sein sinnlicher Blick buchstäblich ins Leere. Wie die heilige Jungfrau bleibt auch der Verkündigungsengel in seiner Positur befangen, verharrt im Augenblick der Repräsentation, die das göttliche Wort, das Menschengestalt annehmen soll, in eine Skulptur verwandelt. Die erotisch-ekstatische Dynamik, die in den beiden Figuren latent angelegt ist und sich in der zeitgenössischen Sakralkunst auch weniger diskret manifestiert, wird durch die Isolation der Figuren im grenzenlosen Raum neutralisiert. Die Protagonisten kommunizieren weder unter sich noch mit dem Betrachter, sondern scheinen in einen fortgesetzten inneren Monolog versunken, der sich jeglicher Transitorik, jeder zeitlichen Bewegung enthebt. Im Gegensatz zur Sakralkunst seiner Wahlheimatstadt Rom, die das Individuum zum heiligen Exempel spiritualisiert und damit seine Individualität im *Corpus Christianum* auflöst, verschließt Poussin die Individualität seiner Protagonisten in der Repräsentation selbst.

2 Heilsgeschichtliche Peripetie

Die Transzendierung der Verkündigungsszene zum triumphalen Kultbild der *Immaculata* und ihr feierliches Verstummen in der Repräsentation sind keine beliebigen Varianten oder zufälligen Erweiterungen des Themas, sondern reagieren auf eine Ambivalenz, die der Verkündigung von Beginn an eingeschrieben ist. Die heilsgeschichtliche *dynamis,* die in der Begegnung zwischen Maria und dem Engel ihren dramatischen Höhe- und Umschlagpunkt erreicht, und die spirituelle Verwandlung des Wortes in sichtbare, menschliche Gestalt gereichen der bildenden Kunst ebenso zur Herausforderung wie die bedenkliche Affinität der Szene zu einem menschlichen Zeugungsakt, die immer wieder zum Vorschein kommt, bewußt hervorgekehrt wird, um sie in einer eleganten Choreographie der Gesten und Posituren zu sublimieren. Dabei wiederholt und differenziert die Kunst jene theologischen Bemühungen, die seit der frühen Patristik den dubiosen Charakter der Engelerscheinung durch eine Reihe komplizierter Deutungsverfahren zu entlasten suchen.

»Und im sechsten Mond ward der Engel Gabriel gesandt von Gott in eine Stadt in Galiläa, die heißt Nazareth, zu einer Jungfrau, die vertrauet war einem Manne, mit Namen Joseph, vom Hause David, und die Jungfrau hieß Maria. Und der Engel kam zu ihr hinein und sprach: Gegrüßet seyst du, Holdselige, der Herr ist mit dir, du Gebenedeiete unter den Weibern. Da sie aber ihn sahe, erschrak sie über seiner Rede und gedachte: Welch ein Gruß ist das? Und der Engel sprach zu ihr: Fürchte dich nicht, Maria, du hast Gnade bei Gott gefunden. Siehe, du wirst schwanger werden im Leibe, und einen Sohn gebären, deß Namen sollst du Jesus heißen. Der wird groß und ein Sohn des Höchsten genennet werden, und Gott der Herr wird ihm den Stuhl seines Vaters David geben, und er wird ein König seyn über das Haus Jakob ewiglich und seines Königreichs wird kein Ende seyn. Da sprach Maria zu dem Engel: Wie soll das zugehen, sintemal ich von keinem Manne weiß? Der Engel antwortete und sprach zu ihr: Der heilige Geist wird über dich kommen, und die Kraft des Höchsten wird dich überschatten; darum auch das Heilige, das von dir geboren wird, wird Gottes Sohn genennet werden. Und siehe, Elisabeth, deine Gefreundte, ist auch schwanger mit einem Sohn in ihrem Alter, und gehet itzt im sechsten Mond, die im Geschrei ist, daß sie unfruchtbar sey. Denn bei Gott ist kein Ding unmöglich. Maria aber sprach: Siehe, ich bin des Herrn Magd, mir geschehe, wie du gesagt hast. Und der Engel schied von ihr.«[8]

Der patristischen Exegese geht es zunächst darum, die geläufige Vorstellung einer geschlechtlichen Vereinigung von göttlichem und menschlichem Wesen, aus der ein neuer Gott wie Dionysos oder ein Kulturheros wie Herakles oder Orpheus hervorgehen kann, durch die Theorie eines spirituellen Verwandlungsprozesses des Gotteswortes zu ersetzen. Der Inkarnationsgedanke, der in der Folgezeit bei weitem mehr Probleme aufwerfen wird, als er zu lösen vermag, und damit dem theologischen Diskurs immer neue und subtilere Argumente abverlangt, beschränkt zunächst die Funktion des Engels auf die eines Gesandten, der den göttlichen Willen, mithin die Herabkunft des Geistes und die Geburt des Messias verkündet, ohne in die Vorgänge selbst involviert zu werden, und definiert insofern auch den Status der heiligen Jungfrau, die im Wortlaut des Textes als bloßes Werkzeug des Herrn, als Gefäß seiner schöpferischen Allmacht fungiert. Die unscheinbare Rolle der Maria in den kanonischen Texten ist eine erste christliche Antwort auf den verbreiteten Kult der *Magna Mater,* deren Verfügungsgewalt über Geburt und Tod in der Botschaft des Engels nachdrücklich dem einzigen, nunmehr trinitarischen Gott zugesprochen wird, der keine anderen Götter, am wenigsten andere Göttinnen neben sich duldet; nicht zufällig sind es wiederum Marien, denen Engel Christi Auferstehung verkünden. In beiden Fällen jedoch wird eben diese

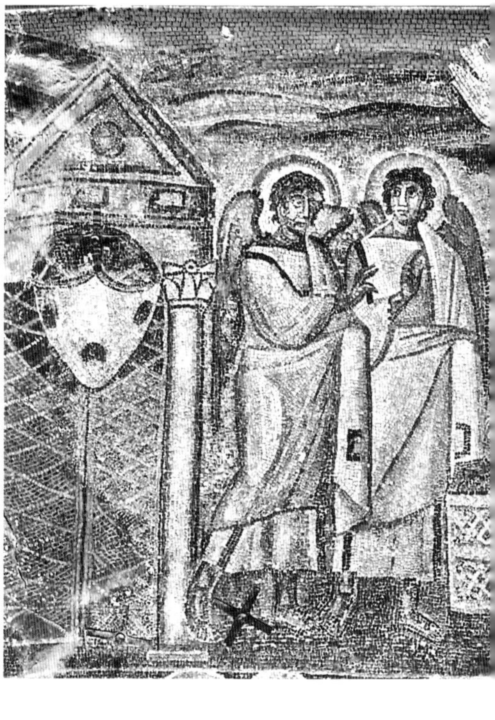

43 *Verkündigung,* Mosaik, Rom, S. Maria Maggiore, Triumphbogen, um ·,30

Triumphgebärde des Engels als Signum der Erwählung »inter mulieribus« umgedeutet und bildet damit den Ausgangspunkt eines Kults, der schon nach kurzer Zeit Maria zur *regina coeli,* damit auch zur Königin der Engel erklärt.[9]

Dem Doppelstatus als *ancilla Domini* (»des Herrn Magd«) und Gottesmutter korrespondiert – zunächst in den Gesten und Posituren antiker Bildrhetorik – die ambivalente Funktion des Verkündigungsengels, der als Herold und Repräsentant des übermächtigen Gottes erscheint und sich zugleich der Himmelskönigin unterwerfen muß. Tatsächlich gehört die Verkündigung zu den ältesten Sujets der christlichen Sakralkunst; in den Bilderzyklen der ersten Jahrhunderte ersetzt sie die minder repräsentative Szene der Geburt Christi und verweist dogmatisch auf das Mysterium der Inkarnation.[10] Die einleitende Szene der zwischen 432 und 440 entstandenen Triumphbogenmosaiken von SANTA MARIA MAGGIORE in Rom (Abb. 43) könnte als eine unmittelbare Reaktion auf die Konzilsbeschlüsse von Ephesos (431) gelesen werden, die den bereits vorher kursierenden Begriff der *theotokos* verbindlich in die theologische Diskussion aufnehmen; die »Verkündigung« erscheint innerhalb des christologischen Programms, das die Menschwerdung Gottes auf der repräsen-

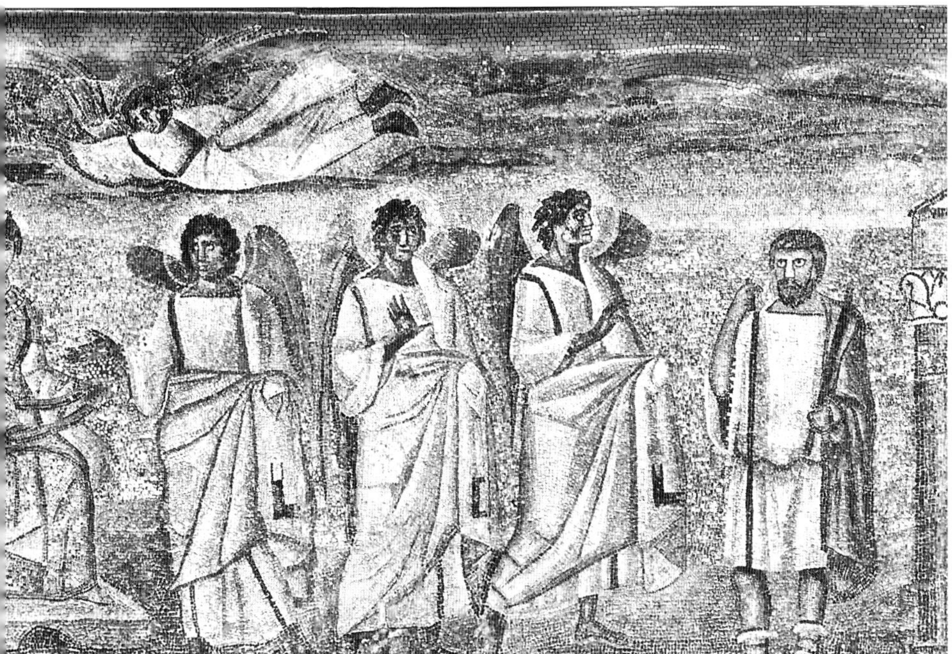

tativen Architektur feierlich vor Augen führt, als eine Art Kompromißbildung zwischen der im Osten längst verbreiteten Marienverehrung und einer eher reservierten Aufnahme der christianisierten Muttergottheit im Westen.

Die auf einem bescheidenen Podest sitzende Himmelskönigin, die als Magd des Herrn nach apokrypher Überlieferung Purpurwolle für den Tempelvorhang spinnt und darum einen großen Handarbeitskorb neben sich stehen hat, wird von mehreren gleichgestalteten, im Gegensatz zu ihr mit Nimben versehenen Engeln umgeben, die ganz unterschiedliche Funktionen erfüllen; sie übermitteln ihr die Heilsbotschaft verbaliter und in gestischer Rhetorik wie der ihr unsichtbare fliegende und der stehende Engel zu ihrer Linken, sie segnen sie als »Gebenedeiete unter den Frauen« und stehen ihr als Thronwächter, die ihren Status als Herrscherin affirmieren, repräsentativ zur Seite. Die drei mittleren Engel sind in einer fortlaufenden Drehbewegung dargestellt, so daß der halb Maria, halb dem Betrachter zugewandte rechte Rhetorikengel auch den seitwärts etwas finster blickenden Joseph anspricht, um ihm den Fluchtauftrag mitzuteilen. Die verschiedenen statischen Momente entwickeln eine narrative Struktur, wie sie etwa auch in der zeitgenössischen Buchmalerei zur Andeutung geschichtlicher Abläufe zu finden ist[11], die aber innerhalb dieses triumphalen christologischen Bildprogramms zugleich ein Aussetzen profaner Zeit – die Transzendierung des realen Raums in eine rituelle Simultaneität und Omnipräsenz des Heilsgeschehens – vor Augen führt. Die bewegte Bildfolge, die von einer Huldigungsszene zur nächsten übergeht und dabei von Engelgestalten skandiert wird, nähert sich somit dem Ablauf einer liturgischen Feier an.

Das in Santa Maria Maggiore noch deutlich erkennbare Erbe des spätantiken Illusionismus wird in der frühbyzantinischen Kunst durch eine Spiritualisierung der Figuren abgelöst, die mit einer deutlichen Zurücknahme von Dramatik und Bewegung einhergeht. Die im Osten unumstrittene Erhöhung der Maria zur *theotokos,* deren Handarbeit zusehends an kompositorischer Bedeutung verliert, allenfalls als ikonographische Anspielung begegnet und häufig – zum Zeichen ihrer Weisheit – durch ein Buch ersetzt wird, entbindet auch den Engel zumindest szenisch von seiner ursprünglichen Zweideutigkeit. Er fungiert als Herold und Liturg, der – fast immer an der Königstür der Ikonostasen – das erlösende Gotteswort weniger der Himmelskönigin, die ohnehin davon zu wissen scheint, als der Betrachtersphäre übermittelt; seine Gestaltung orientiert sich wesentlich am höfisch-liturgischen Zeremoniell und ähnelt der des Theophaniebegleiters und Thronwächters. Die Ambivalenz des göttlichen Boten wird wie die Dramatik der Verkündigungsszene insgesamt in dem Erscheinungsraum der Ikone von der charismatischen Präsenz des heiligen *prototypos,* des Abgebildeten selbst, aufgehoben. Auch die Verkündigungsikonen des 14. Jahrhunderts, die unter westlichem Einfluß erneut Tendenzen zu dramatischer Bewegung erkennen lassen, bilden

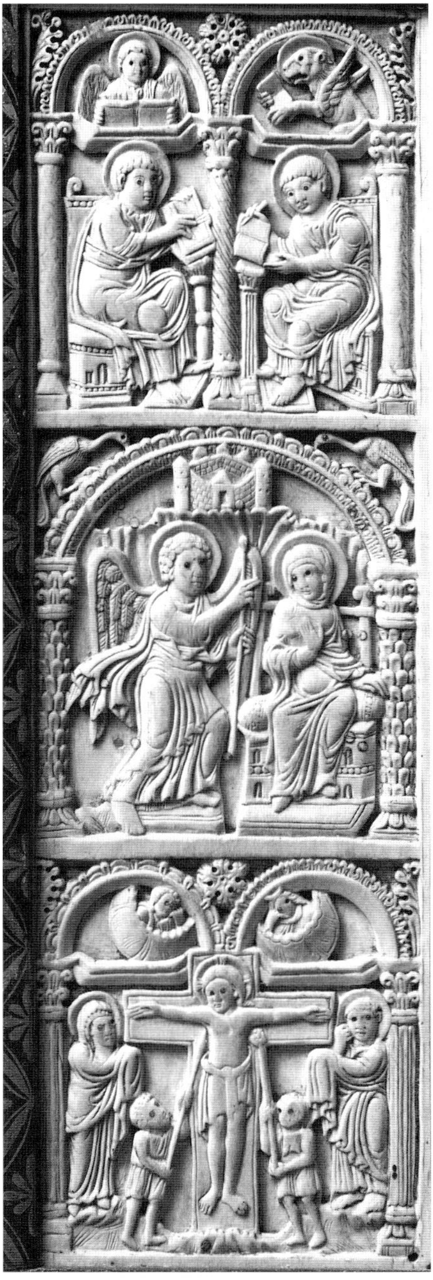

44 *Verkündigung,* Elfenbeinrelief, Diptychon, Spätere Hofschule Karls des Großen, Köln, Schnütgen Museum, Anfang 9. Jahrhundert

aufgrund ihres sakralen Status keine Ausnahme.[12]

Während in der östlichen Kunst das Verkündigungsbild in Liturgie und Festkalender integriert wird, begegnet es im Westen als unverzichtbarer Bestandteil didaktisch-dogmatischer Bildprogramme, die den heilsgeschichtlichen Bezug von Sündenfall und erlösendem göttlichen Ratschluß, von Menschwerdung und Kreuzigung resp. Auferstehung durch die jeweilige Anordnung der Einzelszenen verdeutlichen. In einem Elfenbeindiptychon aus der Hofschule Karls des Großen (Abb. 44) wird unterhalb der nachdenkenden und schreibenden Evangelisten die Verkündigung

45 *Verkündigung,* Elfenbeinrelief, Kästchen, rechte Schmalseite, Metzer Schule, Paris, Musée du Louvre, 10. Jahrhundert

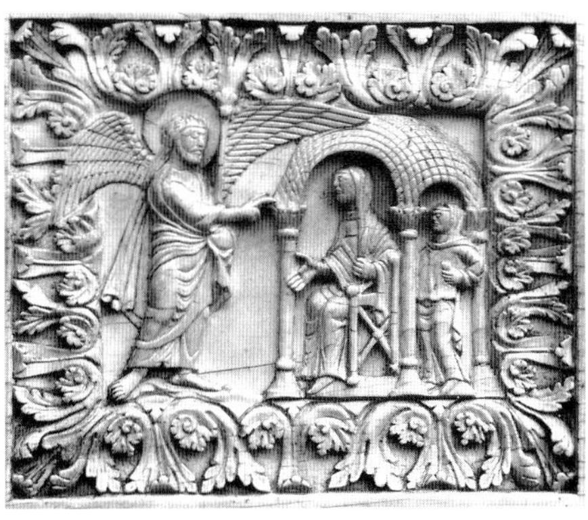

der Geburt, die Kreuzigung den Frauen am leeren Grab Christi gegenübergestellt, so daß der kleine Zyklus mit einer Verkündigungsszene beginnt und endet und die Offenbarung Gottes somit an den Missionsauftrag bindet. Insbesondere die Verkündigung an Maria, die sich offenbar an byzantinisch vermittelten antiken Vorbildern orientiert und dabei auf Bilderfindungen des 14. und 15. Jahrhunderts vorausdeutet, ist eine Arbeit von höchstem künstlerischem Rang. Die eine Hand angewinkelt vor den Körper gelegt, mit der anderen sich auf dem Sesselkissen abstützend, das linke Bein angehoben, weicht Maria vor der Engelerscheinung zurück, wobei ihre leicht gedrehte Positur dem Künstler Gelegenheit zu einer vorzüglichen Gewandstudie gibt: ein eigener Bewegungsraum wird angedeutet, in den der ausschreitende Engel offensichtlich einzudringen versucht. Mit dieser dramatisch gestalteten Überschreitung, die durch Botenstab und Gebärde noch betont wird, strebt der Verkündigungsengel förmlich über die Flächigkeit des Reliefs hinaus und suggeriert dadurch eine eigentümliche Raumtiefe.

In dem mehr als einhundert Jahre später entstandenen, in die Wandung eines kleinen Kästchens eingearbeiteten Relief aus der Metzer Schule (Abb. 45) scheint der Erzengel, dessen Übergröße die machtvollen Erscheinungen der späteren ottonischen Buchmalerei antizipiert, jene raumbildende Dynamik wieder verloren zu haben. Mit gespreizter Fußstellung, der angedeuteten antiken Positur von Stand- und Spielbein und ausgestrecktem Arm zeigt er sich eher als monumentales Standbild denn als unvermutete Erscheinung. Doch ist es eben diese in sich ruhende, zugleich bildbeherrschende Souveränität, die der Szenerie räumliche Konturen und dadurch auch Bewegung verleiht. Die ausgebreiteten Flügel überschneiden auf der einen Seite den mit Floralmotiven besetzten Binnenrahmen und lassen damit ein von der Dekorform unabhängiges Eigenleben erkennen, sie berühren auf der anderen Seite in einer eleganten, sich in der abbreviativen Architektur fortsetzenden Bewegungslinie jene Gewölbekuppel, unter der Maria mit ergeben geöffneten Händen der Verkündigung lauscht. Hinter einer Säule tritt am rechten Bildrand eine dritte Person hervor: offenbar die Magd der Magd des Herrn, die dieser bisweilen zum Zeichen ihrer Hoheit beigegeben wird und hier bei weitem weniger ergriffen als die künftige Gottesmutter den himmlischen Eindringling betrachtet, etwas despektierlich die linke Hand in die Hüfte gestemmt hat und damit einen jener anekdotischen Aspekte vorstellt, die einige Jahrhunderte später das Sujet bereichern werden.[13]

3 Inkarnation in Raum und Zeit

Der Engel der Verkündigungsszene entwickelt sich in der westlichen Sakralkunst zur Bewegungsfigur par excellence. Indem er die Botschaft des göttlichen Ratschlusses sowohl innerhalb des Bildes übersetzt als auch über das Bild hinaus dem Betrachter vermittelt, mithin vor dessen Augen das Erlösungswerk in Szene setzt und in seiner Begegnung mit der heiligen Jungfrau insbesondere die affektiven Momente steigert, motiviert der Engel eine weitere Ausgestaltung sowohl der meditativen als auch der dramatischen Aspekte des Geschehens. Seine doppeldeutige Erscheinung als göttlicher Herold und als Diener der künftigen Gottesmutter provoziert in Konkurrenz zur byzantinischen Verkündigungsikone eine zunehmend differenziertere Gebärdensprache, ein komplexes Wechselspiel von Gesten, Posituren, Requisiten und räumlichen Elementen; sein Eindringen in ein zunächst nur angedeutetes, dann präziser definiertes Intérieur als Höhe- und Umschlagpunkt der Heilsgeschichte wird zu einer Bewegung in Raum und Zeit dramatisiert. Die Dynamik des Engels überträgt sich dabei nicht wie in der Ikone als göttliches Charisma unmittelbar auf den Betrachter, sondern dient zunächst der künstlerischen Erschließung neuer geometrisch bestimmter Bilddimensionen, die qua Illusion den Betrachter einbeziehen und ihn zum imaginären Zeugen und Teilnehmer des dargestellten Geschehens aufwerten.

In den perspektivisch definierten Raum- und Zeitstrukturen der Renaissance-Malerei tritt indessen der ambivalente Charakter des Engels unversehens wieder hervor. Seine mehrfache Grenzüberschreitung – von himmlischer und irdischer Sphäre, von Außen- und Innenraum, schließlich von *physis* und *psyche* – affirmiert die Einheit von Raum und Individuum und bedeutet zugleich deren virtuelle Aufhebung. Darüber hinaus involvieren ihn seine dramatischen Qualitäten zunehmend in das Geschehen selbst. Der Bote und Vermittler des göttlichen Wortes, das sich kraft seiner Übersetzung im Bild inkarniert, ist seinerseits von dem künstlerischen Prozeß der Verkörperlichung und Individualisierung betroffen; auch er nimmt menschliche Gestalt an, zeigt äußere und innere Bewegung, wird zur gleichberechtigten, wenn nicht dominanten Figur.

Noch als Randgestalt und – wie es scheint – durch Säule und Liliengewächs ausgeschlossen von der räumlich-zeitlichen Struktur der Bilderzählung, kniet der Verkündigungsengel auf der Rückseite eines Altars von Melchior Broederlam (Abb. 46), die Flügel hoch aufgerichtet, als sei er soeben gelandet, und präsentiert in den Händen ein langes Schriftband mit seiner Botschaft, das sich zu Maria hinaufschlängelt. Die heilige Jungfrau befindet sich in einem von der sogenannten Erfahrungsperspektive kräftig verzogenen Gehäuse, das ihre

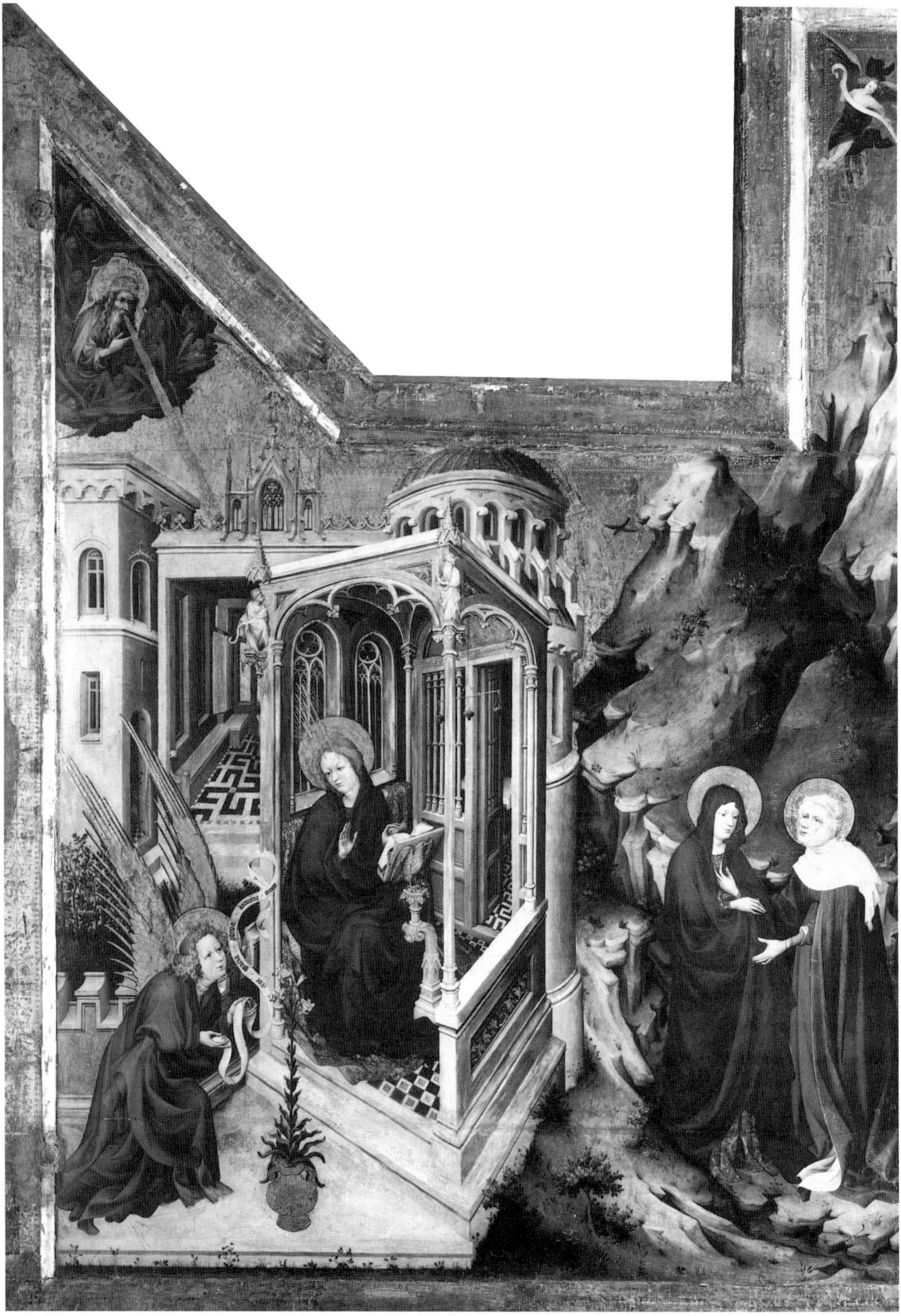

Gestalt wie ein Marienbild rahmt, wiewohl ihr dabei ein auffällig weiter Bewegungsspielraum zugestanden wird, und sie in eine umfassende Architektursymbolik integriert. Die beiden Skulpturen – der alttestamentliche Gesetzgeber Moses und Jesaja als Prophet des kommenden Messias -, welche die offene Fassade bekrönen, akzentuieren den geschichtstheologischen Bezug zu den weiter zurückliegenden Gebäuden. Wie auch auf anderen niederländischen Bildern dieser Zeit[14] verweist der etwas exotisch anmutende, durch romanische Elemente charakterisierte Rundbau mit den abgedunkelten Fenstern auf den Tempel des Alten Testaments, die offene, lichtdurchflutete Halle mit ihrem dreiteiligen, trinitarisch gedeuteten gotischen Giebel hingegen auf die Kirche des Neuen Bundes. Marias tabernakelartiger Bau, durch dessen Scheiben die von Gottes Mund ausgehenden Geistlichtstrahlen einfallen, steht kompositorisch wie typologisch in der Mitte zwischen alttestamentlicher Verheißung und neutestamentlicher Erfüllung und zugleich im Vordergrund der Heilsgeschichte; der Schauplatz der Verkündigung und Inkarnation spielt dabei auf den Aufbewahrungsort der Hostie an, der sich unterhalb des Altarbildes befindet und nunmehr in eine erzählerische Struktur eingebunden wird.

◁ 46 Melchior Broederlam, *Verkündigung und Heimsuchung,* Altar, Rückseite des linken Flügels, Dijon, Musée des Beaux-Arts, 1397

Dieser dynamische Aspekt der Komposition wird *in more geometrico* und zugleich auf naturalistische Weise veranschaulicht. Der Scheitelpunkt des rechtwinkligen Dreiecks, dessen Schenkel – die Blickachse des Engels und die göttlichen Lichtstrahlen – sich im Schoß der heiligen Jungfrau vereinigen, bildet das Zentrum eines spirituellen Bewegungsverlaufs, der indessen der irdischen Sphäre verhaftet bleibt. Maria wird in ihrer Lektüre unterbrochen und wendet sich der Ursache dieser Störung zu; das hinterrücks einfallende Geistlicht scheint sie gar nicht zu bemerken. Eher indigniert als demütig schaut sie auf den Boten und seine – in dieser gewundenen Form kaum lesbare – Mitteilung herab; ihre ergebene Handbewegung ist wie auf vielen späteren Verkündigungsbildern von einem Abwehrgestus kaum zu unterscheiden. In diesem angedeuteten Dialog jedoch entfaltet der Engel seine latente heilsgeschichtliche Triebkraft. Die Bewegung der Bilddiagonalen setzt sich horizontal fort, nimmt gleichsam einen narrativen Verlauf, führt aus dem Studierzimmer zu der sich rechts anschließenden Szene der *Heimsuchung,* der Begegnung zwischen Maria und Elisabeth, der Mutter des Täufers Johannes, dessen Empfängnis von demselben Engel verkündet worden ist und der seinerseits als *angelos,* als Vorbote Christi, auf das Erlösungswerk, mithin auf die nachfolgenden Episoden der Heilsgeschichte vorausdeutet, die auf dem gegenüberliegenden Altarblatt dargestellt sind.

Die noch verhaltene Bewegung, die sich in Blick und Positur des Engels abzeichnet, weist die Richtung der weiteren künstlerischen Entwicklung; das Spannungsverhältnis von Innen- und Außenraum, das der Bote und Vermittler in eine dramatische Szenerie überführen wird, beherrscht das Sujet seit dem Ende des 14. Jahrhunderts. Der vormals aus Elementen des zeitgenössischen Kirchen- oder Chorgestühls zusammengesetzte, mit Architekturzitaten versehene Marienthron ist gleichsam umgestülpt und zu einem Tabernakel transformiert worden, das die Gestalt der heiligen Jungfrau wie einen geöffneten Altarschrein umschließt und sie somit in das spirituelle Zentrum von Liturgie und Adoration versetzt, sie gemeinsam mit dem Allerheiligsten, dem transsubstantiellen Leib Christi, buchstäblich verinnerlicht. Wie der Sakralraum die Gemeinde, das *Corpus Christi,* und in seinem Innenraum das Tabernakel die geweihte Hostie umschließt, deren Kommunion die Teilhabe am Heilsgeschehen sichert, so umgibt der Leib der Jungfrau und Gottesmutter als Matrix der sichtbaren, menschlichen Gestalt Christi, mithin seiner Darstellbarkeit, den inkarnierten *logos* und stellt damit den Engel – respektive den Künstler – vor ein neuartiges Problem: künftig wird er real gegenwärtige, räumliche und physische Grenzen überschreiten müssen, um seinen Verkündigungsauftrag zu erfüllen.

Auf dem Altar erscheint das Bild räumlich und funktionell in unmittelbarer Affinität zu den dort bereiteten, konsekrierten und aufbewahrten eucharistischen Elementen; wie diese veranschaulicht und propagiert das Altarbild mit seinen sichtbaren Zeichen das unsichtbare Mysterium der Inkarnation und Transsubstantiation, vermittelt die abstrakten Theologeme dem Bereich der sinnlichen Wahrnehmung und Erfahrung. Dabei überlagert sich das kultisch-theologische Interesse, die bildende Kunst an den Altarbereich zu binden, mit den künstlerischen Bestrebungen, den Status des Sakralbildes zu festigen und seine Wirkung – in Konkurrenz zur charismatischen Ikone – durch Handlung und Affekt zu entfalten. Die Kunst reagiert damit auf zwei unterschiedliche, gleichwohl komplementäre Tendenzen der zeitgenössischen Kultpraxis, die einerseits – unter dem Einfluß insbesondere der franziskanischen Bewegung – die vertraute Alltagswelt mit sakralem Leben zu erfüllen, andererseits die liturgische Feier mit spektakulären visuellen Darbietungen zu bereichern suchen.[15] Der Erscheinungscharakter der Hostie, die – als Monstranz rituell erhoben – die Zeit und Raum übergreifende Realpräsenz Christi, mithin auch die Kommunion, qua Anschauung sichert und affirmiert, wird in der bildenden Kunst gerade innerhalb räumlicher und zeitlicher Dimensionen, zunächst in Altar- und Sakralraum, dann auch in privatem Intérieur und Landschaft als Illusionsmoment Gestalt annehmen.

Der geometrisch erschlossene Sakralraum, den Jan van Eyck (Farbtafel 6) als Antwort auf die Architektursymbolik des eine Generation älteren und vor ihm am burgundischen Hof tätigen Broederlam zum realen Schauplatz ausgebaut hat, indem er die zuvor angedeuteten dramatischen Elemente in einer praktikablen Bühnenszenerie zusammenfaßt, bedeutet daher mehr und anderes als die Lösung eines technischen Problems. Mit der Integration des dargestellten Heilsgeschehens in ein detailliert ausgestattetes Kirchenintérieur, das den realen Sakralraum, der Betrachter und Bildwerk umgibt, wiederholt und reflektiert, gewinnt auch die Wahrnehmung des Sakralbilds neue Qualitäten; die Illusionstechniken, die eine unmittelbare Realität und Präsenz der Szene imaginieren lassen, ersetzen die kollektive durch eine individuelle Betrachtung, die den Schauplatz des Heilsgeschehens in das seelische Intérieur des Betrachters verlegt. Die Analogie zu den Meditationsübungen der Devotio moderna ist dabei kaum zu übersehen. Die Bildillusion, die den Betrachter als Individuum einbezieht, ihm die Identifizierung wie Auseinandersetzung mit den in Raum und Zeit agierenden Individuen der Darstellung ermöglicht und zugleich abverlangt, korrespondiert dem Bestreben, aus der Suggestionskraft des visuellen Eindrucks und dessen affektiver Wirkung unmittelbare religiöse Erfahrung zu gewinnen. Eine Überführung dieses Sujets, das die Verwandlung des göttlichen *logos* in Menschengestalt thematisiert, in ein geometrisch wie menschlich definiertes Intérieur und dessen fortgesetzte Anreicherung mit realistischen Elementen des Alltagslebens bedeutet somit keine Säkularisierung, sondern im Gegenteil die Aufwertung und Intensivierung der religiösen Aspekte, die jedoch auch die theologische Widersprüchlichkeit der Verkündigungsszene konkretisieren.

Van Eycks Versuch, in der *Verkündigung* Kultbild und Bilderzählung durch ein realistisches Ambiente miteinander zu verbinden, oszilliert – wie auch die nachfolgende niederländische und italienische Malerei des 15. Jahrhunderts – zwischen Idealisierung und Psychologisierung der heilsgeschichtlichen dramatis personae. Beide Gestalten sind ungeachtet ihrer Demutsgebärden in eine verschwenderische Fülle kostbarer Stoffe gehüllt, so daß sich ihre Körperkonturen kaum darunter abzeichnen; das edelsteinbesetzte Brokatgewand des Engels bildet einen eindringlichen Kontrast zu dem ultramarinfarbenen Mantel der Himmelskönigin und gibt dem Maler vorzüglich Gelegenheit, die neue Technik der Ölmalerei zur Geltung zu bringen. Positur und Gestalt der Jungfrau zitieren den archaischen Typus der *Orans Platytera,* konstituieren dadurch ungeachtet des räumlichen Kontinuums ein Bild im Bild, das durch das hintere Trinitätsfenster auf den traditionellen Goldgrund anspielt und zuoberst von einer hell aufleuchtenden Glasmalerei mit Gott Zebaoth, zwei Cherubim und den bereits etwas verwitterten Fresken mit der Auffindung Moses durch die Pharaonentochter und der Präsentation der Zehn Gebote bekrönt wird.[16]

In der Gestaltung der Maria sucht der Maler einen Kompromiß zwischen liturgisch-zeremonieller Repräsentation und individuellen Ausdrucksformen. Theologisch verkörpert die Gottesmutter einen dreifachen *ecclesia*-Begriff. Sie symbolisiert die himmlische Kirche als Legitimation und Vorbild der irdischen, die jene durch Sakrament und Liturgie vergegenwärtigt, dabei die Gemeinde Christi umfaßt und unter ihrem weiten Mantel geborgen hält; als Jungfrau Maria bedeutet sie die innere *ecclesia,* die sich in jedem einzelnen Betrachter realisieren soll. Zugleich erweist sie sich als individuelle Persönlichkeit, die sich ihren eigenen Handlungsraum schafft und sich darin entfaltet; sie hat ihren Mantel sorgfältig ausgebreitet, zu ihrer Bequemlichkeit vorn über das kleine Pult gelegt und mit Hilfe des aufgeschlagenen Buches vorübergehend befestigt. Ihre Pose ist einstudiert und läßt dennoch an den leicht gekrümmten Fingern und der lässig herabhängenden Haarsträhne unverwechselbare Eigenarten erkennen; hinter der repräsentativen Gebärde verbirgt sich unverkennbar ein seelischer Konflikt. Es ist auffällig, daß Maria den Verkündigungsengel nicht beachtet, allenfalls seinen goldfarbenen Worten zu lauschen scheint, dabei ihren Kopf der Geisttaube und den Lichtstrahlen des Heiligen Geistes zuneigt. Die Lettern ihrer Antwort – »ECCE ANCILLA DOMINI« (»Siehe, ich bin des Herrn Magd«) – sind nach oben gekehrt, sie gelten weder dem Betrachter noch dem Engel, sondern dem, der – selbst unsichtbar – durch seinen Boten zu ihr spricht. Unbeschadet des zeremoniellen Gepräges erscheint der heilsgeschichtliche Vorgang der Inkarnation zugleich als seelischer Prozeß.

Das psychologische Interesse an den beiden seltsam unverbunden im Raum agierenden dramatis personae zeigt sich ebenso an der Physiognomie des Verkündigungsengels, obwohl auch seine seelische Dynamik sich äußerlich nur sehr verhalten manifestiert und von seiner zeremoniellen Vermittlerrolle, seinem liturgischen Prachtgewand, seiner leuchtenden chromatischen Erscheinung zurückgedrängt wird. Gebeugten Knies entledigt er sich mit förmlichem Lächeln, als sei dies alles eher eine Routineangelegenheit, seines Auftrags, blickt dabei nicht die Jungfrau an, sondern hält den Kopf höflich gesenkt und scheint – ähnlich wie die Büßer der *superbia* in Dantes »Purgatorio« – die kostbaren Inkrustationen des Paviments zu betrachten.[17] Neben Davids und Samsons Sieg über Goliath und die Philister verweisen die Bodenfliesen auf den im Zusammenhang mit der Verkündigung höchst ungewöhnlichen Antitypus der Verführung Samsons durch Dalila.

Die zahlreichen symbolischen Bezüge innerhalb der detaillierten Raumgestaltung entfalten eine merkwürdige Doppeldeutigkeit, die sich in der oszillierenden Gestalt des Engels widerspiegelt. Indem Maria das Geschehen verinnerlicht, als psychischen Vorgang erlebt und den Verkündigungsengel gar nicht wahrzunehmen scheint, verwandelt sich dessen glanzvoller Auftritt zu einer Erscheinung par excellence. Bar jeder körperlichen Regung, jeder zeitlichen Transitorik, fungiert der sichtbare und zugleich unsichtbare Engel als veritables Zwischen-Wesen, das in dem scheinbar vertrauten Ambiente menschlicher Erfahrung seine Differenz, seine Fremd- und Andersartigkeit hervorhebt. Der Raum, der Maria umschließt, um sie darin agieren zu lassen, erweist sich im Umkreis der Engelgestalt als durchlässige Folie; gerade die Berührung beider Gewänder auf der Malfläche akzentuiert die räumliche Diskontinuität. Die Erscheinung des Engels, seine Vermittlung und Überschreitung von himmlischer und irdischer Sphäre, der nunmehr die von Innen- und Außenraum, von sichtbarer Gestalt und verborgenem Seelenleben korrespondiert, bedeutet innerhalb der neuen Raum- und Zeitstrukturen zugleich deren virtuelle Aufhebung.

Das bei van Eyck nur angedeutete Wechselspiel der Gesten bereitet eine zweite Variante des Sujets vor, die sich auf eine dramatische Interaktion der beteiligten dramatis personae konzentriert, in deren Folge der Verkündigungsengel zusehends in die Rolle eines Dialogpartners, mithin eines Antagonisten der heiligen Jungfrau gerät; Innen- und Außenraum, zumeist Intérieur und Landschaft, werden dabei in ein geschichtstheologisches Spannungsverhältnis gesetzt. Der Schauplatz von Fra Angelicos nur wenig später entstandener *Verkündigung* auf der Pala von Cortona (Abb. 47) ist ein offener Säulenumgang, den am rechten Bildrand der mit Spinnradmotiven gemusterte Sessel der Jungfrau begrenzt, der sich auf der anderen Seite perspektivisch verkürzt und damit den Blick auf den heilsgeschichtlichen Hintergrund der Szene lenkt. In der oberen linken Bildecke werden die trauernden Stammeltern von einem Engel aus dem Paradies vertrieben und müssen von einem Felsabhang aus ihren mühevollen Weg durch die Gattungsgeschichte antreten, deren Peripetie durch den göttlichen Boten im Proszenium verkündet wird; vor dem *hortus conclusus,* der wie das im Inneren des Gebäudes sichtbare Schlafgemach der heiligen Jungfrau zur geläufigen Mariensymbolik gehört, erheben sich nebeneinander der verhängnisvolle Apfelbaum und die ihn überragende Friedenspalme Christi. Der typologische Geschichtsverlauf wird durch den perspektivisch erschlossenen Landschaftsraum der Szenerie des Vordergrunds integriert, darin vergegenwärtigt und zugleich in seiner zeitlich-räumlichen Distanz sichtbar gemacht.

Die geschichtliche Dynamik, die sich entlang der Säulenflucht rhythmisch abzeichnet, um an der linken vorderen, bildstrukturierenden Säule den Wendepunkt der Historie sinnfällig zu veranschaulichen, und die szenische Bewegung, die durch die Überschneidung derselben Säule mit den in kräftigen Gold-, Rosa- und Brauntönen gehaltenen Flügeln des Engels angedeutet wird, konvergieren in seiner Raum und Zeit vermittelnden Gestalt. Im Gegensatz zu van Eycks Komposition erscheint der Verkündigungsengel nicht unabhängig von den geometrischen Bildstrukturen, sondern ist deren konstitutives Moment; er hat sich durch Zeit und Raum und offenbar mit solcher Geschwindigkeit bewegt, daß er gerade noch in einem gebührenden Abstand vor der gebenedeieten Jungfrau festen Halt findet, sein Oberkörper jedoch

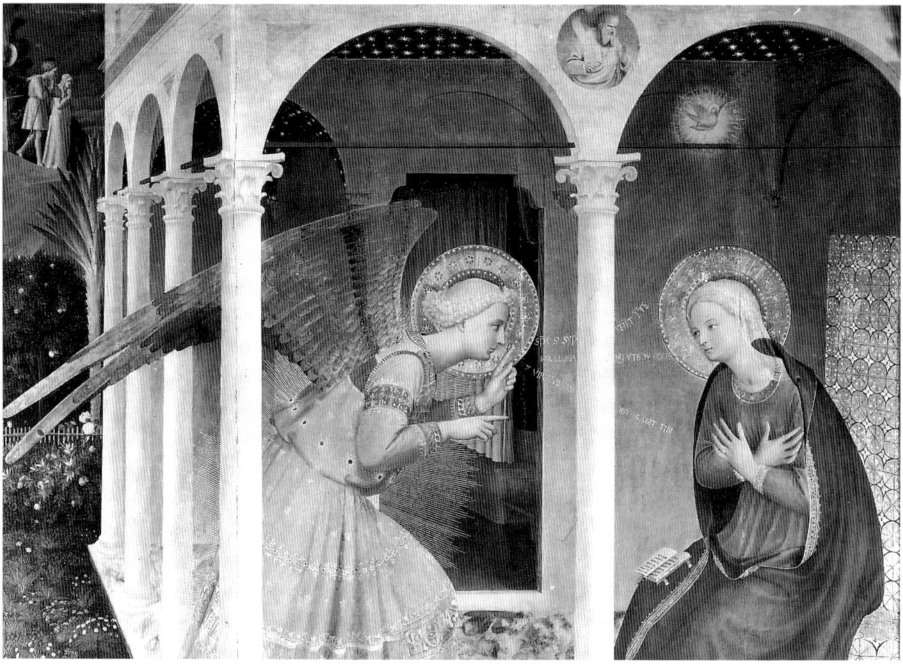

47 Fra Angelico, *Verkündigung,* Cortona, Museo Diocesano, 1433–1434

weniger aus Ehrerbietung denn aufgrund seines Bremsmanövers niedergedrückt wird und mit dem vorgestreckten linken Bein abgestützt werden muß.

Maria hat sich in ihrer Überraschung, deren sie sich sogleich wieder bemeistert, von ihrem Sitz erhoben, beugt sich zu dem eiligen Boten gerade so weit vor und legt dabei ihren Kopf gerade so weit zurück, daß sich ihr Körper wie durch einen spontanen Bewegungsimpuls von dem Lineament der internationalen Gotik löst und zugleich der Versuchung widersteht, in ein symmetrisch elegantes Verhältnis zu der Positur des Erzengels zu treten. Die eher schützend als demütig vor die Brust geleg- ten Hände antworten und widersprechen verhalten der beredten, auf sie und den Baldachinhimmel gerichteten Gestikulation des Engels; ihr fragender und dennoch entschlossener Blick gebietet der drängenden Bewegung des Engels definitiv Einhalt.

Die Gestaltung der heiligen Jungfrau läßt erste Anzeichen eines Widerstands erkennen, der das Zeremoniell auflöst und – vorbildlich für zahlreiche spätere Darstellungen – die Begegnung der beiden Protagonisten in eine Konfrontation verwandelt. Die dreifachen goldenen Schriftzüge, die seitens des Engels den Gruß aussparen und formlos zur Sache kommen – »Der Heilige Geist wird über dich kommen«, »Die Kraft des Höchsten wird dich überschatten«, Maria dagegen die obligate Antwort – »Ich bin die Magd des Herrn« – in den Mund legen, bilden eine dialogische Struktur, die weniger das Eindringen der Botschaft, mithin Empfängnis und Inkarnation, als vielmehr Rede und Gegenrede, somit eine dramatische Konfliktsituation sichtbar machen. Auch wenn er im Namen des Höchsten spricht, der in dem oberen Reliefmedaillon diskret zum Vorschein kommt, wird der Verkündigungsengel – in eigener Person und in eigener Sache – involviert.

In der Auseinandersetzung mit der zeitgenössischen Homiletik, die Marias Antwort auf die Engelerscheinung psychologisch zu deuten sucht, sie dabei in scholastischer Manier analysiert und in verschiedene, einander ablösende Gefühlszustände unterteilt, zielt die bildende Kunst ihrerseits darauf ab, die unterschiedlichen dramatischen Aspekte des seelischen Konflikts in eine angemessene Affektsprache zu übersetzen. Die *conturbatio* (Verstörung) im Augenblick der Erscheinung, die *cogitatio* (Nachdenken), die zur *interrogatio* (Befragung) überleitet, somit Handlung und Dialog fortsetzt und sowohl ihre *humilatio* (Unterwerfung) als auch ihre *meritatio* (Verdienst) erkennen läßt[18], werden nach dem Vorbild der *sacre rappresentazioni* und im Wettstreit mit ihnen als transitorische Momente genutzt, die den inneren und äußeren Bewegungsablauf zusammenfassen und seine vorangehende Entwicklung wie seinen Fortgang verdeutlichen.

4 Die conversatio als Triebkonflikt

Das künstlerische Interesse der Renaissance gilt nicht allein einer zunehmenden Psychologisierung und somit Individualisierung der heiligen Jungfrau, sondern auch und womöglich noch mehr der Gestalt, die diese Affektregungen hervorzurufen vermag, die allgemeine Beunruhigung provoziert, zum Dialog herausfordert, im Namen eines Anderen Unterwerfung verlangt, dafür die Aufhebung menschlicher Triebkonflikte verspricht. Die *conversatio* zwischen dem Verkündigungsengel und Maria, die sich dramaturgisch und kompositorisch bei Tizians Vorgängern zu einem intensiven komplementären Verhältnis entwickelt, bringt damit erneut, nunmehr in den Ausdrucksformen seelischer Dynamik, jene Geschlechterspannung zur Sprache, die in der jüdisch-christlichen wie in zahlreichen anderen Mythologien den Ursprung der Menschheitsgeschichte konstituiert. »Daß aber der Menschwerdung des

Gottessohnes die Verkündigung durch den Engel vorausging, des sind drei Ursachen. Die erste ist, daß die Heilsordnung offenbar werde; weil die Ordnung der Erlösung mußte übereinkommen mit der Ordnung des Falles; denn wie der böse Engel das Weib versuchte, daß sie in einen Zweifel fiel, und aus dem Zweifel in eine Einwilligung, und zu jüngst in einen Fall: gleicherweise sollte die Verkündigung durch den guten Engel geschehn; denn von der Verkündigung empfing die Jungfrau einen festen Glauben, durch den Glauben einen Gehorsam, und zu jüngst eine Vollbringung, daß sie Gottes Sohn empfing. Die andere Ursache ist, daß solches des Engels Amt war. Denn da der Engel Gottes Knecht und Bote ist, und da Maria auserwählt war, daß sie Gottes Mutter sollte sein; so war es billig, daß ihres Kindes Diener auch in ihren Dienst sich bückten, und also die Verkündigung durch einen Engel geschah. Die dritte Sache war, daß der Fall der Engel damit sollte wieder gut gemacht werden. Denn Gott ward Fleisch, nicht nur, daß er den Fall des Menschen gut mache sondern auch den Sturz der Engel; darum sollten die Engel nicht ausgeschlossen sein.« [19]

Der »Legenda aurea« zufolge erfüllt der Engel der Verkündigung durchaus unterschiedliche, partiell widersprüchliche Funktionen. Er begleitet die Theophanie des Heiligen Geistes, der im Innersten der menschlichen *physis,* zugleich an deren onto- wie phylogenetischem Ursprungsort, dem Mutterleib, seine irdische Wohnung nimmt, um daraufhin seine Realität und Präsenz in Menschengestalt zu offenbaren. Von diesem verborgenen heilsgeschichtlichen Ereignis legt der *angelos* als Vorbote des »langersehnten Friedens, der den verbotenen Himmel wieder öffnet«[20] Zeugnis ab, indem er Maria als »Benedicta inter mulieribus« tituliert, die Geburt des Messias ankündigt, damit die ersten Worte des *ev-angelion,* der »guten Botschaft«, formuliert, und implizit auf den Fluch der »unter Schmerzen Gebärenden« zurückverweist.[21] Der Sündenfall, der die kosmische Ursprungskatastrophe – die Erhebung der Engel und ihren Sturz – zu Beginn der menschlichen Kulturentwicklung wiederholt, hat jene heilsgeschichtliche Dynamik zur Wiederherstellung des früheren Zustands freigesetzt, die mit der Fleischwerdung des Geistes als Wiederholung des ursprünglichen Schöpfungsaktes in eine neue Phase tritt. Die Verkündigungsszene wird in dieser Logik, wie die »Legenda aurea« ausdrücklich hervorhebt, als Wiederholung und Korrektur der Verführungsszene im Paradies aufgefaßt; sie ersetzt den intriganten Engel durch den göttlich legitimierten Boten, die sinnliche Erkenntnis, der das hybride Verlangen der Stammutter galt, durch spirituelle Empfängnis. Der anhaltende Machtkonflikt um das Recht über Geburt und Tod, der unter christlichen Vorzeichen mit der Demütigung der göttlichen Jungfrau und ihrer Meritierung zur Gottesmutter eine Kompromißbildung erfährt, wird an dem Wendepunkt der Heilsgeschichte von deren zwiespältigen Repräsentanten noch einmal exemplarisch ausgetragen.

Auch und gerade der Engel, der im Auftrag Gottes spricht, die Unterwerfung der künftigen *theotokos* entgegennimmt, um sich daraufhin ihr zu unterwerfen, ist Gegenstand des göttlichen Erlösungswerks. Wie die weiseste aller Frauen muß sich auch der Erzengel als würdiger Stellvertreter seiner Gattung profilieren, mit deren ursprünglichem Verfehlungsschritt beide in der Verkündigungsszene noch einmal konfrontiert werden, um ihre Konvertierbarkeit als Voraussetzung der heilsgeschichtlichen Entwicklung unter Beweis zu stellen: »Und wie des Weibes Geschlecht nicht ausgeschlossen ist von der Erkenntnis des Mysteriums der Fleischwerdung und der Auferstehung, also auch nicht der himmlische Bote, der Engel: beides tat Gott durch Engel Frauen kund: seine Menschwerdung der Jungfrau Maria, seine Auferstehung der Maria Magdalena.«[22]

Wie kaum ein anderer Künstler hat Tizian (Farbtafel 7) die Ambivalenz dieser Szene in seiner Darstellung erfaßt und dramatisiert. Seine *Verkündigung* in SAN SALVATORE bedeutet den Höhe- und Umschlagpunkt in der künstlerischen Entwicklung eines Sujets, das seinerseits geschichtliche Peripetie zum Gegenstand hat. Die juristische Grundlage des Werkes nennt allerdings nicht das geläufige Thema der *Annunciazione,* sondern spricht präziser von einer »pala della Incarnation di nostro Signor« (»Tafel [mit] der Fleischwerdung unseres Herrn«), die Antonio Cornovì della Vecchia für seine zuvor angekaufte Grabkapelle in SAN SALVATORE bestimmte.[23] Der Kaufmann, der einer der wohlhabendsten Familien Venedigs angehörte, starb übrigens erst zwölf Jahre später, so daß er noch längere Zeit Gelegenheit hatte, das Ergebnis seiner Werkfrömmigkeit zu bewundern; ob er wirklich damit zufrieden war, ist leider nicht überliefert.

Die vage Formulierung, die im Unterschied zu den Verfügungen hinsichtlich des – vermutlich von Jacopo Sansovino geschaffenen – Marmoraltars auch keinen *disegno* (Zeichnung) oder *acordio* (Vereinbarung) erwähnt, deutet darauf hin, daß es der Auftraggeber vorgezogen hat, einem Künstler vom Range Tizians die Ausgestaltung des Themas freizustellen. Tatsächlich gehört Tizian zu den letzten großen Repräsentanten einer Epoche, die dem Künstler nicht nur einen entscheidenden Beitrag zur Kulturgeschichte zugesteht und damit abverlangt, sondern auch eine den Literaten gleichberechtigte Kompetenz zuspricht, in seiner Kunst gesellschaftliche Probleme zu formulieren und darauf zu antworten.[24] Veronese, der einer spezifischen Auffassung des *Abendmahls* als detailliert ausgestaltetes Festgelage in seinem berühmten, später umbenannten Monumentalgemälde Ausdruck gibt, wird deswegen 1571 von der Inquisition unter Anklage gestellt.[25]

Offenkundig nutzt Tizian die begriffliche Vorgabe, um die heilsgeschichtlichen Motive, die in der Verkündigungsszene koinzidieren, mit größerer Intensität und Konsequenz als seine Vorgänger zur Entfaltung zu bringen und dabei die künstlerische Alternative zwischen Erscheinung und dramatischer Handlung in einem einzigen

Bild zu verbinden. Dargestellt scheint jedoch weniger die Menschwerdung Christi als die jener zahllosen Geistwesen, die aus dem grellen Licht des aufgerissenen Himmels zusammen mit dem aufquellenden Farbmagma hervorgehen, sich im Vordergrund zu anthropomorphen Körpern entwickeln, sich dabei aber offenkundig eher der triebhaften, animalischen Natur als dem sublimen Menschenbild des Humanismus annähern.

Die destruktiven Momente, die ihren Evolutionsprozeß allenthalben begleiten und die bildräumlichen Strukturen, in die sie eindringen, förmlich in Stücke reißen, konzentrieren sich in dem mit allen Zeichen der Unterweltlichkeit behafteten Verkündigungsengel, dessen dynamischer Auftritt eher zur Abfuhr der heilsgeschichtlichen Energie als zu ihrer Sublimierung in Wort und Gestalt drängt. Seine Triebhaftigkeit, die zwischen göttlichem *logos* und Menschennatur wie die dunkle und aufleuchtende Chromatik seiner Flügel und Gewänder oszilliert, erscheint als eine bedrohliche Demonstration jener Widersprüchlichkeit, die das menschliche Individuum als das vom Sündenfall gezeichnete Abbild Gottes zwischen Tier und Engel, als seelisch-körperliche Dichotomie und Einheit auszeichnet. Dennoch ist es gerade dieser zweifelhafte *daimon* des göttlichen Wortes, der die Gebenedeiete unter den Frauen zu einer komplexen Gegenbewegung provoziert und dadurch den emphatischen Renaissance-Begriff des Individuums auf souveräne Weise zur Entfaltung bringt.

Diese Umkehrbewegung innerhalb des Sujets ist ebenso auffällig wie der erotische Antagonismus, der noch durch eine mehrfache Hervorhebung phallischer Momente akzentuiert wird. Diese beschränken sich nicht auf symbolische Gebärden oder Gegenstände – die Botenstäbe oder Lilienszepter, die der Verkündigungsengel gewöhnlich in der Hand hält -, sondern manifestieren sich auch an der *physis* der sonst überwiegend androgynen Gestalt. Der genau auf der Blickachse der Jungfrau zu einem wulstigen Knoten geschürzte Gürtel ihres Widersachers wird über ihm zu einem triumphal flatternden Tuch – dessen Purpurfarbe dem Gewand der Jungfrau korrespondiert – entrollt und wickelt sich um den Penis des von links oben einstürmenden Engels, während das Glied eines seiner Gefährten direkt auf Maria gerichtet ist. Die Gegenüberstellung der nackten und bekleideten Engel, die der Konfrontation beiwohnen, erinnert an die komplementäre Gestaltung von himmlischer und irdischer Liebe in einem anderen Werk des Künstlers, ohne sich jedoch – hier wie dort – einer eindeutigen Zuordnung bequemen zu wollen.[26]

Allerdings scheint eine Inschrift unterhalb der Vase am rechten Bildrand über die erotisch gespannte Atmosphäre dieses Verkündigungsbilds ikonologisch Aufschluß zu geben. »Ignis Ardens non comburens« – wörtlich: »brennendes, nicht verzehrendes Feuer« – ließe sich als Anspielung auf den brennenden und nicht verbrennenden Dornbusch deuten, in dem Gott sich Moses offenbarte[27]: ein Feuer, das die heilige Jungfrau umgäbe, sie mit Flammen der göttlichen Liebe entzündete, ohne sie zu verbrennen, sich ihr einverleibte, ohne sie zu berühren. Doch könnte ebenso das Feuer des triebhaften Eros gemeint sein, das als unveräußerliches Erbteil des Sündenfalls – bei dem auch die sexuelle Begierde der von Gott abgewandten Engel eine Rolle spielte – das menschliche Geschlecht zu immer neuer Paarung, zu Geburt und Tod forttreibt und erst in der erlösenden Jungfrau und Gottesmutter, der es nichts anhaben kann, zur Ruhe kommt.

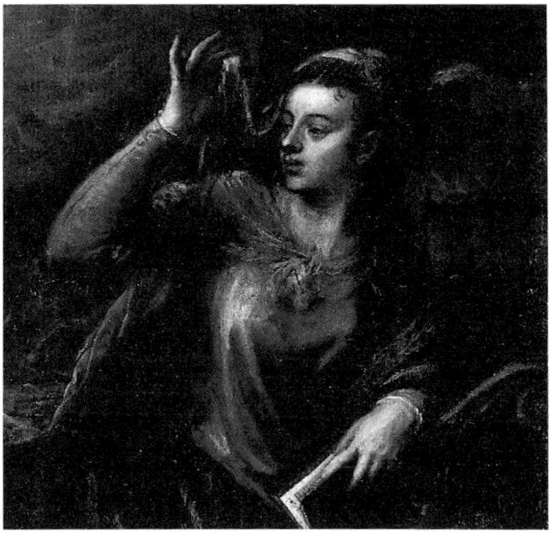

Tizian, *Verkündigung* (Ausschnitt), um 1430 (siehe Farbtafel 7)

Unabhängig von jeder allegorischen Deutung offenbart die göttliche *dynamis* in Tizians Komposition ihre ursprüngliche dämonische Ambivalenz, die aus dem klaffenden Abgrund des Himmels hervorströmt und in den Engeln Gestalt annimmt. Unter diesen apokalyptischen Vorzeichen jedoch ist es nicht mehr der Vermittler des transzendentalen göttlichen Wortes, sondern Maria in ihrer konkreten weiblichen *physis,* die erscheint, mit ihrer Erscheinung Raum konstituiert und die Auflösungstendenzen, die sich der gesamten Bildtiefe bemächtigt haben, wieder in kompositorische Strukturen einbindet (s. Ausschnitt). Wie ungünstig auch ihre Positur zur Erwehrung jener Ausgeburten von Himmel oder Hölle anmutet, so deutlich manifestiert sich in ihrer Selbstentschleierung – als Offenbarungsgestus von Individualität par excellence – eine Autonomie, über die weder der Verkündigungsengel, der die Bewegung seiner eigenen, massigen Körperlichkeit kaum zu beherrschen vermag, noch die aus Licht und Finsternis herantreibenden zwielichtigen Geisterscharen verfügen. Ihr Blick, der sich in diesem Moment enthüllt, korrespondiert der ambivalenten Gestalt des Engels, reflektiert dessen Widersprüchlichkeit im Modus ihrer Überwindung; ihr Gesichtsausdruck zeigt widerstrebende, doch bereits bewältigte Affekte; Überraschung, verhaltene Furcht und vorübergehendes Zögern mischen sich mit wachem Interesse und Handlungsbereitschaft. Die Drehung ihres Körpers – eine Konversion sui generis – gibt dem Bildgeschehen eine andere Richtung; sie antwortet der Bedrohung mit Selbstbehauptung.

Die Grenze ihrer Unberührbarkeit wird durch ihren aufmerksamen Blick, der den Engel auf Distanz hält und in ihren Reflexionsprozeß einbezieht, von der Jungfrau selbst überschritten. Diese erfolgreiche seelisch-körperliche Doppelbewegung, die ihren Handlungsspielraum definiert und ihn zugleich auf die gesamte Szenerie ausdehnt, indem sie deren destruktive Tendenzen in sich aufnimmt und ihrer weiblichen *physis* anverwandelt, ist Ausdruck ihrer unmißverständlichen Dominanz. Ihr bildbeherrschendes Charisma als Himmelskönigin ist – wie bei anderen paganen oder christlichen Frauengestalten Tizians – das des menschlichen Individuums in der apotheotischen Vorstellung der Renaissance, das Eros und Thanatos als Triebkräfte der eigenen wie der kollektiven Geschichte zu balancieren weiß. Zugleich aber enthält dieser utopische Augenblick der Selbstoffenbarung ein transitorisches Moment. In den letalen Zügen, die Tizian in die erotische *conversatio* der Verkündigungsszene eingetragen hat, zeichnet sich bereits jene *dynamis* ab, die im Verlauf der beiden nachfolgenden Jahrhunderte in Gestalt der grenzüberschreitenden Ekstaseengel, der transzendierenden Seelengeleiter, der allegorisierenden Eroten und Genien die christliche Sakralkunst ihrem Ende zutreiben läßt.

IV Eros und Thanatos. Engel der Geschichte

1 Doppeldeutiger Amor

Das verhältnismäßig kleine, unscheinbare Bild Jean-Antoine Watteaus im Städelschen Kunstinstitut mutet seltsam an (Abb. 48). Auf einer Art Landzunge im Vordergrund, die zur rechten Seite von Gebüsch und aufragenden Bäumen begrenzt wird, bilden mehrere Personengruppen ein ungleichmäßiges Oval, das sich zum Betrachter hin suggestiv öffnet; dieser ist sogleich miteinbezogen. Der Blick fällt auf drei vornehme junge Damen im Kostüm des frühen 17. Jahrhunderts, deren Posituren ungeachtet ihrer preziösen Gestik verhaltene Unruhe oder Ängstlichkeit verraten. Die höfisch affektierten Grazien scheinen den Kavalier neben ihnen, der eine elegante Bewegung zur linken Seite des Bildes hin andeutet, überhaupt nicht zu bemerken; sie schauen in die entgegengesetzte Richtung und somit auf eine zweite Gruppe, in der einander widerstrebende Affekt- und Bewegungsmomente auf verschiedene Personen verteilt sind. Die energische Kopfbewegung der vorderen Dame unterbindet offensichtlich die entschiedene Neigung ihres Begleiters, von der rechten zur linken Bildseite überzuwechseln; die begehrlichen Blicke der übrigen, aus der dunklen Vegetation farblich hervortretenden Gestalten lassen eine ähnliche Tendenz erkennen. Die geradezu gebieterische Geste des Mannes mit dem Rücken zum Betrachter unterstreicht nachdrücklich diese Bewegungsrichtung, die in einer leicht aufwärts verschobenen Horizontallinie die gesamte Komposition bestimmt.

Die introvertierte seelische Dynamik, die sich – ein Charakteristikum Watteaus – weniger in den Gesten oder Gesichtszügen als in den feinen und feinsten Nuancen der Gewänder abzeichnet[1], verwandelt sich auf der linken Bildseite gleichsam in ihr Gegenteil. Die Szenerie wird hier von einem munteren Treiben kleiner nackter Flügelwesen beherrscht, deren zwei lässig mit überlangen Rudern manövrieren, um das prächtig ausgestattete Boot in Ufernähe zu halten; ein drittes winkt mit beiden Armen, zwei weitere halten sich vor dem mit schweren Tapisserien verhängten Aufbau des Bootes eng umschlungen. Ein anderes Paar durchzieht, mit Bogen und Fackel versehen, in kunstvollen Formationen die Lüfte, ohne jedoch die Blicke der höfischen

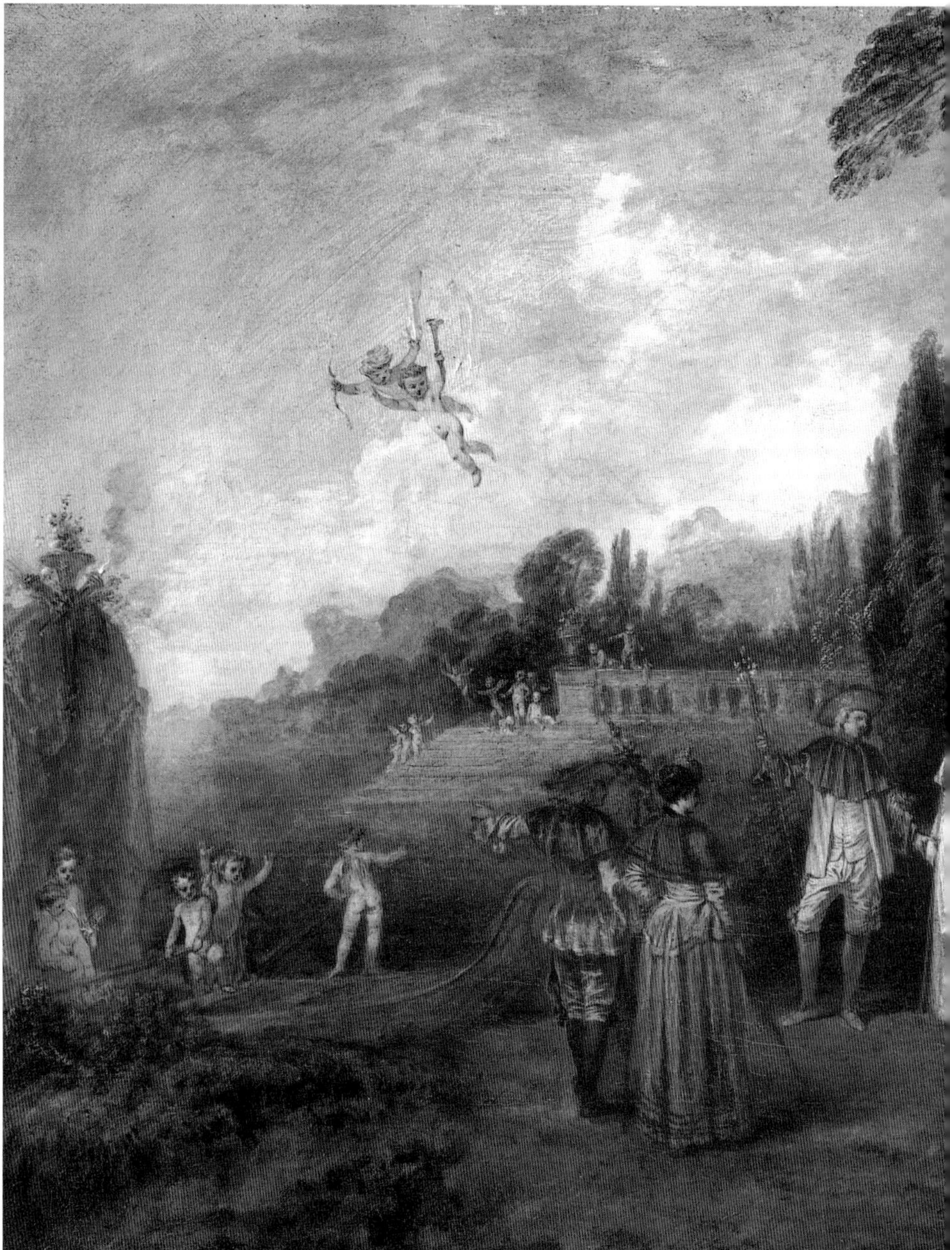

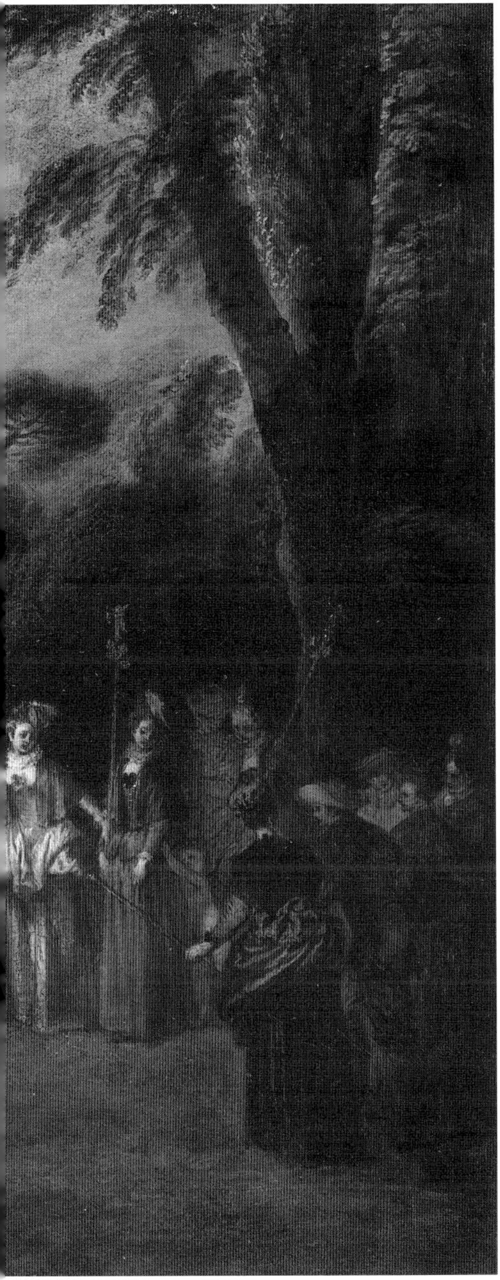

Gesellschaft auf sich zu ziehen; eine unbestimmte Anzahl tummelt sich schließlich jenseits des dunklen Gewässers auf der breit angelegten Treppe und der sich anschließenden Brüstung mit ihren antikisierenden Architekturelementen. Dahinter scheint sich eine etwas verwilderte Parkanlage auszubreiten, die – wiewohl nach perspektivischem Ermessen nur unweit von der Szenerie des Vordergrunds entfernt – dennoch in eine unbestimmte Distanz entrückt wird.

Das Bild zerfällt in eine Vorderbühne, auf der die Schauspieler durch Blicke, Posituren und den Wurf ihrer Gewänder interagieren, und in einen Hintergrundsprospekt von frappierender illusionistischer Tiefe: eine typische Szenographie des 17. Jahrhunderts mit ihren verborgenen Flugapparaturen und hydrotechnischen Schaueffekten, in denen die Bühnenkunst noch einmal die Konkurrenz zur Malerei sucht.[2] Den Übergang von der realen Spielbühne zur imaginären Kulissenlandschaft bilden die geflügelten Kindergestalten mit ihren ebenso kunstvollen wie natürlichen Bewegungen.

Allerdings ist der schöne Schein dieser Theaterwelt und seiner verschwenderischen Illusionskunst offenkundig in Gefahr. Die Befangenheit der dramatis personae ist nicht gespielt, sie entbehrt jeder Theatralik; die Etikette wird noch gewahrt und ist

48 Watteau, *Einschiffung nach Kythera,* Frankfurt/Main, Städelsches Kunstinstitut, um 1710

doch – ausgehend von dem kaum sichtbaren Tumult am rechten Bildrand – ihrer Auflösung nahe. Die ausgelassenen Flügelwesen, die sich vereinzelt in die Gesellschaft der noch zögernden und zagenden Preziösen eingeschlichen haben und mit kindlicher Attitude eine der drei schamhaften Grazien drängen und schieben, antizipieren bereits jenen Übergang in eine Sphäre jenseits gesellschaftlicher Repräsentation. Die ansteigende Bewegungslinie trifft genau auf das untere Ende der Treppe, wo diese von den Wellen leicht überspült wird, und bezeichnet damit sinnfällig das Ziel ihrer Dynamik zugleich als Gegenstand der Hoffnungen oder Ängste, der Wünsche und Zweifel der dargestellten Figuren. Doch welches Ziel? Der zweifelhafte Titel des Bildes bleibt eine Antwort schuldig, und die Personen dieser pastoralen Handlung scheinen selbst nicht recht zu wissen, was eigentlich hier von und mit ihnen gespielt wird.

So ist es vielleicht ratsam, sich gleich jenen geflügelten Vermittlerwesen zuzuwenden, die früher oder später die noch unentschlossene Gesellschaft (und womöglich die Bildbetrachter ebenfalls) an den Ort ihrer Bestimmung geleiten werden. Ihre Herkunft ist unschwer zu erraten und dennoch dubios. In ihrer kindlichen *physis* gleichen sie den Putten, jenen Kinderengeln, die vereinzelt bereits bei Giotto (Abb. 9) begegnen und in der florentinischen Frührenaissance, namentlich von Donatello (Abb. 35), zu einem eigenständigen Typus – häufig als rundliche, wohlgenährte Kleinkinder – ausgestaltet werden[3], um dann zumeist in Scharen den großen Auftritten der Heilsgeschichte beizuwohnen, zu singen, zu musizieren, bisweilen auch nur zu lärmen, mit kindlich ernster Miene Handreichungen nachzukommen oder versteckt Unfug zu treiben, den Heiligen Hieronymus von seiner Bibelübersetzung abzulenken oder wie in Raffaels *Sixtinischen Madonna* gelangweilt auf das Ende der sakralen Schaustellung zu warten. Ihre Aufgaben und Funktionen unterscheiden sich nicht grundsätzlich von denen der früheren oder zeitgenössischen Engel in Gestalt eines erwachsenen Menschen oder eines androgynen Jünglings; ihr Erscheinen indiziert jedoch eine entscheidende Veränderung innerhalb der künstlerischen Angelologie.

Ikonographisches Modell der Putten sind die antiken Eroten oder Amoretten, die geflügelten Begleiter der Aphrodite-Venus, die seit hellenistischer Zeit mit Pfeil und Bogen, manchmal auch mit einer Fackel auf Vasen, Wandmalereien und Reliefs überdauerten und nach fast eineinhalb Jahrtausenden im Zuge einer humanistischen Umdeutung der paganen Gottheiten zu Allegorien physischer oder psychischer Triebkräfte des Menschen wieder Eingang in die bildenden Künste gefunden haben. Der patristischen Unterscheidung zwischen göttlichem Amor und teuflischem Cupido als personifizierter Begierde entspricht im 15. Jahrhundert der Versuch des florentinischen Neoplatonismus, das christlich-spirituelle Liebesethos mit einem philosophisch sublimierten Erosbegriff zu verbinden und diese Synthese zu einem Modell ästhetischer Lebensführung auszugestalten.[4] Deren vorbildliche Repräsentation wird der Kunst der Renaissance zur neuen, ihre religiösen Funktionen ergänzenden Aufgabe.

Es muß eigentlich verwundern, daß die Eroten oder Amoretten ihre Konvertierung zum Christentum und zu Abbildern gotteskindlicher Seligkeit, sodann ihre Zivilisierung im städtischen Patriziat als Spielfiguren intellektueller Selbstbehauptung und ihren weiteren Rollenwechsel im Zuge der Refeudalisierung des 17. Jahrhunderts zu kleinen triebhaften Irrlichtern im Abglanz des geregelten Hofzeremoniells beinahe unbeschadet überstehen konnten. Der Vergleich zwischen den Amoretten und Cupidines der pompejanischen Wandmalereien (Farbtafel 10), die erst im 18. Jahrhundert entdeckt wurden, und den Putten und Eroten der Renaissance zeigt erstaunliche Übereinstimmungen nicht nur in der Gestaltung selbst, sondern auch in der Auffassung kindlicher Affekte sowie in dem unverkennbaren Interesse an der infantilen Sexualität, die in beiden Fällen als Chiffre einer freieren, gesellschaftlich minder konditionierten Triebhaftigkeit dient.[5] Ihre Rezeption zu Beginn der Renaissance, die sich überwiegend an hellenischen Reliefs orientiert, ist jedoch nicht allein Ausdruck einer neuen *studia humanitatis,* sondern wie diese eingebunden in ein komplexes System von Zeichen und Verweisen, mythologischen, politischen, naturgeschichtlichen Implikationen. Die paganen Eroten geraten dabei in ein weitgespanntes ikonologisches Bezugssystem, das ihre ästhetischen und dynamischen Funktionen im Bild allegorisch, wörtlich: »anders sprechend«, zusammenfaßt, sie in einen anderen, sprachlich-literarischen Kontext überträgt und dabei ihre erotischen Impulse mit dem Wunsch des Betrachters nach Entschlüsselung der Komposition assoziiert. Kinderengel erscheinen dabei als sinnfällige Manifestation menschlicher Triebhaftigkeit und in ihrer vermeintlich harmlosen Gestalt zugleich als gefällige Allegorie der Triebsublimierung.

Putten und Eroten oszillieren zwischen Ikonologie und Dekor, zwischen Ornamentik und Bildvokabel, zwischen profaner und religiöser Bedeutung, indem sie beide zu jeweils komplementären Elementen verknüpfen. Der Engel, der Messer Marsilio und seine Braut (Farbtafel 11) zu christlichem Eheethos anhalten soll, ist zugleich ein dionysisch bekränzter Hymenaios, der – wie Eros ein Sohn der Aphrodite – diesem auch ikonographisch gleicht, doch im Unterschied zu ihm nur als Hochzeitsgott verehrt und bei der Eheschließung in feierlichen Hymnen angerufen wurde.[6] Der Typus des zwischen den Brautleuten schwebenden, beide mit ausgebreiteten Armen umfassenden und sie mit dieser Geste eigentlich vereinigenden Hymen-Engels weist zugleich auf ein Motiv der christlichen Ikonographie zurück: Der in Marienzyklen häufig dargestellten Begegnung an der Goldenen Pforte, die dem unfruchtbaren Ehepaar Anna und Joachim heilige Nachkommenschaft beschert, wird etwa von Giotto ein segnender Engel in der gleichen Positur beigesellt. Lorenzo Lotto, ein intriganter Künstler, der seine Innovationen listig hinter konventionellen Bildformularen verbirgt[7], hat in die aufmunternde Grimasse, mit der sich sein Hochzeitsengel dem in ungewöhnlicher Nahsicht gegebenen und sich offenkundig mißvergnügt wie in einem Spiegel betrachtenden Brautpaar zuwendet, die zwielichtigen Züge des Liebesgottes selbst eingeschrieben. Der unzulänglich erotisierende Hochzeitsengel und der nicht minder unzulänglich christliche Ehemoral predigende Hymenaios-Eros lassen aus dem Doppelportrait – aus jedem der beiden Individuen und zwischen ihnen – eine psychische Spannung hervorgehen, wie sie in kaum einem vergleichbaren Hochzeitsbild zu finden ist.

Die ikonographischen Bezüge spielen mit der Erwartungshaltung des Betrachters und durchbrechen sie; Putten wie Eroten modifizieren dabei nachdrücklich das Spektrum der allegorischen Bedeutungen. So scheint Tizians bekanntes Gemälde *Venus mit Orgelspieler* (Abb. 49) zunächst den spanischen Prinzen und späteren König Philipp von Spanien, in schwarzem Gewand an der Orgel sitzend, mit einer unbekleideten Maitresse als Liebesgöttin zu portraitieren; es spielt dabei auf die antike, von der Renaissance wiederaufgenommene Diskussion über den Primat der Sinne an und nutzt zugleich den allegorischen Wettstreit zwischen Gesichts- und Gehörsinn zu einem künstlerischen Paragone.[8] Der kleine Amor jedoch, Attribut und Begleitfigur der Venus, hat sich an die gleichermaßen mütterliche wie geschlechtliche Liebe verkörpernde Gestalt ge-

49 Tizian, *Venus mit Orgelspieler,* Berlin, Gemäldegalerie Dahlem, um 1550–1551

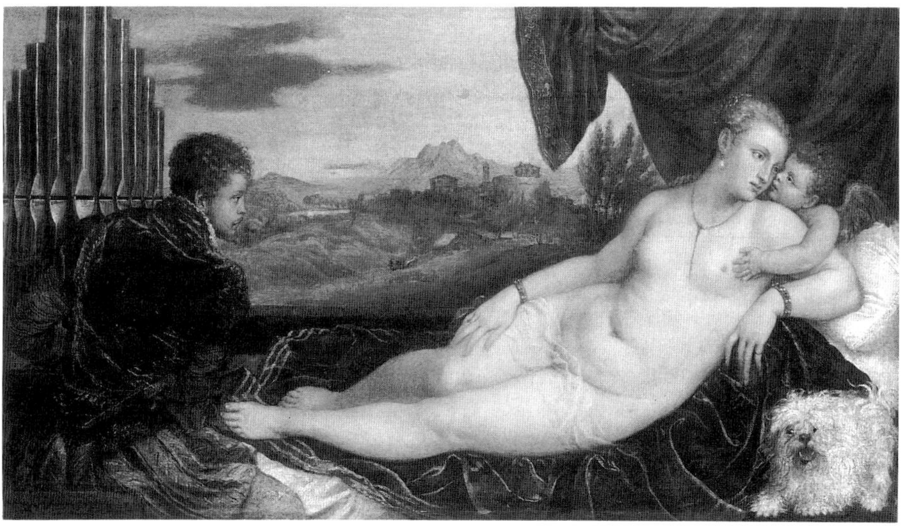

schmiegt; er führt in die Auseinandersetzung zwischen der Musik und der bildenden Kunst ein haptisches, unmittelbar erotisierendes Moment ein, das die Überlegenheit der bildenden Kunst als Erosmacht deutlich hervorkehrt.

Die allegorische Malerei der Renaissance und des Barock tendiert zu einem komplizierten, bisweilen esoterischen Bedeutungsspiel, das offensichtlich noch heute der Ikonologie schier unlösbare Rätsel aufgibt, und zu sinnfälliger Evidenz, die ein unmittelbares Verständnis suggeriert; wie in Tizians *Heilige und profane Liebe* bisweilen in ein und demselben Bild. Die provozierende Haltung von Caravaggios siegreichem Amor (Abb. 50), der sich in Siegerpose über die als Beute angehäuften Symbole der Künste und Wissenschaften erhebt und bereits achtlos darüber hinwegschreitet, erscheint auf den ersten Blick ebenso einleuchtend wie das Gegenstück seines Konkurrenten Baglione (Abb. 51), der den Sieg des himmlischen über den irdischen Amor thematisiert.

Dieser Bildgedanke einer erotischen Triebbindung oder -unterdrückung durch den stärkeren Amor göttlicher Provenienz, der in einem Gerangel jugendlicher Körper seinen Widersacher überwältigt, fesselt und sogar schlägt, erfreut sich im 17. Jahrhundert großer Beliebtheit.[9] Baglione malt den bereits zu Boden geworfenen, ängstlich den Blickkontakt mit seinem Überwinder suchenden irdischen Amor unverkennbar als einen etwas älteren Bruder jenes Straßenjungen, der, mit einem dunklen Flügelpaar versehen, Michelangelo da Caravaggio als Modell seines durchaus unsublimierten *Amor victor* gedient hat. Dagegen sind die idealischen Gesichtszüge des himmlischen Amor bei weitem weniger individualisiert als die seines zu Boden geworfenen, irdischen Pendants.

Typologisch erinnert ihre Konfrontation an den Kampf des Erzengels Michael mit dem Antichristen (Abb. 74), während der spirituell entflammte Lichtpfeil, der mit der erbarmungslosen Selbstgefälligkeit des Siegers auf den überwältigten Widersacher gerichtet ist, auf die wenige Jahrzehnte später entstandene Skulptur der heiligen Ekstatikerin Theresa von Gian Lorenzo Bernini (Abb. 67) vorausdeutet. Besiegt ist jedenfalls der dunkle, dämonische Part des diesseitigen Eros, jene mit Faunsohren versehene Pan- oder Teufelsgestalt am linken unteren Bildrand, die Baglione zunächst mit abgekehrtem Kopf darstellt, in einer zweiten Fassung aber mit den – für einen zeitgenössischen römischen Betrachter notorischen, wenngleich hier zu einer Fratze verzerrten – Gesichtszügen seines Rivalen Caravaggio aus dem Bild herausblikken läßt.[10]

Allerdings geht es um mehr als um ein Moralitätendrama mittelalterlicher Provenienz zwischen den Antagonisten Tugend und Laster und um etwas anderes als um den Widerstreit zwischen spiritueller und physischer Liebe, den die Kunst der Renaissance als ein Problem der Balance zwischen »Wahrheit« und »Anmut« begreift. Die Psychomachia des 17. Jahrhunderts erweist sich als eine Auseinandersetzung um die Bedingungen und Möglichkeiten

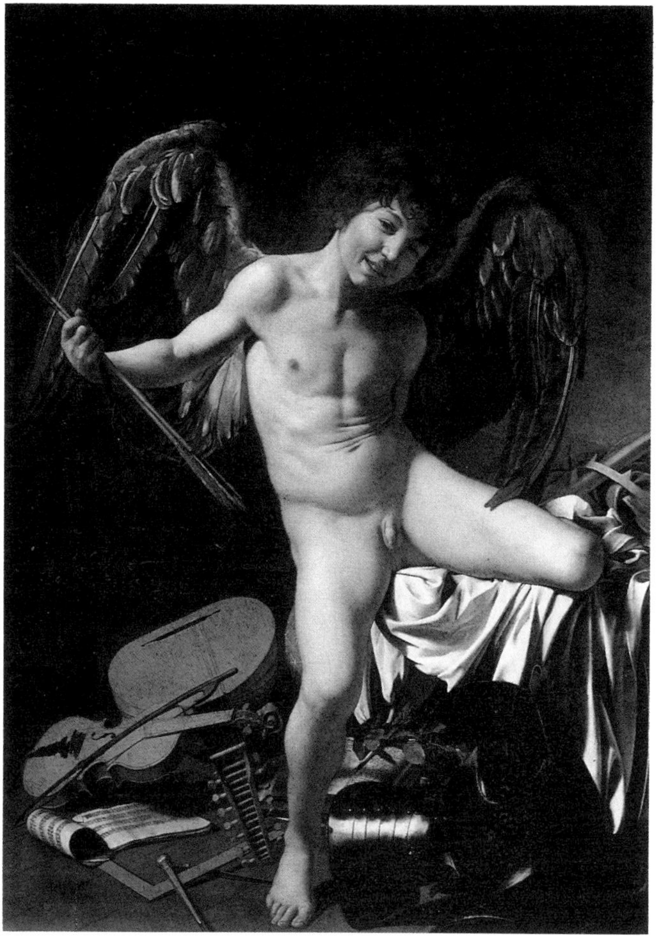

50
Caravaggio, *Der irdische Amor als Sieger,* Berlin, Gemäldegalerie Dahlem, 1601/1602

der künstlerischen Repräsentation selbst. Baglione formuliert die Antwort der akademischen Konvention auf einen Maler, der nicht genügend Verstand besessen habe, »das Gute zu wählen und das Schlechte zu lassen«, sowie auf dessen unerhörten, unerträglichen Realismus, der »die Malerei ruiniert«.[11] Es ist eine moralische Replik in Geist und Buchstaben der zeitgenössischen Kunsttheorie, in deren Mittelpunkt nun nicht mehr der *mimesis*-Gedanke, sondern Begriffe wie *convenevolezza* (Angemessenheit) und *decoro* (Würde) stehen und die von einer quasi mystischen Auffassung des *disegno* als einem dem Künstler verinnerlichten, von Gott eingege-

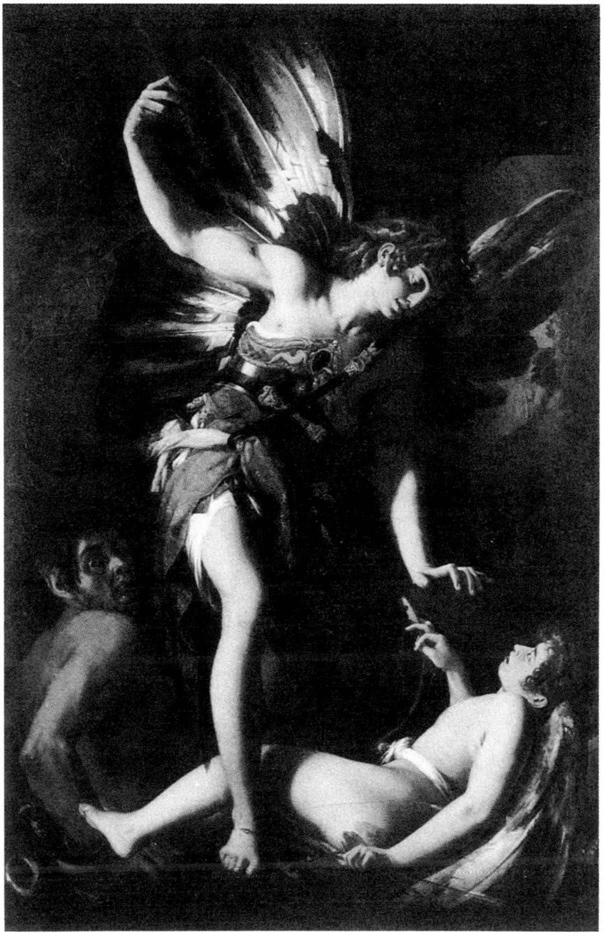

51 Giovanni Baglione, *Himmlischer Amor,* Rom, Galleria Nazionale d'Arte Antica, Palazzo Barberini, 1602

benem Wissen um die Urformen der Dinge ausgeht.[12]

Evident wird der Unterschied zu Caravaggios revolutionärer Malweise an der entgegengesetzten Auffassung des Chiaroscuro, das in der Auseinandersetzung zwischen Himmel und Hölle um die wahren Affekte und Affektbindungen zugleich symbolische Bedeutung gewinnt. Während Baglione in den Konventionen der florentinisch-römischen Malerei die hellen und dunklen Partien von der Zeichnung her konzipiert und auf den fest umrissenen Körper des Engels und seines Kontrahenten überträgt, modelliert Caravaggio seinen Amor nach venezianischer Tradition allein durch die Farbe, indem er allerdings auf jeden *sfumato,* auf weiche Übergänge generell verzichtet, die *physis* der Körper und Dinge vielmehr in ein grelles Rampenlicht stellt, sie nackt und ungeschützt, ohne Distanz zum Betrachter und mit geradezu erschreckender Unmittelbarkeit aus der Dunkelheit der Fläche hervortreten läßt. Wenngleich beide Bilder nicht eigentlich sakrale Themen behandeln, reagieren sie gleichwohl in ihrer unterschiedlichen Ausgestaltung exemplarisch auf die religiöse Situation ihrer Zeit. Bagliones Angemessenheit und Würde entsprechen dem Repräsentationsschema der katholischen Restauration, während Caravaggios unbarmherziger Realismus, der nicht zufällig in unmittelbarer Nachbarschaft zur niederländischen Malerei gesehen wird, sich wie – unbeschadet dieser contradictio in adjecto – eine calvinistische Variante religiöser Malerei ausnimmt.

Die Konfrontation von himmlischem und irdischem Amor ist nicht allein Ausdruck eines problematischen Künstlerethos des 17. Jahrhunderts, sondern reflektiert die Widersprüche der nachtridentinischen Kunst schlechthin. Ziel der gegenreformatorischen Kunstpolitik ist die Rückführung der künstlerischen Praxis zumindest im sakralen Bereich auf ihre traditionellen Funktionen, das Schriftwort genau und einprägsam zu illustrieren und durch eine affektbetonte Darstellungsweise insbesondere auf die Schriftunkundigen einzuwirken. Der Realismus Caravaggios steht dieser Logik durchaus nicht so fern, wie häufig behauptet wird; indessen geht die katholische Restauration einen anderen Weg, der sich an der Gestaltung der Engel unmittelbar verfolgen läßt. Die Absicht, Volksfrömmigkeit in die von profanem Beiwerk purifizierte Darstellung einzubeziehen und dabei eine naiv religiöse Betrachtungsweise vorzugeben, wird mit den subtilsten Mitteln barokker Illusionskunst verfolgt; die sakrale Praxis gerät dabei zum Gegenstand künstlerischer Inszenierung. Zugleich wird die katholische Dogmatik mit allen Zeichen des politisch-säkularen Triumphs veranschaulicht. Ihre Selbstdarstellung bedient sich allegorischer Verfahren, in denen sakrale und profane Elemente in wechselseitige Abhängigkeit geraten und austauschbar werden.

Einer berühmten römischen Legende zufolge war im Pestjahr 590 der Erzengel Michael über dem HADRIANSMAUSOLEUM erschienen und hatte zum Zeichen, daß der göttliche Zorn nunmehr besänftigt sei, sein Schwert in die Scheide gesteckt.[13] Es ist wahrscheinlich, daß dem Anführer der himmlischen Heerscharen auf der Höhe des Kastells, das seit dem 14. Jahrhundert unter dem Namen S. ANGELO bezeugt ist, zu jener Zeit ein Heiligtum geweiht worden war. Eine Michaelsstatue befand sich spätestens seit Ende des 13. Jahrhunderts weithin sichtbar auf den Zinnen der Burg, deren fortifikatorischer Charakter unter dem Schutz des Erzengels sich bei der Plünderung Roms und der monatelangen Belagerung der Engelsburg im Jahr 1527 offenbar bewährte, wiewohl man die Skulptur ihrer Bronze wegen kurzerhand einschmolz, um sie dann in Form von Kanonenkugeln auf die Feinde des Stellvertreters Christi abzuschießen.

Schon nach einer ersten Konsolidierung der militärischen Lage bekundete der gedemütigte Papst Clemens VII. die Absicht, in einem auf die Engelsburg bezogenen Bildprogramm, das an seine und der Kirche himmlische Errettung erinnern und für den unerhörten Frevel göttliche Vergeltung androhen sollte, den ungebrochenen sakralen und säkularen Machtanspruch der Kirche zu demonstrieren. Dazu gehörte neben den 1534 beiderseits des Eingangs zur Engelsbrücke errichteten Kolossalstatuen der Apostelfürsten eine Skulptur Michaels als schützender und rächender Engel Gottes, deren Ausführung jedoch nach dem Tod des Papstes von seinen Nachfolgern offensichtlich deshalb unterbunden wurde, um besagte Feinde nicht noch einmal zu provozieren.

Indessen wird der Plan einer Neugestaltung der Engelsbrücke nicht einfach aufgegeben, sondern der unterschiedlichen Situation entsprechend nach einem Zeitraum von über hundert Jahren realisiert. Derselbe Grundgedanke beherrscht die nunmehr barocke Konzeption: die geistliche und weltliche Autorität der Kirche unter Berufung auf die himmlischen Mächte, die über ihr wachen, ostentativ jedem, der sich von der Stadt aus dem Mittelpunkt der Christenheit nähert, vor Augen zu führen. Der Weg über die Brücke wird flankiert von jeweils fünf auf Wolken stehenden oder schwebenden Engeln aus der umfangreichen Werkstatt Lorenzo Berninis. Die Engel halten die *Arma Christi* in ihren Händen, die Zeichen der Passion und des Erlösungswerks, die Herrschaftsinsignien Christi, die seinen Sieg über den Widersacher versinnbildlichen und spiritualiter jene Waffen bedeuten, die seine Feinde – und natürlich auch die seiner legitimen Nachfolger auf Erden – bezwingen werden. Aus einer apokalyptischen Anspielung des Matthäus-Evangeliums[14], derzufolge die Zeichen Christi »in den Wolken« dessen Wiederkehr und somit das Weltgericht ankündigen, gewinnen die Leidenswerkzeuge auch eschatologische Bedeutung. Auf der Brücke und am Eingang zum heiligen Ort der Stellvertretung Christi verweisen sie sinnfällig mit Blick auf die Engelsburg und den siegreichen Anführer der himmlischen Heerscharen zugleich auf seine Funktion als Seelenwäger, auf Erlösung oder Verdammung jedes einzelnen Individuums und nicht zuletzt auf die Vermittlungsmacht der Kirche, in der *traditio legis* zu vergelten oder zu vergeben.

Über diesen visuellen Bedeutungszusammenhang hinaus, der gleichermaßen auf Fern- und Nahsicht, auf einen majestätischen Gesamteindruck wie auf konkrete Affektwirkungen ausgerichtet ist, sprechen die Engel zum Betrachter auch in Worten. Ihre Verkündigung gerät dabei zu einem komplexen Spiel barocker Allegorese. So trägt das Podest eines von Ercole Antonio Raggi geschaffenen Engels (Abb. 52), der sehnsüchtig nach oben blickend ein Säulenmodell in den Händen hält, die rätselhafte Inschrift: »Thronus meus in Columna«, wörtlich übersetzt »Mein Thron in der

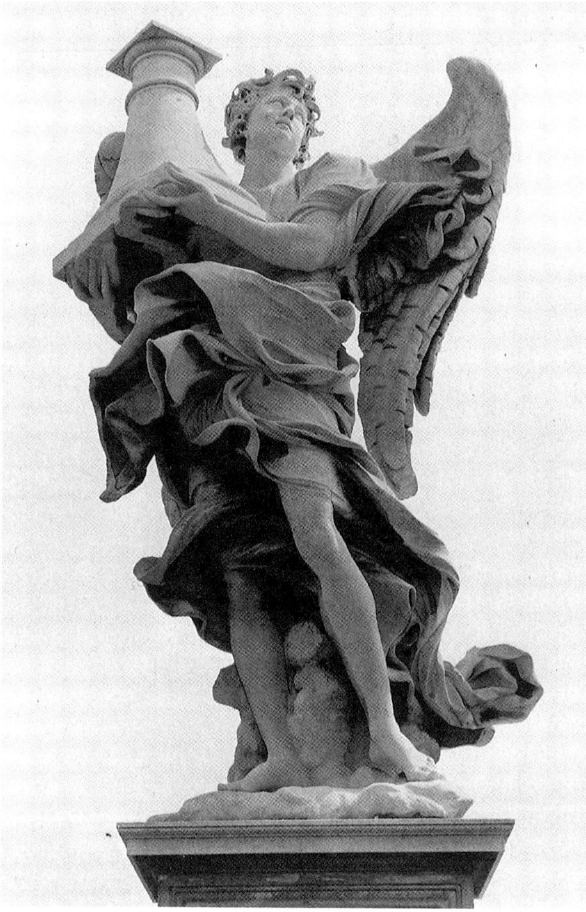

52 Antonio Raggi, *Engel mit der Geißelsäule,* Rom, Engelsbrücke, 1667–1672

Säule«. Es handelt sich um die epigrammatische Verkürzung eines Bibelzitats, wonach der göttliche Logos auf einer Wolkensäule thront; der Auslegungstradition zufolge ist diese Säule ein Sinnbild der Menschwerdung Gottes, somit die irdische Stätte Christi. Im Zusammenhang mit den Leidenswerkzeugen wird die neutestamentliche Geißelsäule, Ort und Symbol der Passion, auf die irdische Thronarchitektur bezogen und mit der Vorstellung der im Leiden gründenden Herrschaft des Gottessohns verknüpft.

Da eine weitere Auslegung der erwähnten Bibelstelle die Säule auch als jenen Wolkenthron bezeichnet, auf dem Christus die Lebendigen und die Toten richten wird, spricht der allegorische Engel zugleich einen weiteren Leitgedanken des päpstlichen Konzeptes an, nämlich die eschatologische Erwartung von Strafe und Vergebung. Die Assoziation von Säule und Wolke, von himmlischer Herrschaft und irdischer Wohnstätte Christi führt schließlich von der christologischen zur ekklesiologischen Deutung. Die sprachliche Kontraktion der beiden Engelattribute – Wolke und Säule – verweist auf die Wolkensäule, in der Gottes Engel das Volk Israel durch die Wüste ins Gelobte Land führte[15], so wie Christus, der darin auf Erden von den Nachfolgern Petri – der »Säule« im Apostelamt[16] – vertreten wird, die wahren Gläubigen ins himmlische Jerusalem geleitet.

Zudem enthält die Inschrift des Engels eine Pointe, welche die realen und allegorischen, die moralischen und anagogischen Aspekte der Skulptur in einen aktuellen liturgischen, nämlich konfessionellen Bedeutungszusammenhang überführt. Daß Raggis Engel, der seine Säule wie Kelch oder Monstranz zum Himmel erhebt, in der ersten Person spricht und sich somit als Christus selbst an den Betrachter wendet, bekräftigt am Eingang zur Engelsburg noch einmal die katholische Verfügungsgewalt über die eucharistischen Elemente, die Protestanten und andere Feinde der Kirche nachhaltig mißachtet haben.

Die römische Engelsbrücke ist ein prägnantes Beispiel nicht nur für die Repräsentation politischer Machtansprüche, sondern auch für die barocke Angelologie der Kunst insgesamt. Die Engel werden sprachlich und visuell in einen umfassenden Bedeutungszusammenhang integriert, der ihre theologischen und künstlerischen Funktionen vollends zur Entfaltung bringt; sie präsentieren die vieldeutigen Zeichen und Dinge, veranschaulichen und verweisen, vermitteln und bedeuten innerhalb und außerhalb des Schriftzusammenhangs; sie repräsentieren die Mehrdeutigkeit ihrer Allegorese in eigener Person. Sie werden zu Allegorikern schlechthin, da ihre Ikonographie vielfältig, ihr Zeichenwert variabel, ihre Rollen weniger fixiert sind als die des übrigen heiligen Personals. Gerade ihre bildnerische Beredsamkeit, die subtile Rhetorik mit konkreter Anschaulichkeit verknüpft, gerät dabei zum Movens ihrer Säkularisierung.

Die immer wieder und immer noch anders redende Allegorie wird im 17. Jahrhundert zum beherrschenden Darstellungsprinzip. Entscheidend für ihre künstlerische und semantische Belastbarkeit ist ihr enzyklopädischer Charakter. Die Allegorie bewegt sich in einem virtuell unbegrenzten System der Verweisungen, in dem jedes ikonographische Element gleich welcher Herkunft oder Tradition zum Zeichen eines anderen werden kann. Erst unter dieser Voraussetzung, die auf den Versuch der Renaissance zurückgeht, antike Motive in ein christliches Ambiente zu integrieren, werden sakrale und säkulare Bildformulare austauschbar. Raffaels berühmte Galathea ist in Ausdruck und Gestik seiner kurz zuvor entstandenen S. Caterina nachgestaltet, und die blindlings Liebespfeile abschießenden Cupidines haben ihr Vorbild in Botticellis Engelreigen; Livio Mehus ver-

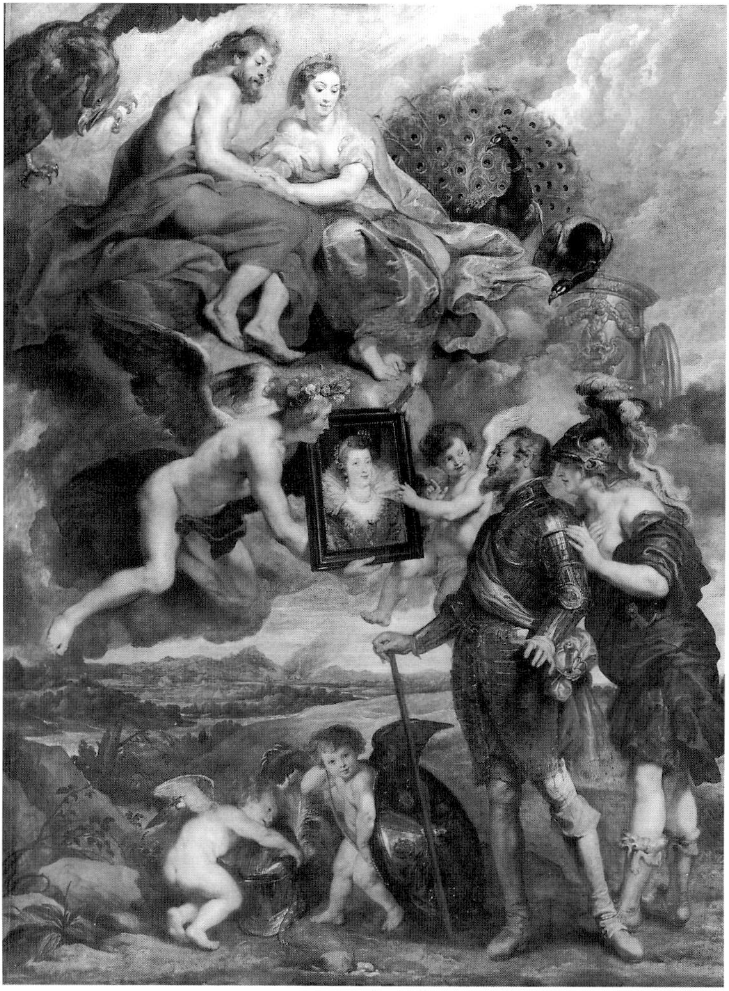

53 Rubens, *Heinrich IV. empfängt das Bildnis der Maria von Medici,* Paris, Musée du Louvre, vor 1621

wandelt seine Danae in eine ekstatisch büßende Magdalena, indem er ihren allenthalben erotisierten Körper notdürftig bekleidet und ihr ein Kreuz in die Hand resp. in den Schoß legt, während die beiden Eroten für ihren Auftritt in der sakralen Szenerie als Engel, wo sie sich nicht mehr zum Empfang Jupiters, sondern bei der Verzükkung im Angesicht Christi hilfreich betätigen, keiner Modifikation oder Verkleidung bedürfen.[17] Christliche Putten und pagane Amoretten erfüllen analoge Dienstleistungen, sie halten Vorhänge, Spruchbänder, Wappen, sie formieren sich zu dekorativen Geleitzügen und sind außerhalb ihres Kontextes nicht mehr von einander zu unterscheiden. Auch die jugendlichen Engelgestalten von Caravaggio oder Poussin (Abb. 42) entsprechen in ihrem erotischen Charisma den pubertierenden Amores bei Bronzino oder Parmiggianino.

Indem die Allegorie gestattet, sakrale und pagane Ikonographien wechselweise – und sogar wechselweise auf einander verweisend – in die Komposition einzutragen, vermag sie auch politische Repräsentationsbedürfnisse zu befriedigen, die in eine weitgespannte Diplomatie der Heraldik eingebunden sind. So bietet Rubens in dem zwischen 1621 und 1625 entstandenen Medici-Zyklus für den französischen Königspalast beinahe den gesamten Olymp auf, um in der Tradition der Vita-Ikone die entscheidenden Lebensstationen des vormaligen Hugenottenführers und späteren Königs Henri IV. sowie dessen Gemahlin Maria, Urenkelin des Patriziers Medici, zu verherrlichen (Abb. 53). Amor und Hymenaios präsentieren deren Portrait nicht unähnlich den Florentiner Engeln, die im 14. und 15. Jahrhundert das Bild der Gottesmutter tragen. Zutiefst ergriffen ist Heinrich in den Anblick dieses Bilds im Bild versunken, während die Personifikation Frankreichs in der Gestalt Merkurs hinter ihn getreten ist und ihm im Flüsterton zuzureden scheint. Mit Pfauenwagen und majestätischem Adler ist das höchste Götterehepaar herbeigeeilt, um den künftigen Bund gnädig zu segnen; die Landschaft mit ihrem überaus flachen Horizont, der unendliche Weite suggeriert, veranschaulicht die Größe des königlichen Herrschaftsbereiches. Die zwei Eroten zu Füßen des Regenten, die mit seinen Waffen spielen, nehmen damit das antike, von der Renaissance häufig verwendete Motiv der alles besiegenden Liebe für eine zweifache politische Aussage in Anspruch; sie verweisen einerseits auf die Waffentaten Heinrichs von Navarra, sie versinnbildlichen andererseits die Devise »pax et concordia« Maria Medicis, die nach der Ermordung ihres Gatten die Regentschaft übernahm und in dieser Zeit ununterbrochener Machtkämpfe den heroisierenden Bildzyklus in Auftrag gab. Die allegorische Komposition ist zugleich ein anschauliches Beispiel für die Verwendung sakraler Bildformulare in der politischen Repräsentationskunst. Die Gruppe der antiken Götter entspricht in ihrem dreiteiligen Aufbau einem aus verschiedenen Zeiten und Stilen kompilierten Altarbild mit einer Marienkrönung im oberen Teil, zwei heraldischen Engeln, die das Christusmonogramm oder einen Clipeus tragen, im mittleren Bereich und zwei Putten mit den *Arma Christi* am unteren Bildrand.[18]

2 Kuppler und Intriganten

Die spielenden Eroten in Rubens' Komposition erinnern an ein Bildmotiv, dessen Tradition bis in die Antike zurückreicht, das von der Renaissance wiederentdeckt und in der Folgezeit immer wieder variiert worden ist: die Verbindung von Venus und Mars, des Kriegsgottes mit der Liebesgöttin, deren ständige Begleiter auch bei diesem Liebesabenteuer zugegen sind. Durch ihre kindlich unbeholfene Tändelei mit der abgelegten Rüstung akzentuieren sie auf ihre Weise die Allmacht der Liebe, deren Waffen die des Krieges zu nutzlosem Spielzeug degradiert. Doch sind die unscheinbaren Flügelwesen mehr und anderes als nur Dekorfiguren; sie indizieren eine von der literarischen Vorlage – der Erzählung des Demodokos in der »Odyssee«[19] – abweichende ikonographische Entwicklung, die ihrerseits der Kultgeschichte des antiken Eros korrespondiert.

Da weder sein griechischer noch sein römischer Name auf den der Liebesgöttin selbst zurückgeht, wird eine unterschiedliche Herkunft beider Gottheiten vermutet. Das Verhältnis von Aphrodite und Eros, den man aus der Bildtradition vor allem als ihren etwas drolligen Diener, Sohn und Begleiter, als kindlich verspieltes Flügelwesen mit Bogen und Liebespfeilen kennt, ist keineswegs unproblematisch und erweckt den Anschein einer verharmlosenden Umdeutung archaischer Rivalitäten. Wahrscheinlich handelt es sich ursprünglich um verschiedene Kulte, deren einer in Gestalt der phönizischen Aphrodite über Kythera nach Attika einwanderte und mit Opferriten verbunden war, die Tod und Auferstehung des jugendlichen Geliebten der Göttin zelebrierten, die in den orphischen Mysterienkulten überdauerten und möglicherweise auch frühchristliche Vorstellungen beeinflußten.[20] Von einer kultischen Verehrung des Eros ist kaum etwas bekannt; eine anikonische Stele in Thespiai (Böotien), neben der allerdings noch im 4. Jahrhundert vor Christi eine berühmte Statue des Praxiteles errichtet wurde, verweist auf vorgriechische Zeiten. Tatsächlich wird Eros in Hesiods »Theogonie« als kosmische Urmacht genannt, die mit Gaia (Erde) und Tartaros (Unterwelt) aus dem Chaos hervorgeht[21]; bei Parmenides »ersinnt« die alles lenkende Urdämonin als ersten der Götter Eros, während andere griechische Schöpfungsmythen Aphrodite als Weltursprung bezeichnen.[22] Die Orphik kennt ihn als Lichtbringer mit goldenen Flügeln, als unüberwindliche, mithin den Tod überdauernde Lebensmacht.[23]

Das platonische »Symposion« bringt mehrere, offenkundig konkurrierende Auffassungen zur Sprache. Sokrates, der dabei überwiegend die Worte seiner Freundin und Lehrmeisterin Diotima wiedergibt, beschreibt Eros als einen »großen Dämon«, der ähnlich wie die christlichen Engel die Aufgabe habe, »zu verdolmetschen und zu überbringen den Göttern, was von den Menschen, und den Menschen, was von den Göttern kommt, der einen Gebete und Opfer, und der anderen Befehle und Vergeltung der Opfer. In der Mitte zwischen beiden ist er also die Ergänzung, daß nun das Ganze in sich selbst verbunden ist, und durch dies Dämonische geht auch alle Weissagung und die Kunst der Priester in bezug auf Opfer und Weihungen und Besprechungen«.[24]

Der Begriff *daimon* ist noch zu Platons Zeiten keineswegs negativ besetzt, betont vielmehr seine übermenschliche, daher unberechenbare, zudem zwiespältige Macht, wie sie in diesem Zusammenhang der erotischen Triebhaftigkeit zugesprochen wird. Offensichtlich ist Platon in seiner Darstellung eines unermüdlich zwischen Gegensätzen oszillierenden Eros, der nur in Widersprüchen lebt, diese evoziert und wieder schlichtet, an der besonderen *dynamis* dieses Zwischenwesens interessiert, die in der Tat weit mehr auf die nachfolgende Philosophie gewirkt hat als seine facettenreiche Beschreibung als rauher und unansehnlicher Straßenjunge, der ohne Behausung ist und nackt vor den Türen schläft, »weder wie ein Unsterblicher geartet noch wie ein Sterblicher, bald an demselben Tage blühend und gedeihend, wenn es ihm gut geht, bald auch hinsterbend, dann aber wieder auflebend«.[25]

Die frühesten künstlerischen Belege, zu denen vor allem Vasen und Bronzespiegel gehören, lassen nach ihren Fundorten auf eine erste Kultgemeinschaft von Eros und Aphrodite im attischen Raum schließen.[26] Eros wird zunächst als jugendliche Gestalt aufgefaßt und erhält seine Flügel erst gegen Ende des 6. Jahrhunderts vor Christi, während er sich in den nachfolgenden Jahrhunderten weiter verjüngt und sich gewissermaßen in den artgleichen Dämonen Himeros, Pothos und Hedylogos vermehrt; als Sohn der Aphrodite wird er offenbar erstmals um 440 von Phidias im Ostfries des Parthenon dargestellt. In seiner Verniedlichung zum kindlichen *daimon,* der seine zwielichtigen Züge indessen niemals ganz abstreifen wird, erfreut sich Eros in hellenistischer Zeit großer Beliebtheit. Als Vermittler und dienstbarer Geist begleitet er auf Reliefs, Gemmen oder Wandmalereien Götter und Heroen bei ihren Liebesabenteuern und ist damit der am häufigsten dargestellte Gott der Antike.

Ein pompejanisches Fresko (Farbtafel 10) zeigt das klassische Liebespaar Venus und Mars, denen zwei Amores beigesellt sind; das Bild, das den Empfangsraum des Hauses schmückte, wird in die Regierungszeit Neros (54 bis 68 n. Chr.) datiert und künstlerisch dem vierten pompejanischen Stil zugeordnet. Zweifellos gehörte der Maler zu den Besten seines Faches. Halb sitzend, halb ausgestreckt an ihren Liebhaber gelehnt, hält Venus dessen Lanze in der einen, das Ende ihres Haarbandes in der anderen Hand; ihr konzentrierter Blick fällt schräg aus dem Bild, das sie physisch wie psychisch vollkommen dominiert. Von ihr unbeachtet, gleichsam an den Rand gedrängt, hat Mars unschlüssig oder ungeduldig den Zipfel ihres Umhangs erfaßt, doch nicht so sehr zum Auftakt ihres Liebesspiels als zur Enthüllung und Präsentation der Liebesgöttin selbst. Der beherrschenden Bilddiagonale von links unten nach rechts oben korrespondiert eine genau rechtwinklig verlaufende Linie, die von dem größeren Amor in Siegespose mit dem Schwert des Kriegsgottes ausgeht und in dessen Blickrichtung – parallel zur Blickachse der Venus – zu dem am unteren Blickrand hockenden kleineren Amor führt. Der erste, der auch farblich der Venus zugeordnet ist, imitiert deren Entschleierungsgestus mit dem rechten, über dem Kopf angewinkelten Arm, während der zweite, wie Mars etwas dunkelhäutigere Amor sich dessen viel zu großen Helm übergestülpt hat und mit gelindem Entsetzen aus dem Bild heraus- und den Betrachter anzustarren scheint.

Der blankpolierte Schild, der am linken Bildrand an das Podest des kleinen *Amor victor* gelehnt ist, verweist auf die Ursache dieses eigentümlichen Geflechts von Blikken und Gesten, das die Betrachter, die Bewohner oder Besucher der Villa, unmittelbar einbezieht. Nicht diesen noch ihrem zögernden Liebhaber gilt die Präsentation der Venus, sondern ihr selbst; wie die beiden Amores, die dabei die – übrigens mit den Zügen realer Personen versehenen – Göttergestalten in ihrem Habitus kindlich imitieren, blickt Venus in einen Spiegel, der sich außerhalb des Bildes befindet, und zwar genau dort, wo die Betrachter stehen. Durch die Positur des einen, durch den Blick des anderen Amor, der über sein martialisches Spiegelbild erschrickt, wird eine doppelte, den beiden diagonalen Bildachsen entsprechende Perspektive eingetragen, die mit Blick und Begehren der Betrachter spielt. Die beiden Amores agieren dabei als vorbildliche Vermittlerfiguren, indem sie die realen Zuschauer in die Szenerie integrieren und den Vorgang der Betrachtung selbst vor Augen führen. Die realen Betrachter fungieren als Spiegelbild der dargestellten Göttergestalten Mars und Venus und zugleich – wie die beiden Amoretten – als ihre verkleinerte Imitation. Ihr Begehren spiegelt sich in dem Bild, wie sich das der Venus außerhalb des Bildes spiegelt.

Es wäre verlockend zu wissen, wie die zeitgenössischen Besucher im Tablinum der Villa darüber reflektierten. Vielleicht werden sie eher hedonistische als philosophische oder allegorische Betrachtungen angestellt haben, zumal der Spiegel – wie aus den Polemiken der Patristiker hervorgeht – als Symbolträger der dionysischen Mysterien figurierte.[27] Andererseits wird Amor-Eros etwa zur selben Zeit unter dem Einfluß des alexandrinischen Platonismus zu einer abstrakten Urkraft vergeistigt und dabei sein dynamisches Prinzip in einen unveränderlichen Zustand der Seligkeit überführt, wie ihn nur die vom Körper befreite Seele zu empfinden vermag; er hat auf diesem Wege Eingang in die frühchristliche Philosophie und Patristik finden können. So wird beispielsweise der Gedanke eines *Eros Uranios* als Symbol der gottliebenden Seele in einer späteren christlichen Allegorese der Liebesgeschichte von Amor und Psyche aufgenommen und Christus selbst als spiritueller Liebhaber der Menschenseele gedeutet. Auch Origenes identifiziert in seinem Kommentar zum Hohelied Eros mit Christus; Gregor von Nazianz und Pseudo Dionysios, die ihrerseits auf den paganen Topos des über alle anderen Götter siegreichen Amor zurückgreifen, deuten den Eros-Pfeil als die von Christus ausstrahlende Liebe; eine Vorstellung, die zwar nicht in die Dogmatik eingegangen ist, dafür aber nachhaltig auf die christliche Mystik des Mittelalters und des 17. Jahrhunderts gewirkt hat.[28]

Der Christianisierung des antiken Eros, die sich der neoplatonischen Unterscheidung zwischen *Amor Dei* und *cupido carnalis,* zwischen göttlicher Liebe und fleischlicher Begierde bedient, entspricht die synkretistische Umdeutung der Aphrodite Urania und der älteren Muttergottheiten des Mittelmeerraums zur jungfräulichen *Theotokos* und Himmelskönigin, während die pagane Venus – als dämonisierte Aphrodite *Pandemos* der Hetären – sich zur Teufelsgestalt par excellence wandelt. Erst in der Renaissance wird Venus mit ihrem geflügelten Begleiter nach antikem Vorbild als Gegenstand der Kunst wiederentdeckt und dabei ihre christliche Ikonographie zumeist im Kontext der »Laster« und »Todsünden« um erotisierendes Bildvokabular angereichert. Der kleine Amorengel, der sich schon bald zu einer zahllosen Schar von Putten und Eroten vermehren wird, oszilliert somit zwischen mittelalterlicher Bildallegorese und den neu erworbenen sinnlichen Qualitäten der Kunst, verbindet devote Betrachtung mit realem Begehren. Auf paradigmatische Weise verdeutlicht er das Spannungsverhältnis zwischen sakralem und säkularem Status des Bildes, das noch bis zum Ende des 18. Jahrhunderts – und in veränderter Form bis in die Gegenwart hinein – die künstlerische Theorie und Praxis und nicht zuletzt die Betrachtung des Kunstwerks selbst bestimmen sollte.

In diesem Zusammenhang vermag auch der Spiegel, der unsichtbar die gesamte Szenerie des pompeijanischen Freskos dominiert, weiteren Aufschluß zu geben. Als sui generis mehrdeutiges Requisit und als künstlerisches Reflexionsmedium, das zudem die Illusionstechniken wesentlich bereichert, gelangt er in die amourösen Kompositionen der Neuzeit. In der christlichen Ikonographie begegnet der Spiegel als Attribut der *prudentia,* bei Cesare Ripa auch in emblematischen Zusammenhängen mit »Wahrheit« und »Selbsterkenntnis«, am häufigsten jedoch als Symbol der *vanitas* und der *luxuria* und in dieser Bedeutung auch als Attribut einer nunmehr allegorisierten Venus, deren vielfältige Sinnbezüge – Wollust, Eitelkeit, Verschwendung, sinnliche Liebe, Hingabe an das irdische Leben – in der Barockzeit zudem als Rechtfertigung erotisierender Darstellungen dienen konnten. In allen Fällen aber reflektiert der Spiegel im Bild zugleich die Bedingungen und Möglichkeiten der Kunstbetrachtung selbst.

Ungeachtet des in Spanien geltenden allgemeinen Verbots von Aktdarstellungen hat Diego Velázquez, der sich als Hofmaler mit Spiegeleffekten auskannte, eine nackte Venus mit Amor gemalt (Abb. 54) und dabei ein sinnliches Meditationsbild von un-

54 Velázquez, *Venus mit Spiegel,* London, ▷ National Gallery of Art, 1648/1651

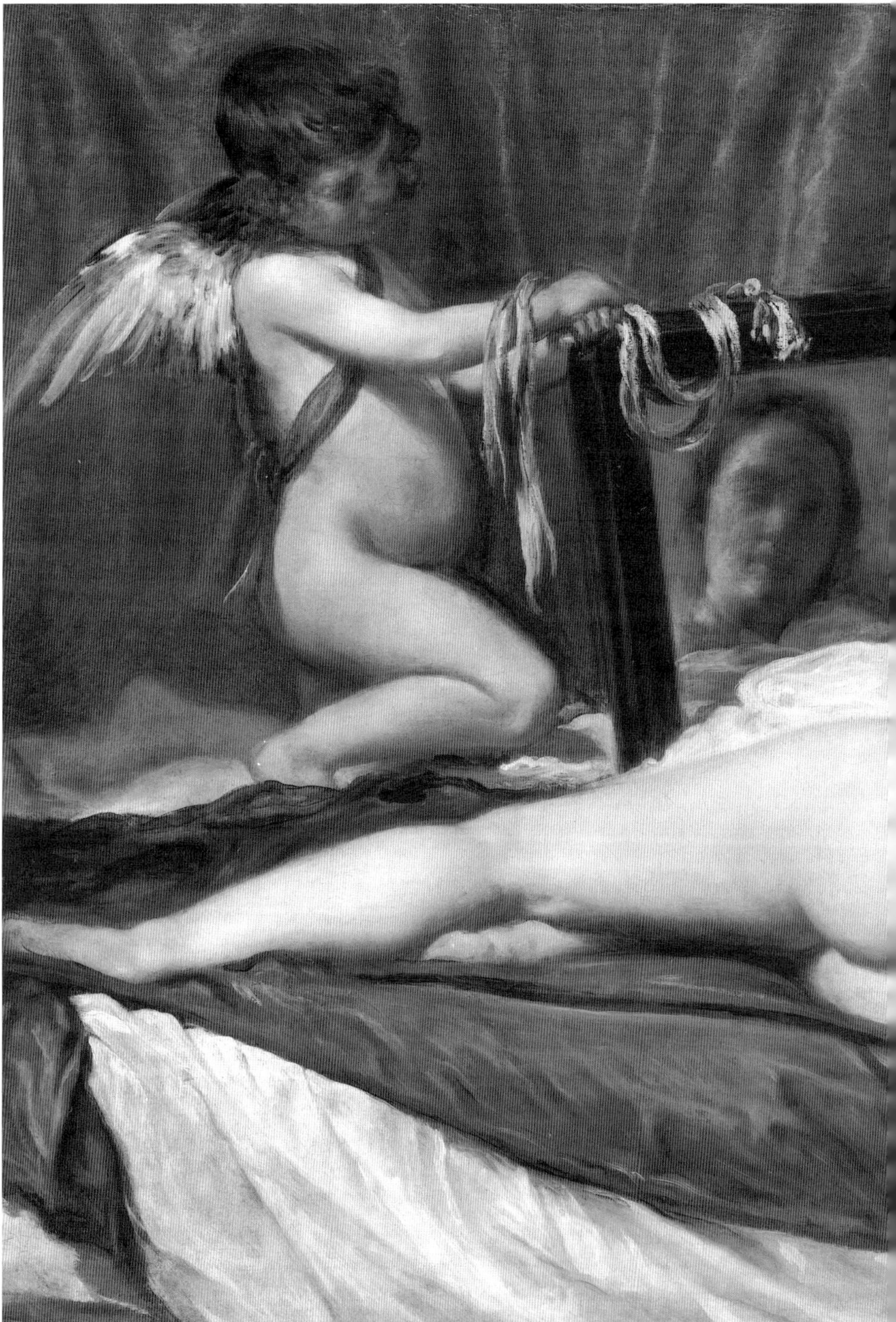

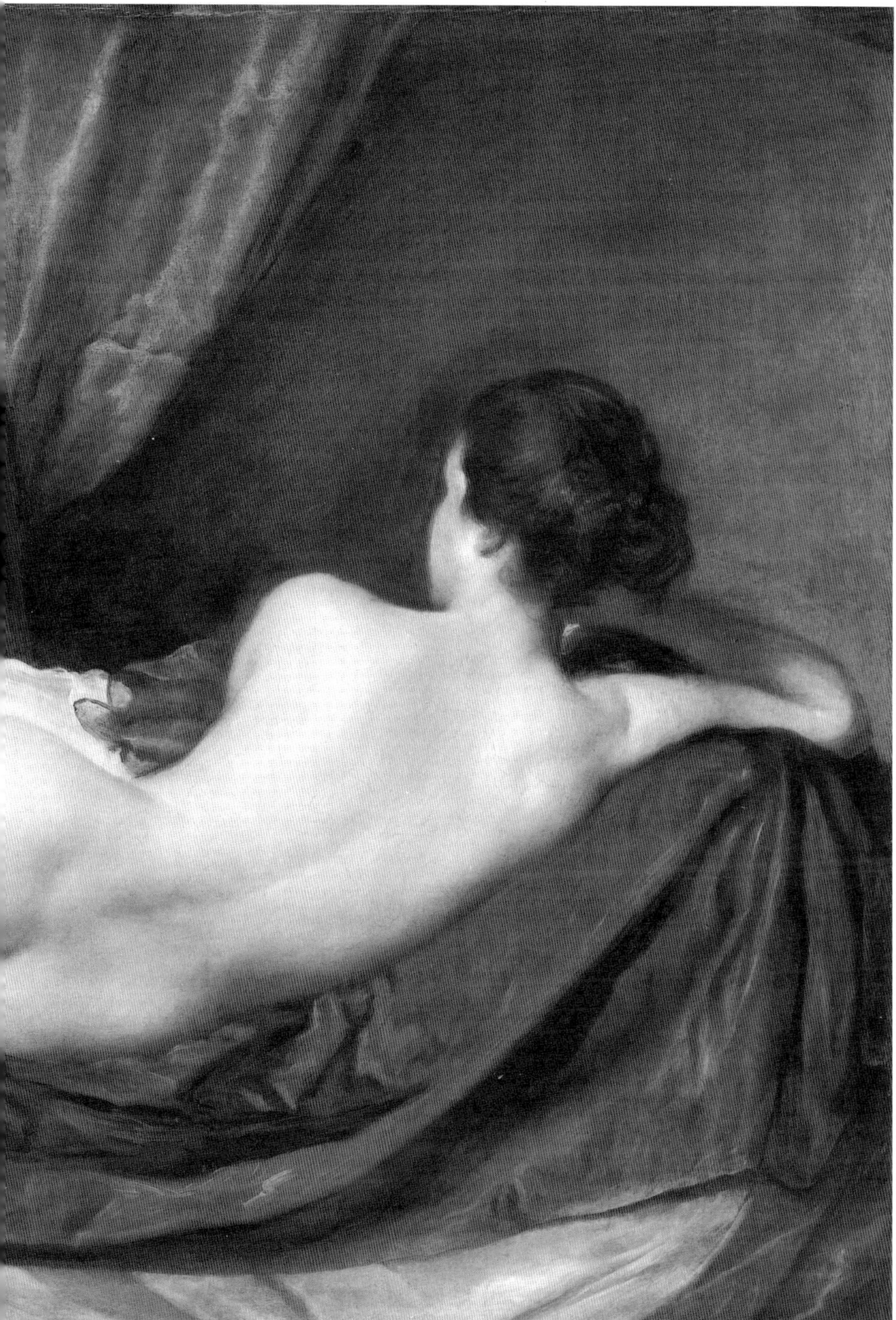

vergleichlichem Raffinement geschaffen. Auf einem großzügig ausgestatteten, vom unteren Bildrand abgeschnittenen, gleichsam über den Rahmen hinausgehenden, mit kostbaren Stoffen bedecktem Lager ruht die auffällig schlanke Venus mit dem Rücken zum Betrachter über die gesamte Breite des Bildes lässig ausgestreckt; vor ihr kniet ein geflügelter Knabe, der sehnsüchtig die weibliche *physis* betrachtet, und hält ihr einen Spiegel zur Selbstbetrachtung hin. Auch hier erweist sich Amor als Vermittlergestalt, und zwar gleich in doppelter, doppeldeutiger Hinsicht. Seine Devotionshaltung und sein verliebter Blick auf die vor ihm liegende Gestalt lassen den Betrachter imaginieren, was dieser nicht sehen kann, vermitteln ihm eine Vorstellung dessen, was ihm das Bild selbst entzieht. Indessen hat Amor den Spiegel etwas weiter, als es eigentlich nötig wäre, zum Betrachter hin gedreht, so daß dieser das Angesicht der Göttin in einem Bild im Bild betrachten kann. Doch was er dort erblickt, ist so enttäuschend, daß man ernsthaft erwogen hat, ob nicht das Spiegelbild zu einem späteren Zeitpunkt übermalt worden sei. Die groben, eher gleichgültig hingeworfenen Züge, die dem Betrachter aus dem Spiegel entgegenblicken, korrespondieren durchaus nicht der Erwartung, die ihm die Rückenansicht des sorgfältig gestalteten, nach klassisch-antiken Proportionen individuierten Frauenkörpers suggeriert. Falls der Verdacht stimmen sollte, hat jene fremde Hand, vielleicht um ein Portrait unkenntlich zu machen, das Bild um eine entscheidende Pointe bereichert. Denn was im Spiegelbild erscheint, ist nicht die Göttin selbst, sondern nur eines ihrer vielen und vielfältigen Gesichter, in diesem Fall das Antlitz der plebejischen, durch Kunst und Triebverzicht mitnichten sublimierten Venus. Beide erscheinen jedoch unauflösbar miteinander verbunden; die sublime Aphrodite sieht in Amors Spiegel sich als die vulgäre, der Betrachter die vulgäre Aphrodite als die abgewandte Seite der sublimen.

Doch gestattet Amor noch eine weitere Lektüre. Denn die untere Kante des Spiegels bleibt in den aufgeworfenen Falten der Überdecke verborgen; der Winkel zum Betrachter ist nicht eindeutig zu erkennen. So ist es auch nicht ausgeschlossen, daß sich dieser selbst, sein plumpes, sinnliches Begehren, das er auf die Liebesgöttin projiziert, darin gespiegelt findet: die Art seiner respektlosen Betrachtung, die – anders, als es Amor vorbildlich vor Augen führt – über den begehrten Körper zu verfügen sucht.

Wie immer der geflügelte Amor seinen Spiegel halten mag, wird Venus allenthalben die Blicke des Betrachters auf sich ziehen und dabei – wie eine Heilige im christlichen Sakralbild – in unerreichbarer Distanz verbleiben. Im Unterschied zum Kultbild, dessen schützende Aura aus seiner sakralen Funktion selbst hervorgeht, bedarf es hier jedoch, zumal die Szenerie sich weder mythologisch noch allegorisch konkret definieren läßt, jenes Spiegels, in dessen Brennpunkt Amor als Erscheinungstechniker fungiert. Dabei verwandelt er sakrale in säkulare Bildfunktionen; zugleich Anagoge und Allegoriker lenkt er den Blick des Betrachters, leitet zu vorbildlicher Betrachtung an, verweist durch sinnliche Evidenz auf das erotisch-intellektuelle Spiel versteckter Sinnbezüge und inspiriert zu sinnlicher Andacht und gedanklicher Meditation.

In diesem Spannungsverhältnis zwischen einem Diesseits und einem Jenseits des Bildes erweist sich Velázquez' Amor als Grenzfigur der künstlerischen Repräsentation, die beide Tendenzen – das Begehren des Betrachters und die Distanzierung des Bildes – balanciert. Er ist nicht allein Verführer und Kuppler, sondern auch schützender Genius. Das Spiegelbild, das er zärtlich in seinen übereinandergelegten Händen hält, bannt den Betrachter und wirft ihn auf sich selbst zurück; wie die dargestellte Venus hat auch ihre Darstellung vor zudringlichen Blicken nichts zu befürchten. Amors Spiegel bringt den Akt der Wahrnehmung – der realen Betrachtung und der imaginären Teilhabe an der Szenerie – zur Erscheinung: ein imaginäres Geflecht von Wünschen und Verboten, von Trieberfüllung und -verzicht. Die andere Seite der Repräsentation, die Amor erblikken läßt, ist zugleich die andere Seite der menschlichen Psyche.

3 Seelengeleiter

Die erotische Wechselbeziehung von Amor und Psyche, die ihre für die mittelalterliche Tradition bedeutendste Formulierung in den »Metamorphosen« des Apuleius, einem Roman aus dem 2. Jahrhundert, erhalten hat, manifestiert sich in der antiken Gestaltung des *eidolon,* der menschlichen Seele, die ähnlich den früheren Eroten als nackter geflügelter Mensch dargestellt wird. Dieser *eidolon* gelangt zunächst unverändert in die christliche Kunst und wird später dem antiken Typus des geflügelten Genius angeglichen, der sich seinerseits mit *anima*-Vorstellungen vermischt.[29] Ursprünglich wurden die römischen Genien als unsichtbare Schutzgeister eines Individuums oder Kollektivs, eines Ortes oder eines Volkes verehrt und konnten daher nachträglich in die jüdisch-christliche Tradition integriert werden, die neben Gemeinde- oder Völkerengeln – wie Michael und Gabriel, die über das Volk Israel wachen und dessen Feinde bekämpfen – seit dem Neuen Testament auch individuelle Schutzengel kennt.[30] Die Idee eines persönlichen Schutzengels konzentriert sich in der bildenden Kunst zunächst auf den Erzengel Raphael, dessen sprechender Name – »medicina Dei«, »Gott hat geheilt«, »Heil von Gott« – ihn realiter wie spiritualiter als Medikus und darin als Vorläufer Christi kennzeichnet.[31]

Die apokryphe Tobias-Erzählung, auf der die spätere Verehrung des Erzengels basiert, kennzeichnet Raphael als Weggeleiter, der den frommen Juden auf ihren weiten und gefährlichen Reisen beisteht, als Arzt, der geheimnisvolle Mixturen zu bereiten weiß, und als Zauberer, der den Todesdämon Asmodi vertreibt. Während im Mittelalter der zumeist kindliche Tobias als Attribut des Erzengels erscheint, wird in der Renaissance die facettenreiche Geschichte selbst zum Bildthema und dabei zunehmend um narrative Elemente und realistische Details der Alltagswelt erweitert. Aus diesen szenischen Darstellungen des 15. und 16. Jahrhunderts, welche die zwiespältigen Aspekte des Magiers zu tilgen versuchen, entsteht jener Schutzengel-Typus, der bis in die religiösen Kitsch- und Kinderbücher dieses Jahrhunderts überdauert hat: eine große, auch physisch Schutz verheißende Gestalt mit sanften, androgynen Zügen, die ihren Schützling an der Hand führt und über alle seine Schritte wacht. In den bekannten Darstellungen von Verrocchio und Pollaiuolo erscheinen Raphael und Tobias als preziöse Jünglinge mit zeremoniellen Gesten und nach der neuesten Florentiner Mode gekleidet; Botticini präsentiert eine kaum weniger affektierte Trias von Erzengeln, die gleichsam an dem Betrachter vorbei aus dem Bild schreiten, während Raphael etwas gelangweilt auf seinen Schutzbefohlenen herabblickt.

Die Gründe für Raphaels steigende Popularität im Quattrocento sind unbekannt. Man hat darin versteckte Propaganda gegen den herrschenden Clan der Medici vermutet, deren politischem Führungsanspruch oppositionelle Gruppierungen der Compagnia di Raffaello möglicherweise ihren Schutzpatron als mächtigeren *medicus* und Führer entgegenstellen wollten.[32] Allerdings vermag dieser lokalpolitische Hintergrund weder die weite Verbreitung des Themas noch die einzelnen ikonographischen Bezüge zu erklären. Cima da Conegliano (Abb. 55) verwendet beispielsweise das Formular der *Sacra Conversazione,* eine für den Erzengel ungewöhnliche Ehre, die sonst allenfalls Michael, dem Herrscher der himmlischen Heerscharen zuteil wird (Abb. 56). Vor dem Hintergrund seiner heimatlichen Landschaft stellt der Maler die beiden Hauptfiguren auf eine natürliche Bodenerhöhung; der Blick des Knaben ist zum Himmel gewendet, während der Engel in die Richtung des Betrachters, jedoch über ihn hinaus, vielleicht auf ihr gemeinsames Ziel weist: in der Tobias-Geschichte bezeichnet sich Raphael als einen der Engel, die vor Gottes Thron stehen.[33] Flankiert werden beide von Jakobus dem Älteren und dem Heiligen Nikolaus, stehen mithin zwischen dem Schutzpatron der Wallfahrer und der Kinder, so daß die werkfromme Stiftung des Altarbildes möglicherweise ein reisendes oder ein verstorbenes Kind dem Wohlwollen des Erzengels anempfehlen sollte.

Der Schutzengel erfreut sich noch einmal im 19. Jahrhundert größter Beliebtheit, und dies insbesondere in der Buchillustration. Die sakralen Motive werden dabei unterschiedslos, wenngleich immer zur frommen Erbauung, in neue und andere Zu-

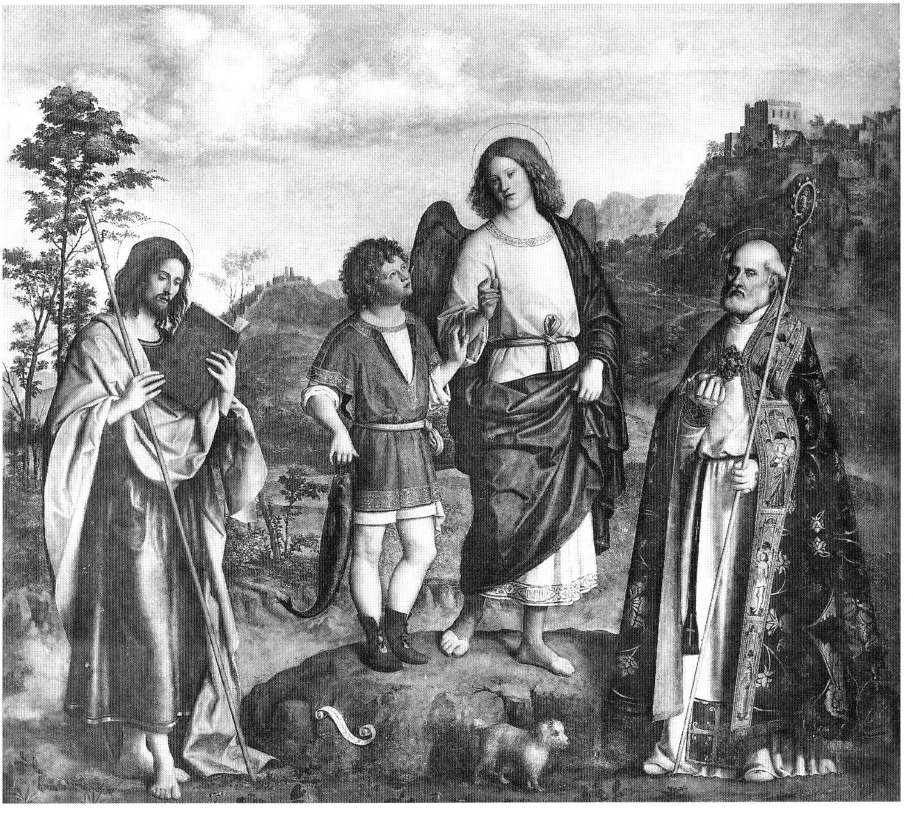

55 Cima da Conegliano, *Raffael und Tobias*, Venedig, Gallerie dell'Accademia, um 1500

sammenhänge eingefügt. Der Holzschnitt von L. E. Grimm (Abb. 57) bezieht sich auf eines der von seinen Brüdern gesammelten und für den bürgerlichen Hausgebrauch bearbeiteten Volksmärchen, auf die Geschichte von »Brüderchen und Schwesterchen« und deren zweideutige Metamorphosen. Die dunklen Dämonen im Hintergrund, die Goyas *Caprichos* entliehen sind, scheinen paradoxerweise nur dadurch gebannt, daß sie sogleich die ganze rührende Szenerie ins Zwielicht ziehen. Der Engel, der im Märchen überhaupt nicht vorkommt, hat sich dem am Bachufer eingeschlafenen halbwüchsigen Mädchen von hinten genähert und ist mit ausgebreiteten Armen auf die Knie gesunken; in den Händen hält er glücklicherweise noch zwei Unschuldslilien. Wären da nicht seine Flügel und die besorgten Blicke der Hexe,

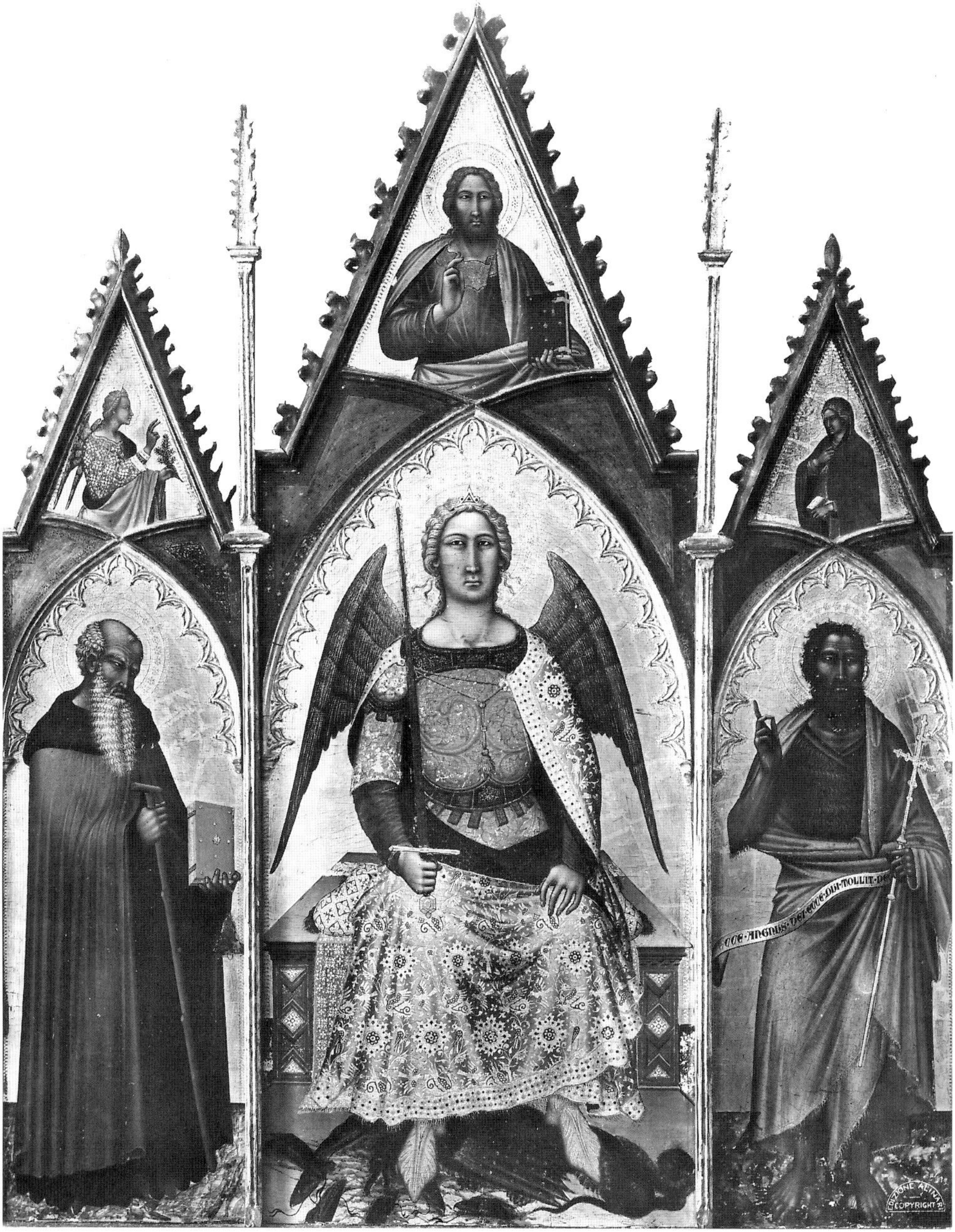

56 Angelo Puccinelli, *Thronender Erzengel Michael,* Siena, Pinacoteca, Ende 14. Jahrhundert

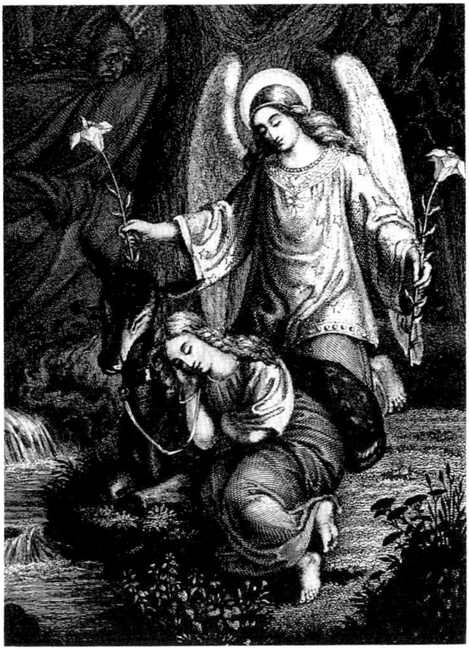

könnte das Bild auch einen der zahllosen erotischen Romane des 18. Jahrhunderts illustrieren. In einer Karikatur zu Beginn des »Jahrhunderts des Kindes« (Abb. 58) wird diese doppeldeutige Biedermeieridylle konsequent ad absurdum geführt. Doch verkehrt die mephistophelische Gestalt mit Drachenflügeln, Schnapsflasche und Peitsche, an die sich das abgemagerte Kind bittsuchend wendet, die Lichterscheinung des Engels nicht einfach in ihr teuflisches Gegenteil; sie akzentuiert vielmehr, wie es der Karikatur entspricht, in extremer Weise

57 Ludwig Emil Grimm, *Brüderchen und Schwesterchen,* um 1830

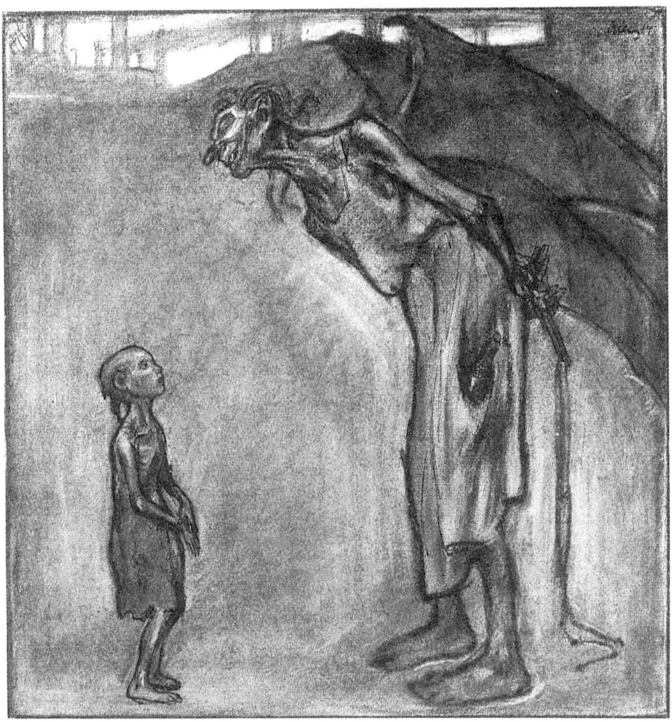

58
Paul Rieth,
Im »Jahrhundert des Kindes«,
»Jugend«, 1914
(siehe auch S. 248)

einen bestimmten, von seiner Trivialisierung gleichwohl überdeckten Wesenszug des schützenden Engels, der angesichts des Massenelends die grauenhaft verzerrten Züge eines *alter ego* angenommen hat. Denn noch der süßlichste Schutz- und Geleitengel ist wie Amor zugleich ein verkappter Todesdämon.

Der Gedanke, daß Flügelwesen die Seelen der Verstorbenen ins Jenseits überführen, scheint im Altertum über den gesamten Mittelmeerraum verbreitet gewesen zu

59 *Sirene als Seelengeleiterin,* Detail vom »Harpyenmonument« aus Xanthos, London, British Museum, 5. Jahrhundert v. Chr.

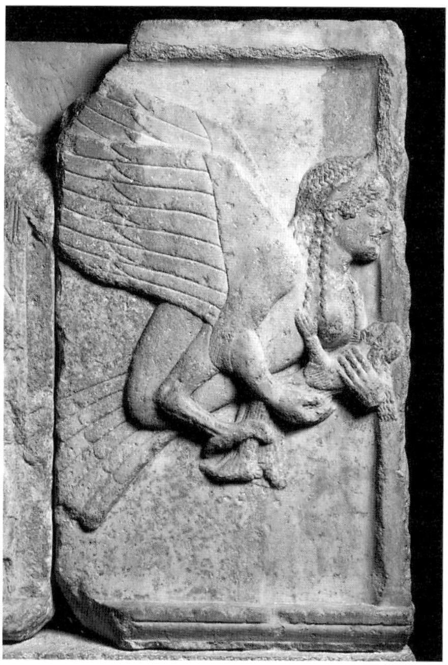

sein, wenngleich viele Dokumente wie etwa die Reliefplatte vom sogenannten Harpyenmonument aus Xanthos in Kleinasien (Abb. 59), das um 480 vor Christi entstanden ist und eines der wichtigsten erhaltenen Beispiele für den archaisch-griechischen Stil darstellt, in ihrer konkreten Bedeutung umstritten sind. Der Götterbote Hermes, der zumeist mit Flügelschuhen, Reisehut und Zauber- oder Heroldsstab erscheint, wird bereits bei Homer als *psychopompos* (Seelengeleiter) bezeichnet, da er die Seelen der von Odysseus getöteten Freier in den Hades führt.[34] Geflügelt wird auch das Brüderpaar Hypnos (Schlaf) und Thanatos (Tod) aufgefaßt; auf einer berühmten Lekythos (Abb. 60), nach der ihr Schöpfer als Thanatos-Maler in die Kunstgeschichte eingegangen ist, legen die beiden nachtgeborenen, in ihrer Darstellung jedoch keineswegs grausigen Gottheiten einen gefallenen Krieger vor einer Grabstele nieder, um ihn zu bestatten. Als Attribut trägt Thanatos häufig eine – im Unterschied zum Genius und zum Hochzeitsgott Hymen – umgestürzte, verlöschende Fakkel. Ikonographisch ist er zunächst dem jugendlichen Eros des 6. und 5. Jahrhunderts vor Christi verwandt; als frühester Beleg gilt ein Fragment vom Ostfries des Artemis-Tempels in Ephesos. Wenngleich ursprünglich ganz unterschiedliche kultische Vorstellungen hinsichtlich der Eroten, Thanatoi, Niken und Genien bestanden haben dürften, verschmelzen ihre Ikonographien im Zuge eines allgemeinen religiösen Synkretismus der späthellenistischen Zeit bisweilen zur Ununterscheidbarkeit und können, wie auch die Ekphrasen des Philostratos beweisen, in ganz unterschiedlichen Zusammenstellungen erscheinen.[35]

Die christliche Kunst hat sich dieser ikonographischen und konzeptionellen Mehrdeutigkeit desto eher bedienen können, je weiter sich jene Flügelwesen von ihren paganen Kultzusammenhängen entfernten, und dabei die Vorstellung des Psychopompos auf Engelgestalten übertragen, die als Anagogen schützend und tröstend die christliche Seele aus der irdischen in die himmlische Welt geleiten. Auf dem zwischen 430 und 440 entstandenen Holzportal von S. SABRINA wird der gen Himmel fahrende Christus mit plastischer Anschaulichkeit von zwei Engeln geradezu nach oben gezogen, während ein dritter, zum Betrachter gewandt, den Vorgang mit einer Geste größter Verwunderung begleitet. Die auf Erden zurückgebliebenen Apostel, die sich über eine durch aufwärts strebende Wolkengravur angedeutete Hügellandschaft verteilen, müssen, um dem Schauspiel folgen zu können resp. um die räumliche Höhendistanz zum Ausdruck zu bringen, sich geradezu die Hälse ausrenken. Eine etwa zur selben Zeit wie das römische Holzrelief entstandene Elfenbeintafel zeigt hingegen den verstorbenen Kaiser, der von zwei Engeln – der Bart des einen spielt dabei unverkennbar auf ältere Thanatos-Darstellungen an – triumphal in den Himmel befördert wird, wo bereits eine Ehrengarde zu seinem Empfang bereitsteht, während man in der unteren Bildhälfte eine feierliche Konsekrationszeremonie abhält.

Fast regelmäßig sind – wie auf dem Elfenbeineinband des um das Jahr 1000 entstandenen Evangeliars Ottos III. – Engel bei dem Marientod zugegen und assistieren Christus, der den *eidolon* der Gottesmutter ähnlich wie sonst diese das Jesuskind in seinen Händen hält. Dem *eidolon*-Typus sind auch die Seelen jener Seligen nachgestaltet, die in der Darstellung des Jüngsten Gerichts auf dem linken Portal der KATHEDRALE ZU REIMS von Engeln in Abrahams Schoß getragen werden, wäh-

60 Weißgründige Lekythos des Thanatos-Malers, London, British Museum, um 440 v. Chr.

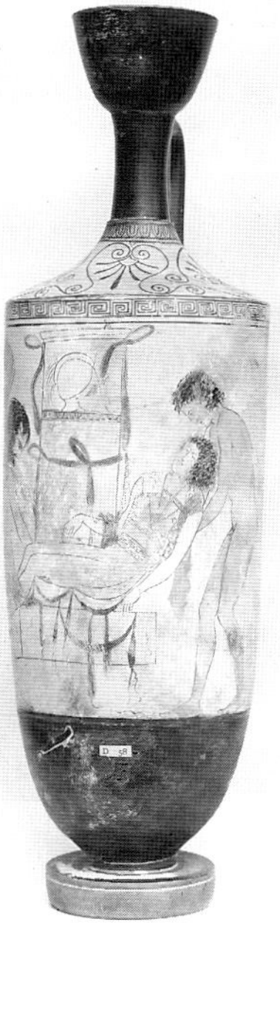

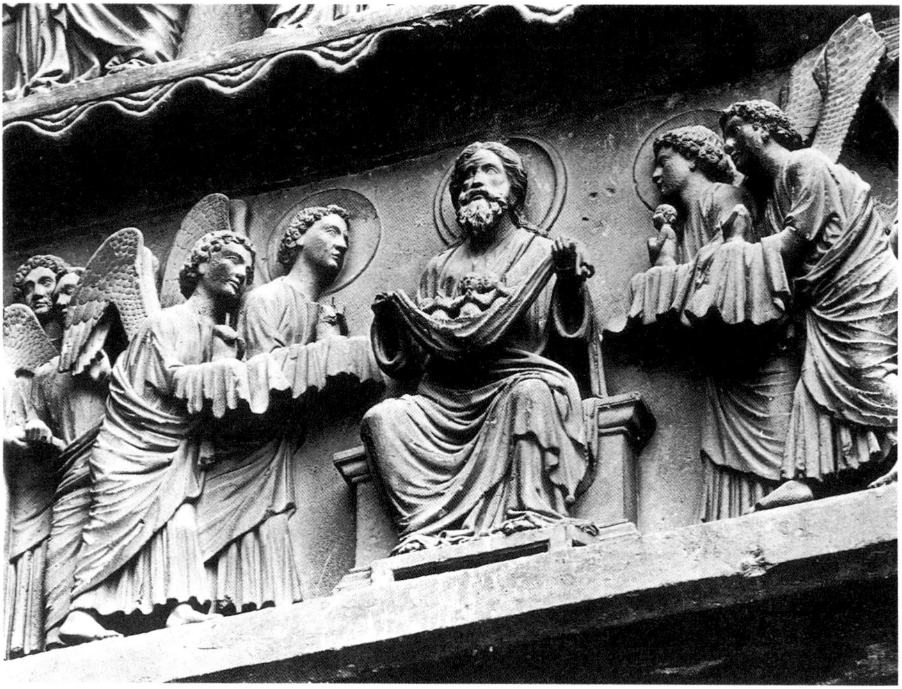

61 *Die Seelen der Seligen, von Engeln getragen, um an Abrahams Busen zu ruhen* (Relief), Reims, Kathedrale, Portal des Jüngsten Gerichts, 13./14. Jahrhundert

rend auf der anderen Seite des Tympanons Dämonen die Verdammten in die Hölle schleppen (Abb. 61); die Westfassade der Kathedrale mit ihren berühmten Skulpturen entstand wie der noch berühmtere »lachende Engel« um die Mitte des 13. Jahrhunderts.

Ein gutes Jahrhundert später wird auf einem Fresko des aus Arezzo stammenden Spinello in der Basilica di san Miniato al monte in Florenz der Tod des Hl. Benedikt und seine Aufnahme in den Himmel gleichsam zu einem physikalischen Experiment genutzt (Abb. 62). Der Heilige, dessen sterbliche Überreste – einem Schema Giottos folgend – bildparallel im Vordergrund aufgebahrt sind, gleitet indessen über eine schiefe Ebene, die eine elegante Diagonalbewegung in die Komposition einträgt, zur linken oberen Bildecke hinauf, wo ihn zwei Engel über den Wolken erwarten. Vermittlungspunkt und Übergang der irdischen in die himmlische Sphäre bildet am unteren Ende der mit kostbaren Stoffen überdeckten Rampe ein weiterer Engel. Mit seiner ausgestreckten, nach vorn weisenden rechten und der fest an den Körper gelegten linken Hand langsam vorwärtsschreitend, hat er den Kopf noch einmal den hinterbliebenen Mönchen zugewandt, um die Aufnahme ihres Ordensgründers ins Paradies, mithin auch dessen heiligen Status zu vergegenwärtigen: eine Gestalt von raumbeherrschender Dynamik, obgleich die Komposition, wie etwa die abgeschrägte Kirchenarchitektur auf der rechten Seite zeigt, sich eher auf räumliche Andeutungen beschränkt als den Versuch einer dreidimensionalen Durchgestaltung erkennen läßt. Der Engel gehört zweifellos zu den bemerkenswertesten Schöpfungen des ausgehenden Florentiner Trecento; kunstgeschichtlich scheint er noch einmal auf Giotto zurückzublicken, um gelassenen Schritts und mit vollendeter Eleganz auf die revolutionären Neuerungen des kommenden Jahrhunderts zuzugehen.

Auch bei Martyrien sind Engel regelmäßig zugegen, um die heiligen Blutzeugen noch vor ihrem Tod den Himmel schauen zu lassen, der ihrer bereits harrt, sie mit dieser Erscheinung zu trösten, die ihnen das Ende aller ihrer Leiden verkündet. Damit aber trägt der Martyriumsengel ein doppel-

62 Spinello Aretino, *Tod des Heiligen Benedikt,* Florenz, Basilica di San Miniato al Monte, 1385–1387

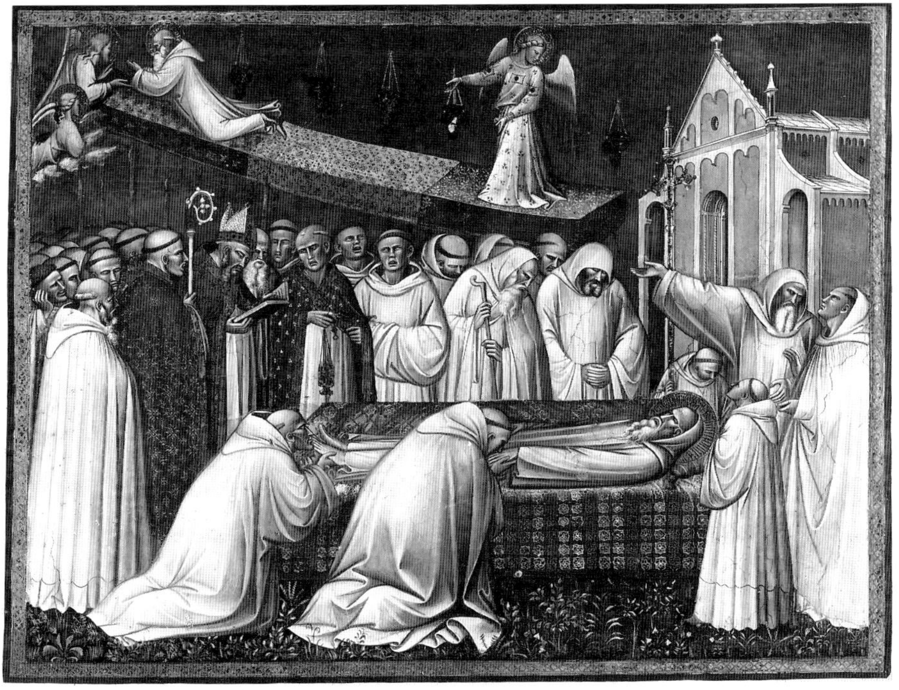

tes zeitliches Moment in die Darstellung ein, dem räumlich der diesseitige und der jenseitige Bereich entsprechen. Im Zeichen des Engels verwandelt sich das irdische Vorher in ein himmlisches Danach, die Welt der natürlichen Formen zugleich in spirituelles Licht. Diese bei Spinello Aretino bereits angedeutete Koinzidenz von zeitlicher und räumlicher Transitorik verdichtet sich insbesondere in den Martyriumsbildern des 16. und 17. Jahrhunderts zu einem für die Kunst der Gegenreformation charakteristischen Erscheinungsmoment, das Aufmerksamkeit und Devotion des Betrachters auf den Augenblick des Todes konzentriert, ihm wie dem dargestellten Heiligen visionär den Himmel öffnet, um ihn spiritualiter – und mit allen Techniken der Illusionskunst – in die dargestellte transzendente Bewegung einzubeziehen.

Eine ebenso ungewöhnliche wie eindringliche Variante dieses Themas findet sich auf der Innenseite eines Orgelflügels in der venezianischen Kirche MADONNA DELL'ORTO, für deren Ausstattung Tintoretto während drei verschiedener Phasen seines Schaffens tätig war. Die ersten, um 1550 entstandenen Bilder, deren Konzeption offenbar dem Maler weitestgehend überlassen worden war[36], befassen sich mit dem künstlerischen Gestaltungsproblem der Theophanie. Tintoretto scheint diesen weniger bedeutenden Auftrag genutzt zu haben, um verschiedene Lösungsmöglichkeiten durchzuspielen, wobei die schwindelerregende Untersicht von Mariens Tempelgang, dessen steile, kaum zu erklimmende Rundtreppe an Dantes kosmische Kreise erinnert, ebenso wenig zu befriedigen vermag wie die stürmische Vision des Apostels Petrus, der die Erscheinung des Kreuzes und die vom Geistwind ganz zerzausten Engel mit signoriler Gebärde zur Kenntnis nimmt. Die *Enthauptung des Apostel Paulus* (Abb. 63) ist hingegen ein kleines Meisterwerk, wenngleich sich auch hier der »Theatermaschinist« Tintoretto nicht verleugnen läßt.[37] Die Komposition lebt von einem einzigen, höchst ungewöhnlichen Bildgedanken, nämlich den Märtyrer ganz in Rückenansicht zu zeigen. Dieser vehemente Verstoß gegen eine Grundregel der klassischen Szenographie eröffnet jedoch dem Regisseur die Möglichkeit zu einer ganz neuen *inventio:* nämlich das Martyrium ausschließlich zu einer Begegnung des Märtyrers mit seinem Todesengel zu gestalten, der in einer strahlenden Lichtgloriole mit Kranz und Palme, den christlichen Siegeszeichen, wenn auch nicht triumphierend, sondern gesenkten Hauptes auf den Apostel herniederschwebt. Dieser hat den Kopf zum Himmel erhoben, der sich ihm zu einer Farb- und Lichterscheinung öffnet, und sich angesichts der Engelerscheinung aufgerichtet, weniger um den Todesstreich als um die Trophäen seines Martyriums zu empfangen.

Das Personendreieck wird durch ein suggestives Spiel der Blicke auf den Betrachter ausgedehnt. Der Apostel, der im nächsten Moment sterben wird, blickt wie der Betrachter auf die himmlische Vision, deren eindrucksvolle Lichtkulisse den Tod als Auferstehung zum ewigen Leben ver-

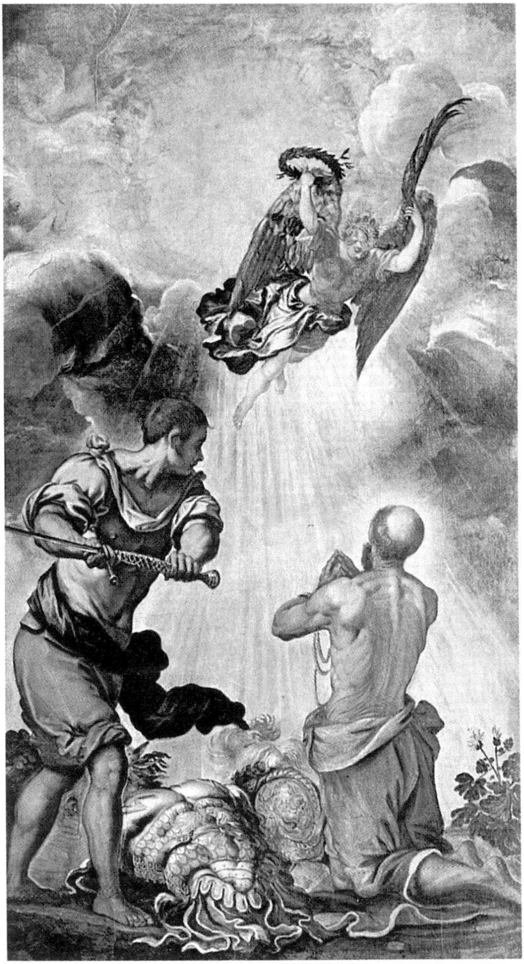

63 Tintoretto, *Die Enthauptung des Apostel Paulus,* Venedig, Madonna dell'Orto, um 1556

anschaulicht; das Heilsversprechen, das der Engel formuliert, gilt beiden. Zugleich Todes- und Siegesengel, halb Thanatos, halb Nike, gibt er dem sterbenden Heiligen zwischen Erde und Himmel ein triumphales letztes Geleit; als Erscheinungstechniker und Transzendenzhelfer verheißt er dem andächtigen Betrachter Schutz und Trost im Augenblick des Todes. Die wirkungsvolle Szenerie gerät desto überzeugender, als der Henker, der mit erbarmungsloser Präzision zu Werke geht, von alledem offenbar nichts bemerkt, während ihn umgekehrt der Märtyrer angesichts der göttlichen Erscheinung ganz vergessen hat.

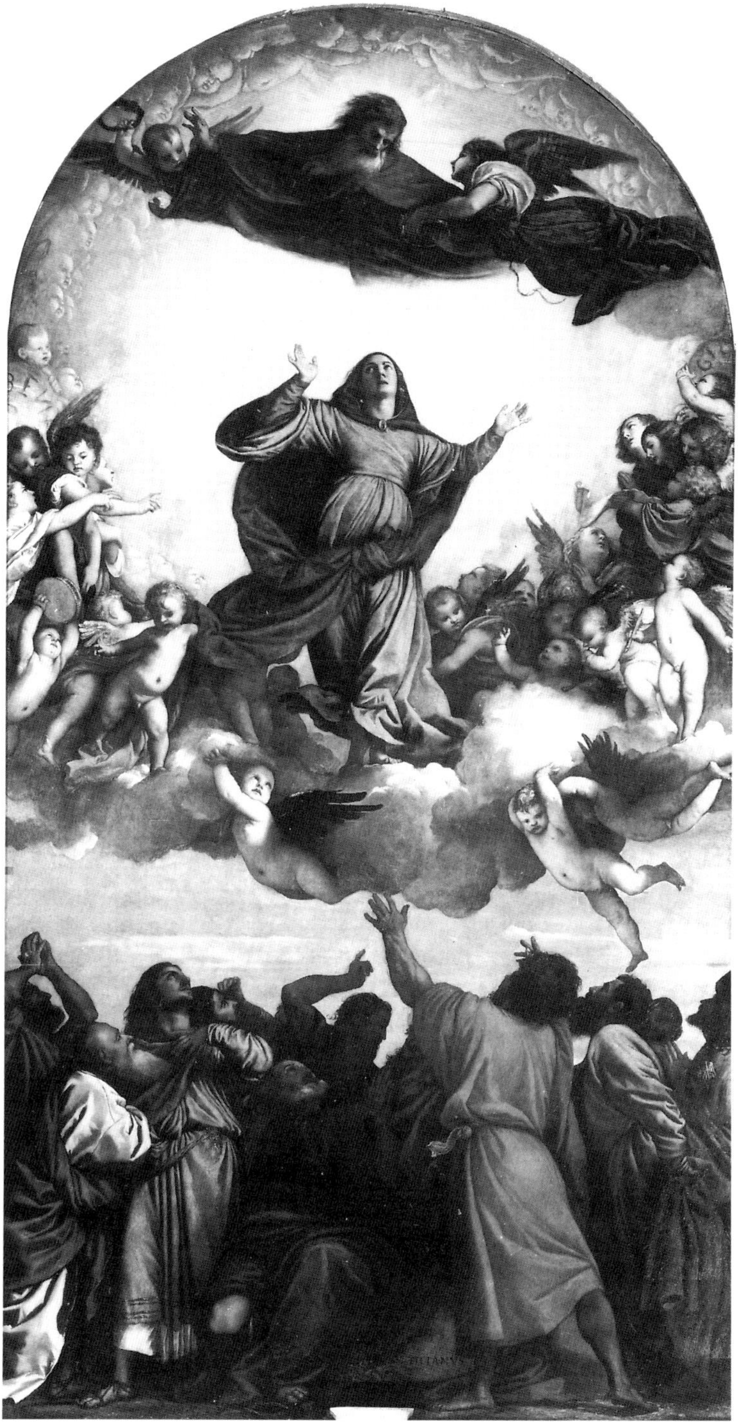

Die Engelscharen, die späterhin zum Seelengeleit der Heiligen aufgeboten werden, haben ein unerreichtes Vorbild in Tizians 1518 für die FRARI-KIRCHE in Venedig geschaffenen *Assunta* (Abb. 64). Wenn man der Überlieferung Glauben schenken darf, waren die Auftraggeber – die ortsansässigen Franziskaner – über die Gestaltung des Themas derart schockiert, daß sie erwogen, das Bild entweder übermalen zu lassen oder es gar nicht erst aufzustellen, und änderten bezeichnenderweise ihre Meinung erst, als der kaiserliche Gesandte außergewöhnliche Summen bot, um ihnen das Bild abzukaufen.[38]

Die Reaktion der Mönche ist indessen mehr als verständlich, auch wenn man davon absehen will, daß die »Handhabung des Breviers«, wie ein venezianischer Kunsttheoretiker des 17. Jahrhunderts süffisant schreibt, mit Kunstverständnis nichts zu tun habe.[39] Das monumentale Altarbild (von ca. 690 x 390 cm) bezieht den gesamten Kirchenraum ein, um seinen Erscheinungscharakter wirkungsvoll vor Augen zu führen. Der Betrachter, der die Kirche durch den westlichen Haupteingang betritt und das Bild von der Portalarchitektur des zwischenliegenden Chorgestühls gerahmt und dadurch zu irrealer Distanz entrückt sieht, gerät, indem er näher herantritt, in einen eigentümlichen Sog verschiedenartiger Bewegungen. Dem dreiteiligen Aufbau der Komposition entspricht eine dreifache Dynamik des Bildgeschehens. Aus der massigen *physis* der dicht zusammengedrängten Gruppe der Jünger im unteren Bilddrittel entsteht durch die allenthalben individuierten Positionen, die ausgestreckten Arme, die bestürzten, verwirrten, sehnsüchtigen Blicke auf die unmittelbar über ihnen und doch schon unerreichbar emporsteigende Himmelskönigin eine energische Aufwärtstendenz, die von der unerhörten Verkürzung Gottvaters und den flankierenden Engeln im oberen Bogenfeld aufgefangen werden soll, während die Mitte des Bildes von einer irritierenden, um die erhöhte Madonna kreisenden Bewegung bestimmt wird.

Die sie umgebenden, jubelnd umherwirbelnden, aufwärtsstrebenden Engeldämonen entfalten das Szenario einer chaotischen, ungebundenen *dynamis,* welche die himmlische Jungfrau und Gottesmutter ihrer eigenen Aufwärtsbewegung einverleibt, in ihrer Orans-Haltung zu sublimieren scheint und gleichermaßen in ekstatisch schwingende Tanzbewegungen übersetzt. Der bacchantische Engelchor der Eroten, Putten, Seelengeleiter und Liturgen materialisiert ihre Ekstase als sinnbildliche Entrückung aus der irdischen Sphäre, der sie in der bildlichen Darstellung ihrer Sinnlichkeit dennoch erhalten bleibt. Damit tanzt Maria, die mit ihrem dunklen sich um ihren Körper schlingenden Übergewand an den pelasgischen Mythos der Weltschöpferin Eurynome erinnert, förmlich aus ihrem christlichen Kontext heraus und entgeht dabei, was ihren Nachfolgerinnen nicht immer gelingen wird, gleichermaßen ihrer Spiritualisierung wie ihrer Prostitution im

◁ 64 Tizian, *Assunta,* Venedig, S. Maria dei Frari, 1516–1518

Dienst der noch zu Lebzeiten Tizians einsetzenden Gegenreformation.

Archaisch verwandt ist der tanzenden Mutter Gottes eine fast gleichnamige christianisierte Kultfigur, Maria Magdalena, die aus mehreren weiblichen Gestalten der Evangelien zu einer einzigen prototypischen Heiligen kompiliert worden ist. Es charakterisiert ihren besonderen Kultstatus, daß sie nach ihrer exemplarischen Bekehrung und der sich anschließenden ausgedehnten Missionstätigkeit nicht als Märtyrerin stirbt, sondern nach über zwanzigjähriger Buße von Christus selbst in den Himmel entrückt wird. An der großen »Sünderin« Maria Magdalena – der Anhängerin, womöglich Priesterin des kanaitischen Baal und seiner Fruchtbarkeitsriten – wird somit die Unterwerfung paganer Kulte und ihre zumindest teilweise Integration in die Hierarchie des einen, allmächtigen Gottes exemplifiziert.[40] Doch will es die Legende und übrigens auch die Logik dieser Einvernahme, daß ihre orgiastischen Züge gerade während ihrer lang andauernden Buße noch einmal aufleben; in ihrer Einsiedelei, so heißt es, sei sie täglich siebenmal zu den Gebetsstunden verzückt von Engeln in den Himmel getragen worden.[41]

Eben diese Verbindung von Spiritualität und Erotik, von hingebungsvoller Buße und ekstatischer Vision ist in der Kunst des 16. und 17. Jahrhunderts geradezu systematisch entwickelt worden. Die büßende Maria Magdalena, deren ostentative Reue im Dienst der Gegenreformation die Bedeutung der Buße und die Macht der Kirche, im Namen Christi zu vergeben, in werk-

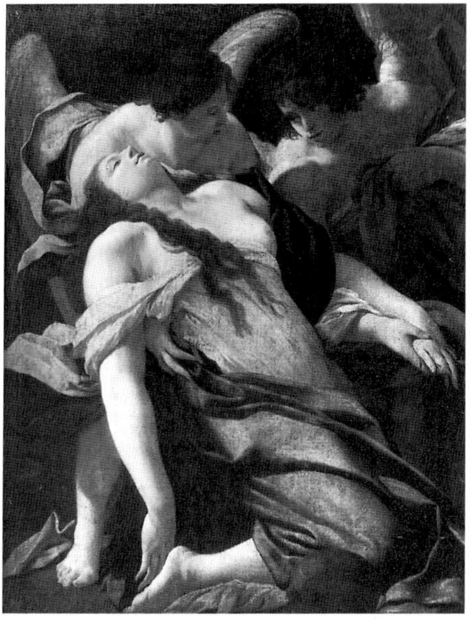

65 Simon Vouet, *Maria Magdalena in Ekstase,* Besançon, Musée des Beaux-Arts, um 1630

frommen Stiftungen demonstriert, gehört zu den wichtigsten Themen der Barockkunst, die in auffälliger Weise gerade die sinnlich-erotischen Qualitäten des Sujets hervorkehrt, dabei auf die von der Renaissance wiederbelebten paganen Bildformulare der göttlichen Liebesabenteuer oder Bacchantenfeste zurückgreifen kann, um diese wiederum in einen christlich-sakralen Kontext einzubinden. Tatsächlich ist die ikonographische Herkunft der barocken Büßerin aus den erotisierten weiblichen Gestalten der paganen Mythologie unverkennbar. Die beiden Engel von Simon Vouet (Abb. 65), die wie in einem fast zur gleichen Zeit entstandenen Bild von Rubens der Heiligen im Zustand ihrer Entrückung assistieren, sie aufrichten und dabei dem Betrachter präsentieren, sind vorübergehend dem Gefolge der Venus ausgeliehen worden; der traurig-sehnsuchtsvolle Blick des rechten Engels auf den halb entblößten weiblichen Körper ist derselbe, mit dem ein jugendlicher Gehilfe des Vulkan in Le Nains Gemälde Venus bei ihrem Eintritt in die Schmiede betrachtet. Der Engel Cagnaccis hingegen (Abb. 66), von dem kaum mehr als nackte Gliedmaßen zu sehen sind, da er gleichsam unter der Heiligen liegend diese in den Himmel trägt, scheint damit auch realiter – seine Kopfhaltung deutet es an – beider wechselseitige Erotisierung zu verursachen. Der Blick der Christus schauenden Magdalena korrespondiert mitnichten ihrer Körperhaltung, den an den Leib gelegten Armen, den erregt angewinkelten Beinen; ergriffen ist sie buchstäblich vom irdischen, nicht vom himmlischen Amor, und es ist in ihrem Fall

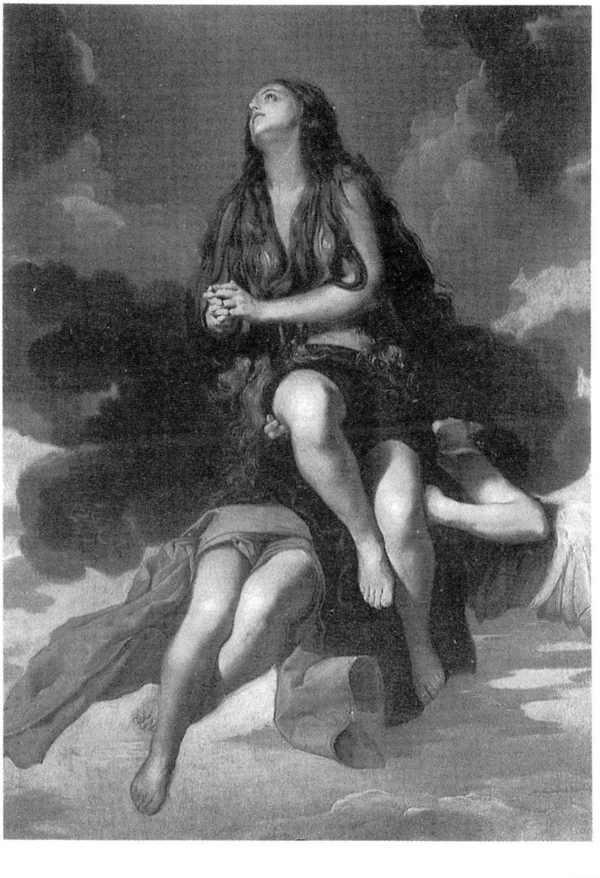

66 Cagnacci, *Maria Magdalena wird von einem Engel in den Himmel getragen,* Florenz, Galleria Palatina, um 1640

durchaus nicht, wie über Vouets Bild geschrieben wurde, »incertum moritur vel Magdala languet amore«[42] [»unsicher, ob Magdalena stirbt oder vor Liebe vergeht«].

Genau um diesen Unterschied geht es in einem zur Mitte des 17. Jahrhunderts entstandenen Hauptwerk des italienischen Barock. Indem Gian Lorenzo Bernini den Grenzbereich körperlicher Erfahrung in seiner *Mystischen Union der Hl. Theresa von Ávila* (Abb. 67) durch künstlerische Grenzüberschreitung sichtbar und erfahrbar werden läßt, erreichen jene ekstatischen Momente auch einen kunstgeschichtlichen Höhepunkt. Umgeben von goldglänzenden, aus der Kuppel herabfallenden Lichtstrahlen, die auf der unruhig bearbeiteten Oberfläche des Steins irritierende Lichteffekte hervorrufen, schwebt

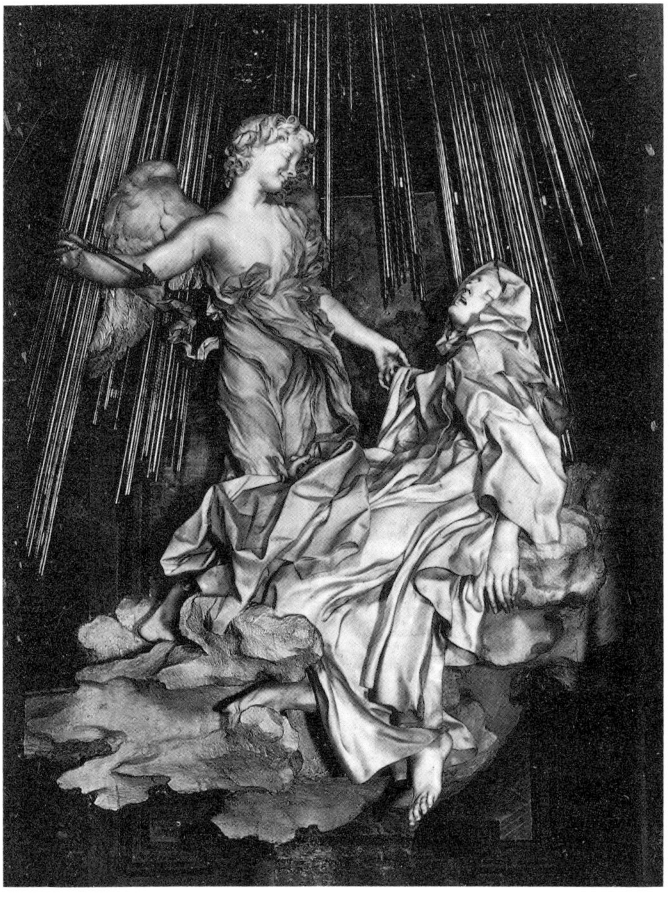

67 Bernini, *Theresa von Ávila,* Rom, S. Maria della Vittoria, Cornaro-Kapelle, 1646–52

die Visionärin auf einer unglaublich schwerelos treibenden Wolkenskulptur, deren Formation in den entseelten, von lose herabhängenden Gewandfalten bedeckten Körper übergeht, diesen jedoch nicht versteinert, sondern im Gegenteil jeder Materialität enthebt: eine spirituelle Daphne, die sich angesichts des Amor-Engels geradezu in Luft auflöst, ihre *physis* gänzlich dem heiligen *pneuma* anverwandelt, so daß in der Tat nur noch der Umhang gleichsam als irdische Hülle ihres vergeistigten, sich selbst transzendierenden Leibes zurückbleibt. Diesen Auflösungsprozeß scheint der Engel im Flammengewand genau zu verfolgen, mit der Linken hebt er prüfend den Saum ihres Gewandes, während sein Pfeil in der ausgestreckten rechten Hand genau auf ihr Herz gerichtet ist. Seine dominierende Gestalt steht unverkennbar in der Tradition des Verkündigungsengels; in seiner Positur ist er ungeachtet der unterschiedlichen Qualität und Technik Bagliones himmlischem, den irdischen überwindenen Amor nicht unähnlich (Abb. 51).

Berninis *unio mistica* in der Cornaro-Kapelle von Santa Maria della Vittoria in Rom differiert jedoch in einem wesentlichen Punkt von der künstlerischen Tradition wie von den autobiographisch beschriebenen Ekstasen der Theresa von Avila.[43] Denn nicht die Heilige obsiegt in dieser Auseinandersetzung zwischen Körper und Geist, wie man im Hinblick auf den Namen der Kirche hätte erwarten dürfen. Sie ist nicht verzückt; ihr Gesicht mit dem erschlafften Mund und den herabgesunkenen Augenlidern ist weniger das einer Ekstatikerin als einer Sterbenden, wenn nicht das einer schon Verstorbenen. Der göttliche Amor erscheint der Heiligen als Todesgott, der Ekstaseengel als Psychopompos. Indem die Grenzerfahrung der Ekstase auch als Grenzüberschreitung in ein Jenseits des Physischen inszeniert wird, treibt die künstlerische Technik die Gestaltung über ihre formalen Möglichkeiten hinaus. Wie bei Velázquez gilt das Interesse Berninis einer Repräsentation dessen, was sich der Repräsentation entzieht; im Unterschied zu jenem manifestiert sich die Virtuosität des Bildhauers nicht in einem unendlichen Spiel der Reflexion, sondern gerät konsequent zur Auflösung der Formen selbst. Die Flammen des göttlichen Amors verzehren nicht nur den Körper der Heiligen, sondern vielmehr die Körperlichkeit als Gegenstand zumal der plastischen Kunst. Die Darstellung der Heiligen in ihrer physischen Realität verwandelt sich in ein luftiges Szenario, das die sakrale Funktion des Bildwerks als Medium der Transzendenz, die Teilhabe des Betrachters und die Art seiner Heilserfahrung als mystische Schau vor Augen führt.

Wie der Künstler erweist sich darin der Engel als Inszenierungstechniker par excellence, der das Bildgeschehen bestimmt, die Affekte und Posituren vorgibt, die Überführung der irdischen in die himmlische Sphäre organisiert, die Spiritualisierung der Körper und ihre Auflösung zu einer den Betrachter selbst ekstatisch einbeziehenden Heilsvision betreibt. Seine *dynamis* sorgt für ein unablässiges Wechselspiel von körperlicher Präsenz und transzendie-

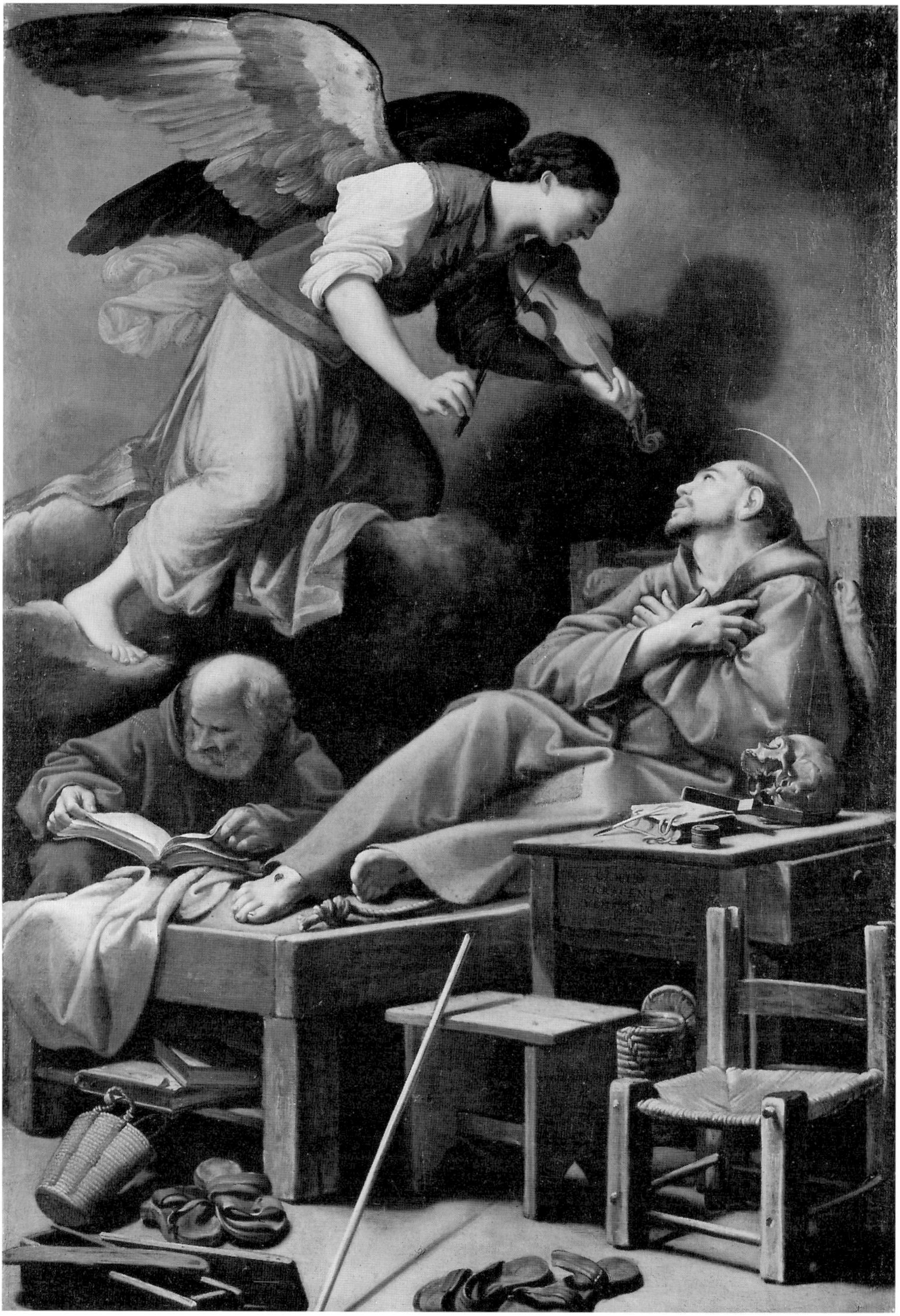

render Form, wie sie für die Kunst des Barock charakteristisch ist, und nicht selten werden dabei die vertrauten Positionen vertauscht, so daß die Engel oder Putten, die den Heiligen erscheinen, die ihre Ekstase hervorrufen oder ihren Aufstieg in die himmlischen Gefilde begleiten, von irdischer Gestalt und Schwere sind, während die menschlichen Körper den lichterfüllten Astraleib der Engel angenommen haben. So scheint der Ekstatiker in Saracenis *Vision des Heiligen Franziskus* (Abb. 68) von der *physis* des Engels noch stärker als von der himmlischen Musik überwältigt zu sein: ganz an den Rand gedrängt und mit gekreuzten Armen vor der Brust in sich zurückgesunken, ist seine körperliche Präsenz vollkommen in der hingebungsvollen Betrachtung aufgegangen. Die Wirkung dieses visionären – für den Betrachter vorbildlichen – Blicks wird noch gesteigert durch den zusammengekauerten älteren Mitbruder, der ganz auf seine Lektüre konzentriert ist und der die himmlische Erscheinung, die nicht für ihn bestimmt ist, weder hört noch sieht.

Die imaginäre Teilhabe des Betrachters als religiöser Glaubensakt, der die intellektuelle Allegorese keineswegs ausschließt, wird im 17. Jahrhundert zum unverzichtbaren Bestandteil der sakralen Schaustellung und ihrer ganze Innen- oder Außenräume, Architekturen, Straßenzüge und Plätze umfassenden Gesamtkunstwerke. Den Engeln fallen dabei zunehmend Aufgaben im Dienst der *persuasio* zu.[44] Sie avancieren zu Überredungskünstlern der hoch- und spätbarocken Bildrhetorik, fungieren als effektvolle Vermittler zwischen Bild- und Zuschauerraum, deren Grenze sie als Illusionsfiguren in beide Richtungen überschreiten; sie bilden den dekorativen Rahmen der Repräsentation und agieren bisweilen wie die Verkündigungs- oder Visionsengel als Protagonisten der Inszenierung. In Baciccios detailliert ausgeführtem Entwurf zur Ausgestaltung der Kapelle des Heiligen Ignatius in der römischen Chiesa del Gesù (Abb. 69) bilden die Engelscharen mit Tamburin, Posaunen und Blumenkörben einen orgiastischen Geleitzug, der den Gründer des gewiß umstrittensten Ordens der Kirchengeschichte triumphal in die göttliche Lichtsphäre überführt. Die durchgestalteten nackten Körper der Bacchanten mit ihren effektvollen Verkürzungen bilden formal und ikonographisch einen letzten Bezug zur materiellen Welt des Betrachters, um in ihrer irdischen und himmlischen Begeisterung auch diesen, sofern er sich nur anschließen will, spiritualiter in ihren turbulenten Chor mitaufzunehmen. Der Heilige hingegen ist der salbungsvollen Pose, die das Zeremoniell verlangt, selbst kaum noch mächtig, da seine *physis* offensichtlich in Auflösung begriffen ist; er muß von einigen der größeren Engel gestützt werden, wobei die Zipfel und die Säume seines weiten Gewandes sich in lasziver Weise zwischen ihren Beinen verwickeln.

◁ 68 Carlo Saraceni, *Die Vision des Heiligen Franziskus,* München, Alte Pinakothek, nach 1602

Vielleicht lohnt es, unter diesen Gesichtspunkten die vergleichsweise bescheidene Inszenierung Watteaus und insbesondere das anarchische Treiben der Eroten noch einmal zu betrachten (Abb. 48). Das Frankfurter Bild ist übrigens erst 1981 auf dem Kunstmarkt aufgetaucht und wurde zunächst mit großer Zurückhaltung, nach der Reinigung und sorgfältigen Restauration des Städelschen Kunstinstituts jedoch unter allgemeinem Konsens als ein eigenhändiges Werk des Malers anerkannt.[45] Eine gestochene Kopie des Gemäldes zitiert verkürzt den Titel des Bildes *Ille de Kythère,* der offensichtlich mit den beiden Schauplätzen, die Watteau in ein wechselseitiges Spannungsverhältnis setzt, nicht übereinstimmen kann, aber doch einen entscheidenden Hinweis auf die Bildmotive enthält. Die Insel Kythera süd-östlich des Peleponnes war dem nachantiken Bildungsgut vornehmlich ihres Aphrodite-Kultus wegen bekannt und konnte daher in der höfischen Vorstellungswelt des 18. Jahrhunderts als geeignetes Ambiente für bukolische oder amouröse Szenen erscheinen. Watteau selbst hat sich dieses Themas mehrfach angenommen, so daß es aufgrund der frühen Datierung nahelag, das Bild als einen ersten Versuch anzusehen, der die späteren, großformatigen Werke in Paris und Berlin vorbereitet.

Der Vergleich zeigt indessen signifikante Unterschiede. Das heute im Louvre ausgestellte Bild war von Watteau anläßlich seiner Aufnahme in die Akademie – allerdings mit fünfjähriger Verspätung – 1717 unter dem Titel *Le pèlerinage à l'isole Cithère* eingereicht und von dem Sekretär der Akademie in *Une feste galante* umbenannt worden. Von jenen galanten Festivitäten in ländlicher Umgebung, wie sie realiter bei Hof und entsprechend in der Kunst des 18. Jahrhunderts außerordentlich beliebt waren, ist allerdings wenig zu sehen. Die Gesellschaft ist im Aufbruch begriffen; die langen Pilgerstäbe deuten auf eine längere Wanderschaft, zu denen die eleganten Kostüme freilich nicht passen wollen. Obwohl sich die Farbskala zum Hintergrund aufhellt, ist das Ziel der Reise kaum noch zu erkennen.

Vollends verschwunden ist Kythera schließlich in dem Berliner Bild, das wahrscheinlich zwei Jahre später entstanden ist und in einem Kupferstich von 1733 als *Embarquement pour Cythère* ausgewiesen wird, obgleich hier die zärtlich umschlungenen Paare, die zahlreichen Amoretten, der in einen *locus amoenus* verwandelte Vordergrund nun eher an eine »fête galante« denken lassen. Während sich auf der rechten Seite einige Paare ihrer vertrauten Unterhaltung überlassen, besteigen andere die Barke, die zur Überfahrt bereitsteht. Das Ziel scheint jenseits des Blickfeldes unter dem lichten Horizont zu liegen. Indessen haben sich die Eroten erheblich vermehrt und zugleich verjüngt. Zu nützlicher Beschäftigung scheinen sie ebenso unwillig wie ungeeignet, sie toben auf dem Boot, schlagen Purzelbäume in der Luft, balgen oder umarmen sich, klettern an Masten und Seilen hoch, haben sich den verliebten Paaren der rechten Bildseite zugesellt und schmücken eine Skulptur der Venus, der im Pariser Bild eine bereits bekränzte Venus-Stele entspricht.

Gemeinsam ist allen drei Bildern die Idee der »pèlerinage«, der allegorischen Wallfahrt zum Heiligtum der Liebesgöttin. Die bekränzten Stäbe der Pilger, die an den dionysischen Thyrsos erinnern, skandieren gleichsam den Rhythmus ihrer Fortbewegung; diese wird desto fließender, je undeutlicher das Ziel im Bilde selbst erscheint. Der unterschiedlichen Dynamik der erotischen Pilgerschaft entspricht eine je eigene Zeitstruktur. Das Spalier des Frankfurter Bildes betont die statischen Momente dieser Zeitebenen; der Weg, den die Gesellschaft zurückgelegt, das gegenwärtige Bedenken und die bevorstehende Überfahrt sind im Bild gleichermaßen präsent, werden aber deutlich von einander abgehoben. Zwischen der strengen und gedrängten Anordnung der Vorderbühne und dem Ausblick auf den weiten Himmel und die jenseitige Insel entsteht ein kompositorisches Ungleichgewicht; die zu den Amoretten aufsteigende Bewegungslinie gewinnt daraus ihren suggestiven Charakter. Die ebenso unmerkliche wie unwiderstehliche Anziehungskraft dieser ganz im Gegensatz zur zeremoniellen Formation der höfischen Gesellschaft chaotisch umhertreibenden Flügelwesen verbindet die drei Zeitebenen zu einem kontinuierlichen Ablauf, dessen Ziel durch den geheimnisvollen Aufgang zum Heiligtum der Liebesgöttin deutlich akzentuiert wird.

Während das Frankfurter Bild – dem vielleicht ein Titel wie »Le jeu de l'amour et du hasard« angemessener wäre[46] – gleichsam im Stil der Konversationsdramatik mit den hinter Kostümen und preziösen Gesten verborgenen seelischen Konflikten spielt und die Entscheidung zwischen der Verlockung der geflügelten Triebwesen und der Rückkehr zur gesellschaftlichen Konvention weiter hinauszögert, wird in der Pariser Fassung tatsächlich der Aufbruch nach Kythera thematisiert und dabei so zielstrebig betrieben, daß die vornehme Gesellschaft, der sich nun auch Vertreter des dritten und vierten Standes anschließen, keiner weiteren Motive, somit keiner Eroten bedarf, um sich zu ihrem Wallfahrtsort einzuschiffen, zumal die wenigen zögernden Gesten, Blicke oder Posituren eher die Eleganz der arabesken Bewegungslinie betonen als ihren Fluß hemmen oder gar unterbrechen.

Im Berliner Bild scheint dagegen die Überfahrt selbst an Bedeutung verloren zu haben. Die Dynamik der Komposition verläuft in unterschiedliche Richtungen, manifestiert sich in einzelnen Spannungsmomenten zwischen den Paaren, die das Boot besteigen, die sich ihm nähern, die sich gerade erheben, die im Gras sitzen und ganz mit sich selbst beschäftigt sind. Das bekränzte und von spielenden Amoretten belebte Standbild der Venus bedeutet hier Erinnerung und Versprechen zugleich. Die drei Zeitebenen, die im Frankfurter Bild getrennt erscheinen und in der Pariser Komposition zu einer Transitorik des Aufbruches zusammengefaßt sind, überlagern sich, fließen ineinander über. Kythera ist hier und jetzt zu sehen, das Ziel der Reise hingegen mehr als ungewiß; die umhertollenden, sich umschlingenden, in der Luft schwebenden Eroten feiern bereits das Fest der Liebe, erscheinen nicht mehr als deren treibende Kraft, sondern als visueller Ausdruck der Liebeserfüllung selbst. Die ekstatisch tanzenden, zum Liebesdienst inspirierenden Engelchen im Gefolge der Aphrodite huldigen dieser ältesten und mächtigsten Gottheit mit ihrem ausgelassenen Treiben, das sich von dem der christlichen Putten in den spätbarokken Sakralbildern nicht weiter unterscheidet, indessen mit dem Vernunftgott der Aufklärung kaum in Einklang zu bringen ist. Ihre psychische und physische Dynamik manifestiert sich in kompositorischem Ungleichgewicht sowie in asymmetrischem Dekor, die in offenkundigem Widerspruch zur höfisch-klassizistischen Ästhetik stehen.[47]

Darin erweisen sich die erotischen Triebgeister zugleich als künstlerische Schlüsselfiguren für Watteaus Kythera-Trilogie, die unter jeweils verschiedenen Aspekten mit der Überschreitung konventionalisierter Formen der Erotik Wunschvorstellungen eines Lebens jenseits der gesellschaftlichen Etikette thematisiert. Kythera kann somit als Statthalterin durchaus unterschiedlicher Utopien verstanden werden, deren Spektrum von der antiken Bukolik bis zu Rousseaus Naturanthropologie reichen mag. Die kleinen Allegoriker indessen geben genauere topologische Aufschlüsse über die Insel der Seligen; ihre Herkunft verweist auf das Ziel der Reise. Ihre Ambivalenz als erotische und letale Seelengeleiter erstreckt sich auch auf das imaginäre Heiligtum der Aphrodite; Kythera ist wie jedes arkadische oder paradiesische Gefilde auch ein Ort des Todes. Indem sich die Gesellschaft des Ancien Régime ihrer Etikette entledigt, geht sie, motiviert und angezogen von den amourösen Flügelwesen, nolens volens ihrer Auflösung entgegen.
Der Geleitzug der Eroten gewinnt damit eine konkrete historische Dimension. Ihre treibenden, lockenden, verheißungsvollen Gesten sind Ausdruck einer geschichtlichen *dynamis,* die der höfischen Kultur des 18. Jahrhunderts keinen anderen Ausweg mehr gestattet; der utopische Ausblick auf Kythera bedeutet Befreiung und Untergang zugleich. Ähnlich wie Guardi, Quentin de la Tour oder Goya malt Watteau antizipatorisch das Ende einer gesellschaftlichen und kulturellen Epoche, deren Protagonisten von den Illusionstechnikern und tröstenden Seelengeleitern der Kunst in ein Jenseits der Geschichte überführt werden. Doch feiert Watteau damit auch ein vorzeitiges Abschiedsfest für die Figurinen jenes umfassenden politisch-sakralen Theaters, dessen Spielzeit nach über zwei Jahrhunderten mit dem Ausbruch der französischen Revolution abgelaufen ist. Das aufgeklärte Individuum und die neue gesellschaftliche Ordnung bedürfen offenkundig einer anderen Triebmetaphorik als die der Engel und Eroten.

Dennoch scheinen weder Konvent noch Direktorium, noch weniger der Wohlfahrtsausschuß und das Konsulat Napoleons auf eine Rekultifizierung der Künste verzichten zu können, die unter veränderten Vorzeichen auch auf die Romantik in Deutschland übergreifen wird. Im nüchternen Ambiente des Empire haben sich die Amoretten zu blassen Versteinerungen von Genien und Victorien verwandelt, die als Attribute einer nunmehr fortschreitenden Gattungsgeschichte und ihrer Repräsentanten fungieren. Die politische Gebrauchskunst wird sich auch weiterhin der traditionellen Engelgestalten zu programmatischen Aussagen und Manifestationen bedienen.

Eine Allegorie von Jean Baptiste Regnault (Farbtafel 12), zu der ein monumentales, inzwischen verschollenes Pendant gehörte, läßt den Völkerengel Frankreichs mit weit geschwungenen Flügeln und einer auffällig großen Geistflamme über seinem Haupt auf den Betrachter zuschweben. Flankiert wird er zu seiner Linken von einem Sensenmann, der in ein dunkles Gewand gehüllt ist, lässig die eine Knochenhand auf die Schneide seines Werkzeugs gelegt hat und erwartungsvoll aus dem Bild herausschaut. Ihm gegenüber sitzt auf einer abgestuften Thronarchitektur von klassischer Einfachheit die personifizierte Freiheit. Sie ist in ein durchsichtiges Trikot gehüllt, das zum schweren Faltenwurf ihres abgelegten Umhanges kontrastiert; die entblößten Arme präsentieren die Phrygiermütze und ein Winkelmaß mit Lot, die das gesellschaftspolitische Programm von Liberté und Egalité mit dem geometrischen Sinnbild des Ebenmaßes zur anschaulichen Balance bringt. Das mit den Farben der Trikolore umschnürte Liktorenbündel zu ihren Füßen als Symbol der Fraternité unterstreicht kompositorisch die wechselseitige Abhängigkeit der drei Losungsbegriffe der Französischen Revolution. Ihr Blick ist fragend, ihr Lächeln gewinnend; der Betrachter hat realiter keine Wahl.

Regnault hat die Devise der Konstitution vom 10. 8. 1793 prägnant in seine Komposition übertragen.[48] Der Genius Frankreichs läßt eine gewisse Ähnlichkeit mit Raffaels Götterboten Merkur in der VILLA FARNESINA erkennen, doch erinnern seine nackte Gestalt mit den ausgebreiteten Armen und die zackige Bekränzung seines Hauptes eher an eine Christusdarstellung; auch die Gegenüberstellung von Knochengerippe und schöner Frau gehört zum traditionellen Formular christlicher Ikonographie. Das Risiko jedenfalls der Allegorie, durch ihr »Anders-Sprechen« auch anderes zu sagen, hat der Maler bewußt oder unbewußt seiner bildnerischen Formulierung eingeschrieben. Die ausgebreiteten Flügel seines Verkündigungsengels umfangen beide, Freiheit und Tod gleichermaßen; der prophetische Gestus bedeutet weniger eine Alternative als zwei Aspekte desselben politischen Programms. Bekanntlich hat die Geschichte diese Ambivalenz bestätigt.

In der unmittelbaren Nachfolge der Französischen Revolution ist der erste Konsul und spätere Kaiser Napoleon vielfach Gegenstand eines neuen Heroenkults mit

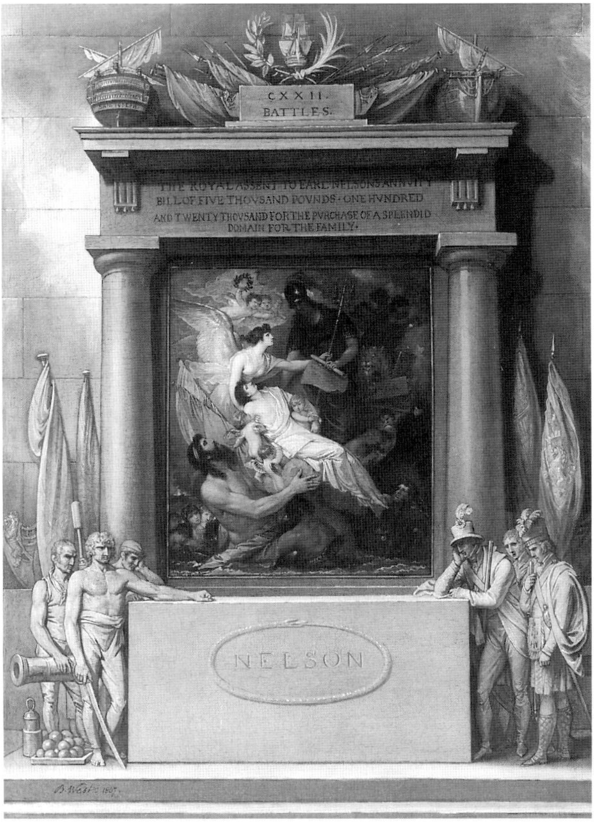

70 West, *Apotheose Nelsons,* New Haven, Yale Center for British Art, Paul Mellon Collection, 1806/1807

säkularisierter christlicher Ikonographie und ganzen Scharen allegorischer Flügelwesen geworden.[49] Seinem militärischen Gegenspieler, Lord Nelson, sollte überdies eine so komplizierte Apotheose zuteil werden (Abb. 70), daß es der Künstler selbst – gewiß nicht zu Unrecht – für erforderlich hielt, eine ausführliche Broschüre zu ihrer Erläuterung zu veröffentlichen. In seinem Entwurf für ein nationales Monument des Helden war Benjamin West von einer veritablen Altararchitektur mit gemeißelten Trauergestalten, martialischen Seeleuten und Kanonen ausgegangen.[50] Das ausgeführte Ölgemälde, das Formelemente der Kreuzesabnahme, der Pietà und Grablegung miteinander kombiniert, zeigt den von Putten umgebenen, in weiße Leinentücher gehüllten Leichnam des außerordentlich verjüngten Admirals; Victoria als Seelengeleiterin, die an die Sirene des Harpyienmonuments erinnert, übergibt, auf Neptuns Dreizack gestützt, seine sterblichen oder nunmehr unsterblichen Überreste einer gewaltigen Britannia, die in ihrer Hand – auch daran hatte der Künstler gedacht – die Auflistung von Nelsons Jahresrente hält, während ein kleiner Nike-Engel den Siegeskranz herbeiträgt. Die Engel, Putten, Eroten und Victorien fügen sich in ihre epigonalen Aufgaben freilich nicht ohne selbstparodistische Züge.

Auch in der romantischen Malerei in Deutschland, die sich dezidiert von den neoklassizistischen Tendenzen französischer Provenienz abzusetzen versucht, verbinden sich Allegorie und Rekultifizierung unter tätiger Mitwirkung engelhafter Gestalten, die über ihre ikonologischen Anspielungen hinaus jene mittelalterliche Vorstellung des Engels als Imago der erlösten Menschenseele mit der romantischen Idee des Kindes als göttnächstem Naturwesen verknüpfen. Das bekannteste Beispiel ist *Der Morgen* von Philipp Otto Runge (Abb. 71), das einzige vollendete Bild eines geplanten Zyklus, der mit der Darstellung der Tages- und Jahreszeiten, der Lebens- und Weltalter programmatisch kunst- und religionsphilosophische Gedanken des jungen Künstlers thematisieren sollte. Auffällig ist sogleich die figurative Rahmengestaltung, welche die gesamte Darstellung als ein Bild im Bild präsentiert und damit einen kultischen Betrachtungszusammenhang andeutet, wie er sich aus der Tradition der Vita-Ikonen und der mittelalterlichen Altarretablen herleitet.

Ausgehend von einer kleinen Erdkugel, hinter der die aufgehende Sonne hervorstrahlt, verbinden und verschlingen sich Kinder und Engel mit symbolträchtigen Vegetationsmotiven, die in streng symmetrischer Anordnung das innere Bild umranken; ein angedeutetes Tonnengewölbe, das mit Engelköpfen besetzt ist, schließt den Rahmen nach oben hin ab. Zwei Engel in Devotionshaltung blicken aus dem Rahmen auf eine eigentümliche Szenerie: eine weite, zum Meer sich öffnende Landschaft mit flachem Horizont suggeriert unendliche Ferne; der Himmel nimmt mehr als Dreiviertel des Bildes ein. Zwei Kleinkinder, die wie flügellose Putten anmuten, knien auf Wolkenbänken und bestreuen ein Neugeborenes mit Rosen, das am unteren Bildrand, auf Blumen und Moos gebettet, verwundert zum Himmel schaut. Zwei weitere, etwas größere Kinder mit lichtdurchfluteten Astralleibern vollführen ein anmutiges Ballett. Über dem Horizont schwebt die weißgoldene Gestalt der Venus-Aurora, Nymphe, Liebesgöttin, Engel der Morgenröte und Himmelskönigin zugleich; sie erscheint wie eine ätherisch überhöhte Synthese aus Botticellis Venus und der tanzenden *Assunta* Tizians. Ihr rechter, über dem Kopf angewinkelter Arm zeigt den seit der Antike charakteristischen Entschleierungsgestus der Liebesgöttin, die Linke spielt mit den herabfallenden Strähnen ihres Flammenhaares, ihre Füße bewegen sich in einem langsameren Rhythmus als die der Ballettengel. Ihr Blick ist sehnsüchtig auf einen über ihr schwebenden, mit einer Trinitas von umschlungenen Kinderpaaren besetzten Lilienblütenkelch gerichtet, welchen die aufgehende Sonne in eine lichterfüllte Erscheinung ver-

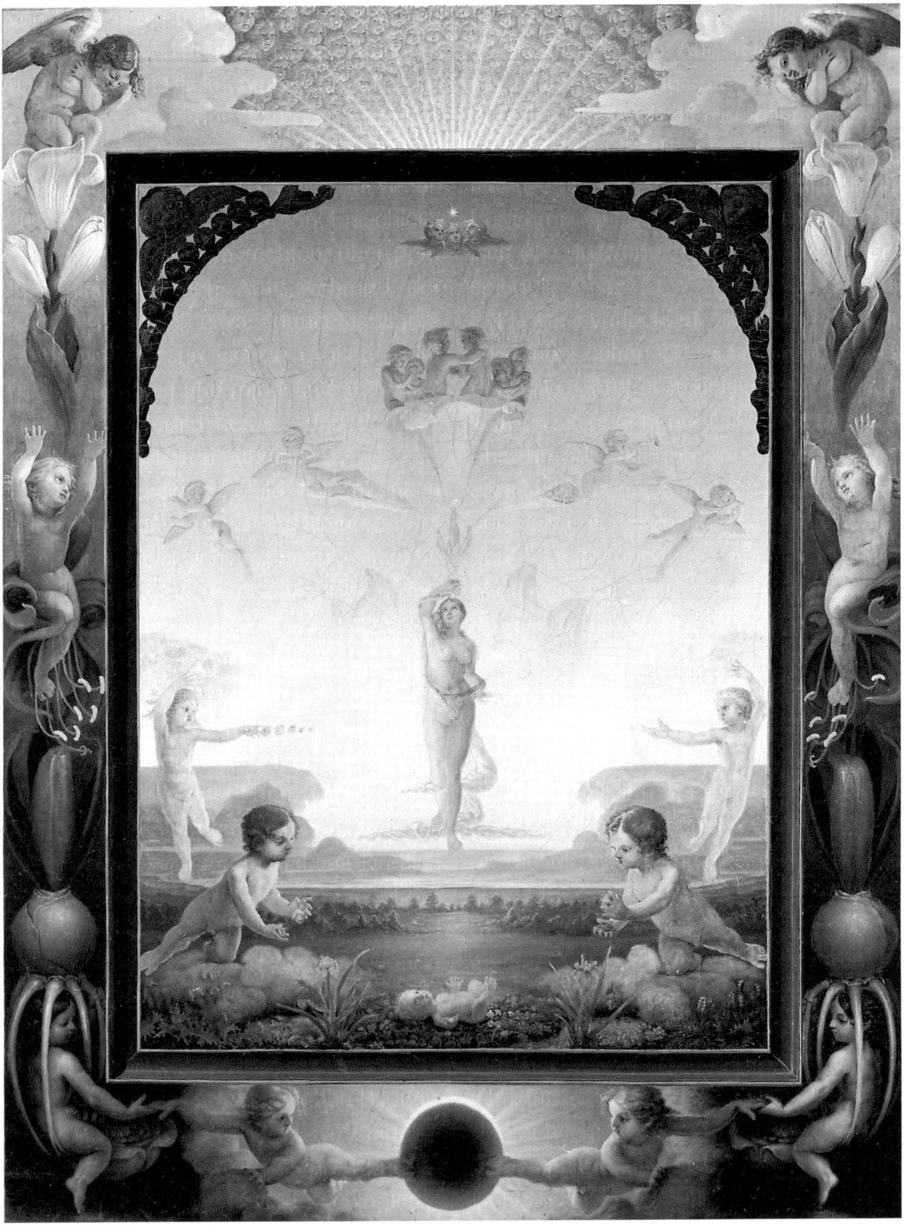

71 Runge, *Der Morgen* (1. Gemalte Fassung), Hamburger Kunsthalle, 1807

wandelt. Zu beiden Seiten haben sich, unbeschadet ihrer paganen Herkunft, geflügelte Genien mit Leier, Doppelflöte, Triangel und Schalmei zu einem kleinen Engelkonzert eingefunden, um den kosmischen Reigen mit bereits archaischen Musikinstrumenten harmonisch zu untermalen. Ganz oben an dem noch nächtlichen Himmel erscheint der leuchtende Morgenstern, dessen weiße Strahlen sich in fernen Wellenlinien über den Rahmen hinaus fortsetzen; sein Licht erhellt drei Cherubsköpfe, die in den dunklen, die oberen Bildecken abrundenden Rahmenelementen ihr ornamentales Gegenstück finden.

Runges Allegorie, dessen ästhetische Qualitäten weniger als Regnaults politisches Manifest oder Benjamin Wests erklärungsbedürftige Apotheose nach buchstäblicher Übersetzung verlangen, entwirft ein welt- und gattungsgeschichtliches Panorama, in dem Zeit- und Lebensalter und der wiederkehrende Rhythmus des Tages- und Jahresverlaufs mit der Ursprungsmythologie des verlorenen Paradieses und der eschatologischen Hoffnung seiner Wiedergewinnung verknüpft werden. Das Heraufdämmern eines neuen Goldenen Zeitalters, das sich auch farblich im Glanz der aufgehenden Morgensonne ankündigt, bedeutet im romantischen Verständis zugleich Rückkehr zu dem frühesten Stadium der Menschheit, da noch die universale Sprache der Schöpfung den ersten Menschenkindern unmittelbar verständlich war und ihnen eine mühelos erkennende Anschauung der Natur gestattete. Somit erscheint es als vornehmste Aufgabe aller Künste, namentlich aber der Malerei, jene verlorene göttliche Sprache, die sich dem aufgeklärten Verstande nur noch unverständlich in den »Hieroglyphen« der Natur mitteilt, wieder von neuem vernehmbar werden zu lassen.[51]

Indem sich der Künstler anschickt, »die Geheimnisse der Religion zu offenbaren«, und im Medium seiner Kunst »sich mit dem Göttlichen verbindet«,[52] wird das allegorische Vermittlungsangebot von Runges Engelgestalten durchaus fragwürdig. Denn dem Maler geht es nicht um eine christliche Rekultifizierung der Künste geschweige um eine Restauration älterer Sakralkunst, wie sie Friedrich Schlegel vorschwebt, sondern um die Offenbarung des Mysteriums in der Darstellung der gottbeseelten Natur selbst. »Alles drängt sich«, wie Runge schreibt, »zur Landschaft«[53], deren Naturschrift buchstäblich in die Malerei zu übertragen wäre. In dieser Logik wird die im Kunstwerk dargestellte Natur in allen ihren Details zum Bedeutungsträger sui generis, sie wird zur Chiffre göttlicher Wahrheit, die sich der künstlerischen Anschauung ebenso wie der Meditation des Kunstbetrachters zu erschließen vermag und somit auf alle weiteren, zumal übernatürlichen Vermittlerfiguren verzichten kann. Die romantische Vorstellung einer hieroglyphischen Natur erweist sich darin als ein letzter und vergeblicher Versuch von künstlerischem Rang, der christlichen Sakralkunst zu einer Renaissance zu verhelfen. Doch die Naturerfahrung des 19. Jahrhunderts bedarf keiner konzertierenden Engel, und eine spätere Landschaftsmalerei wird keinen Grund mehr haben, sich ihrer zu erinnern.

In Runges Bild erscheint der formale Konflikt zwischen den Lichtepheben und der Landschaft, zwischen der symbolträchtigen Vegetation und dem allegorischen Inventar zweifellos durch ihre dekorativen Funktionen gemildert, aber keineswegs gelöst, im Gegenteil, die widersprüchlichen Anforderungen einer sakralen Kunst, die sich – seit »die katholische Religion unterging«[54] – auf keine Verbindlichkeit mehr berufen kann, werden in aller Konsequenz zur Darstellung gebracht. Zwar gelingt dem Maler jene – auch religiös verstandene – Verschränkung von paganer und christlicher Ikonographie, die an den Engelgestalten exemplifiziert wird: Genien werden zu Musikengeln, Cherubime erstrahlen im Glanz des venerisch-luziferischen Morgensterns, die personifizierte Morgenröte erscheint als luftgeborenes Amalgam aus Gottesmutter und Liebesgöttin, während die Kinder, Putten und Eroten verschiedene Aspekte der gottkindlichen Natur des Menschen zum Ausdruck bringen. Doch gerade ihre Entdämonisierung und Verniedlichung entzieht den Engeln jene *dynamis,* die zugleich als Bedrohung und als Einbindung in das umfassende Heilsversprechen ihren religiösen Charakter prägte. Ihre Allegorese vermittelt sich nicht der meditativen Naturbetrachtung, mit der die »Landschaft« Caspar David Friedrichs in die Nachfolge des religiösen Andachtsbildes tritt, sondern isoliert sie zu dekorativen Formeln eines abstrakten, sei es religiösen, sei es kunsttheoretischen Bildzusammenhangs.

Was Runge in seinem programmatischen Versuch einer neuen religiösen Malerei darstellt, ist somit das Ende der christlichen Sakralkunst überhaupt; der romantische Entwurf einer neuen Symbiose von Religion und Kunst führt ihre unwiderrufliche Dissoziation vor Augen. Die vielfältige Präsenz christlich-paganer Engelgestalten ist nicht zufällig. Ihre Ikonographie und ihre künstlerischen Funktionen werden noch einmal kompiliert und erweisen sich dabei als überflüssig; sie verbleiben als Dekorfiguren oder verschwinden in dem transsubstantiellen Licht, das auf Turner und den späteren Impressionismus vorausweist. Wie es scheint, hat damit auch die Angelologie der Kunst ihr Ende gefunden. Die Engel des 19. Jahrhunderts haben zumeist epigonalen Charakter, begegnen als Zitate oder degenerieren zu einfachen Kitschfiguren. Der Symbolismus wird das überkommene Bildmotiv seinem eigenen Bildvokabular integrieren, indem er es jenen »ursprünglichen«, nur noch durch »sensitive Spuren« und durch »geheime Affinitäten« darstellbaren »Ideen« anverwandelt[55], die in der Kunstmythologie des 19. Jahrhunderts an die Stelle der *religio* getreten sind, und es somit definitiv aus seiner früheren Einbindung löst.

5 Engel der Apokalypse

Aus dem fortschreitenden Säkularisierungsprozeß der Künste, die sich ihren institutionellen, politisch-sakralen Funktionen zu entledigen suchen, entstehen neue Rechtfertigungszwänge, die latent zu Rekultifizierungen treiben. Das L'art pour l'art des 19. Jahrhunderts ist Freiheitsdevise und Verlegenheitsgebärde in einem. Unversehens gerät der Künstler, der von der Renaissance die Insignien eines quasi göttlichen Kulturheroen geerbt hat, in die säkularisierte Rolle des divinatorischen Vermittlers, Botschafters und Offenbarungstechnikers, der, im Jahrhundert des historischen Materialismus und des Positivismus seiner »transzendentalen Heimat« beraubt, den eigenen, subjektiven Heilswahrheiten allein durch ihren künstlerischen Erscheinungscharakter Bedeutung und Legitimation verleihen kann. Angesichts der Verbreitung neuer visueller Reproduktionstechniken von dokumentarischem Realismus suchen verschiedene, miteinander konkurrierende oder sich ablösende künstlerische Bewegungen – als wollten sie Courbets schon zitiertes Verdikt ad absurdum führen – gerade die verborgene, nicht sichtbare Latenz des Seins hinter dessen sichtbaren, zu Konventionen erstarrten, deformierten Manifestationen aufzuspüren. Was sich der gewöhnlichen Wahrnehmung wie der vernünftigen, zumal der verbalen Betrachtung entzieht, wird Gegenstand und Movens ihrer experimentellen Erscheinungstechnik.

Die theoretischen Formulierungen zahlreicher Künstler des Fin de siècle und des beginnenden 20. Jahrhunderts, ihre jeweils avantgardistischen Programme und Manifeste, die Selbstdeutungen zur Explikation ihrer immer neuen Formensprache, die ihrerseits auf die zunehmende geschichtliche Dynamik zu reagieren versuchen, greifen unverkennbar auf mystische Vorstellungen zurück, die sich ihnen durch die Romantik vermittelt haben, und sind zugleich von aufklärerisch-revolutionärem Pathos getragen. Sie bewegen sich dabei abermals am Rand des leeren Grabes Christi, an dem klaffenden Abgrund des Todes, den der Engel mit seinen evangelarischen Worten zugleich beschwören und bannen wollte. Die künstlerischen Intentionen jener Zeit, das Verborgene – die *natura naturans* – zu visualisieren, das Unbewußte auch der menschlichen Natur sichtbar zu gestalten, der bewußten Erkenntnis und Erfahrung zuzuführen, das Chaos als schöpferischen, formbildenden Triebgrund der Kunst wiederzuentdecken, korrespondiert dem Bestreben, die rein empirischen und konventionalisierten Formen, die nicht mehr als Schutz vor der bedrohlichen Realität des Abgrunds, sondern als dämonisches Machtinstrumentarium verstanden werden, nunmehr endgültig zu zerschlagen.

Das im Jahre 1919 entstandene *Jüngste Gericht* von Wassily Kandinsky dokumentiert nicht nur seinen für die Kunst insge-

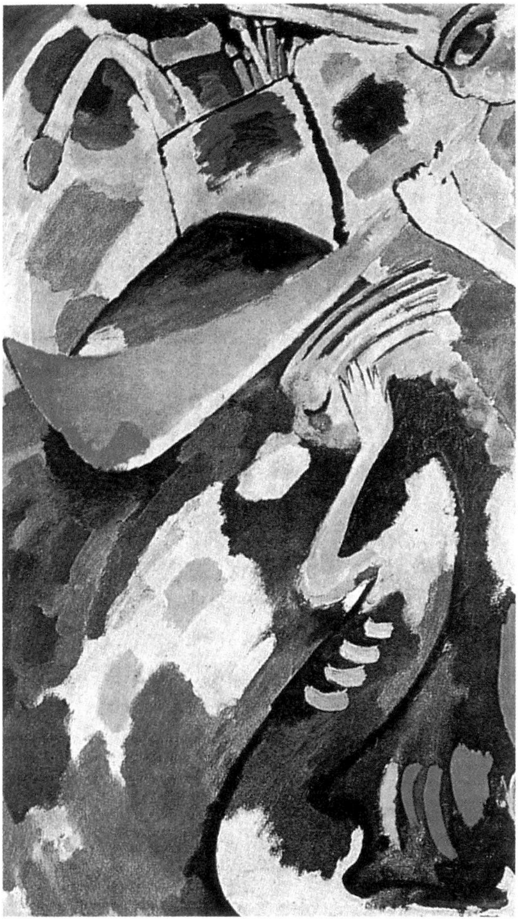

72 Kandinsky, *Das Jüngste Gericht,* New York, Sammlung Joseph H. Hazen, 1919

samt entscheidenden Übergang zur abstrakten Malerei, sondern charakterisiert in Thematik und Ausführung die Kunst des expressionistischen Jahrzehnts (Abb. 72). Die Elemente der christlichen Apokalypse sind noch einmal versammelt, haben sich jedoch bereits verformt, sind unwiderruflich dem kulturellen Auflösungsprozeß verfallen, der in dem Sujet selbst reflektiert wird. Die blutgerötete Posaune eines monumentalen Gerichtsengels, dessen grob konturiertes, massiges Gesicht mit seinen roten Flecken und den großen, schwarzgeränderten Augen byzantinischer Herkunft von der rechten oberen Ecke das gesamte Bild dominiert, teilt dieses in einer heftigen, von den rot-gold-weißen Tönen des Schreckensinstrumentes untermalten Diagonalbewegung in einen oberen und einen unteren Bereich. Mit ihrem katastrophischen Schall scheint sie nicht nur die angedeuteten realen Gegenstände, sondern auch deren Realität und Gegenständlichkeit zu zertrümmern und in einen chaotischen Wirbel von Farbflecken aufzulösen; allein die sieben Kerzen, die sich vor dem dunklen Hintergrund am oberen Bildrand deutlich abzeichnen, entziehen sich diesem chromatischen Auflösungsprozeß. Während unter dem kosmischen Plasterklang der Erde blaue, grüne, gelbe, ockerfarbene und weiße Farbmassen entquellen und noch die letzten Relikte des Dinglichen wie Streichhölzer abknicken, ihre Formen und Umrisse verlieren, sich in Abstraktionen verflüchtigen, deutet sich in den Schwingungen und Rhythmen der Linien, Flächen und tonalen Werte ein Jenseits der materiellen Gegenstandswelt an. Offenbar unerträglich sind die apokalyptischen Farb- und Formdissonanzen der am vorderen Bildrand in die Knie gesunkenen, in ihrer s-förmig geschwungenen Körperkontur an die mittelalterliche *serpenta*-Linie ebenso wie an die eleganten Dekorformen des Jugendstils erinnernden Gestalt, welche die Augen fast geschlossen hat, sich die Ohren zuhält, vergeblich das Endgericht zu ignorieren sucht, während sich ihr Körper bereits in helle und dunkle Farbflecken zersetzt hat und die vertikalen Striche auf den schwarz-grauen Partien sowie die schmalen, weißlichen Gliedmaßen ein Gerippe andeuten.

Kandinskys *Jüngstes Gericht* formuliert ein künstlerisches Programm, das der Maler zwei Jahre später, wenngleich mit weniger Überzeugungskraft, in seinen theoretischen Ausführungen »Über das Geistige in der Kunst« erläutert. Ausgehend von religiös-philosophischen Synkretismen und im polemischen Widerspruch zum Materialismus seiner Gegenwart entwirft Kandinsky das Bild einer künstlerischen Heilsgeschichte, in der die neue Kunst als Medium moralischer wie intellektueller Erneuerung der Gesellschaft hervortreten solle; ihre Aufgabe sei es, die universale Ordnung des Kosmos aufzuspüren und zur Evidenz zu bringen, somit jene letzten und eigentlichen Dinge zu offenbaren, die sich hinter der materiellen Realität verbergen.[56] In der Logik des Expressionismus, dessen poetische Diktion utopische Verheißung und Todessehnsucht zur Ununterscheidbarkeit verdichtet, gewinnt dieser Vorgang apokalyptische Dimensionen; jener rätselhafte, jenseitige Triebgrund des Lebens wird erst durch natürliche Eruption oder – infolge revolutionärer Aktionen – durch »Sprengung« der konventionellen Formen erkennbar werden.

Auch Kandinskys Engel des *Jüngsten Gerichts* erweist sich damit als eine Reflexionsfigur der bildenden Kunst. Er versetzt die gegenständlichen Formen nicht einfach in Bewegung, sondern löst ihre Substanz wie jene dunkle Bergmasse in quellende Tonalitäten auf oder zerstreut sie wie in dem oberen Teil der Komposition als befreite Farbpartikel über die Bildfläche. Seine Posaune lastet auf der gerade noch erkennbaren menschlichen Gestalt im Vordergrund und trennt sie, die dem Materiellen verhaftet ist und in die Materie zurücksinken wird, von den oberen, lichterfüllten Partien. Der Offenbarungsengel leitet einen kathartischen Vorgang ein; das Jüngste Gericht bedeutet eine Entbindung von der Welt des Gegenständlichen als erlösende Befreiung auch des Betrachters, mithin als Moment kulturgeschichtlicher Erneuerung. Der Vorbote der abstrakten Malerei erscheint förmlich aus einem Jenseits der zur universalen Ware verdinglichen Gegenstandswelt, einem Jenseits der quantifizierbaren Materie und der sie messenden menschlichen Vernunft: als Ausdruck schöpferischer und zugleich destruktiver Triebkräfte, die in der Kunst sichtbar und damit als religiöse Erfahrung vermittelbar werden, als Repräsentant eines kulturellen Millenarismus zu Beginn dieses Jahrhunderts, dessen kühnste Erwartungen die nachfolgende Geschichte schon bald übertreffen sollte.

Kandinskys apokalyptischer Engel – Todesbote der alten bürgerlichen Welt, ersehnter Lichtbringer einer neuen, göttlichen Seinsfülle – bildet daher keineswegs den Auftakt zu einer Wiederbelebung der christlichen Sakralkunst. Ähnlich wie bei Chagall, in dessen Œuvre die Gestalt des Engels häufig begegnet (Farbtafel 16), werden in der Kunst des 20. Jahrhunderts christliche Motive überwiegend dem geometrischen, tonalen, synästhetischen Vokabular assoziiert und zu Elementen neuer visueller Erfahrungen umgeformt. »In meinen Bildern«, schreibt Chagall, »gibt es keine Geschichten, keine Märchen oder volkstümliche Legenden. [...] Für mich ist ein Bild eine Fläche, bedeckt mit Darstellungen von Dingen (Gegenständen, Tieren, menschlichen Wesen) in einer bestimmten Anordnung, in der Logik und illustratives Erzählen keine Bedeutung haben. Der visuelle Eindruck der Komposition ist das, worum es geht. Alle anderen, nicht strukturellen Erwägungen sind zweitrangig. [...] Ich versuche, meine Leinwände gewissermaßen mit Gegenständen und Figuren zu füllen, die als Formen behandelt werden ... als Formen, die wie Töne klingen ... leidenschaftliche Formen, die eine neue Dimension eröffnen sollen [...]. Was ich ›abstrakt‹ nenne, ist etwas, das spontan aus einer Skala psychischer und bildnerischer Kontraste entsteht und sowohl dem Bilde wie dem Auge des Betrachters die Erkenntnis unbekannter Dinge bringt.«[57]

Die Disposition jener »inneren Bilder«, die den Künstler nach seinen eigenen Worten »besitzen«, läßt sich an einer über zweieinhalb Jahrzehnte dauernden Auseinandersetzung mit einem Thema der jüdisch-christlichen Mythologie verfolgen (Abb. 73). Die zeitgeschichtlich brisanten Entstehungsdaten 1923/24 – 1933 – 1947 beziehen sich auf jeweils verschiedene Fassungen, die – begleitet von weiteren, kleineren Studien – immer wieder korrigiert, übermalt, dabei mit zusätzlichen Bildmotiven angereichert werden.[58] Während sich die erste Variante des *Engelsturzes* – einer erhaltenen Aquarellskizze zufolge – auf eine Konzentration zwischen dem fallenden und bei seinem Fall Licht verbreitenden Engel und einem fasziniert aufblickenden Ju-

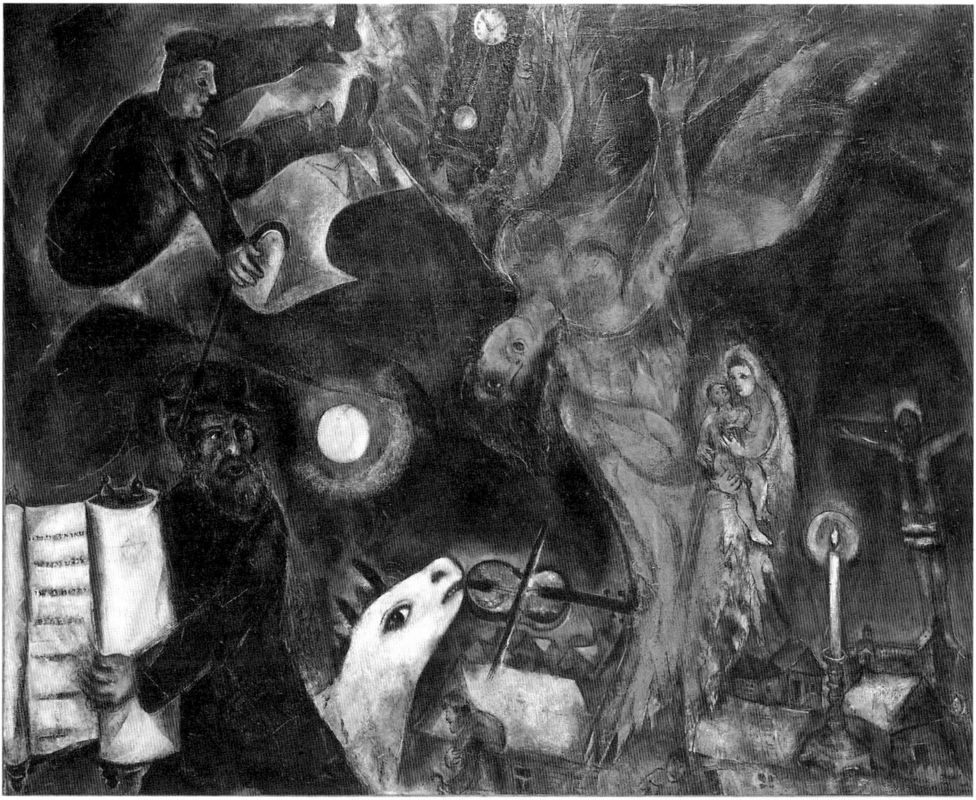

73 Marc Chagall, *Der Engelsturz,* Kunstmuseum Basel, Depositum Ida Chagall, 1923/1933/1947

den mit einer Thorarolle beschränkt, erscheinen in dem veränderten, nunmehr als *Das rote Ereignis* betitelten Werk weitere, für Chagalls Arbeiten typische Elemente: ein gelbes Kalb, eine Kerze, eine Uhr, ein von der Dynamik des herabstürzenden Engels in die Luft gewirbelter Fußgänger, der den Rabbi – die Gesetzesrolle hat sich inzwischen zum Betrachter hin geöffnet – mit seinem Spazierstock an den Kopf schlägt, und im Hintergrund die vertraute Kulisse einer russischen Kleinstadt. Dem abermals *Engelsturz* genannten Bild von 1947 sind schließlich neben weiteren kleineren Variationen ein Kruzifix und eine vom flammenden Purpur affizierte Madonna mit Kind hinzugefügt worden.

Offensichtlich werden politisch aktuelle mit erinnerungsträchtigen Elementen der Kulturgeschichte in dem von kräftigen Farbkontrasten durchsetzten Szenario wie die Tagesreste eines Traums zu einem beunruhigend eindringlichen visuellen Geschehen verbunden. Die künstlerische Gestaltung bedient und überläßt sich der unbewußten Entstellungsarbeit von Verschiebung, Verdichtung, Symbolisierung, wie sie in allen psychischen Vorgängen präsent und wirksam sind, um den je gegenwärtigen, kollektiven wie individuellen Obsessionen und Hoffnungen sichtbaren Ausdruck zu schaffen. Der stürzende Engel führt diesen Gestaltungsprozeß in der Darstellung selbst vor Augen: die Suche der Kunst nach einer zureichenden Form, welche die selbstzerstörerischen Triebkräfte des Menschen – wie sie sich in diesem Jahrhundert, zumal in den Entstehungsjahrzehnten des Bildes, in unvorstellbarer Grausamkeit manifestiert haben – durch ihre Repräsentation, durch ihre Gestaltung und Vergegenwärtigung, zumindest vorübergehend zu bannen vermag. Damit verweist der stürzende Engel Chagalls, dessen vor Entsetzen aufgerissenes Auge den Blick des Betrachters aufnimmt und auf ihn zurückwirft, insistent auch auf Geschichte und Ursprünge seiner künstlerischen Tradition.

Der Sturz des höchsten Engels und seine Verwandlung in den Repräsentanten schöpfungsfeindlicher Destruktivität schlechthin ist die christliche Variante einer in verschiedenen orientalisch-mediterranen Mythologien referierten Auseinandersetzung alter und neuer Gottheiten und ihrer jeweiligen Kultformen. Nicht selten überdauern die Unterlegenen in monströser Gestalt, zumeist in den tiefsten Abgründen der Erde, um den Sieg ihrer Überwinder als zivilisatorische Großtat zu dokumentieren, während sie andererseits – wie sich etwa an den ältesten Darstellungen der Sphinx, der Sirenen und Harpyen ersehen läßt – implizit daran erinnern, daß die Geschichte seit ihren Anfängen immer nur partiell eine Geschichte der Sieger gewesen ist. Die aus apokryphen Büchern des Alten Testaments übernommene Vorstellung einer Rebellion des »Lichtbringers« *Lucifer,* dessen planetarische Koinzidenz mit dem der Ischtar-Aphrodite zugeordneten Morgenstern der späteren Patristik eine unmittelbare Identifizierung von Venus und Antichrist erleichtern sollte, wird in der »Civitas Dei« des Augustinus als kosmische Ursprungskatastrophe beschrieben, die durch eine Aufspaltung der Gottesschöpfung deren statischen Zustand allererst in dynamische Bewegung versetzt[59], damit die Geschichte der menschlichen Gattung und ihrer Kultur initiiert und unablässig vorantreibt.

Der Sündenfall des gerade erschaffenen Menschengeschlechts ist zugleich Folge und Wiederholung der hybriden Auflehnung Lucifers und wird – wie das verführerische »Eritis sicut Deus« der Schlange andeutet – von ähnlichen Allmachtsphantasien motiviert, die auch die nun einsetzende zivilisatorische Entwicklung beherrschen und darum die gleichzeitig beginnende göttliche Heilsgeschichte notwendig auf den Plan rufen. Die Strafe des ersten Widersachers Gottes und seines Gefolges ist nach Augustinus ihr Rückfall in das Nichts[60], in einen Zustand vor und jenseits der *creatio ex nihilo,* was jedoch in der Konsequenz dieses rhetorischen Balanceaktes, der die göttliche Omnipotenz mit der Existenz des Bösen in Übereinstimmung bringen muß, gerade die Wiederkehr jenes dämonischen Urchaos heraufbeschwört. Der gefallene Engel repräsentiert die andere, abgewandte Seite der Schöpfung; er begegnet als proteische Jenseitsfigur, deren ungebundene *dynamis* virtuell die Erscheinung der gottergebenen Engel affiziert. Der gemeinsame Ursprung und die unwiderrufliche Aufspaltung der guten und bösen Engel manifestiert sich in der immer wiederkehrenden Ambivalenz ihrer künstlerischen Gestaltung.

Der Antagonismus zwischen göttlicher Liebe und diabolischer Zerstörung hypostasiert sich auf drei verschiedenen Ebenen der Heilsgeschichte. Er tobt als Psychomachia im Innern eines jeden Individuums, um dessen Seele Engel und Dämonen unaufhörlich streiten, er bestimmt den Gang der Gattungsgeschichte von dem Sündenfall und der Erwählung des Volkes Israel über die Inkarnation Christi, der den Widersacher durch seinen Erlösungstod überwindet, bis zur Parusie am Ende aller Zeiten; er wird schließlich in kosmischen Dimensionen zwischen dem Antichrist und dem Erzengel Michael ausgetragen, der als Anführer der himmlischen Heerscharen jenen in einer apokalyptischen Auseinandersetzung, welche die Empörung Lucifers wiederholt, definitiv besiegen soll. Damit aber tritt der Heilsplan in sein letztes Stadium.

Die Geschichte des Himmels und der Erde, die der menschlichen Gattung und des Individuums laufen parallel in jenem unendlich fernen und zugleich unmittelbar gegenwärtigen Zeitpunkt des Jüngsten Gerichts zusammen, da der Protagonist Michael – wörtlich: »wer ist wie Gott« – im Namen Christi und als dessen Exekutivorgan die Seelen der Menschen wägen, richten, der ewigen Seligkeit oder Verdammnis überantworten, um damit jenes dynamische Ungleichgewicht der Schöpfung, das durch die Abspaltung der aufbegehrenden, widerstrebenden Engel entstanden ist, durch die endgültige Verdrängung des Bösen in einen irreversiblen Ruhezustand zu überführen.

Diese drohende wie verheißungsvolle Bilanzierung der Welt und ihrer Geschichte gehört zu den faszinierendsten Themen der Sakralkunst. Auf einem dreiteiligen Altarbild von Hans Memling (Farbtafel 13), dessen linke und rechte Innenseite Paradiespforte und Höllenschlund zeigen, thront Christus auf einem den Weltenkreis und zugleich die heilsgeschichtliche Überhöhung des Alten durch den Neuen Bund symbolisierenden Regenbogen inmitten seiner Apostel, die als Schöffen der Gerichtsverhandlung beiwohnen. Zuoberst präsentieren Engel die schwergewichtigen *Arma Christi* als Insignien seines Triumphs, als Zeichen des Sieges göttlicher Liebe über Sünde und Tod, während unter ihnen Posaunenengel die in der Erde ruhenden Toten auferwecken und zur Auferstehung im Fleisch nötigen. Der flache Hintergrund gibt den Blick frei auf eine unendlich weite, trostlose, für das 15. Jahrhundert vielleicht einzigartige postmortale Landschaft, über der ein schmaler Streifen fahlen Dämmerlichts ausgebreitet ist; die perspektivisch unerschlossene Tiefe läßt angesichts des Endes aller Zeiten auch das aller Räumlichkeit erahnen. Der Erzengel, der über seiner goldglänzenden Rüstung einen ebenso kostbaren Bischofsmantel trägt, ohne daß damit die Bewegungsfreiheit seiner Flügel eingeschränkt würde, ist von auffällig zarter Gestalt; seine elegant geschwungene Positur balanciert zwischen antiken Vorbildern und der mittelalterlichen *serpenta*-Figur. Konzentriert und teilnahmslos geht er seiner folgenreichen Tätigkeit nach, wägt die in ihrer nackten menschlichen *physis* wiedererstandenen menschlichen Seelen, deren eine mit selbstbewußt frommer Miene – die ihrer Sache schon ganz sicher ist – der Seite der Seligen zuneigt, während die andere für zu leicht befunden wird.

Während sich die Auferstandenen zu ihrem zeremoniellen Aufstieg ins Paradies sammeln, wo sie persönlich von Petrus empfangen und von den Engeln neu eingekleidet werden, treiben auf der anderen Seite greuliche Mischwesen die bei weitem größere Menschenmenge in den flammenden Abgrund. Die Entscheidungen der letzten göttlichen Instanz werden indessen nicht überall widerspruchslos hingenommen. Am vorderen Bildrand sucht ein Mann verzweifelt, die rettende andere Seite der Seligen zu erreichen, während eine junge Frau, die noch oder schon wieder bis zu den Brüsten im Erdreich versunken ist, heftig gegen ihre Verurteilung protestiert. Das große Weltgerichtsspektakel wird vielleicht erstmals in dieser Konsequenz mit individueller Dramatik angereichert. Seine Inszenierung ist weniger von den Freuden und Qualen als von dem zwiespältigen Charakter der Seligen und Verdammten bestimmt; dieselben individuellen Gesichtszüge begegnen mehrfach und stets auf beiden Seiten der göttlichen Gerechtigkeit.

Der Erzengel Michael, einst »Fürst der Synagoge«, der die »Aegypter mit den Plagen geschlagen, das rote Meer zerteilet, das Volk durch die Wüste geleitet und in das gelobte Land geführt« hat, nunmehr »Fürst der Kirche« und »Bannerträger Christi«, Schutzpatron zahlloser Festungswerke und Anführer christlicher Heere im Kampf gegen die inneren und äußeren Feinde der göttlichen Weltordnung, der bisweilen auch das eigene Christenvolk strafend heimsucht und Gottes Zorn über sie ausgießt[61], ist sichtbarer Garant unfehlbarer und unabänderlicher Providenz, die in seiner machtvollen Erscheinung am Ende der Geschichte deren Legitimation a posteriori bestätigt. Seine Bedeutung in Kult und Festkalender manifestiert sich in seiner überaus häufigen künstlerischen Gestaltung, zumal an prominenter Stelle: fast immer an den Westportalen der mittelalterlichen Kathedralen, auf den späteren Altartafeln mitunter sogar auf dem Thron im Zentrum des Bildes, der sonst Christus oder der Madonna vorbehalten ist (Abb. 56).

In der Renaissance gewinnt Michael jene durchgeistigten Züge einer idealen

Affektbeherrschung, die sich in Memlings Weltbild bereits andeuten; der martialische Kämpfer verwandelt sich in einen humanistisch gebildeten Intellektuellen, dessen vorbildliche Balance von physischen und psychischen Kräften die des Kunstwerks selbst reflektiert. Der Erzengel wird zur Harmoniefigur par excellence, die in ihrer Gestalt die Übereinstimmung von Gottesschöpfung und Heilsgeschichte mit dem Wahren, Guten und Schönen der philosophischen Tradition propagiert und dabei unweigerlich ins Zwielicht zieht. Schon die Engelgestalten Piero della Francescas, der sich in dem Michael des Polyptychons von SANT' AGOSTINO offenbar selbst portraitiert hat, oder die heiligen Streiter Mantegnas und Carpaccios scheinen dem Kulturoptimismus der Renaissance mit nachdenklicher Skepsis zu begegnen; die Schrekkensszenen an der Decke der SIXTINISCHEN KAPELLE, deren »terribilità« von den Zeitgenossen gerade als Charakteristikum jenes Künstlers mit dem sprechenden Namen des Erzengels empfunden wurde, und die angstvoll in sich verschlungenen Leiber des sogenannten kleinen Weltgerichts von Rubens werfen düstere Schatten auf den künstlerischen Triumphzug des Barock. Die Unbefangenheit von Luca Giordanos tänzelndem Jüngling (Abb. 74), der mit chirurgischer Präzision seinem Widersacher die Lanze in den Solarplexus stößt, bildet einen brutalen Kontrast zu dem in zeittypischer Drastik ausgemalten Todeskampf seines Widersachers, der jedoch gerade durch die Kreatürlichkeit des Schmerzes ungeachtet seiner monströsen, abstoßenden Gestalt menschliche Züge gewinnt.

Die Schrecken der Apokalypse bleiben in der mittelalterlichen Kunst zumeist ausgespart; der geschichtlich antizipatorische Luftangriff des Würgeengels auf die Stadt Babylon, die er, vom Jubel der Christenheit begleitet, unter einem gigantischen Mühlstein begräbt[62], wird etwa in der *Bamberger Apokalypse* (Farbtafel 14) durch das feierliche Voranschreiten des Engels und dessen hoch aufgeschwungenes, düsteres Flügelpaar nur angedeutet. Doch zeigen sich in den Weltgerichtsdarstellungen an den Westfassaden unbeschadet der kompositorischen Ordnung von Gut und Böse auf Seiten der Opfer und Verdammten immer wieder vereinzelte Szenen des providentiellen Grauens, des hoffnungslosen Widerstands, der sinnlosen Reflexion. Dürers Holzschnitte zur Apokalypse gehören bereits zu den Höhepunkten einer im 14. Jahrhundert einsetzenden Entwicklung, der die Einbindung des kollektiven Entsetzens über die Offenbarung Gottes – das immer auch ein Entsetzen über die vorangegangene Menschheitsgeschichte impliziert – in die abverlangte christliche Affirmation des Heilsplans auch zum formalen Problem wird. Eine Antwort darauf, die sich indessen wie eine Parataxe fortgesetzter Fragen liest, formuliert die Jahrzehnte später geschaffene Kupferradierung der *Melencolia I* (Abb. 75), indem sie die letale Herankunft der letzten Dinge in den Modus einer künstlerisch-intellektuellen Konfrontation übersetzt.

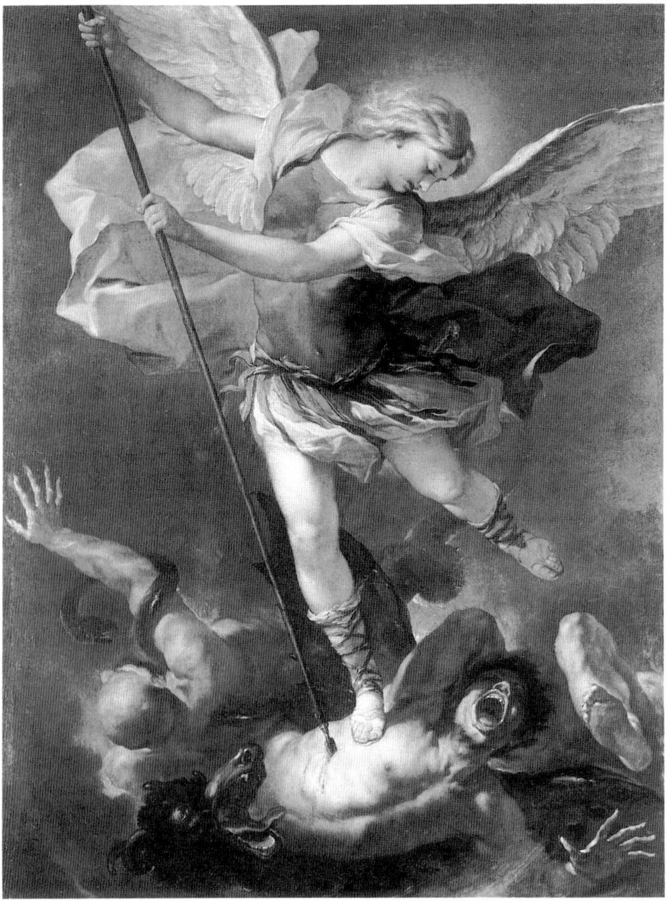

74 Luca Giordano, *Der Hl. Michael,* Berlin, Gemäldegalerie Dahlem, ca. 1684

Wie ein gefallener Engel hockt die androgyne Personifikation des Melancholischen inmitten eines Sperrmüllhaufens entwerteter, nutzlos gewordener Zivilisationsgüter, deren Vergänglichkeit sie vor ihrem inneren Auge Revue passieren läßt. Unbeschadet der zahlreichen ikonographischen Bezugslinien, die sich überkreuzen und auseinanderlaufen, dabei ein unmittelbar einsichtiges und zugleich verwirrendes Zeichennetz melancholischer Reflexion bilden,[63] beschreibt der Kupferstich zunächst einen Verinnerlichungsprozeß im Zeichen des Saturn. Das in sich selbst zurückgezogene Individuum gerät angesichts der drohenden Katastrophe, als deren Vorboten der niedergehende Komet und das kleine, den Bildtitel wie ein Transparent zwischen seinen Fledermausflügeln ausbreitende Ungeheuer am Himmel erscheinen, zum Kristallisationspunkt jener heillosen Verwirrung menschlicher Kultur, deren Zeichen es wie Embleme einer universalen *vanitas* noch einmal um sich versammelt hat, um sich in seinem suizidgefährdeten Zustand, wie ihn schon die antike Medizin für die Melancholie diagnostizierte, tatenlos dem weiteren Gang der Geschichte zu überlassen. Und wie zur Parodie jener tragischen Erkenntnis, die als Einsicht in die Vergeblichkeit jeglichen Erkenntnisgewinns den melancholischen Gedankengang unablässig begleitet, ist dem schwermütigen, der Erde verhafteten, in seiner eigenen *physis* versunkenen Engelwesen ein Putto beigegeben, der es sich auf dem – womöglich durch den heftigen Aufprall beschädigten – Mühlstein bequem gemacht hat und nun als unermüdlicher Chronist, der dabei freilich seine ehemals erotischen Qualitäten einbüßt, die verstreuten Gegenstände praktischer und intellektueller Tätigkeit registriert: ein unverdrossener Historiker, der mit eifriger Pedanterie die immer schon von Melancholie bedrohte Reflexion durch eine Anhäufung von Wissen abzuwehren sucht.

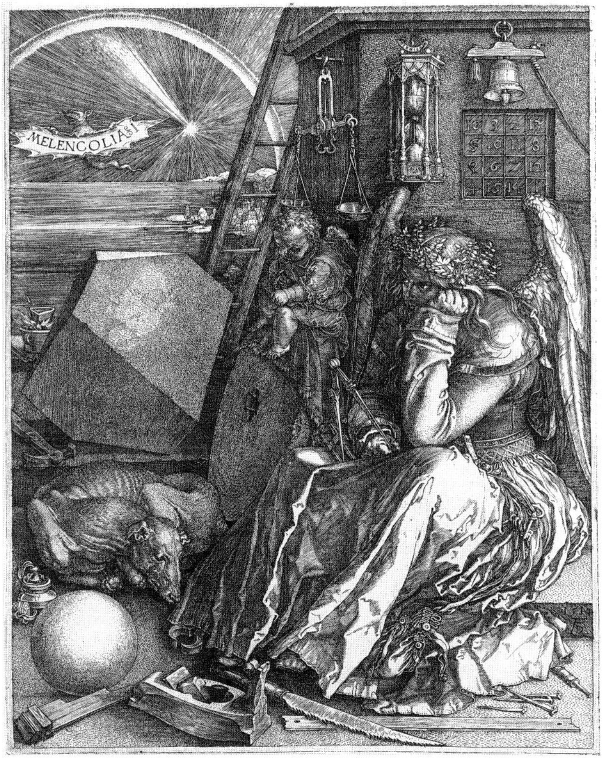

75 Dürer, *Melencolia I* (Kupferstich), Berlin, Gemäldegalerie Dahlem, Kupferstichkabinett, 1514

6 Epilog: Angelus Novus

Es wäre nicht uninteressant zu erfahren, was dieser kleine Wissenschaftler zu Beginn des 16. Jahrhunderts und zum Auftakt einer neuen kulturellen Epoche in seiner Bestandsaufnahme erfaßt hat. Bekanntlich ist die Vorstellung eines allmächtigen, die platonische Trinitas des Wahren, Guten und Schönen vereinigenden Gottes in dem säkularen Harmonieglauben der Aufklärung und der daraus abgeleiteten Fortschrittsideologie des 19. und 20. Jahrhunderts wiedererstanden. Die Offenbarung des *Eschaton,* der letzten und entscheidenden Dinge, die je nach Maßgabe des Engels Verdammnis oder Seligkeit bedeutet, hat sich in metaphorischer und metonymischer Verkleidung in den Erkenntnistheorien der Neuzeit insistent behaupten können und die gesellschaftlichen Utopien unserer Zeit beeinflußt. In dem Vernunftbegriff der Aufklärung und ihrem Postulat einer virtuell unendlichen Erziehbarkeit des Menschen, in dem Glauben an die eigene positive Erkenntnismacht durch Akkumulation von Wissen und fortschreitender Technologie, in der Hoffnung auf die informative Erfassung und Beherrschung der Natur und des Menschen hat der göttliche *logos* mit unverminderter Autorität überdauert und in seiner geschichtlichen Latenz ununterbrochen der Apokalypse das Wort geredet. Das ursprungs- und todesmächtige Wort Gottes, das sein auserwähltes Volk als *pars pro toto* der Menschheitsgattung durch Wüste und Geschichte getrieben und vom klaffenden Abgrund des Grabes Christi seine Ausbreitung bis an die Ränder der Welt und das Ende aller Zeiten verheißen hat, ist durch seine Auflösung in gestaltlose Abstraktion wieder zu jener chaotischen Bedrohung geworden, die seine religiöse Tradition in der Gestalt des Engels zu bannen suchte.

»Es gibt ein Bild von Klee, das Angelus Novus heißt. Ein Engel ist darauf dargestellt, der aussieht, als wäre er im Begriff, sich von etwas zu entfernen, worauf er starrt. Seine Augen sind aufgerissen, sein Mund steht offen und seine Flügel sind ausgespannt. Der Engel der Geschichte muß so aussehen. Er hat das Antlitz der Vergangenheit zugewendet. Wo eine Kette von Begebenheiten vor uns erscheint, da sieht er eine einzige Katastrophe, die unablässig Trümmer auf Trümmer häuft und sie ihm vor die Füße schleudert. Er möchte wohl verweilen, die Toten wecken und das Zerschlagene zusammenfügen. Aber ein Sturm weht vom Paradiese her, der sich in seinen Flügeln verfangen hat und so stark ist, daß der Engel sie nicht mehr schließen kann. Dieser Sturm treibt ihn unaufhaltsam in die Zukunft, der er den Rücken kehrt, während der Trümmerhaufen vor ihm zum Himmel wächst. Das, was wir den Fortschritt nennen, ist dieser Sturm.«[64]

Das Bild (Abb. 76), das Walter Benjamin zitiert, hat den Philosophen fast bis an das Ende seines Lebens begleitet; bereits ein Jahrzehnt vor der Niederschrift seiner »The-

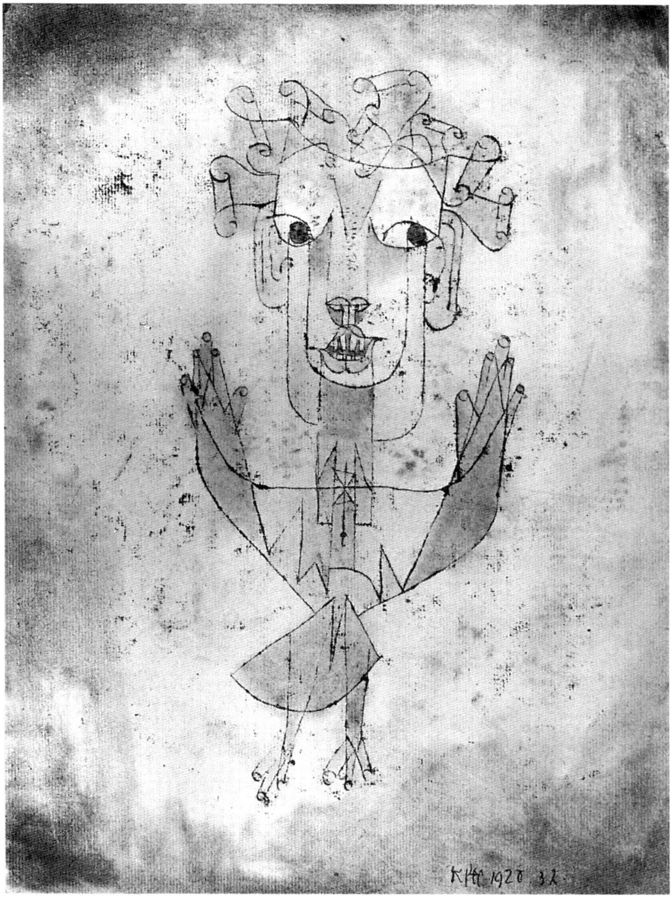

76 Klee, *Angelus Novus* (Ölfarbe-zeichnung und Aquarell auf Papier), Israel Museum, Jerusalem, 1920

sen zur Geschichtsphilosophie« hatte ihn der Titel des *Angelus Novus* zur programmatischen Beschreibung jener Art zeitgeschichtlicher Aktualität inspiriert, die sich unter der aufgeregten »Oberfläche jenes Neuen und Neuesten« verbirgt.[65] Vor dem leeren Hintergrund des zum Rand hin mit hellen und dunklen Ockertönen eingefärbten, dadurch vergilbt anmutenden Blattes verbinden sich die mit schwarzer Feder gezogenen, konstruktiv einfachen Linien zu einer teils kolorierten, teils ihren Umrißlinien überlassenen Mischgestalt, die – noch unfertig und ohne Orientierung in Raum und Zeit – nach einer ihr geeigneten Form zu suchen scheint. Es ist das Bild einer *conditio humana moderna,* eines Menschen mit übergroßem Kopf und Flügeln, die ihn doch niemals zum Auffliegen befähigen werden. Die ausgebreiteten Extremitäten, an deren Enden die hohlen Federspulen wie gebündelte Pergamentrollen hervortreten, sind nicht zu einem Verkündigungs-, sondern eher zu einem spontanen Abwehrgestus erhoben, dem die vor Schrecken geweiteten Augen suggestiv Nachdruck verleihen.

Der Blick des »neuen Engels« reflektiert den seines Betrachters, distanziert und bindet ihn zugleich an dieses unverwandte Schauen auf eine Geschichte, die auch seine eigene ist; er gilt in Benjamins Worten einer retrospektiven Erkenntnis, die im Gegensatz zu der sich auszehrenden Imagination der Melencolia und dem gedankenlosen Fleiß des kleinen, geflügelten Historikers an ihrer Seite die diskontinuierliche Zivilisationsgeschichte bis zu ihren Ursprüngen erfassen will. Noch indem er unentwegt vor ihren Eruptionen zurückweicht, ist der Engel der Geschichte in deren Abläufe involviert, bleibt den Gegenständen seiner Betrachtung unwiderruflich verbunden: nicht mit dem teilnahmslosen Blick eines transzendentalen Zeugen und Botschafters, sondern mit der Leidenschaft des virtuell handelnden und doch immer wieder handlungsunfähigen Erkenntnissubjekts, das sich stets am Rande der Katastrophe bewegt. In der Perspektive des Angelus Novus zeichnen sich auf der kulturellen Trümmerlandschaft kaleidoskopisch flüchtige Gebilde ab, die sich mit jedem seiner rückwärts in die Zukunft gerichteten Schritte verändern, verschwinden, in anderen Figurationen wieder hervortreten, dabei jedoch vorübergehend Einsichten auch in jene widersprüchlichen und spannungsreichen Konstellationen versprechen, die sich zu künstlerisch gestalteten Formen kristallisiert haben, während der letale Geistwind der Geschichte den auch angesichts seiner eigenen künstlerischen Vergangenheit verzweifelten Engel immer weiter zurücktreibt und diesen Anblick schließlich vor seinen Augen verwischt. Damit wirft der Engel der Geschichte auch einen vorläufig letzten Blick auf die Geschichte des Engels als Motiv der christlichen Sakralkunst, auf seine ephemere Gestaltung des triebhaften *logos* als Gottesboten und Erscheinungstechniker, als Grenzgänger zwischen Schrift und Bild. Er reflektiert die Auflösung seiner Eros und Thanatos einbindenden Gestalt in die abstrakte Bilderschrift des 20. Jahrhunderts und gedenkt dabei vielleicht jener Fragmente, die er der kunstgeschichtlichen Betrachtung überläßt.

V Anmerkungen

Einleitung

[1] Zur Problematik des Werkbegriffs aus der Sicht der zeitgenössischen Kunst vgl. die Diskussion in G. Boehm (Hg.), *Was ist ein Bild?*

[2] Roberto Longhis Urteil über Max Dvořák und die geistesgeschichtlich orientierte Wiener Schule: R. Longhi, *Viatico per cinque secoli di pittura veneziana,* S. 33. Zur Geschichte des Faches und seiner Methoden vgl. H. Dilly, *Kunstgeschichte als Institution. Studien zur Geschichte einer Disziplin.*

[3] Siehe dazu die kürzlich erschienene Bestandsaufnahme von H. Belting, *Das Ende der Kunstgeschichte. Eine Revision nach zehn Jahren,* insbesondere S. 17–46, S. 121–171 sowie die Bemerkungen zur »Gegenwart im Posthistoire«, S. 179–192.

[4] Die nachfolgenden Gedanken zur Kunst – respektive Kulturgeschichte als Erinnerungsarbeit im psychoanalytischen Verständnis sowie zur Wiederkehr des Sakralen in säkularer Gestalt gehen zurück auf die *Dahlemer Vorlesungen* von Klaus Heinrich, denen die vorliegende Studie über methodische Orientierung hinaus eine Fülle von Anregungen verdankt. Vgl. auch K. Heinrich, *Vernunft und Mythos. Ausgewählte Texte.*

[5] Zur Entwicklung der jüdisch-christlichen Angelologie vgl. M. Bussagli, *Storia degli angeli,* S. 13–41. Zwei im übrigen ganz unterschiedliche Versuche einer philosophischen Neuinterpretation des Engels in M. Cacciari, *L'angelo necessario* und M. Serres, *La légende des anges.*

[6] P. Szondi, *Hölderlin Studien. Mit einem Traktat über philologische Erkenntnis,* in: Schriften I, S. 265 f.

I. Kapitel

[1] Zur Baugeschichte und Ausstattung von S. Apollinare Nuovo vgl. F.W. Deichmann, *Ravenna,* S. 127 ff.

[2] Zit. n. F.G. Maier, *Verwandlung der Mittelmeerwelt,* S. 44.

[3] Cod. Theod. XVI, 10, 6 aus dem Jahr 356; zit. n. H. Bredekamp, *Kunst als Medium sozialer Konflikte,* S. 76.

[4] Vita Const., II, S. 19; Trizennatsrede, C. 3; zit. n. H. Bredekamp, a.a.O., S. 24. Pseudo Dionysios Areopagita, *Peri tes uranias hierarchias;* vgl. insbesondere den Abschnitt 164, 36 D – 165, 40 C als Einleitung zu der für die christliche Tradition grundlegenden Angelologie, welche die verschiedenen Funktionen der Engel innerhalb der hierarchischen Struktur des Kosmos zusammenfaßt; in PG 3, S. 119–370; dt. Übers. S. 29–71.

[5] Zur Bedeutung der Victoria vgl. T. Hölscher, *Victoria Romana;* zum Schicksal der Statue siehe H. Bredekamp, a.a.O., S. 90 ff.; Dokumente und Quellen bei R. Klein, *Der Streit um den Victoriaaltar* sowie bei J. Wytzes, *Der Streit um den Altar der Victoria.* Zur allgemeinen geschichtlichen Situation sowie zum Problem geschichtlicher Periodisierung neben F.G. Maier, op. cit., insbesondere S. 10–20; K. Christ, *Der Untergang des Römischen Reiches in antiker und moderner Sicht;* zum kulturellen Hintergrund und zur Entstehung einer repräsentativen Sakralkunst: P. Brown, *The Making of Late Antiquity;* H.P. L'Orange, *Art Forms and Civic Life in the Late Roman Empire;* H. Belting, *Bild und Kult,* S. 92–163; A. Grabar, *L'empereur dans l'art byzantin;* J. Karayannopulos, *Konstantin der*

Große und der Kaiserkult; P. du Bourguet, *Die frühe christliche Kunst.*

6 Vgl. F.W. Deichmann, a.a.O., S. 144 f.

7 Zu dem latenten Ikonoklasmus und dessen manifesten Folgen für die christliche Sakralkunst vgl. die erwähnte material- und kenntnisreiche Studie von H. Bredekamp, a.a.O., daneben M. Warnke (Hg.), *Bildersturm. Die Zerstörung des Kunstwerks.*

8 Zur Entwicklung des Sujets vgl. J. Villette, *La résurrection du Christ;* G. Schiller, *Lexikon der christlichen Ikonographie,* Bd. II, S. 18 ff.; Quellen sind insbesondere Mt. 28, 1–8 und Mk. 16, 1–8, die von zwei resp. drei Marien sprechen; bei Lk. 24, 1–8, der von mehreren Frauen spricht, und Joh. 20, 11–12, der die Begegnung auf Maria Magdalena konzentriert, haben sich die Engel verdoppelt.

9 Vgl. W. Schöne, *Über das Licht in der Malerei,* S. 48 f.

10 Die von Konstantin gestiftete, im 7. Jahrhundert zerstörte Umbauung des Grabes Christi ersetzt bereits in frühesten Darstellungen das minder repräsentative Felsengrab Christi. Die quadratische Sitzgelegenheit des Engels könnte auf eine aus späten schriftlichen Quellen bekannte Überlieferung anspielen, derzufolge der Stein, der das Grab Christi verschlossen hatte, eines Tages in zwei quadratische Teile zerbrach, deren einer dann als Altar diente; vgl. dazu G. Schiller, a.a.O., Bd. I, S. 20 f.

11 Nach G. Schiller, a.a.O., Bd. I, S. 18 f. Zum Verhältnis von jüdischer und christlicher Kunst vgl. K. Weitzmann/ H.L. Kessler, *The frescoes of the Dura Synagogue and Christian Art.*

12 Vgl. dazu A. Rava, *Teatro Medievale;* T. Stemmler, *Liturgische Feiern und geistliche Spiele;* H. Kindermann, *Das Theaterpublikum des Mittelalters,* insbesondere S. 201–220; F. Ruffini, *Teatri prima del teatro.*

13 So heißt es in den Akten des II. Konzils von Nicäa: »Das Erfinden von Anlage und Aufbau der Bilder ist nicht Sache der Maler, sondern der Tradition und bewährten Gesetzgebung der Katholischen Kirche. Diese Regeln und Überlieferungen [...] sind nicht Sache der Maler (deren Sache ist allein die Kunst); die wahre Ordnung und die richtige Disposition der Bildgegenstände sind Sache der Kirchenväter«, J. D. Mansi, *Sacrorum conciliorum,* XIII, S. 672; vgl. dazu S. Settis, *Ikonographie der italienischen Kunst 1100–1500,* S. 13; G. Pochat, *Geschichte der Ästhetik und Kunsttheorie,* insbesondere S. 91–96 und S. 289–294.

14 Der Titel der von HAP Grieshaber konzipierten Zeitschrift ist ebenso wie das illustrierte Gedicht G. Kunerts (Abb. 6) von einer Denkfigur W. Benjamins inspiriert (vgl. Kap. IV, S. 224 ff.).

15 Anschauungsmaterial zu dem religiösen Synkretismus der »Nabis« und ihrem Umfeld im Ausstellungskatalog: *Symbolistes et Nabis – Maurice Denis et son temps,* Saint-Germain-en-Laye 1980; vgl. auch H.H. Hofstätter, *Symbolismus,* S. 218 ff.; W. Haftmann, *Malerei im 20. Jahrhundert,* S. 48–53.

16 Vgl. W. Haftmann, a.a.O., S. 50.

17 Mt. 28, 5–8.

18 Joh. 20, 29.

19 Vgl. Mt. 28, 10 und 19.

20 Gen. 18, 1–15.

21 Zu Rubljow vgl. V. Lasareff, *La Trinité d'André Roublev;* ders., *Frühe russische Ikonen;* R.M. Mainka, *A. Rublevs Dreifaltigkeitsikone;* allgemein zur typologischen Verknüpfung von Altem und Neuem Testament F. Ohly, *Typologie als Denkform der Geschichtsbehandlung.*

22 »Was für die Lesenden die Schrift ist, das ist für die Augen der Ungebildeten das Bild, denn auf ihm sehen sogar die Ungebildeten, was sie nachahmen müssen, auf ihm lesen die des Lesens Unkundigen; und die Bilder sind nicht in den Kirchen angebracht wor-

den, um angebetet zu werden, sondern einzig und allein, um die Ungebildeten zu unterweisen«; zit. n. S. Settis, a.a.O., S. 16. Zu den unterschiedlichen Positionen in der Bilderfrage vgl. G. Ostrogorsky, *Studien zur Geschichte des byzantinischen Bilderstreits;* G. B. Ladner, *Bilderstreit;* A. Grabar, *L'iconoclasme byzantin;* H. Bredekamp, *Kunst als Medium sozialer Konflikte,* S. 135–155; H. Belting, *Bild und Kult,* insbesondere S. 164–184.

23 Zu den politischen Hintergründen vgl. D. Blume, *Ordenskonkurrenz und Bildpolitik;* dort auch eine Revision der überwiegend abschätzigen Urteile der Forschung zu der Tafel im Louvre. Eine kurze Zusammenfassung der widersprüchlichen Urteile sowie der Datierungsprobleme in G. Vigorelli (Hg.), *L'Opera completa di Giotto,* S. 95.

24 Nach P. Florenskij, *Die Ikonostase,* S. 37.

25 Zu den nachfolgenden Ausführungen vgl. die prägnante Studie von H. Belting, *Giovanni Bellini. Pietà;* zur Entwicklung der historia in der Malerei des Quattrocento siehe S. Ringbom, *From Icon to Narrative* und M. Baxandall, *Die Wirklichkeit der Bilder,* insbesondere S. 60–73.

26 Zur Geschichte des Sujets vgl. E. Panofsky, ›*Imago Pietatis*‹; K. Weitzmann, *The Origin of the Threnos;* G. Schiller, a.a.O., Bd. II, S. 210–238; H. Belting, *Das Bild und sein Publikum im Mittelalter,* S. 110–112.

27 Zur Devotio moderna vgl. H.N. Janowski (Hg.), *G. Groote, Thomas von Kempen und die Devotio moderna;* daneben M. Baxandall, *Die Wirklichkeit der Bilder,* S. 61 ff.

28 Vgl. H. Belting, *Giovanni Bellini. Pietà,* S. 59–71.

29 Zu den Auseinandersetzungen um Manets Aufnahme religiöser Sujets vgl. E. Mai, *Manet und die Historienmalerei,* S. 135 ff.

30 Zit. n. E. Mai, a.a.O., S. 138.

31 Eine zusammenfassende Darstellung des Wettbewerbs und seiner politischen Hintergründe bei A. Perrig, *Lorenzo Ghiberti. Die Paradiestür;* ausführlich in der grundlegenden Monographie von R. Krautheimer/ T. Krautheimer-Hess, *Lorenzo Ghiberti.*

32 Genesis 22, 1–19.

33 Zur Entwicklung des Portraits vgl. G. Boehm, *Bildnis und Individuum;* E. Castelnuovo, *Das künstlerische Portrait in der Gesellschaft,* insbesondere S. 55–98; P. Burke, *Städtische Kultur in Italien,* S. 130–145.

34 Vgl. R. Crozet, *Les quatre Évangelistes et leurs symboles;* zum typologischen Verfahren in der Kunst H. Holländer, »*... inwendig voller Figur*«, S. 166–205.

35 Vgl. R. Guttuso (Hg.), *L'opera completa del Caravaggio,* S. 95. Zur kontroversen Diskussion um Caravaggio siehe H. Röttgen, *Il Caravaggio;* M. Calvesi, *Le realtà del Caravaggio.*

36 Vgl. R. Longhi, *Il Caravaggio;* R. Guttuso, a.a.O., S. 95.

37 Zur Geschichte und Ikonographie der geflügelten Todesgöttin Vanth vgl. E. Paschinger, *Die etruskische Todesgöttin Vanth;* I. Krauskopf, *Todesdämonen und Totengötter im vorhellenistischen Etrurien;* S. Steingräber, *Die etruskisch-hellenistische Grabmalerei;* zu den kontrovers diskutierten Einflüssen der christlichen Kunst und Mythologie, die noch bis ins Mittelalter und die Renaissance reichen sollten, vgl. F. Weege, *Etruskische Malerei;* B. Brenk, *Tradition und Neuerung in der christlichen Kunst des ersten Jahrtausends;* G. Cipriani, *Il mito etrusco nel rinascimento fiorentino.* Zu den entsprechenden römisch-hellenistischen Gottheiten, vgl. Kap. IV, Anm. 20 u. 29.

38 Zit. n. W. Haftmann, a.a.O., S. 299.

39 Vgl. dazu die Ausführungen von C. Geelhaar, *Paul Klee,* S. 105: »Als Zeichnung führt die Engeldarstellung im *Stilleben* die Genesis der Linie vor Augen [...]. Das lichte Engelblatt tritt als Bild im Bild dem allgegenwärtigen samtenen Dunkel des Grundes entgegen.«

II. Kapitel

1 Zu der Vermutung, es könne sich um den Heiligen Georg handeln, vgl. K. Weitzmann, *The monastery of Saint Catherine at Mount Sinai. The Icons,* Bd. I, S. 20; dagegen E. Kitzinger, *The Art of Byzantium and the Medieval West,* S. 238.

2 Vgl. K. Weitzmann, a.a.O.; E. Kitzinger; *Byzantine Art in the Making,* S. 117 f.; zusammenfassend H. Belting, a.a.O., S. 148–151.

3 Die offizielle Bestätigung auf dem Konzil von Ephesos; vgl. G.B. Ladner, *Handbuch der frühchristlichen Symbolik,* S. 45–47; H. Belting, a.a.O., S. 42–47.

4 Zum Typos Hieros vgl. H. Belting, a.a.O., S. 143–148.

5 Zur Erläuterung des nicht unproblematischen Begriffs siehe E. Kitzinger, a.a.O., insbesondere S. 113–122.

6 Zur Deutung des Berliner Diptychons, welches das Dogma der doppelten Natur Christi veranschaulicht und propagiert, vgl. Ch. Beutler, *Der älteste Kruzifixus,* S. 21–38.

7 Zur Verbindung von »narrativen und figurativen oder allegorischen Elementen« in Analogie zur Homiletik vgl. H. Belting, a.a.O., S. 314–330.

8 Vgl. W. Swaan, *Die großen Kathedralen,* S. 31 und S. 110–118.

9 Zu den nachfolgenden Ausführungen vgl. die sorgfältige Studie von R. Wisskirchen, *Die Mosaiken der Kirche Santa Prassede in Rom;* des weiteren C. Ihm, *Die Programme der christlichen Apsismalerei vom vierten Jahrhundert bis zur Mitte des achten Jahrhunderts;* R. Krautheimer, *Studies in early Christian, medieval and renaissance art.*

10 Auf dem sogenannten Trullanum von 692 in Konstantinopel wurde die Symbolisierung Christi durch ein Lamm mit Kreuz oder Kreuznimbus untersagt. Zur Symbolik des Lamms vgl. G.B. Ladner, *Handbuch der frühchristlichen Symbolik,* S. 133–137.

11 Vgl. R. Wisskirchen, a.a.O., S. 7.

12 Die Werke des Humanisten Coluccio Salutati referieren ein grundsätzliches Problem der westlichen Bildertheologie, das sich auch in säkularisierte Kunstformen und -debatten fortsetzen wird; zit. n. M. Baxandall, *Giotto and the Orators,* S. 61.

13 Zu den nachfolgenden Ausführungen vgl. die grundlegende Arbeit von H. Belting, a.a.O., insbesondere S. 42–54, S. 92–116.

14 Die im 7. Jahrhundert belegte Legende wird referiert von H. Belting, a.a.O., S. 558.

15 Aus einer Predigt von Theodor Synkellos zur Belagerung von Konstantinopel 626, zit. n. H. Belting, a.a.O., S. 551.

16 Vgl. H. Belting, a.a.O., S. 67 und S. 117–130.

17 Zu den »nicht von Menschenhand geschaffenen Bildern« siehe H. Belting, a.a.O., S. 64–86.

18 Zu den Positionen im byzantinischen Bilderstreit siehe Kap. I., Anm. 22; darüber hinaus H.G. Beck, *Kirche und theologische Literatur im byzantinischen Reich;* C. A. Mango, *The Art of the Byzantine Empire 312–1453. Sources and Documents;* H. Belting, a.a.O., S. 165–184.

19 Eben diese Schlußfolgerungen werden später auf dem 2. Konzil von Nicäa gezogen; siehe J.D. Mansi, 13, 316 u. passim; dazu H. Belting, a.a.O., S. 561. Zur Zweinaturenlehre und ihren Auswirkungen auf die bildende Kunst siehe Ch. Beutler, a.a.O., S. 29–42.

20 B. Kotter, *Die Schriften des Johannes von Damaskus,* III, S. 125 ff.; im Original PG 94, 1330 A ff.; der Versuch einer Widerlegung des gleichwohl ikonodulen Theodoros Studites, der zwar einer Vermischung von Licht und Wasser, nicht aber der von *eikon* und *archetypos* zustimmt, in PG 99, 365 B-D.

21 Acta 1, 9–11; Ez. 1, 1–28.

22 Mt. 24, 30.

[23] Vgl. G.B. Ladner, *Handbuch der frühchristlichen Symbolik,* S. 191 f.

[24] Mk. 16, 15.

[25] Zit. n. S. Settis, a.a.O., S. 16.

[26] Scriptum super sententias magistri Petri Lombardi, tom. III, Sent. III dist. 9q 1a². Wie aus Sent. III q⁹ a² hervorgeht, ist das Sakralbild keinesfalls Gegenstand, wohl aber Vermittlungsinstanz und Stimulus kultischer Verehrung.

[27] Vgl. A. Conti, *Die Entwicklung des Künstlers,* S. 98–104 u. passim.

[28] G. Vasari, *Vite dei più eccellenti pittori, scultori e architetti,* Florenz 1568; zit. n. der dt. Übers. von L. Schorn/ E. Förster, Bd. I, S. 28.

[29] G. Vasari, a.a.O., S. 58.

[30] Vgl. dazu die Studie von E. Kris/ O. Kurz, *Die Legende vom Künstler.*

[31] G. Vasari, a.a.O., S. 49 und S. 134.

[32] G. Vasari, a.a.O., S. 40.

[33] G. Vasari, a.a.O., S. 50.

[34] Vgl. H. Belting, a.a.O., S. 292 ff.

[35] Zum Topos des »göttlichen Künstlers« resp. des Kulturheroen in der Renaissance vgl. A. Conti, op. cit., S. 163–174 u. passim; R. und M. Wittkower, *Born under Saturn.*

[36] Vgl. dazu die fundierten Ausführungen von H. Belting, a.a.O., S. 333–342 und S. 447 ff.

[37] Zur Geschichte dieses aus dem Aphroditekult übernommenen und christianisierten Symbols vgl. G. Heinz-Mohr/ V. Sommer, *Die Rose.*

[38] Eine Grundformel der folgenreichen ersten Kunsttheorie der Renaissance von L.B. Alberti, *Della Pittura Libri Tre,* S. 69 u. passim.

[39] Nach I. Walter, *Piero della Francesca,* S. 5.

[40] Zu Pieros »Taufe Christi« als einer anschaulichen Kombination »der platonischen geometrischen Grundform«, vgl. G. Pochat, *Geschichte der Ästhetik und Kunsttheorie,* S. 247 ff.; zur Deutung der Engel in diesem Bild, die mutatis mutandis auch auf die »Madonna del parto« übertragen werden könnte, siehe M. Baxandall, *Ursachen der Bilder,* S. 182–194.

[41] Aus einer Rede von Michael Psellos (1075), zit. n. H. Belting, a.a.O., S. 568 f.

[42] Vgl. M. Baxandall, *Die Wirklichkeit der Bilder,* S. 88–95.

[43] *The Literary Works of Leonardo da Vinci,* S. 36, zit. in der Übers. von H. Belting, a.a.O., S. 616.

[44] Die Fresken in der Cappella Paolina im Auftrag Pauls III. waren die letzten malerischen Arbeiten des Künstlers und gaben Gilio einmal mehr Anlaß zur Polemik, u. a. der nackten und flügellosen Engel wegen; vgl. P.L. de Vecchi, *Michelangelo,* S. 186–189.

[45] Zur Entwicklungsgeschichte der *Sacra Conversazione* vgl. C. Schmidt, *La »sacra conversazione« nella pittura veneta,* in: *La pittura nel Veneto,* S. 703–726.

[46] Zur Datierung der Pala vgl. C. Schmidt, a.a.O., S. 714.

[47] Dazu G.B. Ladner, *Handbuch der frühchristlichen Symbolik,* S. 201–205 (mit Quellentexten); allgemeine Hinweise in R. Hammerstein, *Die Musik der Engel.*

[48] Jesaia 6, 2–3; vgl. G. B. Ladner, a.a.O., S. 202 f.

[49] Verschiedene Quellen werden zitiert in R. Klibansky/ E. Panofsky/ F. Saxl, *Saturn und Melancholie,* S. 148 ff., S. 384 ff. u. passim.

[50] *Divina Commedia, Paradiso,* 28. Gesang; vgl. dazu den ausführlichen Kommentar zur deutschen Ausgabe von H. Gmelin, Bd. VI, S. 479–504. Die Allegorisierung antiker Götter und ihre Umdeutung zu Planetenengeln, welche die verschiedenen Himmelssphären bewegen, geht auf die frühe Patristik zurück und findet in der Philosophie der Renaissance ihre Fortsetzung, so bei Marsilio Ficino, *Commentarium in Convivium Platonis de Amore,* oratio quinto, caput X, XIII, S. 170, S. 178 ff.; oratio sexta, caput III, IV u. passim, S. 188–198.

[51] Platon, *Timaios,* 35 a-b, S. 48.

52 Platon, *Politeia,* 614 a – 621 b, S. 852–872.

53 Vgl. T. Klauser, *Das Sirenenabenteuer des Odysseus – ein Motiv der christlichen Grabkunst?;* nicht unumstritten: E. Buschor, *Die Musen des Jenseits.*

54 Nach U. Jenni, *Das Skizzenbuch des Jacques Daliwe.*

55 Aurelius Augustinus, *De Civitate Dei,* liber XVII, caput XIV, S. 235 f.

56 Zur Rekonstruktion des Paduaner Altars vgl. J. Poeschke, *Donatello. Figur und Quadro,* S. 66 ff.

57 Zur veränderten Stellung des Künstlers im Zuge einer Neofeudalisierung während des 17. Jahrhunderts siehe A. Conti, a.a.O., S. 180–189.

58 Vgl. E. Kieser, *Rubens' Madonna im Rosenkranz.*

59 Zu den Rekultifizierungstendenzen im Zuge der Gegenreformation vgl. H. Belting, a.a.O., S. 541–545.

III. Kapitel

1 Derartige Bilder befanden sich – wie aus den Beschreibungen Marcantonio Michiels hervorgeht – beispielsweise im Besitz des Kardinals Grimani, der sie testamentarisch der Republik Venedig vermachte; nach dessen Tod wurden sie an prominenter Stelle im Dogenpalast aufgehängt, vgl. U. Franzoi, *Visioni dell'aldilà,* S. 11–14.

2 Der Hinweis auf ein Relief des 4. Jahrhunderts, das sich seinerzeit in der Sammlung Grimani befand, stammt von R. W. Kennedy, *Tiziano in Roma,* in: *Il mondo antico nel Rinascimento,* S. 237.

3 Vgl. die Ausführungen im Ausstellungskatalog: *Tiziano,* S. 318–320.

4 Vgl. dazu G. Piovene (Hg.), *L'opera completa del Veronese,* S. 110.

5 Zu den venezianischen Scuole vgl. T. Pignatti (Hg.), *Le Scuole di Venezia;* zur Scuola di San Rocco und der Geschichte ihrer Ausstattung siehe E. Hüttinger, *Die Bilderzyklen Tintorettos in der Scuola di San Rocco;* K. M. Swoboda, *Tintoretto,* S. 37–52; C. Bernari (Hg.), *L'opera completa del Tintoretto,* S. 107–109 sowie S. 116–120.

6 Zur künstlerischen Entwicklung dieses pictor doctus, der über lange Zeit als zutiefst religös inspirierter Maler, sogar als Mystiker gegolten hat, vgl. M. Scholz-Hänsel, *El Greco. Der Großinquisitor;* daneben die grundlegende Darstellung von F. Marías/ A. Bustamente García, *Las ideas artísticas de El Greco.*

7 Zu der Vermutung, daß es sich bei Poussins »Verkündigung« nicht um ein päpstliches Altarbild gehandelt habe, sondern es für die Ausstattung des Grabmals von Cassiano dal Pozzo, des Freundes und Mäzens des Künstlers, bestimmt gewesen sei, siehe J. Thuillier (Hg.), *L'opera completa di Poussin,* S. 110.

8 Luk. 1, 26–38.

9 Zu diesem Thema siehe G.B. Ladner, a.a.O., S. 44 ff.; H. Belting, a.a.O., insbesondere S. 42–48; allgemein: W. Delius, *Geschichte der Marienverehrung;* Ch. Mulate, *Maria – die geheime Göttin im Christentum;* M. Warner, *Maria. Geburt, Triumph, Niedergang – Rückkehr eines Mythos?*

10 Zur Entwicklung des Bildsujets in den ersten Jahrhunderten vgl. G. Schiller, a.a.O., Bd. I, S. 44 ff.; zum Thema allgemein W. Braunfels, *Die Verkündigung;* sowie E. Gössmann, *Die Verkündigung im dogmatischen Verständnis des Mittelalters.*

11 Vgl. dazu K. Clausberg, *Die Wiener Genesis;* allgemein: K. Weitzmann, *Spätantike und frühchristliche Buchmalerei.*

12 Vgl. K. Weitzmann, *Eine spätbyzantinische Verkündigungsikone des Sinai,* in: Festschrift für H. v. Einem, I, S. 299–312; H. Belting, a.a.O., S. 292–301 und S. 310–330.

13 Vgl. G. Schiller, a.a.O., Bd. I, S. 58–63.

14 Zur Deutung des Dijoner Altars von Broederlam siehe G. Schiller, a.a.O., Bd. I, S. 59 f.; zur Ikonographie der niederländischen Malerei des 15. Jahrhunderts insgesamt vgl. E. Panofsky, *Early Netherlandish Painting;* zur Typologie siehe Kap. II, Anm. 21.

15 Vgl. dazu S. Settis, a.a.O., S. 52 ff.

16 Mellon stützt sich in seiner Deutung der »Verkündigung« auf die ikonographische Aufschlüsselung bei E. Panofsky, *Early Netherlandish Painting;* vgl. dazu die zusammenfassende Darstellung bei G. Schiller, a.a.O., Bd. I, S. 60 f.

17 Dante, *Purgatorio,* Canto 12, 22–69.

18 Vgl. das Beispiel einer Predigt des 15. Jahrhunderts von Fra Roberto Caracciolo da Lecce in M. Baxandall, *Die Wirklichkeit der Bilder,* S. 64–72.

19 Jacobus de Voragine, *Die Legenda aurea,* S. 249.

20 Dante, *Purgatorio,* Canto 10, 35–36.

21 Gen. 3, 16.

22 Jacobus de Voragine, a.a.O., S. 249.

23 Zit. n. d. Ausstellungskatalog *Tiziano,* S. 318; vgl. R. Maschio, *Una data per l'Annunciazione di Tiziano a S. Salvador.*

24 Vgl. A. Conti, a.a.O., insbesondere S. 146–151 und S. 163–165.

25 Eine kurze Dokumentation des spektakulären Falls mit Auszügen aus dem Verhandlungsprotokoll befindet sich in G. Piovene (Hg.), *L'opera completa del Veronese,* S. 84 f. sowie S. 114 f.

26 Vgl. E. Wind, *Heidnische Mysterien in der Renaissance,* S. 165–176.

27 Ex. 3, 1–4; zur Mariensymbolik vgl. E. Vetter, *Maria im brennenden Dornbusch.*

IV. Kapitel

1 Vgl. J. Held, *Antoine Watteau, Einschiffung nach Kythera,* S. 11 und S. 17–23.

2 Zur Szenographie des 17. Jahrhunderts vgl. R. Alewyn, *Das große Welttheater;* N. Decugis/ S. Reymond, *Le Décor de Théâtre en France du Moyen Age à 1925,* insbesondere S. 60 ff.; M. Baur-Heinhold, *Theater des Barock. Festliches Bühnenspiel im 17. und 18. Jahrhundert;* im Hinblick auf Watteau Y. Boerlin-Brodbeck, *Antoine Watteau und das Theater.*

3 Vgl. W. Messerer, *Kinder ohne Alter,* sowie G. Kaufmann, *Zu Donatellos Sängerkanzel,* S. 55–59.

4 Bei Ficino, *De amore,* insbesondere oratio II, 7, S. 61–64 sowie oratio VII, 3–7, S. 317–338; zur christlichen Rezeption der antiken Begriffe und Vorstellungen von eros und agape vgl. E. Panofsky, *Studies in Iconology,* S. 95–127; E. Wind, *Heidnische Mysterien in der Renaissance,* passim; H. Röttgen, *Caravaggio. Der irdische Amor,* S. 25–37.

5 Zum Problem insgesamt vgl. P. Ariès, *Geschichte der Kindheit,* insbesondere S. 175–208.

6 Vgl. dazu die Ausführungen in R. Pallucchini (Hg.), *L'opera completa di Lorenzo Lotto,* S. 98; zur Tradition der Hochzeitsbilder E. Panofsky, *Early Netherlandish Painting;* zu Hymen/Hymenaios siehe R. Muth, *»Hymenaios« und »Epithalamion«,* S. 5–45.

7 Siehe R. Longhi, *Viatico per cinque secoli di pittura veneziana,* S. 21 ff.

8 Vgl. E. Panofsky, *Problems in Titian,* S. 119–175; E. Wind, a.a.O., S. 167 f.

9 Zu den nachfolgenden Ausführungen siehe H. Röttgen, *Caravaggio. Der irdische Amor,* insbesondere S. 23 ff.

10 Vgl. H. Röttgen, a.a.O., S. 22.

11 G. Baglione, *Le vite de'pittori, scultori et architetti,* S. 137, zit. n. H. Röttgen, a.a.O., S. 22.

Eine kurze Dokumentation der widersprüchlichen Urteile über Caravaggio in R. Guttuso (Hg.), *L'opera completa del Caravaggio,* S. 10–14; vgl. A. Conti, *Die Entwicklung des Künstlers,* S. 189–199.

12 Vgl. H. Röttgen, a.a.O., S. 20; eine genauere Diskussion der genannten Begriffe bei G. Pochat, *Geschichte der Ästhetik und Kunsttheorie,* S. 302 ff.

13 Die nachfolgenden Ausführungen stützen sich auf die vorzügliche Studie von R. Preimesberger, *Die Inschriften der Engelsbrücke,* S. 199–223.

14 Mt. 24, 30–32.

15 Ex. 13, 21–22.

16 Gal. $2,^{9}$.

17 Vgl. M. Gregori, *Livio Mehus o la sconfitta del dissenso,* S. 197 ff.

18 Zur Konzeption und Ikonographie des gesamten Zyklus vgl. O. v. Simson, *Politische Symbolik im Werk des Rubens,* S. 7 ff.; R. an der Heiden, *Die Skizzen zum Medici-Zyklus von Peter Paul Rubens in der Alten Pinakothek;* A. Mérot, *Der Held in der französischen Malerei des 17. Jahrhunderts,* S. 31–33.

19 Homer, *Odyssee,* 8, 266–368.

20 Vgl. G. Grigson, *Aphrodite,* insbesondere S. 42–53 sowie S. 56–72; M. J. Vermaseren, *Cybele and Attis;* A. Greifenhagen, *Griechische Eroten;* F. Lasserre, *La figure d'Eros dans la poésie grecque;* E. Wind, *Heidnische Mysterien in der Renaissance,* insbesondere S. 156 u. S. 229.

21 Hesiod, *Theogonie,* 120–122, S. 53.

22 Parmenides, *Die Fragmente,* B. 12, S. 43 ff.

23 Bei Aristophanes führen die Vögel, indem sie orphisches Gedankengut parodieren, ihre Herkunft unmittelbar auf Eros zurück, der seinerseits aus dem »uranfänglichen Windei« hervorgegangen sein soll: *Die Vögel,* 694–699, S. 322; vgl. W. Capelle, *Die Vorsokratiker,* S. 35 f.

24 Platon, *Symposion,* 202 e, in: Werke, Bd. 3, S. 315.

25 Platon, a.a.O., 203 d-e, S. 319.

26 Vgl. M.P. Nilson, *Geschichte der griechischen Religion,* Bd. I, S. 494 f.

27 Zur Symbolik des Spiegels vgl. G.F. Hartlaub, *Zauber des Spiegels;* H. Schwarz, *The mirror in art.*

28 Zur patristischen Ausdeutung der platonischen Eros-Vorstellungen vgl. G.B. Ladner, *Handbuch der frühchristlichen Symbolik,* S. 91–97; zu ihrer Rezeption in der bildenden Kunst vor allem E. Panofsky, *Renaissance and Renascences in Western Art;* M. Praz, *Studies in Seventeenth-Century Imagery;* E. Wind, *Heidnische Mysterien in der Renaissance,* S. 28–37.

29 Vgl. F. Cumont, *Recherches sur le symbolisme funéraire des Romains;* H. Schade, *Das Paradies und die Imago Dei;* W. Kemp, *Die Höhle der Ewigkeit.*

30 Mt. 18, 10; Acta 12, 15.

31 Namentlich genannt in 1. Chr. $26,^{7}$. Zur Geschichte seiner Verehrung vgl. A. Rosenberg, *Engel und Dämonen,* S. 89–92 sowie S. 118–131.

32 Vgl. E. Gombrich, *Tobias und der Engel,* S. 40 f.

33 Tob. 12, 15.

34 *Odyssee,* 24, 1–14, S. 307.

35 Philostratos, *Eikones,* I $6,^{9}$; I $9,^{3}$, II 30 (S. 98 ff.; S. 108 ff.; S. 256 ff.).

36 Vgl. die Auszüge des Vertrags in C. Bernari (Hg.), *L'opera completa del Tintoretto,* S. 96.

37 Zur Theatermaschinerie Tintorettos siehe R. Longhi, *Viatico per cinque secoli di pittura veneziana,* S. 32 u. passim.

38 Die Geschichte wird – in einem Abstand von einhundert Jahren – von Rudolfi überliefert vgl. Ausstellungskatalog: *Tiziano,* S. 170.

39 Ebd.

40 Vgl. dazu die Ausführungen in H.-G. Held (Hg.), *Maria Magdalena. Die Heilige Sünderin,* S. 162–168.

41 Nach der *Legenda aurea* des Jacobus de Voragine, S. 477 f.

42 Die Inschrift auf einer Kopie aus dem Jahre 1666; vgl. Ausstellungskatalog: *Maria Magdalena*, S. 169; E. Mâle, *L'art religieux de la fin du XVIe siècle, du XVIIe siècle et du XVIIIe siècle*, S. 190 ff.

43 *Sämtliche Schriften der hl. Theresia von Jesu*, Bd. I, 29, 15, S. 280 ff.

44 Zum Begriff der *persuasio* vgl. B. Kerber, *Andrea Pozzo;* sowie G. Pochat, *Geschichte der Ästhetik und Kunsttheorie*, S. 331–334.

45 Zu den nachfolgenden Ausführungen siehe die ausführliche Dokumentation im Ausstellungskatalog: *Jean-Antoine Watteau. Einschiffung nach Cythera* sowie J. Held, *Antoine Watteau. Die Einschiffung nach Kythera.* Der Deutung von J. Held, »das Ziel« der Reise sei die »bürgerliche Ehe« (S. 64) und die vielen Putti eine Anspielung auf die Kinder, die daraus hervorgehen würden (S. 60), vermag ich mich leider nicht anzuschließen. Zu den vielfältigen Aspekten »Arkadiens« vgl. E. Panofsky, *Et in Arcadia ego;* W. Voßkamp (Hg.), *Utopieforschung.*

46 Zum Verhältnis von Watteaus Malerei zur zeitgenössischen Dramatik vgl. Y. Boerlin-Brodbeck, *Antoine Watteau und das Theater;* R. Tomlinson, *La fête galante: Watteau et Marivaux.*

47 Vgl. J. Held, *Antoine Watteau*, S. 5 ff.; zur klassizistischen Ästhetik in Frankreich siehe G. Pochat, *Geschichte der Ästhetik und Kunsttheorie*, S. 336–363.

48 Zum politischen Hintergrund des Bildes vgl. den Ausstellungskatalog: *Goya. Das Zeitalter der Revolutionen*, insbesondere S. 349–358 u. S. 371.

49 Ebd., S. 395–411.

50 Zur Deutung des Bildes siehe D. Irvin, *Die englische Historienmalerei von 1750 bis 1830*, S. 88–90.

51 Der romantische Topos eines paradiesischen Urzustandes der Erkenntnis, der durch den fortschreitenden Gebrauch der Vernunft aufgegeben worden, aber noch in Poesie und Kunst wie eine leise Reminiszenz zu vernehmen sei, verbindet sich in den kunsttheoretischen Formulierungen von Wackenroder, Tieck, Runge und F. Schlegel unbeschadet ihrer weitreichenden Divergenzen zu der übereinstimmenden Vorstellung einer »Hieroglyphenschrift« der Natur, die deren tiefste Geheimnisse in ihren rätselhaften Chiffren eingraviert habe: ein wesentlicher Grund für die Privilegierung der Natur als Gegenstand der Malerei sowie der Privilegierung der Malerei als eigentlich religiöse Kunst. Zum Begriff der Hieroglyphe in der romantischen Kunsttheorie, vgl. H.-G. Held, *C. D. Friedrich e la scrittura geroglifica della natura.*

52 F. Schlegel in seinem programmatischen »Nachtrag italiänischer Gemählde« über die Aufgaben der Malerei, in: *Gemälde alter Meister*, S. 81 und S. 89.

53 Zit. n. W. Busch/ W. Beyrodt (Hg.), *Kunsttheorie und Kunstgeschichte des 19. Jahrhunderts in Deutschland*, Bd. I, S. 103.

54 Ebd., S. 103.

55 J. Moréas, *Le Symbolisme (Symbolistisches Manifest vom 18. September 1886)*, zit. n. H.H. Hofstätter, *Symbolismus und die Kunst der Jahrhundertwende*, S. 228.

56 Vgl. dazu W. Haftmann, *Malerei im 20. Jahrhundert*, S. 173–182, insbesondere S. 302 f.

57 Zit. n. Ausstellungskatalog: *Marc Chagall. Gouachen und Lavis 1947 bis heute*, S. 17 f.

58 Zur Entstehungsgeschichte des Werkes, vgl. F. Meyer, *Marc Chagall. Der Engelsturz*, S. 3–10.

59 Augustinus, *De Civitate Dei*, Lib. 11, passim, insbesondere caput 11, 19 und 33, S. 477 f., S. 486 f., S. 508 ff. und Lib. 12 caput 1–8, S. 511–523.

[60] Ebd., Lib. 11, caput 19, S. 486 f. und Lib. 12, caput 7, S. 522.

[61] J. de Voragine, *Legenda aurea,* S. 743; dort auch einige der Epiphanien und Wundertaten des Erzengels (S. 743–756). Zur Michaelsverehrung vgl. A. Rosenberg, *Engel und Dämonen,* S. 92–106; I. Tetzlaff, *Romanische Engelgestalten in Frankreich;* G. Berefelt, *A Study on the Winged Angel;* insbesondere H. Belting, *Bild und Kult,* S. 305–310.

[62] Ap. 18, 21.

[63] Zur unerschöpflichen Deutung der »Melencolia I« vgl. das Standardwerk von R. Klibansky/ E. Panofsky/ F. Saxl, *Saturn und Melancholie;* daneben H. Böhme, *Albrecht Dürer, Melencolia I;* dort auch eine Übersicht über die jüngere Forschungsliteratur.

[64] W. Benjamin, *Über den Begriff der Geschichte,* in: Gesammelte Schriften, Bd. I.^{2}, S. 697 f.

[65] W. Benjamin, *Ankündigung der Zeitschrift: Angelus Novus,* in: Gesammelte Schriften, Bd. II, S. 241; vgl. dazu auch G. Scholem, *Walter Benjamin und sein Engel,* S. 35–72.

VI Literatur

Primärliteratur und Quellentexte

Alberti, Leon Battista: Della Pittura Libri Tre (hrsg. u. übers. v. H. Janitschek), in: Quellenschriften für Kunstgeschichte und Kunsttechnik des Mittelalters und der Renaissance, Osnabrück 1970

Aristophanes, Komödien (hrsg. v. H.- J. Newiger, übers. v. L. Seeger), München 1976

Athanasius, Sur l'incarnation du verbe (hrsg. u. übers. v. C. Kannengießer), Paris 1973

Augustinus, Aurelius, De Civitate Dei (hrsg. B. Dombart und A. Kalb), Stuttgart 1981

Baglione, Giovanni, Le vite de'pittori, scultori et architetti. Dal Pontificato di Gregorio XIII. del 1572. In fino a'tempi di Papa Urbano Ottavo nel 1642, Rom 1642

Benjamin, Walter: Gesammelte Schriften (hrsg. v. R. Tiedemann u. H. Schweppenhäuser), Frankfurt/M. 1974

Dante Alighieri, Divina Commedia (übers. u. komment. v. H. Gmelin), München 1988

Ficino, Marsilio: Commentarium Marsilii Ficini Florentini in Convivium Platonis, De Amore (hrsg. v. P.R. Blum; übers. v. K.P. Hasse), Hamburg 1984

Fra Roberto Caracciolus: Sermones de laudibus sanctorum, Neapel 1489, S. lxv r.- lxviii r. (Christi Geburt)

Geert Groote, Thomas von Kempen und die Devotio moderna. (hrsg. v. H.N. Janowski), Freiburg i. Breisgau 1978

Hesiod, Theogonie (hrsg., übers. und erläutert v. K. Albert), Sankt Augustin 1983

Homer, Die Odyssee (übers. v. W. Schadewaldt), Hamburg 1958

Jacobus de Voragine, Die Legenda aurea (übers. v. R. Benz), Heidelberg 1979

Johannes von Damaskus: Die Schriften des Johannes von Damaskus (hrsg. v. B. Kotter), Berlin-New York 1975

Leonardo da Vinci: The Literary Works of Leonardo da Vinci (hrsg. v. J.P. Richter), London 1970

Mansi, Joannes Dominicus, Sacrorum conciliorum nova et amplissima collectio, Paris 1901

Marcantonio Michiel, Notizie d'Opere di Disegno (hrsg. v. G. Frizzoni), Bologna 1884

Martianus Capella: De nuptiis philologiae et Mercurii (hrsg. v. A. Dick), Stuttgart 1925

Origenes: Peri Archon (hrsg. u. übers. v. H. Görgemanns u. H. Karpp), Darmstadt 1976

Parmenides, Die Fragmente (hrsg. u. übers. v. E. Heitsch), München 1991

Philostratos, Eikones (hrsg., übers. v. O. Schönberger), München 1968

Platon, Werke (gr. u. dt., übers. v. F. Schleiermacher, hrsg. v. G. Eigler), Darmstadt 1990

Rudolfi, Carlo: Le Maraviglie dell'arte ovvero le vite degli illustri pittori veneti e dello Stato descritti da Carlo Rudolfi (hrsg. v. D. von Hadeln), Berlin 1914–24

Theresia von Ávila, Sämtliche Schriften der hl. Theresia von Jesu (übers. v. P. Aloysius Alkofer), München-Kempten, 1979

Trattati d'arte del Cinquecento (hrsg. v. P. Barocchi), Turin 1977

Schlegel, Friedrich: Gemälde alter Meister (komment. v. H. Eichner u. Norma Lelless), Darmstadt 1984

Vasari, Giorgio: Leben der ausgezeichnetsten Maler, Bildhauer und Baumeister (hrsg. v. J. Kliemann; übers. v. L. Schorn/ E. Förster), Darmstadt 1983

Vorsokratiker. Die Fragmente und Quellenberichte (hrsg. u. übers. v. W. Capelle), Stuttgart 1968

Sekundärliteratur

Alewyn, R.: Das große Welttheater. Die Epoche der höfischen Feste, München 1989

Alföldi, A.: The Conversion of Constantine and Pagan Rome, Oxford 1969

Argan, G.C.: Il Manierismo nell'arte veneta, in: Branca, V./ Ossola, C. (Hrsg.): Cultura e società nel Rinascimento tra riforme e manierismi, Florenz 1984

Ariès, P.: Geschichte der Kindheit, München-Wien 1975

–: Bilder zur Geschichte des Todes, München-Wien 1984

Arpino, G. (Hrsg.): L'opera pittorica completa di Rembrandt, Mailand 1969

Bandmann, G.: Die vorgotische Kirche als Himmelsstadt, in: Frühmittelalterliche Studien, VI, 1972

Barasch, M.: Gestures of Despair in Medieval and Early Renaissance Art, o. Jh.

Baron, H.: Bürgersinn und Humanismus im Florenz der Renaissance, Berlin 1992; [Princeton University Press 1988]

Batkin, L.: Die italienische Renaissance. Versuch einer Charakterisierung eines Kulturtyps, Basel-Frankfurt/M. 1981; [Dresden 1979]

Baur-Heinhold, M.: Theater des Barock. Festliches Bühnenspiel im 17. und 18. Jahrhundert, München 1966

Baxandall, M.: Giotto and the Orators, Oxford 1971

–: Die Wirklichkeit der Bilder. Malerei und Erfahrung im Italien des 15. Jahrhunderts, Frankfurt/M. 1977; [Oxford 1972]

–: Ursachen der Bilder. Über das historische Erklären von Kunst, Berlin 1990; [Yale University Press 1985]

Beck, A.C.M.: Genien und Niken als Engel in der altchristlichen Kunst. Diss., Gießen-Düsseldorf 1936

Beck, H.G.: Kirche und theologische Literatur im byzantinischen Reich, München 1959

Bellonci, M. (Hrsg.): L'opera completa del Mantegna, Mailand 1967

Belting, H./ Blume, D. (Hrsg.): Malerei und Stadtkultur in der Dantezeit. Die Argumentation der Bilder, München 1989

Belting, H.: Das Bild und sein Publikum im Mittelalter. Form und Funktion früherer Bildtafeln der Passion, Berlin 1981

–: Giovanni Bellini. Pietà. Ikone und Bilderzählung in der venezianischen Malerei, Frankfurt/M. 1985

–: Bild und Kult. Eine Geschichte des Bildes vor dem Zeitalter der Kunst, München 1990

–: Das Ende der Kunstgeschichte. Eine Revision nach zehn Jahren, München 1995

Berefelt, G.: A Study on the Winged Angel. The Origin of a Motiv, Stockholm 1968

Bernari, C. (Hrsg.): L'opera completa del Tintoretto, Mailand 1970

Beutler, C.: Der älteste Kruzifixus. Der entschlafene Christus, Frankfurt/M. 1991

Blume, D.: Wandmalerei als Ordenspropaganda. Bildprogramme im Chorbereich franziskanischer Konvente Italiens bis zur Mitte des 14.Jahrhunderts, Worms 1983

–: Ordenskonkurrenz und Bildpolitik. Franziskanische Programme nach dem theoretischen Armutsstreit, in: Belting, H./ Blume, D. (Hrsg.): Malerei und Stadtkultur in der Dantezeit. Die Argumentation der Bilder, München 1989

Blumenberg, Hans: Kritik und Rezeption antiker Philosophie in der Patristik. Strukturanalysen zu einer Morphologie der Tradition, in: Bohn, V. (Hrsg.): Typologie, Frankfurt/M. 1988, S. 141–165

Bodonyi, J.: Entstehung und Bedeutung des Goldgrundes in der spätantiken Bildkomposition, Diss., Wien 1932
Boehm, G.: Bildnis und Individuum. Über den Ursprung der Porträtmalerei in der italienischen Renaissance, München 1985
Boehm, G. (Hrsg.): Was ist ein Bild?, München 1994
Böhme, H.: Albrecht Dürer, Melencolia I. Im Labyrinth der Deutung, Frankfurt/M. 1989
Boerlin-Brodbeck, Y.: Antoine Watteau und das Theater, Basel 1973
Bourguet, P. du: Die frühe christliche Kunst, Stuttgart 1973
Braunfels, W.: Die Verkündigung, Düsseldorf 1949
Bredekamp, H.: Kunst als Medium sozialer Konflikte. Bilderkämpfe von der Spätantike bis zur Hussitenrevolution, Frankfurt/M. 1975
Brenk, B.: Tradition und Neuerung in der christlichen Kunst des ersten Jahrtausends. Studien zur Geschichte des Weltgerichtsbildes, in: Wiener Byzantinische Studien, 3, 1966
Brignetti, R. (Hrsg.): L'opera completa dei Van Eyck, Mailand 1968
Brown, P.: The Making of Late Antiquity, Cambridge (Mass.)-London 1978
Burke, P.: Die Renaissance in Italien. Sozialgeschichte einer Kultur zwischen Tradition und Erfindung, Berlin 1984; [London 1972]
–: Städtische Kultur in Italien zwischen Hochrenaissance und Barock, Berlin 1987; [Cambridge 1987]
Busch, W./ Beyrodt, W./ Bischoff, U./ Hammer-Schenk, H. (Hrsg.): Kunsttheorie und Kunstgeschichte des 19. Jahrhunderts in Deutschland. Kunsttheorie und Malerei, Kunstwissenschaft. Texte und Dokumente, Stuttgart 1982
Buschor, E.: Die Musen des Jenseits, München 1944
Bussagli, M.: Storia degli angeli. Racconto di immagini e di idee, Mailand 1991
Cacciari, M.: Icone della Legge, Mailand 1985
–: L'angelo necessario, Mailand 1986
Cagli, C. (Hrsg.): L'opera completa di Tiziano, Mailand 1969
Calvesi, M.: Le realità del Caravaggio, Turin 1990
Cancogni, M. (Hrsg.): L'opera completa del Carpaccio, Mailand 1967
Castelnuovo, E.: Das künstlerische Portrait in der Gesellschaft. Das Bildnis und seine Geschichte in Italien von 1300 bis heute, Berlin 1988; [Turin 1973]
Chastel, A.: Chronik der italienischen Renaissancemalerei 1280–1580, Würzburg 1984; [Fribourg 1983]
Christ, K.: Der Untergang des Römischen Reiches in antiker und moderner Sicht, in: Der Untergang des Römischen Reiches, Darmstadt 1970
Cipriani, G.: Il mito etrusco nel rinascimento fiorentino, Florenz 1980
Clark, K.: Piero della Francesca, Köln 1970
Clausberg, K.: Die Wiener Genesis. Eine kunstwissenschaftliche Bilderbuchgeschichte, Frankfurt/M. 1984
Conti, A.: Die Entwicklung des Künstlers, in: Italienische Kunst. Eine neue Sicht auf ihre Geschichte, Berlin 1987, S. 93–231; [Turin 1979]
Corti, M. (Hrsg.): L'opera completa di Memling, Mailand 1969
Crozet, R.: Les quatre Évangelistes et leurs symboles, in: Les cahiers techniques de l'art 4, 3, 1962, S. 5–26
Cumont, F.: Recherches sur le symbolisme funéraire des Romains, Paris 1942
Daniélou, J.: Les anges et leur mission d'après les Pères de L'Église, Chevetogne 1953
De Vecchi, P.L. (Hrsg.): Michelangelo. Der Maler, Stuttgart-Zürich 1984; [Mailand 1984]
Decugis, N./ Reymond, S.: Le Décor de Théâtre en France du Moyen Age à 1925, Paris 1953
Deichmann, F.W.: Ravenna. Hauptstadt des spätantiken Abendlandes, Wiesbaden 1974

Del Buono, O. (Hrsg.): L'opera completa di Piero della Francesca, Mailand 1967

Delius, W.: Geschichte der Marienverehrung, München-Basel 1963

Demus, O.: The Mosaics of St. Mark in Venice, Chicago 1984

Dilly, H.: Kunstgeschichte als Institution. Studien zur Geschichte einer Disziplin, Frankfurt/M. 1979

Felis, K.: Die Niken und Engel in altchristlicher Kunst, in: Römische Quartalschrift für Christliche Altertumskunde und für Kirchengeschichte, Freiburg i. Br. 1912, S. 3–25

Florenskij, P.: Die Ikonostase. Urbild und Grenzerlebnis im revolutionären Rußland, Stuttgart 1988

Franzoi, U.: Visioni dell'aldilà, in: Le Delizie dell'inferno. Dipinti di Jheronimus Bosch e altri Fiammingh restaurati (Ausstellungskatalog), S. 11–15

Gardner, J.: The Louvre Stigmatization and the Problem of the Narrative Altarpiece, in: Zeitschrift für Kunstgeschichte, 39, 1976, S. 12–33

Geelhaar, C.: Paul Klee. Leben und Werk, Köln 1974

Ghiotto, R. (Hrsg.): L'opera completa di Giovanni Bellini, Mailand 1969

Goffen, R.: Piety and Patronage in Renaissance Venice, Bellini, Titian and the Franciscans, New Haven-London 1986

Gombrich, E.H.: Der Fortschrittsgedanke im Kunstleben der Renaissance, in: Gombrich, E.H.: Die Kunst der Renaissance I. Norm und Form, Stuttgart 1985

–: Tobias und der Engel, in: Gombrich, E.H.: Das symbolische Bild. Zur Kunst der Renaissance II, Stuttgart 1986

–: Leonardo da Vinci und die Wissenschaft der Malerei – Ansätze zu einem Kommentar zum »Trattato della Pittura«, in: Gombrich, E.H.: Neues über alte Meister. Zur Kunst der Renaissance IV, Stuttgart 1988

–: Kunst und Kritik, Stuttgart 1993

Gössmann, E.: Die Verkündigung im dogmatischen Verständnis des Mittelalters, München 1957

Grabar, A.: L'empereur dans l'art byzantin, Paris 1936

–: L'iconoclasme byzantin. Dossier archéologique, Paris 1957

Gregori, M.: Livio Mehus o la sconfitta del dissenso, in: Paradigma, 2, 1978

Greifenhagen, A.: Griechische Eroten, Berlin 1957

Grigson, G.: Aphrodite. Göttin der Liebe, Bergisch Gladbach 1978; [London 1976]

Guttuso, R. (Hrsg.): L'opera completa del Caravaggio, Mailand 1967

Haftmann, W.: Malerei im 20. Jahrhundert. Eine Entwicklungsgeschichte, München 1954

Hammerstein, R.: Die Musik der Engel, Bern, München 1962

Hartlaub, G.F.: Zauber des Spiegels, München 1951

Heiden, R. an der: Die Skizzen zum Medici-Zyklus von Peter Paul Rubens in der Alten Pinakothek, München 1983

Heinrich, K.: Dahlemer Vorlesungen, Bd. 1, Tertium Datur. Eine religionsphilosophische Einführung in die Logik, Frankfurt/M. 1981

–: Dahlemer Vorlesungen, Bd. 2, Anthropomorphe. Zum Problem des Anthropomorphismus in der Religionsphilosophie, Frankfurt/M. 1986

–: Dahlemer Vorlesungen, Bd. 3, Arbeiten mit Ödipus. Begriff der Verdrängung in der Religionswissenschaft, Frankfurt/M. 1993

Heinz-Mohr, G./ Sommer, V.: Die Rose. Entfaltung eines Symbols, München 1988

Held, H.-G.: Maria Pilommeides, in: Held, H.-G. (Hrsg.), Maria Magdalena. Die heilige Sünderin, Frankfurt/M.-Berlin 1988

–: C. D. Friedrich e la scrittura geroglifica della natura, in: Mazza, D. (Hrsg.), Pensiero religioso e forme letterarie dell'età classico-romantica, Udine 1995

Held, Jutta: Antoine Watteau, Einschiffung nach Kythera. Versöhnung von Leidenschaft und Vernunft, Frankfurt/M. 1985

Heinrich, K.: Vernunft und Mythos. Ausgewählte Texte, Frankfurt/M. 1983

–: Anthropomorphe. Zum Problem des Anthropomorphismus in der Religionsphilosophie. Dahlemer Vorlesungen Bd. 2, Basel, Frankfurt/M. 1986.

Hofstätter, H.H.: Symbolismus und die Kunst der Jahrhundertwende, Köln 1965

Holländer, H.: »... inwendig voller Figur«. Figurale und typologische Denkformen in der Malerei, in: Bohn, V. (Hrsg.): Typologie, Frankfurt/M. 1988, S. 166–205

Hölscher, T.: Victoria Romana. Archäologische Untersuchungen zur Geschichte und Wesensart der römischen Siegesgöttin von den Anfängen bis zum Ende des 3. Jahrhunderts n. Chr., Mainz 1967

Hübinger, P.E.: Spätantike und frühes Mittelalter, Darmstadt 1962

Hüttinger, E.: Die Bilderzyklen Tintorettos in der Scuola di San Rocco, Zürich 1962

Ihm, C.: Die Programme der christlichen Apsismalerei vom vierten Jahrhundert bis zur Mitte des achten Jahrhunderts, in: Forschungen zur Kunstgeschichte und Christlichen Archäologie, 4, Wiesbaden 1960

Irvin, D.: Die englische Historienmalerei von 1750 bis 1830, in: Triumph und Tod des Helden (Ausstellungskatalog)

Janowski, H.N. (Hrsg.): Geert Groote, Thomas von Kempen und die Devotio moderna, Olten-Freiburg i. Br. 1978

Karayannopulos, J.: Konstantin der Große und der Kaiserkult, in: Historia, 5, 1956, S. 341–357

Kaufmann, G.: Zu Donatellos Sängerkanzel, in: Mitteilungen des Kunsthistorischen Instituts in Florenz, 9, Düsseldorf 1959, S. 55–59

Kemp, W.: Die Höhle der Ewigkeit, in: Zeitschrift für Kunstgeschichte, 32, Berlin 1969, S. 133–152

Kennedy, R.W.: Tiziano in Roma, in: Il mondo antico nel Rinascimento, Florenz 1956

Kerber, B.: Andrea Pozzo, Berlin 1971

Kieser, E.: Rubens' Madonna im Blumenkranz, in: Münchener Jahrbuch, 3, 1950

Kindermann, H.: Das Theaterpublikum des Mittelalters, Salzburg 1980

Kirschbaum, E.: L'angelo rosso e l'angelo turchino, in: Rivista di Archeologia Christiana, 17, Rom 1940, S. 204–248

Kitzinger, E.: The Art of Byzantium and the Medieval West. Selected Studies, Bloomington-London 1976

–: Byzantine Art in the Making. Main Lines of stylistic development in Mediterranean Art: 3rd-7th century, London 1977

Klauser, T.: Das Sirenenabenteuer des Odysseus – ein Motiv der christlichen Grabkunst?, in: Jahrbuch für Antike und Christentum, 6, 1963, S. 71–100

Klein, R.: Der Streit um den Victoriaaltar, Darmstadt 1972

Klibansky, R./ Panofsky, E./ Saxl, F.: Saturn und Melancholie. Studien zur Geschichte der Naturphilosophie und Medizin, der Religion und der Kunst, Frankfurt/M. 1990

Krauskopf, I.: Todesdämonen und Totengötter im vorhellenistischen Etrurien. Kontinuität und Wandel, in: Biblioteca di Studi Etruschi, 16, Florenz 1987

Krautheimer, R./ Krautheimer-Hess, T.: Lorenzo Ghiberti, Princeton 1983

Krautheimer, R.: Studies in early Christian, medieval and renaissance art, London 1969

Kris, E./ Kurz, O.: Die Legende vom Künstler. Ein geschichtlicher Versuch, Frankfurt/M. 1980; [Wien 1934]

L'Orange, H.P.: Art Forms and Civic Life in the Late Roman Empire, Princeton 1965

Ladner, G.B.: Der Bilderstreit und die Kunstlehren der byzantinischen und abendländischen Theologie, in: Zeitschrift für Kunstgeschichte, 50, Berlin 1931, S. 1–24

–: Handbuch der frühchristlichen Symbolik. Gott-Kosmos-Mensch, Stuttgart-Zürich 1992
Lasareff, V.: La Trinité d'André Roublev, in: Gazette des Beaux-Arts VI, 54, Paris 1959, S. 289–300
Lasserre, F.: La figure d'Eros dans la poésie grecque, Diss., Lausanne 1946
Longhi, R.: Il Caravaggio, Mailand 1957
–: Viatico per cinque secoli di pittura veneziana, Florenz 1946
Macchia, G. (Hrsg.): L'opera completa di Watteau, Mailand 1968
Mai, E.: Manet und die Historienmalerei. »Allégorie réelle« und »modernité«, in: Triumph und Tod des Helden (Ausstellungskatalog), S. 126–138
Maier, F.G.: Die Verwandlung der Mittelmeerwelt, Frankfurt/M. 1968
Mainka, R.M.: A. Rublevs Dreifaltigkeitsikone, Ettal 1964
Mâle, E.: L'art religieux de la fin du XVIe siècle, du XVIIe siècle et du XVIIIe siècle, étude sur l'iconographie après le Concile de Trente, Paris 1972
Mango, C.A.: The Art of the Byzantine Empire 312–1453. Sources and Documents, Englewood Cliffs 1972
Manzini, G. (Hrsg.): L'opera completa del Greco, Mailand 1969
Marías, F./ Bustamente García, A.: Las ideas artísticas de El Greco, Madrid 1981
Maschio, R.: Una data per l'Annunciazione di Tiziano a S. Salvador, in: Arte Veneta, XXVIII, 1972
Mérot, A.: Der Held in der französischen Malerei des 17. Jahrhunderts, in: Triumph und Tod des Helden (Ausstellungskatalog)
Messerer, W.: Kinder ohne Alter, Regensburg 1962
Meyer, F.: Marc Chagall. Der Engelsturz, Stuttgart 1964
Mignozzi, C.: Vicende della Scuola di San Rocco, in: Pignatti, T. (Hrsg.): Le Scuole di Venezia, Mailand 1981
Morante, E. (Hrsg.): L'opera completa dell'Angelico, Mailand 1970
Mulate, C.: Maria – die geheime Göttin im Christentum, o. O. 1985
Muth, R.: »Hymenaios« und »Epithalamion«, in: Wiener Studien. Zeitschrift für klassische Philologie, 67, 1954
Nilson, M.P.: Geschichte der griechischen Religion, 2 Bd., München 1941–51
Ohly, F.: Typologie als Denkform der Geschichtsbetrachtung, in: Bohn, V. (Hrsg.): Typologie, Frankfurt/M. 1988
Ostrogorsky, G.: Studien zur Geschichte des byzantinischen Bilderstreits, Breslau 1929
Pallucchini, R. (Hrsg.): L'opera completa del Lotto, Mailand 1974
Panofsky, E.: ›Imago Pietatis‹. Ein Beitrag zur Typengeschichte des »Schmerzensmanns« und der »Maria Mediatrix«, in: Festschrift für M.J. Friedländer zum 60. Geburtstag, Leipzig 1927
–: Et in Arcadia ego: on the Conception of Transience in Poussin and Watteau, in: Philosophy and History, Essays Presented to Ernst Cassirer, Oxford 1936
–: Studies in Iconology. Humanistic Themes in the Renaissance, New York 1939
–: Early Netherlandish Painting. Its Origin and Character, Cambridge (Mass.) 1953
–: Renaissance and Renascences in Western Art, Kopenhagen-Uppsala 1960
–: Problems in Titian. Mostly Iconographic, New York-London 1969
–: IDEA. Ein Beitrag zur Begriffsgeschichte der älteren Kunsttheorie, Berlin 1982
Paschinger, E.P.: Die etruskische Todesgöttin Vanth, in: Antike Welt. Zeitschrift für Archäologie und Kulturgeschichte, 1, 1988, S. 39–45
Pépin, J.: Allegorie und Auto-Hermeneutik, in: Bohn, V. (Hrsg.): Typologie, Frankfurt/M. 1988
–: Die frühe Hermeneutik. Worte und Vorstellungen, in: Bohn, V. (Hrsg.): Typologie, Frankfurt/M. 1988

Perrig, A.: Lorenzo Ghiberti. Die Paradiestür. Warum ein Künstler den Rahmen sprengt, Frankfurt/M. 1987
Peterson, E.: Das Buch von den Engeln, München 1955
Pignatti, T. (Hrsg.): Le Scuole di Venezia, Mailand 1981
Piovene, G. (Hrsg.): L'opera completa del Veronese, Mailand 1968
Pochat, G.: Geschichte der Ästhetik und Kunsttheorie. Von der Antike bis zum 19. Jahrhundert, Köln 1986
Poeschke, J.: Donatello. Figur und Quadro, München 1980
Praz, M.: Studies in Seventeenth-Century Imagery, Rom 1964
Preimesberger, R.: Die Inschriften der Engelsbrücke, in: U.R. – Schriftenreihe der Universität Regensburg, 15, 1988, S. 199–223
Prisco, M. (Hrsg.): L'opera completa di Raffaello, Mailand 1966
Rahner, H.: Griechische Mythen in christlicher Deutung, Zürich 1966
Rava, A.: Teatro medievale. L'Apparato scenico nella visita delle Marie al Sepolcro, Rom 1939
Ringbom, S.: From Icon to Narrative. The rise of the dramatic close-up in 15th century devotional painting, Åbo Akademi 1965
Rosand, D.: Painting in Cinquecento Venice: Titian, Veronese, Tintoretto, New Haven-London 1985
–: Tiziano: L'Assunta, in: Eidos, 3, 1988
Rosenberg, A.: Engel und Dämonen, München 1967
Röttgen, H.: Il Caravaggio. Ricerche e Interpretazioni, Rom 1974
–: Caravaggio. Der irdische Amor oder der Sieg der fleischlichen Liebe, Frankfurt/M. 1992
Ruffini, F.: Teatri prima del teatro, Rom 1983
Schade, H.: Das Paradies und die Imago Dei, in: Probleme der Kunstwissenschaft, 2, München 1966
–: Zum Bild des Engels in der modernen Kunst, in: Geist und Leben, 46, 1973
Scherf, V.: Flügelwesen in römisch-kampanischen Wandbildern, Diss., Hamburg 1967
Schiller, G.: Ikonographie der christlichen Kunst, 4 Bde., Gütersloh 1966 sgg.
Schmid, R.H.: Die Bühnenbeleuchtung vom geistlichen Spiel zur frühen Oper als Mittel künstlerischer Illusion, Diss., Leipzig 1933
Schmidt, C.: La »sacra conversazione« nella pittura veneta, in: Lucco, M. (Hrsg.): La pittura nel Veneto. Il Quattrocento, Bd. 2, Mailand 1990, S. 703–726
Scholem, G.: Walter Benjamin und sein Engel. Vierzehn Aufsätze und kleine Beiträge, Frankfurt/M. 1983
Scholz-Hänsel, M.: El Greco. Der Großinquisitor. Neues Licht auf die schwarze Legende, Frankfurt/M. 1991
Schöne, W.: Über das Licht in der Malerei, Berlin 1983
Schwarz, H.: The mirror in Art, in: Art Quarterly, 15, 1952, S. 97–118
Sciascia, L. (Hrsg.): L'opera completa di Antonello da Messina, Mailand 1967
Settis, S.: Ikonographie der italienischen Kunst 1100–1500, in: Italienische Kunst. Eine neue Sicht auf ihre Geschichte, Berlin 1987, S. 9–105; [Turin 1979]
Simson, O. v.: Politische Symbolik im Werk des Rubens, in: Hubala, E. (Hrsg.): Rubens. Kunstgeschichtliche Beiträge, Konstanz 1979
Das Skizzenbuch des Jacques Daliwe (Faks.-Ausgabe d. Liber picturatus a 74 aus d. Dt. Staatsbibliothek Berlin/ DDR; komment. v. U. Jenni), Weinheim 1987
Steingräber, S.: Die etruskisch-hellenistische Grabmalerei, in: Antike Welt. Zeitschrift für Archäologie und Kulturgeschichte, 3, 1988, S. 17–35
Stemmler, T.: Liturgische Feiern und geistliche Spiele, Tübingen 1970
Swaan, W.: Die großen Kathedralen, Köln 1969

Swoboda, K.M.: Tintoretto. Ikonographische und stilistische Untersuchungen, Wien-München 1982

Szondi, P.: Hölderlin-Studien. Mit einem Traktat über philologische Erkenntnis, in: Szondi, P.: Schriften I, Frankfurt/M. 1978

Tafuri, M.: Venezia e il Rinascimento, Turin 1985

Tatic-Djuric, M.: Das Bild der Engel, Recklinghausen 1962

Tetzlaff, I.: Romanische Engelgestalten in Frankreich, Köln 1987

Thuillier, J. (Hrsg.): L'opera completa di Poussin, Mailand 1974

Tomlinson, R.: La fête galante: Watteau et Marivaux, Genf-Paris 1981

Toschi, P.: Dal dramma liturgico alle rappresentazione sacre, Florenz 1940

Valcanover, F.: Tiziano e la crisi manieristica, in: Branca, V./ Ossola, C. (Hrsg.): Cultura e società nel Rinascimento tra riforme e manierismi, Florenz 1984

–: Tiziano Vecellio, in: Dal Tiziano a El Greco. Per una storia del Manierismo nel Veneto, hrsg. von R. Pallucchini, Mailand 1981 (Ausstellungskatalog)

Van der Meer, F.: Majestas Domini: Théophanies de l'Apocalypse dans l'Art, Città del Vaticano 1938

Vermaseren, M.J.: Cybele and Attis: The Myth and the Cult, London 1977

Vetter, E.: Maria im brennenden Dornbusch, in: Das Münster. Zeitschrift für Christliche Kunst und Kunstwissenschaft, 10, München 1957, S. 237–253

Vigorelli, G. (Hrsg.): L'opera completa di Giotto, Mailand 1977

Villette, J.: L'ange dans l'art d'occident du XIIIème au XVIème siècle, Paris 1940

–: La résurrection du Christ dans l'art chrétien du IIe au VIIe siècle, Paris 1957

Voßkamp, W. (Hrsg.): Utopieforschung. Interdisziplinäre Studien zur neuzeitlichen Utopie, Stuttgart 1982

Walter, I.: Piero della Francesca – Madonna del parto. Ein Kunstwerk zwischen Politik und Devotion, Frankfurt/M. 1992

Warner, M.: Maria. Geburt, Triumph, Niedergang – Rückkehr eines Mythos?, München 1982

Warnke, M. (Hrsg.): Bildersturm. Die Zerstörung des Kunstwerks, München 1973

Weege, F.: Etruskische Malerei, Halle 1921

Weiss, R.: Jan van Eyck and the Italians, in: Italian Studies, 11, 1956 und 12, 1957

Weitzmann, K./ Kessler H.L.: The frescoes of the Dura Synagogue and Christian Art, Washington 1990

Weitzmann, K.: The Origin of the Threnos, in: Meiss, M. (Hrsg.): Essays in Honor of Erwin Panofsky, Bd. I, Zürich 1960

–: Eine spätbyzantinische Verkündigungsikone des Sinai, in: Festschrift für H. v. Einem, I, Bonn 1965

–: The monastery of Saint Catherine at Mount Sinai. The Icons, Bd. I: From the sixth to the tenth century, Princeton 1976

–: Spätantike und frühchristliche Buchmalerei, München 1977

Werckmeister, O.K.: Walter Benjamin, Paul Klee und der »Engel der Geschichte«, in: Werckmeister, O.K.: Versuche über Paul Klee, Frankfurt/ M. 1981

Wilpert, J.: I sarcofagi cristiani antichi, Rom 1929–36

Wind, E.: Heidnische Mysterien in der Renaissance, Frankfurt/M. 1984; [London 1958]

Wisskirchen, R.: Die Mosaiken der Kirche Santa Prassede in Rom, in: Antike Welt. Zeitschrift für Archäologie und Kulturgeschichte, Sondernummer, 1992

Wittkower, R./ Wittkower, M.: Born under Saturn, London 1963

Wytzes, J.: Der Streit um den Altar der Viktoria, Amsterdam 1936

Kataloge

Bosch: Le Delizie dell'inferno. Dipinti di Jheronimus Bosch e altri Fiamminghi restaurati, hrsg. von C.L. Virdis, Venedig 1992

Chagall: Marc Chagall. Gouachen und Lavis 1947 bis heute, Nationalgalerie, Berlin 1972

Denis: Symbolistes et Nabis – Maurice Denis et son temps, Saint-Germain-en-Laye 1980

Goya: Goya. Das Zeitalter der Revolutionen. Kunst um 1800, Hamburger Kunsthalle 1980

Tizian: Tiziano, hrsg. von S. Biadene, Venedig 1990

Tizian: Dal Tiziano a El Greco. Per una storia del Manierismo nel Veneto, hrsg. von R. Pallucchini, Mailand 1981

Triumph ...: Triumph und Tod des Helden, Museen der Stadt Köln 1988

Watteau: Jean-Antoine Watteau. Einschiffung nach Cythera. L'Ille de Cythère, Städelsches Kunstinstitut, Frankfurt/M. 1982

VII Abbildungsverzeichnis

Farbtafeln

Schwarzweiß-Abbildungen

VIII Künstler- und Werkregister

Fotonachweis

(Ziffern verweisen auf Seitenzahlen)

Aus dem Archiv des Verlages: 17 o. l., 20, 27 und Frontispiz, 37 o. r., 52, 56, 59, 64, 68, 81, 86, 89, 91, 109, 119, 187 o. l., 187 u. r., 190, 193, 198, 202. Bayrische Staatsgemäldesammlung München, Alte Pinakothek: 126, 174, 200. Biblioteca Apostolica Vaticano, Città del Vaticano: 62, 94/95, 193. Biblioteca Laurenziana, Florenz, S. 74, 76. Bildarchiv Preußischer Kulturbesitz, Berlin: 61, 166, 168, 222, 223. Osvaldo Böhm di A. Böhm & C. s.n.c., Venedig: 32 o. r., 114, 117, 134, 135, 194. The British Museum, London: 188 u. l., 189 u. l. Elio e Stefano Ciol s.n.c., Archivio fotografico, Casarsa della Delizia/Pn (Italien): 46 o. l. und Umschlaginnenklappe. Fitzwilliam Museum, Cambridge: 51. Fratelli Alinari, Florenz: 19, 23, 25, 36, 44 o. l., 44 o. r., 66/67, 80, 122, 123, 142/143, 154, 185, 186, 191, 194, 197. Margot Fürst, Stuttgart: 111. © Fundación Colección Thyssen-Bornemisza, Madrid: 137. Gemeinnützige Stiftung Leonard von Matt, Bildarchiv, Bouchs: 50 o. r., 106. Hamburger Kunsthalle, Elke Walford, Hamburg: 108, 210. Israel Museum, Jerusalem: 225 und Umschlagrückseite. Joseph H. Hazen Collection, New York: 214. Öffentliche Kunstsammlung Basel, Martin Bühler: 217. Kunstmuseum Bern, Heidi Frautschi: 53. The Metropolitan Museum of Art, Photograph Library: 41. Musée des Beaux-Art et d'Archéologie, Cliché Ch. Choffet, Besançon (France): 196 o. r. Musée des Beaux-Art, Dijon: 148. Musée Louvre, Paris: 34, 104, 145 u. r. Musée National, Nizza: 112. Museo del Prado, Madrid: 101, 107, 138. Musée Départemental du Prieuré, Saint-Germain-en-Laye: 99. National Gallery, London: 38, 140, 180/181. National Gallery of Art, Washington D. C., Andrew W. Mellon Collection: 102. Rheinisches Bildarchiv, Köln: 145 l. Scala, Florenz: 98, 103, 105. Soprintendenza per i Beni Artistici e Storici di Roma, Gabinetto Fotografico, Rom: 169. Staatsbibliothek Preußischer Kulturbesitz, Berlin: 121. Staatsbibliothek Bamberg: 110 und Umschlagrückseite. Städelsches Kunstinstitut und Städtische Galerie, Frankfurt/M.: 100, 162/163. Yale Center for British Art, Paul Mellon Collection, New Haven: 208.

Copyrightnachweis

DuMont Dokumente: Gesamtübersicht

Albus, Volker/Borngräber, Christian
DesignBilanz
Das neue deutsche Design der 80er Jahre in Objekten, Bildern, Zahlen und Texten

Baumeister, Willi
Das Unbekannte in der Kunst

Baumgart, Fritz
Stilgeschichte der Architektur

Boulboullé, Guido/Zeiss, Michael
Worpswede
Kulturgeschichte eines Künstlerdorfes

Braunfels, Wolfgang
Abendländische Klosterbaukunst

Braunfels, Wolfgang
Abendländische Stadtbaukunst
Herrschaftsformen und Baugestalt

Braunfels, Wolfgang
Kleine italienische Kunstgeschichte

Held, Heinz-Georg
Engel
Geschichte eines Bildmotivs

Held, Jutta/Schneider, Norbert
Sozialgeschichte der Malerei
vom Spätmittelalter bis ins 20. Jahrhundert

Hofmann, Werner
Nana
Mythos und Wirklichkeit

Klee, Felix (Hrsg.)
Paul Klee
Tagebücher 1898–1918

Kiby, Ulrika
Bäder und Badekultur in Orient und Okzident
Antike bis Spätbarock

Küppers, Harald
DUMONT's FARBEN-ATLAS
Über 5500 Farbnuancen mit Kennzeichnung und Mischanleitung

Küppers, Harald
Harmonielehre der Farben
Theoretische Grundlagen der Farbgestaltung

Lucie-Smith, Edward
DUMONT's Lexikon der Bildenden Kunst
Begriffe und Stilrichtungen

Maenz, Paul
Art Deco 1920–1940
Formen zwischen zwei Kriegen

Murken, Axel Hinrich
Vom Armenhospital zum Großklinikum
Die Geschichte des Krankenhauses vom 18. Jahrhundert bis zur Gegenwart

Naredi-Rainer, Paul von
Architektur und Harmonie
Zahl, Maß und Proportion in der abendländischen Baukunst

Emil Nolde Mein Leben
Herausgegeben von der Stiftung Seebüll Ada und Emil Nolde

Pawlik, Johannes (Hrsg.)
Goethe Farbenlehre
Didaktischer Teil
Textauswahl mit einer Einführung und neuen Farbtafeln

Read, Herbert (Hrsg.)/Stangos, Nikos
DUMONT's Künstler-Lexikon

DuMont Dokumente: Gesamtübersicht

Reuther, Manfred
Das Frühwerk Emil Noldes
Hrsg. von der Stiftung Seebüll
Ada und Emil Nolde

Rewald, John
Die Geschichte des Impressionismus

Stützer, Herbert Alexander
Die italienische Renaissance

Thomas, Karin
Bis Heute: Stilgeschichte der bildenden Kunst im 20. Jahrhundert

Vogt, Paul
Geschichte der deutschen Malerei im 20. Jahrhundert

Wescher, Herta
Die Geschichte der Collage
Vom Kubismus bis zur Gegenwart

Wick, Rainer
Bauhaus-Pädagogik

DuMont Dokumente – Archäologie

Reden, Sibylle von
Die Megalith-Kulturen
Zeugnisse einer verschollenen Urreligion
Großsteinmale in: England – Frankreich – Irland – Korsika – Malta – Nordeuropa – Sardinien – Spanien

DuMont Dokumente – Musik

Boehmer, Konrad
Das böse Ohr
Texte zur Musik 1961–1991

Klüppelholz, Werner
Mauricio Kagel 1970–1980

Klüppelholz, Werner
Kagel . . . /1991

Schnebel, Dieter
Mauricio Kagel Musik Theater Film

Schnebel, Dieter (Hrsg.)
Karlheinz Stockhausen
Texte zur elektronischen und instrumentalen Musik
Band 1: Aufsätze 1952–1962
zur Theorie des Komponierens

Karlheinz Stockhausen
Texte zu eigenen Werken, zur Kunst Anderer, Aktuelles
Band 2: Aufsätze 1952–1962
zur musikalischen Praxis

Karlheinz Stockhausen
Texte zur Musik 1963–1970
Band 3: Einführung und Projekte, Kurse, Sendungen, Standpunkte, Nebennoten

Karlheinz Stockhausen
Texte zur Musik 1970–1977
Band 4: Werk-Einführung. Elektronische Musik, Weltmusik, Vorschläge und Standpunkte zum Werk Anderer

Karlheinz Stockhausen
Texte zur Musik 1977–1984
Band 5: Komposition

Karlheinz Stockhausen
Texte zur Musik 1977–1984
Band 6: Interpretation